2021
北京都市型现代农业产业发展报告

肖长坤　何忠伟　主编

中国财经出版传媒集团
中国财政经济出版社

图书在版编目（CIP）数据

北京都市型现代农业产业发展报告.2021 / 肖长坤，何忠伟主编. -- 北京：中国财政经济出版社，2021.12
ISBN 978-7-5223-0937-8

Ⅰ.①北… Ⅱ.①肖… ②何… Ⅲ.①现代农业－农业产业－产业发展－研究报告－北京－2021 Ⅳ.①F327.1

中国版本图书馆 CIP 数据核字（2021）第 232873 号

责任编辑：张怡然　　　　责任校对：徐艳丽
封面设计：兰卡绘世　　　　责任印制：张　健

中国财政经济出版社 出版

URL：http://www.cfeph.cn
E-mail：cfeph@cfeph.cn

（版权所有　翻印必究）

社址：北京市海淀区阜成路甲 28 号　邮政编码：100142
营销中心电话：010-88191522
天猫网店：中国财政经济出版社旗舰店
网址：https://zgczjjcbs.tmall.com
北京富生印刷厂印刷　各地新华书店经销
成品尺寸：185mm×260mm　16 开　20.75 印张　518 000 字
2021 年 12 月第 1 版　2021 年 12 月北京第 1 次印刷
定价：108.00 元
ISBN 978-7-5223-0937-8
（图书出现印装问题，本社负责调换，电话：010-88190548）
本社质量投诉电话：010-88190744
打击盗版举报热线：010-88191661　QQ：2242791300

编委会名单

编委会主任：马荣才
编委会副主任：程晓仙　肖长坤　何忠伟
编委会成员：李红岺　范双喜　曹之富　王俊英　朱莉　云鹏
　　　　　　陈余　　路永强　朱华　　张黎　　穆月英　张领先
　　　　　　赵安平　刘瑞涵　胡宝贵　王爱玲　刘雪　　刘芳
　　　　　　胡金有　唐衡　　徐进　　李云飞　杜巍　　魏金康
　　　　　　贺国强　赵海康　周继华　曾剑波　薛振华　王梁
　　　　　　郭江鹏　史东杰　杨华莲　范子文　王永泉　王东春
　　　　　　初蔚琳　涂皎

编写人员名单

主　　　编： 肖长坤　何忠伟

副 主 编： 初蔚琳　范子文　王永泉　王东春

编写组成员： 穆月英　张领先　赵安平　刘瑞涵　胡宝贵　王爱玲
　　　　　　　刘　雪　刘　芳　胡金有　唐　衡　徐　进　王铁臣
　　　　　　　赵　鹤　陈宏伟　杜　巍　李　博　丁俊琦　徐　畅
　　　　　　　魏金康　贺国强　赵海康　王晓东　田　东　李仁崑
　　　　　　　周继华　宗　静　李小龙　韦　强　裴志超　曾剑波
　　　　　　　张　莹　马　超　张海洋　王　瑜　高玉琦　田　野
　　　　　　　王嘉雨　薛振华　陈少康　李　爽　颜志辉　高　敏
　　　　　　　王　梁　吕学泽　杨卫芳　刘锦涛　李佳利　杜　娟
　　　　　　　郭江鹏　杨宇泽　任　康　付　瑶　王　俊　齐志国
　　　　　　　袁艳云　陈维鹏　王海莲　史东杰　杨华莲　徐　睿
　　　　　　　徐晓玲　涂　皓　刘自飞　郑丽静　徐伟楠　王茂安
　　　　　　　张　红　王　聪　任柯燃　刘镇玮

序 言

2020年是全面建成小康社会目标实现之年，是全面打赢脱贫攻坚战收官之年。按照《中共中央 国务院关于抓好"三农"领域重点工作确保如期实现全面小康的意见》，北京市人民政府印发《关于抓好"三农"领域重点任务确保如期高质量实现全面小康的行动方案》，明确全面建成小康社会新任务：2020年，北京市助力打赢脱贫攻坚战，全面完成全市的低收入农户"脱低"工作；加快补上农村基础设施和公共服务短板；推动农业高质量发展，保障首都"菜篮子"有效供给；加强农村基层治理，保持农村社会和谐稳定，确保乡村振兴战略科学有序实施。

2020年北京市全面贯彻党的十九大精神和习近平新时代中国特色社会主义思想，坚持把"三农"工作作为全党工作的重点，加强党对"三农"工作的领导，牢牢锁住稳中求进的风格，优先发展农业农村，落实农业农村高质量发展的要求，深入推进乡村振兴战略的实施，针对国内外环境变化对北京市农业农村改革发展提出的新要求要努力去适应，做到信心坚定、思想统一、工作落实，继续巩固农业农村优势，提高北京都市型现代农业高质量发展水平。

2020年北京市推动农业高质量发展，保障首都"菜篮子"有效供给，按照党中央、国务院部署要求，全面落实"菜篮子"市长负责制，切实完成好超大城市"菜篮子"产品自给生产、产销衔接、市场调控、质量安全等各项任务。加快恢复生猪生产，加紧优化提升生猪产业发展布局，建设标准化、高级别生物安全生猪规模养殖场，恢复生猪存栏。加强非洲猪瘟、口蹄疫、高致病性禽流感等重大动植物疫情防控工作，完善动物疫情应急处置机制。支持奶业、禽类、牛羊、水产品等生产，推进绿色健康养殖和畜禽粪污资源化利用，引导优化肉类消费结构。此外，实施休闲农业"十百千万"畅游行动，稳步推进休闲农业供给侧结构性改革，构建生态优先、业态丰富、产品优质、服务一流的休闲产业体系，引导农户增收致富，吸纳人才回流，稳定就业，建设美丽乡村。

2021年是"十四五"规划的开局之年，也是全面建设社会主义现代化国家新征程、向第二个百年奋斗目标进军的开局之年。北京市2021年全面贯彻党的十九大和十九届二中、三中、四中、五中全会精神，坚持加强党对"三农"工作的全面领导，坚持农业农村优先发展，坚持农业现代化与农村现代化一体设计、一并推进，坚持创新驱动发展，以推动高质量发展为主题，统筹发展和安全，落实加快构建新发展格局要求，巩固和完善农村基本经营制度，深入推进农业供给侧结构性改革，把乡村建设摆在社会主义现代化建设的重要位置，全面推进乡村产业、人才、文化、生态、组织振兴，充分发挥农业产品供给、生态屏障、文化传承等功能，走中国特色社会主义乡村振兴道路，加快农业农村现代化，促进农业高质高效、乡村宜居宜业、农民富裕富足，为全面建设社会主义现代化国家开好局、起好步提供有力支撑。

2021 年 10 月

目 录

第一篇 总论——北京都市型现代农业发展报告 ... 1

第一章 北京市"三农"发展的总体情况 ... 3
第一节 供给侧结构性改革持续深化 加快推进首都农业现代化 ... 3
第二节 贯彻落实脱贫攻坚 农户实现全面增收 ... 9
第三节 乡村建设行动持续推进 农村产业融合加快升级 ... 12

第二章 北京都市型现代农业生产体系 ... 17
第一节 多措并举稳价保供 助力守护"菜篮子" ... 17
第二节 农业生产优质安全智能 适应首都消费升级需求 ... 20
第三节 农业基础设施提档升级 保障首都农业供给能力 ... 26
第四节 发展有机循环绿色农业 共同绘就首都绿水青山 ... 29

第三章 北京都市型现代农业产业体系 ... 32
第一节 延伸农业产业链 打造特色产业品牌 ... 32
第二节 产业融合持续提升 科技创新引领支撑 ... 37
第三节 相关产业波及广泛 防控提质应对冲击 ... 41

第四章 北京都市型现代农业经营体系 ... 44
第一节 聚力推进新型主体建设 实现现代农业有机衔接 ... 44
第二节 新型职业农民培养完善 引领农户衔接现代农业 ... 48
第三节 社会化服务体系有创新 助力新型经营主体发展 ... 54

第五章 北京都市型现代农业支持与保障体系 ... 56
第一节 多方施策彰显农业支持 助农财政投入集约有效 ... 56

第二节　多措协同落实农业保障　产业支持助力乡村振兴 …………… 63
　　第三节　多策并行保障农业建设　生态优先引领休闲农业 …………… 67

第六章　北京都市型现代农业发展的政策建议 ………………………………… 71
　　第一节　巩固拓展帮扶已有成果　有效衔接乡村振兴 ………………… 71
　　第二节　充分吸收新冠肺炎疫情防控经验　提升农业应急保障能力 … 72
　　第三节　以科技和市场为核心竞争力　引导农业量质同升 …………… 73
　　第四节　围绕居民新需求　释放农业多种功能和乡村多元价值 ……… 75

第二篇　分论——现代农业产业技术体系创新团队发展报告 …………… 77

第七章　现代农业产业技术体系创新团队技术支撑作用 ……………………… 79
　　第一节　团队总体情况 …………………………………………………… 79
　　第二节　创新团队技术研发与主推技术 ………………………………… 82
　　第三节　团队技术示范推广效益 ………………………………………… 85
　　第四节　团队标志性成果 ………………………………………………… 93

第八章　北京市果类蔬菜产业发展报告 ………………………………………… 101
　　第一节　果类蔬菜产业发展现状 ………………………………………… 101
　　第二节　果类蔬菜产业发展中创新团队的技术支撑作用 ……………… 118
　　第三节　果类蔬菜产业典型案例分析 …………………………………… 126
　　第四节　果类蔬菜产业发展政策建议 …………………………………… 127

第九章　北京市叶类蔬菜产业发展报告 ………………………………………… 131
　　第一节　叶类蔬菜产业发展现状 ………………………………………… 132
　　第二节　叶类蔬菜产业发展中创新团队的技术支撑作用 ……………… 142
　　第三节　叶类蔬菜产业典型案例分析 …………………………………… 152
　　第四节　叶类蔬菜产业发展政策建议 …………………………………… 154

第十章　北京市食用菌产业发展报告 …………………………………………… 159
　　第一节　食用菌产业发展现状 …………………………………………… 159
　　第二节　食用菌产业发展中创新团队的技术支撑作用 ………………… 170
　　第三节　食用菌产业典型案例分析 ……………………………………… 177
　　第四节　食用菌产业发展政策建议 ……………………………………… 178

第十一章　北京市粮经作物产业发展报告 …… 182
第一节　粮经作物产业发展现状 …… 182
第二节　粮经作物产业发展中创新团队的技术支撑作用 …… 190
第三节　粮经作物产业典型案例分析 …… 197
第四节　粮经作物产业发展政策建议 …… 198

第十二章　北京市西甜瓜产业发展报告 …… 201
第一节　西甜瓜产业发展现况 …… 201
第二节　西甜瓜产业发展中创新团队的技术支撑作用 …… 205
第三节　西甜瓜产业典型案例分析 …… 211
第四节　西甜瓜产业发展政策建议 …… 215

第十三章　北京市生猪产业发展报告 …… 219
第一节　生猪产业发展现状 …… 219
第二节　生猪产业发展中创新团队的技术支撑作用 …… 228
第三节　生猪产业典型案例分析 …… 235
第四节　生猪产业发展政策建议 …… 237

第十四章　北京市家禽产业发展报告 …… 242
第一节　家禽产业发展现况 …… 242
第二节　家禽产业发展中创新团队的技术支撑作用 …… 250
第三节　家禽产业典型案例分析 …… 258
第四节　家禽产业发展政策建议 …… 260

第十五章　北京市奶牛产业发展报告 …… 263
第一节　奶牛产业发展现状 …… 263
第二节　奶牛产业发展中创新团队的技术支撑作用 …… 272
第三节　奶牛产业典型案例分析 …… 278
第四节　奶牛产业发展政策建议 …… 280

第十六章　北京市观赏鱼产业发展报告 …… 284
第一节　观赏鱼产业发展现状 …… 284
第二节　观赏鱼产业发展中创新团队的技术支撑作用 …… 294
第三节　观赏鱼产业典型案例分析 …… 299

第四节　观赏鱼产业发展政策建议 ································· 300

第十七章　北京市鲟鱼、鲑鳟鱼产业发展报告 ····················· 302
　　第一节　鲟鱼、鲑鳟鱼产业发展现状 ······························ 302
　　第二节　鲟鱼、鲑鳟鱼产业发展中创新团队的技术支撑作用 ········· 306
　　第三节　鲟鱼、鲑鳟鱼产业典型案例分析 ·························· 314
　　第四节　鲟鱼、鲑鳟鱼产业发展政策建议 ·························· 315

参考文献 ··· 319

第一篇 总论
——北京都市型现代农业发展报告

第一章 北京市"三农"发展的总体情况

2020年是全面建成小康社会和"十三五"规划的收官之年,同时北京都市型现代农业发展处于转型升级期,随着新时期乡村振兴战略的实施,农业产业结构不断转型和调整,农业供给侧结构性改革成效显著。本章主要从北京农业、农村的发展与建设情况和农民的收入就业情况,分析2020年在新冠肺炎疫情的影响下北京都市型现代农业的发展和变化。

第一节 供给侧结构性改革持续深化 加快推进首都农业现代化

一、农业产业结构继续优化调整

北京市三次产业结构不断优化。横向来看,从2016年到2020年第一产业和第二产业在生产总值中的占比一直处于微降状态,其中第一产业的内部结构有较大的改变,传统农业在第一产业中的占比一直处于下降的态势,都市型现代农业的发展非常迅猛;第三产业所占比重逐年增加,产业结构不断得到优化。纵向来看,2020年北京市的地区生产总值达到36102.6亿元,与2019年相比增长了1.2%。从各个产业进行分析可以看出,北京市2020年第一产业的增加值为107.6亿元,同比下降了8.5%;第二产业的增加值为5716.4亿元,与2019年相比增长了2.1%;第三产业的增加值为30278.6亿元,与2019年相比增长了1.0%(见表1-1)。

表1-1　　　　　　　　　　2020年各产业增加值

行业	增加值(亿元)	增速(%)
地区生产总值	36102.6	1.2
按产业分		

续表

行业	增加值（亿元）	增速（%）
第一产业	107.6	-8.5
第二产业	5716.4	2.1
第三产业	30278.6	1.0

数据来源：北京市统计局。

由图1-1可以看出，2016~2020年北京市第一产业基本上处于持平的状态，第二产业处于微降状态，第三产业迅猛增加。

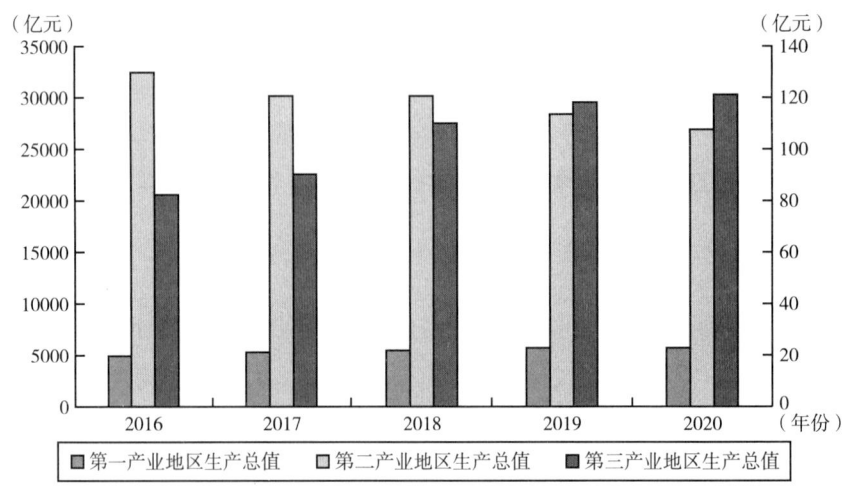

图1-1　2016~2020年北京地区生产总值构成

数据来源：北京市统计局。

二、农业生产恢复增长，农业产值逆势上升

2020年，北京市农林牧渔业总产值为263.4亿元，与2019年相比下降6.5%，按可比价计算，同比下降9.4%。2020年1~4季度的农林牧渔总产值降幅较1~3季度收窄1.4个百分点。

分行业看，农林牧渔业产值呈现出"一升三降"的状态。其中，种植业总产值达到205.3亿元，与上年相比下降了5.8%。在蔬菜与粮食生产快速恢复的带动下，农业产值达到107.6亿元，比上年增长5.1%，大约占农林牧渔业总产值的40.9%；林业产值为97.7亿元，与上年相比下降15.5%，占农林牧渔总产值的37.1%。养殖业总产值达到49.3亿元，与上年相比下降9.7%。牧业产值为45.2亿元，同比下降8.3%，占农林牧渔总产值的17.2%；渔业产值为4.1亿元，同比下降22.5%，占农林牧渔总产值的1.6%（见表1-2和图1-2）。

2020年，北京农业粮食总产量、蔬菜及食用菌产量分别增长6.2%和23.7%，生猪存栏增长1.4倍。全市设施农业播种面积43.5万亩①、实现产值50.1亿元，分别增长7.2%和6.3%。

表1-2　　　　　　　　　　2020年农林牧渔业总产值

项目	2020年（亿元）	2019年（亿元）（按现价计算）	同比增长（%）
农林牧渔总产值	263.4	281.7	-6.5
种植业总产值	205.3	217.9	-5.8
农业产值	107.6	102.3	5.2
林业产值	97.7	115.6	-15.5
养殖业总产值	49.3	54.6	-9.7
牧业产值	45.2	49.3	-8.3
渔业产值	4.1	5.3	-22.6
农林牧渔服务业产值	8.8	9.2	-4.3

数据来源：北京市统计局。

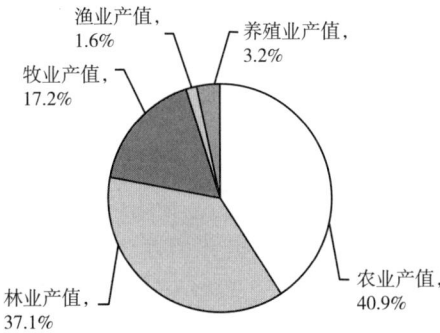

图1-2　2020年1～4季度北京市农林牧渔产值构成

数据来源：北京市统计局。

三、农产品供应链稳价能力逐步提升

针对北京新发地的第二波新冠肺炎疫情，北京市连锁经营协会发出"三保一稳"倡议，倡议连锁企业携手"保安全、保供应、保质量、稳物价"，组织电商超市等农产品供应端积极做好稳价措施。例如，永辉超市积极响应"三保一稳"工作倡议，做出并践行承诺，自2020年6月17日起，洋葱、冬瓜、胡萝卜、大葱、土豆等10种日常蔬菜保价30天，一个月不涨价。同时其他蔬菜水果、生活必需品及防疫用品保持供应平稳、价格稳定。其间所有蔬菜产地直供，保质保价，保障食品安全，消费者可安心购买。数量是日供蔬菜400余吨。与此同时，北京超市发也积极发挥国有连锁企业保障市场供应骨干作用，第一时间启动应急预案，多方筹措货源，及时补货，重点保障生活必需品和防疫物资供

① 1亩≈666.7平方米。

应。尤其是在2020年6月20日周末客流集中之际，超市发总部人员全体停休，到连锁店支援现场防控工作，他们以实际行动践行着国企担当。超市发积极行动组织货源，加大对果菜生鲜、米面粮油、防疫物资的采购，并保证库存量，及时从河北、内蒙古、山东等基地协调货源，从原先每天100多吨的蔬菜供应提升到400~500吨，充分保障市场供应。同时，加强对民生商品价格管控，平抑价格稳民心，公开承诺，自2020年6月18日起，所有超市发门店的10种民生蔬菜锁价一个月，不限量供应。同时，超市发将发挥产地直采优势，持续保障充足供应并维持稳定的价格。

面对新冠肺炎疫情，蔬菜供应的缺口迅速由其他市场主体填补。北京市指定多个临时交易场地，将原在新发地批发市场内交易的蔬菜和水果转移至指定区域进行交易。价格稳定，一方面是各大型连锁超市产地直采，大洋路、岳各庄、锦绣大地、水屯、顺鑫石门、八里桥等批发市场上市蔬菜成倍增加。经过短暂的波动上涨后，北京蔬菜价格很快恢复稳定。另一方面是从事蔬菜水果、食品供应的企业集团，如"首农"。首农集团主要从事种、养、加等行业，其发展目标是成为首都市民的"菜篮子、米袋子、奶瓶子、肉案子"。早在几年前，北京市就强调，首农集团重点建设北京鲜活农产品流通中心，为北京中心城区和城市副中心提供农产品供应。该中心建成后，将与城市南部的新发地市场形成"双核"供应格局，保障首都市民的"菜篮子"。

四、发展绿色农业，农产品质量安全继续强化

从2020年开始，北京市试行农产品合格证制度，企业、农民专业合作社等规模化生产主体生产、销售的食用农产品，在上市前需贴"合格证"标识，试行范围包括蔬菜、果品、畜禽、禽蛋、养殖水产品等，为百姓菜篮子添加保障。截至2020年八月中旬，北京市已有59家规模化生产主体试行了合格证制度，共开出4.4万张合格证。试行主体将全市食用农林产品生产企业、农民专业合作社、家庭农场全部列入试行范围，还将"三品一标"认证主体列入试行计划，同时增加了获得"国家农产品质量安全县"称号的相关区的部分小农户。此外，试行范围又增加了干果类。

2020年为积极应对新冠肺炎疫情工作，北京市农业农村局采取"四不两直""双随机"等措施，对各类涉农生产经营主体加大检查密度和频率，做到每周有检查、每次有留痕。尤其在新发地新冠肺炎疫情发生后，北京市农业农村局成立工作组，对全市农产品市场中的农产品生产企业、从业人员及生产环境，重点开展防疫安全大排查及核酸检测，确保农产品安全供应。

为全面提升农产品质量安全水平，北京市以创建"国家农产品质量安全市"，建设"北京农产品绿色优质安全示范区"为引领，突出优质、安全、绿色导向，强化农业生产环境保护和农产品质量监管，大力推进农业标准化生产和农产品"三品一标"（无公害农产品、绿色食品、有机农产品和农产品地理标志）认证工作，全力打造北京"安全农业"

品牌，加大绿色优质农产品生产有效供给，推进农业标准化，确保农产品质量安全。截至 2020 年年底，全市 13 个涉农区全部完成"国家农产品质量安全县"创建工作，其中 4 个区完成挂牌，9 个区完成推荐，全市创建任务基本完成。示范区创建的关键指标中，完成名优品牌 100 个，"三品一标"农产品认证覆盖率达到 86.9%，建成农业标准化基地 1208 家。

强化农产品质量安全全程管控，加大农产品质量安全检测机构建设力度，完善市、区、乡镇、生产基地（企业）"3+1"检测体系建设，落实"四位一体"的风险控制机制，为质量安全监管提供了有力支撑。同时，还启动北京市食用农产品合格证制度试行工作，与追溯系统无缝对接，实现数据互联互通，强化农产品质量监管，从源头上确保农产品质量安全。此外，还深入开展"利剑""农资打假"等专项整治行动，确保全市农产品质量供给安全。目前，北京市农产品质量安全监测抽检合格率保持在 98% 以上。

五、重要农产品稳产保供能力切实提高

积极应对新冠肺炎疫情带来的不利影响，确保北京市"米袋子""菜篮子"责任落到实处。完善农业支持保护政策，出台实施耕地地力保护、设施农业绿色高效发展、生猪产业优化提升等扶持措施，把粮食、蔬菜、生猪生产目标任务分解到区，深入开展工作督导和技术服务，全面夯实农业生产基础。纵观 2020 年，北京市都市型现代农业质量有较明显的提升，粮食、蔬菜、生猪生产等总体势头向好。

各区通过违建土地腾退复耕等措施挖掘粮食种植潜力，粮食播种面积达到 73.3 万亩，比上年增长 5.1%；粮食总产量达到 30.5 万吨，增长 6.2%。各区积极调整蔬菜种植结构、落实蔬菜生产补贴政策、推动新建温室大棚投入生产，扭转了蔬菜生产连续多年下滑的局面。全市蔬菜及食用菌播种面积达到 57.2 万亩，比上年增长 22.4%；产量达到 137.9 万吨，增长 23.7%。生猪生产在恢复养殖政策带动下实现恢复性增长，推进 11 家新建、6 家改扩建规模化生猪养殖场，做好非洲猪瘟等重大动物疫病防控。全市生猪期末存栏 32.2 万头，比上年增长 143.9%；生猪出栏 17.6 万头，下降 38.1%，其中 4 季度出栏 5.8 万头，环比增长 26%，连续 3 个季度环比增长。此外，禽蛋产量 9.7 万吨，同比增长 1.2%；牛奶产量 24.2 万吨，同比下降 8.2%。全市瓜果类播种面积为 4.7 万亩，同比下降 3.9%；产量为 13.9 万吨，同比下降 3%。果园面积为 63.8 万亩，同比下降 3%；园林水果产量为 39.9 万吨，同比下降 12.4%（见表 1-3）。

表 1-3　　　　　　　　　2020 年农副产品产量情况

项目	产量	同比增长（%）
农副产品产量	—	
其中：蔬菜及食用菌（万吨）	137.9	23.7
瓜果（万吨）	13.9	-3

续表

项目	产量	同比增长（%）
园林水果（万吨）	39.9	-12.4
禽蛋（万吨）	9.7	1.2
牛奶（万吨）	24.2	-8.2
生猪出栏数（万头）	17.6	-38.1
生猪存栏数（万头）	32.2	143.9

数据来源：北京市统计局。

六、地理标志农产品品牌建设成效显著

近年来，北京市农业农村局大力开展农业品牌建设的同时，高度重视农产品地理标志登记工作，深入挖掘、培育了独具地域特色的传统优势农产品品牌，包括延庆国光苹果、昌平草莓、通州大樱桃、海淀玉巴达杏、京西稻、北京鸭、北京油鸡等共计14个地理标志农产品，增强了农产品的市场竞争力，提升了农产品品牌质量，实现了农业增效、农民增收。

为保护地理标志农产品，从2019年开始，北京市农业农村局连续两年开展了地理标志农产品保护工程，努力创响"土字号""乡字号"特色产品品牌，推进规模化、标准化、绿色化生产，加强品牌培育和知识产权保护，提升了北京地标农产品的品牌知名度和美誉度，有效保护了北京濒危特色种质资源。通过地理标志农产品品牌的建设，促进农业高质量发展，为建设国际一流的和谐宜居之都，确保市民"舌尖上的安全"提供了有力支撑。

迈入新时代，北京市绿色食品发展，以"质量"为支撑，以"绿色"为底色，以"品牌"为载体，合力推进北京农业高质量发展，取得了明显成效。截至目前，全市绿色食品企业总数61家、产品总数284个、实物总量110.4万吨，国内销售额50亿元。

七、北京农业科技创新水平不断提升

2020年首都农业充分发挥北京科技资源优势，继续提高农业科技支撑，引领北京都市型现代农业更高质量发展。在自身高质量发展的同时，北京农业进一步将科技资源优势辐射推广全国，有效服务国家农业科技发展，强化国家农业创新战略力量，集聚科技人才创新团队，充分发挥北京农业引领示范作用。

深入贯彻北京打造"种业之都"计划，组织实施小麦良种更新工程，8个区冬小麦良种更新面积18.08万亩；推动建设市级农业种质资源保护体系；继续推进平谷区农业科技示范区建设，组织制定平谷区农业科技创新及产业提升三年行动计划，启动实施现代种业三年行动计划，建立北京特有遗传资源保种体系，北京油鸡、上方山香椿获得国家农产品

地理标志登记,推动国家玉米种业技术创新中心、平谷国家现代农业（畜禽）产业园、国家（北京）种业智库三个国家重点项目落地北京；组织举办了第二十八届北京种业大会暨首届中国玉米产业链大会；基本完成北京市农产品绿色优质安全示范区建设任务,组织召开创建工作调度会,示范区创建的关键指标中,完成名优品牌100个,菜篮子产品"三品一标"农产品认证覆盖率达到81.7%,农业标准化备案基地达到1220家,科技创新引领农产品质量安全抽检合格率连续多年保持在98%以上。建成高标准农田4.2万亩,发展节水农业,农业用水量同比减少10.8%。加强农业装备支撑,主要农作物耕种收综合机械化水平达90.9%。针对京郊农业生产需求,通过线上、线下多种方式组织开展技术培训指导,发布生产技术指导意见111期,发布病虫防控指导意见94期；共组织10个创新团队的专家对接郊区农业企业和合作社150家,为其提供科技服务,共示范推广新品种155个、新技术211项,取得了良好的示范效果,提升了生产管理人员的科技素质。

第二节　贯彻落实脱贫攻坚　农户实现全面增收

一、低收入农户可支配收入持续增长

2020年,全市加紧落实"六个一批"分类帮扶政策,低收入农户增收工作取得阶段性成效,已实现北京6.8万户低收入农户家庭人均可支配收入超过现行标准线11160元,234个低收入村全部脱低。全年低收入农户人均可支配收入17588元,比上年增长16.8%。

（一）工资性收入稳定增长

全市进一步加大就业帮扶力度,向所有未就业低收入农户劳动力逐一发放低收入农户劳动力就业帮扶服务卡,便于农户有就业需求能够及时得到就业帮扶,大幅提高了有劳动能力的低收入农户就业率,低收入农户人均工资性收入为6209元,同比增长11.2%,占人均可支配收入的比重为35.3%,对可支配收入增长的贡献率为24.7%。

（二）经营净收入实现正增长

低收入农户人均经营净收入为542元,同比增长8.0%,增速较上年提高0.5个百分点。自2017年以来,市区两级共同推动产业项目帮扶,包括特色种植业、林果业、休闲旅游业、光伏产业等,部分产业帮扶项目已初显效益,有力推动了经营净收入增长。

（三）财产净收入持续增长

产业帮扶项目的持续推进加快了农民土地流转,增加了集体分红收入,促进了财产净

收入增长。低收入农户人均财产净收入为 1073 元,增速达到 17.5%,成为低收入农户增收的亮点。

(四)转移净收入快速增长

低收入农户人均转移净收入为 9764 元,同比增长 21.2%。占人均可支配收入的比重为 55.5%,对人均可支配收入的贡献率为 67.4%。社会保障力度加大是转移净收入增长的重要动力。

综合来看,转移净收入和财产净收入的增速较快,工资性收入、财产净收入和转移净收入增速均达到两位数(见表 1-4)。

表 1-4　　　　　　　　　低收入农户收入结构情况

项目	2020 年		2019 年		增速(%)
	绝对值(元)	占比(%)	绝对值(元)	占比(%)	
可支配收入	17588	100	15057	100	16.8%
转移净收入	9764	55.5	8059	53.5	21.2%
工资性收入	6209	35.3	5583	37.1	11.2%
财产净收入	1073	6.1	913	6.1	17.5%
经营净收入	542	3.1	502	3.3	8.0%

数据来源:北京市统计局。

二、全面加强社会保障兜底工作

2020 年已完成低收入农户监测系统与社会救助管理平台数据共享交换,对无申请意愿或家庭收入、财产不符合社会救助标准的低收入农户,密切关注其意愿和收入、财产变化,及时将符合条件的纳入社会救助范围。配合市民政局,对低保标准线以下的 5276 户低收入农户开展摸排,已将 1023 户、1981 人纳入社会救助范围;对已纳入社会救助的低收入农户实行"一户一策一档",建立工作台账,实施精准救助,对低保标准线下低收入农户摸底排查,推进符合条件的"应保尽保"。强化对低收入农户的保障,全面提高最低生活保障费,低保发放标准 2020 年 7 月起从家庭月人均 1100 元调整到 1170 元,拉动低收入农户人均可支配收入增长 0.8 个百分点。

2020 年 7 月起提高城乡居民养老保险基础养老金和老年保障福利养老金待遇标准,拉动 2020 年低收入农户人均可支配收入增长 1.0 个百分点。自 1 月 1 日起,全市调整城乡居民基本医疗保险个人缴费标准,老年人和学生儿童由每人每年 180 元增加到 300 元,劳动年龄内居民由 300 元上涨到 520 元,低收入农户个人缴费部分由政府全额补贴,此项政策拉动低收入农户人均可支配收入增长 1.0 个百分点。

落实教育帮扶政策,保障低收入农户中没有一个适龄学生因贫失学辍学。促进低收入农户参加基本医疗保险,目前参保率达到99.5%。将4553户住房等级为C、D级的低收入农户纳入危房改造范围,其中2886户已完成改造,已全部竣工,1700户通过其他方式解决安全住所。持续推进"第一书记"、城区、国企、高校、科研院所等社会力量帮扶工作。推动低收入农户享受养老保险和医疗保险、加快推进危房改造等政策,促使低收入农户的转移净收入快速增长。

为了满足低收入农户就近就业的需求,各部门积极研究开发公益性岗位,并在安排公益岗位时更多向低收入农户倾斜。实施补贴政策鼓励招用低收入农户,自2019年7月1日起,对低收入农户所在的用人单位提供保障,低收入农户所在的用人单位均可申请享受岗位补贴和社会保险补贴,这一政策的实施能够促进低收入农户实现稳定就业,能够有效地解决农村就业问题。扶持129个低收入产业帮扶项目,对未就业低收入劳动力发放就业服务卡,实施精准就业帮扶,低收入劳动力就业率达到97%。

三、"六个一批"帮扶工作取得阶段性成效

（一）在产业帮扶方面

市、区在"十三五"期间共投入14.4亿元产业帮扶资金,扶持了952个产业项目,涉及特色种植、特色养殖、休闲旅游、分布式光伏、异地物业等,通过项目建设和管护用工、产业收益分红等形式,累计惠及3万余低收入农户。

（二）在就业帮扶方面

北京市通过动态监测、主动服务、精准帮扶等方式,帮助有转移就业意愿的低收入劳动力就业,70%的低收入劳动力实现第二、第三产业就业,同时将低收入劳动力纳入就业困难人员范围,享受岗位补贴和社会保险补贴政策。还通过公益岗、公共服务岗位等优先吸纳低收入劳动力就业。此外,还通过助残补贴、低收入户应届毕业生就业帮扶等措施帮助就业。截至2020年,北京市低收入劳动力就业率达到97%。

（三）在搬迁帮扶方面

北京市将地质灾害易发区、受洪水威胁地区及饮水困难、居住分散、交通不便等生存条件恶劣地区纳入山区搬迁范围,以低收入村、户为重点帮扶对象,优先列入搬迁计划。"十三五"期间,共搬迁低收入农户2574户、5342人,涉及低收入村45个,基本实现符合搬迁标准、有搬迁意愿、搬迁条件成熟的低收入村、户全部搬迁。

（四）在生态建设帮扶方面

落实生态补偿政策,提高补偿标准,将山区生态效益促进发展资金由每年每亩40元提高到70元,山区3.5万低收入农户直接受益。同时通过生态建设和管护等生态就业岗位优先吸纳低收入劳动力,共选聘4700余名低收入劳动力成为生态林管护员。

（五）在社会保障兜底方面

全市低收入农户中有1.3万户低保户依靠社保兜底实现脱低。提高"三保障"水平,

对低收入农户参加城乡基本医疗保险实施免缴费政策，制定针对低收入农户的非义务教育阶段帮扶政策，累计教育帮扶1.55万人次，摸排鉴定低收入农户C、D级危房4553户，实施改造2886户全部竣工，1667户通过其他方式解决安全住所，帮助1601名无养老保障低收入老年人享受城乡养老保险待遇。

（六）在社会力量帮扶方面

实现234个低收入村结对帮扶全覆盖，帮扶2万余低收入农户，通过党建、产业、就业、科技、消费、慈善等多种帮扶方式，社会帮扶金额累计达到4.4亿元。

四、精准帮扶成效显著

2020年是我国扶贫工作的收官之年，也是北京市对低收入农户进行帮扶的收官之年。自北京市的帮扶工作开始以来，低收入村产业的发展成果显著，2020年10月20日，市农业农村局、市国资委和市文化和旅游局共同举办"在那里"低收入帮扶系列推介活动的第三场推介会——"北京低收入村精品民宿推介会"。北京市其中4个区的9个低收入村现场展示和宣传了各村的精品民宿，包括门头沟区斋堂镇白虎头村"白虎头院"、清水镇梁家庄村"创艺乡居"、清水镇黄安坨村"百花山社"、密云区大城子镇南沟村"南山乡居"、大城子镇下栅子村"大城小苑"、怀柔区雁栖镇头道梁村"瓦蓝·永无乡"、延庆区张山营镇吴庄村"山隐小住"、刘斌堡乡下虎叫村"山楂小院"、刘斌堡乡小观头村"先生的院子"等。这9个低收入村的精品民宿累计投资1.2亿元，仅2020年"十一"小长假就收入500万余元，还带动了周边果品休闲采摘和特色农产品销售，促进了三次产业融合发展。

第三节　乡村建设行动持续推进　农村产业融合加快升级

一、美丽乡村建设持续推进

（一）深入实施美丽乡村建设三年行动计划

2020年围绕"清脏、治乱、增绿、控污"，扎实推进"百村示范、千村整治"工程，致力于健全城乡融合发展体制机制，完成美丽乡村建设三年行动计划，开展第三批村庄规划编制。按照"开门编规划、驻村编规划、统筹编规划"要求，统筹推进村庄规划编制工作，完成第三批村庄规划编制662个，累计完成村庄规划2929个，全市村庄规划基本实现应编尽编。编制农村地区的垃圾处理、非正规垃圾点整治、垃圾分类、厕所改造等标准汇编，指导涉农区开展整治。农村无害化卫生厕所覆盖率达到98%以上，污水处理设施覆盖达到50%以上，农村人居环境普遍达到"干净、整洁、有序"，152个乡村振兴示范村建设取得明显成效，完成600个村人居环境整治。

持续推进农村公路、电网、供水等基础设施提档升级，健全长效管护机制。主管市领导11次调度农村人居环境整治和美丽乡村建设工作，市级制定《农村人居环境整治考核验收标准》，每月组织开展农村人居环境检查考核，发现问题点位及时移交属地整改，9月中旬第三批798个"千村整治"任务村庄环境整治通过市级考核验收；按照"一村一策"完成396个城乡接合部村庄整治任务；全市农村环境保持了干净整洁有序的面貌。

截至2020年年底，全市已完成"百村示范、千村整治"绿化美化工程5580亩，超额完成4200亩年度建设任务，并认真做好后续养护管理工作；全市10个区的50个村被评为"首都绿色村庄"，目前全市首都绿色村庄已超1000个。

（二）主要基础设施逐步完善

百村示范创建稳步推进，152个村全部完成村庄规划编制工作，基本完成基础设施建设，10个"百村示范"村获得第六届全国文明村镇荣誉，百村示范村初步形成示范功能。

1. 进行清洁能源改造

2020年，供暖前印发"煤改电"保障方案修订版，确保130余万户"煤改电"村民安全用电、温暖过冬。印发《关于做好2020年农村地区村庄住户冬季清洁取暖工作的通知》，对平原村庄、低海拔山区和延庆川区村庄的清洁取暖工作提出了明确要求。市财政局、市发展改革委等5部门联合印发《2020年农村地区冬季清洁取暖工作方案》，目前2020年度安装的清洁取暖设备已完成调试，2020年全市共有110个村、约2.5万户完成了清洁能源改造。

2. 持续推进厕所改革

2020年完成755座农村公厕与城乡接合部整治村中的310座公厕的改造，持续推进农村无害化卫生户厕改造，本年度累计完成改厕1.9万户，全市无害化卫生户厕总覆盖率99.4%，2020年北京市行政村超过90%的公共卫生厕所达到三类以上标准。

3. 持续推进农村污染防治

截至2020年年底，完成300个村农村生活污水治理任务，农村生活污水处理率达到60%以上。2018~2020年美丽乡村建设三年计划期间累计创建1500个垃圾分类示范村，162处非正规垃圾填埋点得到整治，门头沟、大兴、平谷、怀柔、延庆5区获评住房城乡建设部农村生活垃圾分类和资源化利用示范区，行政村生活垃圾得到处理的村庄比例达到99%以上，村容村貌明显改善。

根据农业农村部规模养殖场直联直报信息系统统计，目前全市大型规模养殖场实现粪污处理设施装备全配套，规模养殖场粪污处理设施装备配套率已达到100%，畜禽粪污综合利用率已达到95.03%。涉及辖区均已完成环境综合整治村庄畜禽粪污综合利用情况摸排统计工作,共摸排统计172个村庄,其中57个村庄无畜禽养殖,115个村庄畜禽粪污综合利用率70%以上,已完成村庄畜禽粪污综合利用率达到70%以上指标要求。全市累计完成709个村庄环境综合整治,超额完成目标任务。

4. 持续开展乡村公路修建

截至2020年年底,全市乡村公路总里程达到13125公里,占全市公路总里程的59%,其中沥青路面8576公里,水泥路面4549公里。2020年北京市完成乡村公路大修1600公里,所有乡村公路实现经常性养护,所有建制村按照"村委会距站点小于2公里"标准实现通公交,在全国率先全面实现村村通油路、村村通公交、村村通快递。目前,全市乡村公路列养率已达100%。北京市对乡村公路排查出的隐患点进行治理,三年间共计治理乡村公路隐患点880公里。持续推进农村公路危病桥改造,全市危病桥比例逐年下降。建设82个农村公路平交路口减速带,防范农村公路重特大交通事故。2020年,全市10个区共对66条、226公里乡村公路进行创建。在此基础上,经过进一步筛选,评出15条共计60公里最美乡村路,其中通州、顺义、大兴、房山、延庆区各2条,怀柔、密云、平谷、门头沟、昌平区各1条。

二、盘活闲置宅基地,发展京郊旅游

2020年开展宅基地、集体建设用地权籍调查,依法依规推动集体经营性建设用地入市,制定宅基地管理办法,规范利用闲置农宅,发展精品民宿等绿色产业,不断提升京郊旅游发展品质。2020年印发了《北京市休闲农业"十百千万"畅游行动实施意见》及《北京市休闲农业"十百千万"畅游行动建设成效评价办法(试行)》,并完成了北京市各区休闲农业"十百千万"畅游行动建设项目督导任务,完成200户民俗接待户示范提升改造。作为典型案例,朝阳区何各庄村引入社会力量充分盘活宅基地资源,建设红砖美术馆发展网红打卡地,带动了村民增收致富;延庆区提出"新村民"模式,通过城里人来农村租用宅基地,盘活闲置宅基地院落,促进村民增收,进一步带动当地消费、旅游。

2020年12月4日,北京市文化和旅游局在北京产权交易所举办了"2020年北京京郊旅游重点投融资项目推介会",并提供了京郊旅游投融资服务平台。线下推介会帮助遍布京郊10区的35个重点旅游项目对接70余家投资机构,并实现现场签约金额近10亿元;而线上服务平台,这35个项目作为首批尝鲜者,借助市场化方式发布项目详细信息,吸引了全社会投资者的目光。全市共有乡村旅游特色业态710家、乡村精品民宿500余家、星级民俗旅游户5595户、星级民俗旅游村263个、特色旅游村镇100个以及一批新兴旅游品牌,京郊旅游呈现出蓬勃发展的良好态势。全市的乡村民宿的增量空间广阔,3万余家闲置农宅资源亟待盘活。

三、休闲农业和乡村旅游加快回暖

受新冠肺炎疫情的影响,北京市的休闲观光农业受到巨大的打击,休闲观光农业的总收入和接待人次与2019年相比均处于下降的状态。2020年4个季度观光园总收入与2019年同比减少了33.4%，接待人次同比降低了43.6%。乡村旅游总收入与2019年同比减少了34%，接待人次同减少了47.4%。随着新冠肺炎疫情防控常态化，休闲观光农业和乡村旅游加快回暖。2020年全市观光园和乡村旅游的接待人次共计1877.5万人，总收入达25亿元，分别恢复至2019年同期水平的66.4%和54.3%。其中观光园的总收入超过15.4亿元，接待人数为867.2万人次；乡村旅游的总收入大约为9.5亿元，接待人数为1010.3万人次。其中4季度观光园收入降幅较3季度收窄12.2个百分点，乡村旅游收入自新冠肺炎疫情暴发以来首次实现正增长，增长4.5%。新媒体应用和乡村旅游转型升级，人均消费水平明显提升，与2019年相比增长了22.2%，观光园和乡村旅游人均消费水平分别增长了18.1%和25.5%（见表1-5）。

表1-5　　　　　　　　　　　2020年休闲观光农业情况

项目	单位	2020年	2019年	同比增长（%）
观光园总收入	万元	154527.6	232126.1	-33.4
观光园接待人次	万人次	867.2	1538	-43.6
乡村旅游总收入	万元	95269.9	144289.9	-34.0
乡村旅游接待人次	万人次	1010.3	1920.1	-47.4

数据来源：北京市统计局。

四、休闲观光农业迎来新机遇

目前北京已有"全国休闲农业与乡村旅游示范县"7个，"国家全域旅游示范区"3个，累计创建了38个中国美丽休闲乡村、32个全国乡村旅游重点村、294个国家级和市级星级园区、274个星级民俗村，共有699家精品民宿品牌、6000余个星级民俗接待户。北京市拥有良好的休闲观光农业的行业基础，随着新冠肺炎疫情防控进入常态化阶段，旅游市场对周边游、京郊游、短途游需求出现较高的增长，休闲观光农业迎来了发展机遇。中秋、国庆"双节"假期期间，精品乡村民宿的出租率达90%。

"双节"假日期间，北京市乡村旅游成为全市旅游工作亮点，乡村旅游经营主体复工达产热情高涨，复工复业率超过75%，乡村精品民宿8天入住率接近90%，日均接待人数和营业收入较"五一"假日分别增长290%和270%。精品民宿资源丰厚，存量基础扎实，699家精品民宿，8000余间客房，日接待能力达1.7万人。北京的乡村旅游品牌矩阵效应已经初步形成，区域集群亮点纷呈，"双节"期间，延庆、怀柔、密云三大区域乡村旅游接待量和营业收入占全市的75%以上。品牌经营特色鲜明，延庆的"长城人家""世园人家""冬奥人家""山水人家"四大特色民宿品牌、"门头沟小院"民宿综合体品牌成为具有全国影响力的北京民宿名片。密云的"大城小院"民宿项目成为世界旅游联盟旅游减贫全球百个案例北京市唯一入选项目。

旅游发展新趋势赋予了乡村旅游新机遇，乡村旅游消费的三个"新市场"有待开拓。第一是市民周边微度假消费市场，以精品民宿推荐为核心，让市民从京郊游的当日往返变为乡村度假深度体验，提升过夜率，增加消费含金量；第二是传统节庆旅游消费市场，推出的"京郊过大年"系列主题活动，将通过春节乡村民俗特色文化活动，引导市民过节新时尚，到京郊"住民宿、享民俗、过大年"，做活节日旅游消费新空间；第三是做大综合服务消费市场，系列活动将以精品民宿为核心，综合亲子研学、观光采摘、农事体验、景区导游等多品类服务，打造多业态融合创新的文旅消费综合体，推动民宿华丽转身，延长产业链，做深全业态。通过在全市实施休闲农业"十百千万"畅游行动，加快构建生态优先、产业高效、业态丰富、产品精致、服务一流的休闲农业产业体系，引领带动乡村"美丽资源"向"美丽经济"转化。力争到 2025 年，全市休闲农业和乡村旅游年接待达到 4000 万人次，经营收入达到 50 亿元。

第二章　北京都市型现代农业生产体系

北京市农业产业发展处于减量提质阶段，农业产业相关产品的供给由数量发展阶段转向质量发展阶段。北京市农业相关部门不断推进首都农业供给侧结构性改革工作，进一步提升农业产业相关产品品质，扩大优质农业产业相关产品供给数量，力争将北京地区打造成为农业产业产品质量安全首善之地。北京市农业产业相关部门积极践行新发展理念，制定并实施了农业产业的"调转节"政策，进一步深化农业供给侧结构性改革，促进了农业产业的高质量发展。

2020年，北京市农业产业相关部门在农业供给侧结构性改革和新发展理念的基础上，更进一步地调整了农业产业生产体系布局以适应北京市民消费升级的需要。北京市农业产业生产体系布局的优化调整为北京地区的广大消费者提供了更高品质、更多品类的农产品供给，促进了数量供给充足、品质更加优良、结构更加合理、保障更加有力的农业产业供给体系的形成。

第一节　多措并举稳价保供　助力守护"菜篮子"

"菜篮子"是老百姓基本生活的必要基础，关系着千家万户，连接着田间地头，在城市运转中默默地发挥着不可替代的作用。新发地市场在保障首都这座拥有2000多万常住人口的特大型消费城市的"菜篮子""果盘子"安全稳定运行方面发挥重要作用。新冠肺炎疫情攻坚战打响后，坚决守住农产品质量安全底线，保障蔬菜等"菜篮子"产品质量安全，是农产品质量安全战线落实并保障"菜篮子"产品稳产保供的重要任务。为积极应对新冠肺炎疫情工作，北京市农业农村局采取"四不两直""双随机"等措施，对各类涉农生产经营主体加大检查密度和频率，做到每周有检查、每次有留痕。尤其在新发地新冠肺炎疫情发生后，北京市农业农村局成立工作组，对全市农产品市场中的农产品生产企业、从业人员及生产环境，重点开展防疫安全大排查及核酸检测，确保农产品安全供应。

保供应就是保民生，促稳定就是促和谐。2020年，在新冠肺炎疫情发生后，北京市高度重视市民"菜篮子"稳产保供工作，坚决贯彻落实党中央、国务院决策部署，保证农产品供给。据统计，2020年北京市蔬菜播种面积扭转了连续多年的下滑局面，全市蔬菜播种面积超过54万亩，产量超130万吨，较上年增长20%以上。为应对非洲猪瘟疫情与新冠肺炎疫情的双重冲击，北京市加大生猪稳产保供力度，2020年北京市生猪存栏32.18万头，完成2020年生猪生产任务目标。各项举措为首都"菜篮子"稳产保供发挥重要作用，有效提升了稳产保供能力。

一、年初疫情影响

"菜篮子"对北京农业具有重要的影响和作用，受2020年年初爆发的新冠肺炎疫情影响，北京市农产品市场流通格局和行情出现相应的变化。总体来看，北京蔬菜市场供应总体均衡，价格阶段性变化特征明显；年初受新冠肺炎疫情影响生产供应不畅导致价格短期上涨，中期市场消费不旺导致价格走低，6月中旬新发地突发新冠肺炎疫情冲击北京市蔬菜流通供应格局，供应偏紧、价格走高。猪肉市场走势符合预期和判断，供需矛盾有所缓解，在国家保供稳价政策下，猪肉价格出现阶段性回落，但6月中旬的突发新冠肺炎疫情又推动猪价出现反弹。鸡蛋市场仍是供大于求的局面，价格持续低位弱势运行，且低于蛋鸡养殖盈亏平衡点。牛羊肉市场价格高位运行，淡水鱼市场受突发新冠肺炎疫情的冲击较大，消费低迷，价格走弱。

2020年年初开始的第一波新冠肺炎疫情对蔬菜市场的影响主要体现在生产和消费两个方面。在生产方面，主要是由于封村断路以及农业生产者返工困难给蔬菜管理、采摘、运输等带来一系列短期影响，但是此影响在1~5月对蔬菜市场的影响并大不，加之北京市政府相关政策的引导和支持，首都"菜篮子"市场秩序恢复较快，有效保障了北京市蔬菜等农产品的供应。在消费方面，餐饮企业歇业、在外就餐消费比例大幅下降，影响了蔬菜等农产品的总体消费需求，蔬菜价格在3~5月出现了较为快速的下行，这一趋势一直延续到北京市二次新冠肺炎疫情暴发之前。

二、新发地新冠肺炎疫情影响

2020年6月受新发地批发市场发生新冠肺炎疫情而阶段性的闭市后，蔬菜上市量由新冠肺炎疫情前的日均1400万公斤减少到500万公斤左右。经由批发市场的蔬菜一部分分流到河北高碑店市场，一部分直接分流到商超，流通格局发生了较大变化。蔬菜市场价格进入高位运行阶段。其影响因素是多方面的：一是新发地蔬菜供应减少助推了蔬菜价格总体水平的上升，新发地市场蔬菜供应量占到全市蔬菜需求量的6成以上，且新发地批发市场蔬菜在全市蔬菜价格中一直处于比较低的水平，对北京市蔬菜价格平稳起到稳定器的作用；二是蔬菜采购竞争加剧了蔬菜价格上涨，随着北京市蔬菜流通向超市等渠道转移，由于批发市场供应的缺位，蔬菜经销主体在产地采购过程中面临的竞争加剧且短期无序化，拉高了蔬菜价格水平；三是极端天气进一步加大了蔬菜价格上涨幅度，2020年我国遭遇了历史上罕见的强降雨灾害天气，尤其是2020年8月以来的东北、山东等地强降雨，对蔬菜生产和采摘影响较大，拉动蔬菜价格处于较高水平，如从河北蔬菜主产地监测来看，2020年8月蔬菜平均价格为每公斤1.94元，环比升幅31.1%，生菜、油菜、圆白菜、小白菜和黄瓜价格涨幅超过100%，张家口产地蔬菜平均价格每公斤1.68元，环比升幅21.7%；四是年初的新冠肺炎疫情导致部分蔬菜品种没有按照正常的茬口安排定植，蔬菜生产受到较大影响，供应趋紧的态势在这一时间段开始显现，如张家口地区蔬菜种植面积同比减少5.6%，蔬菜上市量同比减幅7%左右，这是引起蔬菜价格较大幅度上升的主要原因。

从北京市蔬菜流通供应格局来看，批发市场一端连着产地，一端连着超市、农贸、食堂等，在蔬菜流通格局中发挥着非常重要的纽带和连接作用，突发新冠肺炎疫情之后，批发市场的缺位引致蔬菜等农产品经由量大幅减少，也直接考验着我市蔬菜供应保障机制。在多方因素作用下，超市成为最主要选择，因此由产地直接或者间接进入超市的数量必然会大幅增加，密切了产地与超市的联系，也加快了不同品种、不同产地与超市合作形式和机制的形成，这是本次新冠肺炎疫情对北京市蔬菜流通格局带来的另一个直接影响。批发市场交易恢复的程度和速度也决定了是否会形成新的流通格局。

从2020年10月开始，北京市新冠肺炎疫情形势趋好，新发地市场蔬菜交易量陆续恢复，2020年12月新发地蔬菜日均上市量基本恢复到新冠肺炎疫情前的水平，标志着北京市蔬菜供应流通基本恢复到了常态。加之秋茬蔬菜上市供应的保障，北京市蔬菜价格也出现了一波下降的走势。

三、多措并举、保供稳价，助力守护"菜篮子"

保供应就是保民生，促稳定就是促和谐。2020年，北京市委农工委、市农业农村局坚决贯彻落实党中央、国务院决策部署和市委市政府相关工作要求，全力做好"菜篮子"产品保供稳价工作。2020年全市蔬菜播种面积超过54万亩，产量超过130万吨，比2019年增长20%以上，扭转了蔬菜生产连续多年下滑局面；生猪存栏32.18万头，顺利完成2020年生猪生产任务目标。为保障首都人民群众"菜蓝子"量足价稳发挥了应有的作用。

为应对新冠肺炎疫情防控严峻形势和寒潮天气的不利影响，市农业农村局坚持防控疫情和农业生产"两手抓、两不误"，树立问题导向、底线思维，多措并举。一是向各区下发了《关于应对疫情和不良天气 持续做好蔬菜生产保障工作的通知》，要求严格落实防控措施，确保劳动力在岗在位；做好农用和防疫物资储备，提前谋划产品销售和调运保障；加强异常天气的防范，重点围绕防风和保温做好设施蔬菜生产管理；建立健全蔬菜生产信息数据和工作动态报送机制等。二是组织市农业技术推广部门采用多种方式进行技术指导，近两个月来，累计下乡指导 107 次，解决生产一线技术问题 73 个，涵盖了 12 个区的 113 个生产点，面积 1477 亩；采用网络或电话指导 224 次，解决生产供应中迫切需求的问题 108 个；通过电子邮件或邮寄发放技术指导意见 10 个；开展农作物病虫害等实地调研 8 次，为我市当前蔬菜生产供应提供了有力的技术支撑。三是下发了《关于印发〈疫情期间北京市涉农企业物资物流运输临时保障工作方案〉的通知》，确保菜篮子产品和农业生产必需品运输畅通。截至 2020 年 1 月 20 日 18 时，市农业农村局累计为全市 69 家涉农企业办理转运证明 188 张，涉及车辆 519 辆，积极打通流通梗阻，全力保障农产品和农业物资正常流通秩序。四是会同相关部门研究出台了《关于促进设施农业绿色高效发展的指导意见》，对标高质量发展要求，深化农业供给侧结构性改革，提前谋划设施农业未来五年发展方向，强化"储菜于地、储菜于技"，提高蔬菜产品稳产保供能力。

此外，为了加快恢复生猪生产，全市现已建成标准化、规模化、高级别生物安全生猪规模养殖场 17 家，总设计存栏达到 50 万头。在推进北京市生猪恢复生产工作的同时，充分发挥"京津冀"协同发展效能，积极强化龙头企业外埠基地和屠宰加工企业的"点对点"供应以及与主产区产销对接机制，2020 年，北京市 9 家生猪屠宰企业共从外埠调入白条猪肉 34.2 万吨，为北京市猪肉市场供应充足、价格稳定作出了积极贡献。

第二节　农业生产优质安全智能　适应首都消费升级需求

根据北京市统计局数据显示，2020 年度，北京市农林牧渔业总产值为 263.4 亿元，比上年下降 6.5%。分行业看，农林牧渔业产值"一升三降"。其中，在蔬菜与粮食生产快速恢复带动下，农业种植业产值达到 107.6 亿元，比上年增长 5.1%，占农林牧渔业总产值的 40.9%；林业产值为 97.7 亿元，下降 15.5%，占比 37.1%；牧业产值为 45.2 亿元，下降 8.3%，占比 17.2%；渔业产值为 4.1 亿元，下降 22.5%，占比 1.6%。而与之相对的是种植业提质增效、养殖业生产安全可控、水产业生产健康智能。北京市农业产业生产供给由数量扩张转向质量提升，农业供给侧结构性改革效果显著，农业产业生产"减量提质"成为北京农业产业生产体系新的特点。

加强农产品质量安全管理和监督，加大农产品质量安全检查机构建设，实施"四位一体"的风险控制机制，为质量安全监管提供了有力支撑。同时，启动北京市食用农产品合格证制度试行工作，与追溯系统无缝对接，实现数据互联互通，加强农产品质量监管，确保农产品质量源头安全。此外，还深入开展"农资打假"等专项整治行动，确保全市农产品质量供给安全。

北京市促进农业全面发展，加强农产品的质量和安全控制，并确保农产品供应的质量和安全。抓好农产品质量安全底线，确保全面建成小康社会任务圆满完成。在2021年，"十四五"规划的开局之年，北京市在农产品质量安全工作上将始终持续以"四个最严"的要求为指引，将继续完善以促进发展与逆向监管相结合的全过程、全方位、全员管理模式。不断提高预防、干预和应对农产品质量和安全方面紧急情况的能力，不断提高农产品质量和安全性，确保人民群众"最高安全"，促进农业产业健康稳定发展。

一、种植业生产提质增效

（一）生产效益逐步提升，菜篮子有效保障

据北京市统计局数据显示，2020年北京市粮食播种面积73.3万亩，比2019年增加3.6万亩，增长5.1%；粮食总产量30.5万吨，比2019年增加1.8万吨，增长6.2%；粮食单位面积产量416.3公斤/亩，比2019年增加4.1公斤/亩，增长1.0%。分季节看，2020年夏粮播种面积12.7万亩，总产量4.6万吨，单位面积产量364.9公斤/亩，比2019年分别增长3.4%、4.2%和0.8%；秋粮播种面积60.6万亩，总产量25.9万吨，单位面积产量427.0公斤/亩，比2019年分别增长5.5%、6.5%和1.0%。分品种看，2020年小麦播种面积12.6万亩，总产量4.6万吨，单位面积产量366.9公斤/亩，比2019年分别增长4.4%、4.7%和0.3%；玉米播种面积53.5万亩，总产量24.2万吨，比2019年分别增长5.9%和5.9%，单位面积产量452.3公斤/亩，与2019年持平；其他粮食播种面积7.3万亩，总产量1.7万吨，单位面积产量236.7公斤/亩，基本与上年持平。2020年北京市各地区通过有效的调控手段，优化蔬菜种植结构、落实蔬菜生产补贴政策、推动建设温室大棚并投入生产，全市蔬菜及食用菌播种面积达到57.2万亩，比2019年增长22.4%；产量达到137.9万吨，增长23.7%。使北京市居民的"菜篮子"里装满健康、放心的蔬菜，有效保障了广大居民对蔬菜的需求。

（二）农业农村污染进一步下降

北京市生态环境局和北京市农业农村局大力推进农业农村污染治理工作，联合印发了《北京市落实〈农业农村污染治理攻坚战行动计划〉实施方案》，并全面启动了北京市各地区的农业农村污染治理工作，并积极推进农业农村污染工作的开展。在2020年度农业农村污染治理工作成绩斐然，取得了突出的成就。一是农村饮用水源品质得到保障，使居住在农村地区的广大人民群众吃上放心水。二是有效治理农村生活垃圾和污水，在村镇一级设立污水处理中心以及生活垃圾处理中心，及时有效地处理农村生活垃圾和污水，有效提升了广大农村地区的人居环境水平。三是采取秸秆还田、喷灌滴灌、生物防治等新型农业技术，有效减少了农业化肥使用量和农药使用量，并减少了农业用水总量，有效提高了化肥、农药、水资源的利用率，化肥的有效利用率达到40%以上，农药利用率达到45%以上。相比2015年，农药和化肥的使用量分别下降15%、28%。四是提升了废物回收利

用率、环境监管能力和农民群众的参与度，使人民群众在参与治理农业农村污染进程中有更大的参与感和获得感。

粮经创新团队，围绕田园废弃物问题，利用废弃物进行草莓"土壤养生"试验，草莓园林废弃物基质育苗、草莓秸秆堆肥；针对甘薯连作障碍，开展甘薯不同种植年限土壤调查工作，甘薯连作障碍治理试验。开展三项水肥精准调控技术研究与示范：一是优化鲜食玉米微喷带铺设方案，田间拆卸连接更加方便；二是明确最佳水肥运筹方式，底肥减半，拔节—灌浆期微喷追肥可提高籽粒可溶性糖含量12%以上；三是优化甘薯种植基地的灌溉技术采用"精量滴灌"等新技术，实现节水45%~50%，同时，在水中适当补充钾肥等营养元素，甘薯的产量也可提升10%以上。

（三）品种选育水平不断提升

2020年，由北京市粮经创新团队完成的多种优质甘薯选育工作：有优质烘烤型品种"烟薯25"和"普薯32"；优质蒸煮型品种"济薯26"和"心香"；早熟抗病丰产品种"龙薯9"；营养与抗病兼备的新品种"农大29"，胡萝卜素含量每100克13.8毫克，并高抗茎线虫病，"农大16"中抗根腐病，"农大白"白皮、白瓤、薯型好、产量高。另外，为丰富紫薯品种类型，北京市粮经创新团队引进了诸如"冀紫薯2号""齐宁20""澳洲紫白"等优质紫薯品种，此类甘薯富含花青素，享誉"抗癌食品"美称。还有"红瑶""白玉密""黄金薯"等优质日本新品种，此类甘薯肉细腻，口感甜。北京地区甘薯种植面积达到1.8万~2.0万亩，亩产可达1800公斤，2020年北京市甘薯产量超过3万吨。由于新选育甘薯品种的口感好、营养价值高，使新品种甘薯在市场上受到极大的欢迎，售价可达到10元/公斤，亩产值大约在18000~20000元，促进了当地农户收入的提高。

此外，北京市粮经创新团队选育了"墨瞳"和"京紫糯219"2个高品质鲜食玉米品种。"墨瞳"是一种水果型鲜食玉米，其特点就是口感超甜，糖度能够达到16~18，可以与西瓜媲美，而且富含花青素和多种对身体有益的微量元素。针对此类品种，可以将玉米籽粒打成浆汁与牛奶搭配作为早餐饮用，从而拓展水果甜玉米的食用范围。另一个新品种"京紫糯219"是由北京市农科院鲜食玉米团队繁育，作为一种甜味糯类型的鲜食玉米，它比甜玉米的口感更加软糯，而且同样富含花青素，有助于防止细胞氧化，对于延缓衰老和预防心血管疾病都有积极作用，预计明年将开展大范围推广种植。

（四）现代种业法规体系进一步完善

为切实加强北京种业市场监管，营造种业创新发展的良好环境，按照《农业农村部办公厅关于印发〈2020年种业市场监管工作方案〉的通知》（农办种〔2020〕4号）、《北京现代种业发展三年行动计划（2020—2022年）》（京政农发〔2020〕24号）、《北京市种子监管三年行动计划（2018—2020年）》（京农发〔2018〕149号）的有关要求和我市种业市场监管工作实际，市农业农村局制定了《北京市2020年种业市场监管工作方案》。一是切实加强植物新品种权保护,切实保护品种所有权人的合法利益。将杂交玉米和蔬菜品种作为保护所有权工作开展的重点目标,积极探索植物新品种所有权保护行之有效的途径。市农业农村局指导各区做好植物新品种保护工作,对2019年评选的15家品种权规范使用示范单位进行鼓励。二是积极开展相关种子市场的巡查工作,结合辖区疫情防控及用种实际情况,采取灵活多样的方式,开展种子市场巡查工作。将种子标签以及种子质量作为巡查的重点方向,并于春季和秋季两季进行种子市场的针对性新检查,之后在冬季进行针对主要农作物生产经营企业巡视抽查。把近年来有不规范生产经营行为记录的生产经营主体列为重点巡视对象,加强检查力度并及时向社会公报相关信息。三是切实加强对转基因种子的检查力度。以杂交玉米种子为重心,强化品种审定、基地制种和种子销售等关键环节的审查工作,狠抓生产主体、企业生产经营资质、品种权属及亲本来源、制种田块转基因成分,做到早检查、早发现、早处理,确保覆盖全面、检查到位、执法严格。四是规范种业生产基地。各区农业农村局对辖区内的良种繁育基地实行全覆盖检查,重点核查制种企业的生产经营许可、生产备案、产地检疫等内容。五是推进许可备案信息化。全面落实《中华人民共和国种子法》及配套制度规定,建立种子种苗生产经营备案主体清单,并在同级农业农村局官方网站公布相关信息,同时将所有种子生产经营许可信息、备案信息等相关信息录入中国种业大数据平台。

二、养殖业生产安全可控

(一)全力防控非洲猪瘟疫病

组织北京市重大动植物疫情应急指挥部有关成员单位、各区农业农村部门、北京市屠宰企业负责人召开全市生猪恢复生产和非洲猪瘟防控工作视频会、调度会,部署相关部门在统筹做好新冠肺炎疫情防控的同时,落实动物防疫责任。督促综合防疫措施落实。

一是开展违规调运百日专项打击行动。会同交通、公安等部门联合开展了北京市违法违规调运生猪百日专项打击行动。百日行动期间,共出动执法人员11061人次,在全市指定27个进京道口派驻检疫监督人员2887人次,共检查畜禽运输车辆9818辆次;对全市非指定进京道口巡查7687个次,检查调运生猪19865头,生猪产品91829吨,开展三部门联合执法134次,查处3起违法违规调运调出生猪行为,罚没金额共计11480元。

二是开展违法违规调运生猪专项整治。制定印发了《北京市违法违规调运生猪专项整治行动方案》,严把"六关"强化生猪跨省调运监管,对专项整治工作进行了全面部署。专项整治期间,全市共出动执法人员3162人次,检查相关场所1748家次,向相关单位(个人)宣传告知和发放材料4919份。公路动物防疫监督检查站共检查畜禽运输车辆6288辆次;对全市非指定进京道口巡查1187个次,未发现有违法违规调运调出生猪行为。通过"牧运通"完成车辆备案51辆。开展生猪产地检疫20078头,开展生猪屠宰检疫12439头,开展生猪落地查验2472头,开展非洲猪瘟全链条监测27348份,检测结果均为阴性。

三是开展非洲猪瘟病毒全产业链条监测工作。依照"关口前移、扩大防线"的方针原则，做到及时发现、及时处理。以全市范围大区域环境安全保护生猪养殖安全，在对养殖生猪、屠宰生猪及调入白条肉、饲料进行检测基础上，扩大到对屠宰厂和无害化处理厂的环境及相关运输车辆开展检测。截至 2020 年 10 月，共监测样品 164856 份，结果均为阴性，其中市级监测 5778 份，区级监测 159078 份。

四是开展生物安全评估指导。制定印发了《生猪养殖场所生物安全评估办法》及配套 81 项评估标准，组成了市级评估指导组，全程指导各区第一家新建、改建、扩建生猪养殖场项目评估与验收。目前，根据各区请求，已会同房山、顺义、昌平、大兴、通州、怀柔、密云、平谷、延庆 9 个区对新建、改建、扩建猪场项目及恢复生产场改造开展近 40 场次生物安全评估指导。截至目前，怀柔区湘村高科农业股份有限公司、顺义区北京中地美佳种猪有限公司已恢复养殖；北京穆家峪精育种猪有限公司、北京二商农牧科技有限公司、新希望北京智能猪场等 17 个项目已全部开工建设。针对部分区拟启用应急保供场的问题，组织编制了《阶段性保供猪场建设指引》及 26 项评估标准，指导各区复养生猪养殖场进行必要的生物安全改造后方可投产。

五是继续做好非洲猪瘟防控各种数据统计、信息收集、12345、12316 舆情反馈落实，完成日报、周报编辑上报工作。自 2020 年以来，累计编辑日报 159 期，周报 39 期，督促完成 267 条舆情的核查反馈。

（二）生猪产能进一步恢复

2019～2020 年，为稳定生猪生产，促进生猪产业转型升级，提高市场猪肉供应保障能力，相继出台了《北京市生猪产业优化提升发展和保障猪肉市场稳定供应工作方案》《积极应对新冠疫情抓好"菜篮子"稳产保供和春耕备耕工作的指导意见》，文件中明确指出各有关区要把生猪稳产保供作为重大政治任务，严格落实区长负责制，坚定恢复生猪生产目标任务不动摇，积极督促项目承建单位抓紧建设，努力在 2020 年 6 月底前完成新建、改扩建猪场的建设工作，并力争在 10 月底前完成装猪任务，不折不扣完成年底前恢复生猪产能基本接近常年水平的硬任务，确保生猪存栏恢复到 31 万头以上，基本实现域内自给率 6%。要围绕构建高效生态的生猪产业体系、建立高级别生物安全防控体系，不折不扣落实优化生猪产业布局的各项政策措施，推动生猪产业高质量发展。同时，在恢复生猪生产过程中，要毫不松懈地抓好非洲猪瘟防控，并针对近期新疆、湖南等地相继发生的口蹄疫和 H5 亚型禽流感疫情，在当前防控新冠肺炎疫情的严峻形势下，统筹做好重大动物疫病防控，防止动物疫情发生，保证动物防疫局面稳定。从整体出发，全面调整优化北京市生猪产业区域发展布局，建立生猪及其产品供应的三级供应保障体系，到 2022 年，实现生猪存栏 50 万头，年出栏生猪 89 万头，北京市域自给率达到 10% 的目标；积极引导北京市生猪养殖龙头企业在北京周边省市投资建设生猪及其产品生产基地，实现猪肉及其相关制品区域自给率 64% 的目标；通过连接猪肉产区和猪肉消费市场，与主产区形成契约化、常态化供应机制，实现供给率26%的目标。

截至2020年10月底，全市共有18家新建、改扩建生猪养殖场，其中，新建12家，6家改扩建。主体施工阶段大部分已进入收尾阶段，4家养殖场完成工程建设和验收工作，即将正式投产。截至2020年10月底，全市已完成生猪存栏17.2万头，出栏12.86万头。到2020年年末，全市建成标准化、规模化、高级别生物安全生猪规模养殖场17家，总设计存栏量达到50万头。在推进北京市生猪恢复生产工作的同时，北京地区充分发挥"京津冀"协同发展效能，落实强化龙头企业外埠基地和屠宰加工企业点对点供应以及与主产区产销对接机制，2020年，北京市9家生猪屠宰企业从外埠调入白条猪肉34.2万吨，为北京市猪肉市场供给充足、价格稳定作出了积极的贡献。

（三）推动畜禽粪污资源化利用

按照《国务院办公厅关于稳定生猪生产促进转型升级的意见》（国办发〔2019〕44号）《农业农村部关于加快畜牧业农机装备现代化发展的意见》（农机发〔2019〕6号）和《北京市生猪产业优化提升发展和保障猪肉市场稳定供应工作方案》（京政农发〔2019〕135号）的要求，为进一步推进北京市生猪粪污资源化利用、防疫和养殖机械化工作，出台制定了《北京市2020年度农机新产品购置补贴试点实施方案》。将生猪养殖所需机械设备，包括废弃物处理成套设备、畜牧用车辆消毒（清洁）设备、生猪饲养成套设备，纳入北京市农机新产品购置补贴试点范围，以提高北京市生猪规模养殖场粪污资源化利用率、疫病防控和生猪生产机械化水平。根据农业农村部规模养殖场直联直报信息系统统计，目前全市大型规模养殖场粪污处理设施装备已实现全配套，规模养殖场粪污处理设施装备配套率100%；全市畜禽粪污综合利用率92.64%。截至2020年10月底，涉及辖区均已完成环境综合整治村庄畜禽粪污综合利用情况摸排统计工作，共摸排统计172个村庄，其中57个村庄无畜禽养殖，115个村庄畜禽粪污综合利用率70%以上，已完成村庄畜禽粪污综合利用率达到70%以上指标要求。

三、水产业生产健康智能

（一）育种技术不断提升

鲟鳟鱼创新团队自主选育和"西伯利亚鲟+施氏鲟"杂交鲟正反交苗种、杂交鲟鱼三倍体、杂交金鳟4个品种在国内大规模推广，覆盖全国20多个省市。杂交鲟鱼繁殖技术应用率达96%，苗种销量占全国70%以上。进一步完善和利用鲟鱼分子育种平台。在建立鲟鱼家系、构建鲟鱼种质基因库和启动鲟鱼遗传图谱的基础上，进一步丰富鲟鱼优良品种种质资源库，应用鲟鱼基因组育种平台开展高繁殖力鲟鱼品种的选育和鲟鱼杂交种亲本选育，稳定杂交种优良性状，已收集保存鲟鱼DNA样本200份以上，3种以上鲟鱼冷冻精子，1种杂交鲟子一代的制备。开展鲟鱼全雌育种技术的基础研究，尝试在小体鲟性别差异基因foxl2和cyp19a1的调控区寻找差异，构建了包含foxl2或cyp19a1基因质粒和含有T7

或 sp6 启动子的双链 DNA 序列，为后续构建 foxl2 或 cyp19a1 基因绝对定量体系和方法打下基础；设计包含小体鲟雌雄差异 SNP 的引物对已知小体鲟已知性别样本进行扩增与鉴定。

（二）水产品质量检测制度体系不断完善

一是高度重视、落实属地责任。坚持"属地管理，守土有责"的基本原则，以发现问题为导向，以控制风险为目标，突出重点，排查隐患，追根溯源，严防食品安全事件的发生。

二是突出重点，加强重点环节食品安全监管。重点监管产品和重点监管对象以水产品及其制品为重点品种，以各类经营生鲜、冷冻肉品及水产品的食品集中交易市场（含附设冷库）、专业冷冻冷藏库房、超市、便利店、食杂店以及肉类和水产品使用量大的餐饮服务单位等经营者为重点，全面排查食品安全风险隐患。加强对食品集中交易市场的监督检查，督促市场开办者落实食品安全管理责任，依法对入场食品经营者履行管理义务，查验并留存食用农产品产地证明或者购货凭证、合格证明文件，并核对入市畜禽类产品检疫合格证明标识内容与实际数量、来源等情况，无食用农产品产地证明或者购货凭证、合格证明文件一律不得入场销售。加强对食品销售经营者的监督检查。加大对超市、便利店、食杂店等食品经营者的监督检查力度，督促食品销售经营者严格履行食品安全主体责任，严格落实进货查验及记录相关要求，采购食品依法索要相关凭证，不采购、贮存、销售无溯源凭证、来源不明、过期变质等不符合食品安全标准的食品，特别是进口产品要索取出入境检验检疫部门出具的检验检疫证明文件。加强对餐饮单位的监督检查。按照《餐饮服务食品安全操作规范》的要求，全面检查餐饮服务单位的原材料进货、食品加工制作、餐饮具清洗消毒、从业人员健康状况等。重点对餐饮服务单位海鲜、猪牛羊肉的进货查验情况进行检查，确保来源可追溯，坚决禁止在餐饮环节购买和使用来源不明的肉类、水产品以及其他食品原料。

三是加大监督抽检力度，严查违法行为。组织力量对辖区内重点业态、高风险食品有针对性地组织抽检、监督检查和执法行动，有效防控食品安全风险。在开展工作过程中，要做好个人防护，确保零感染。根据辖区实际，加大监督抽检覆盖面和抽样数量。针对监督抽检、监督检查中发现的问题，应当坚决予以立案，依法予以严惩；符合移送公安机关条件的，应当按照有关要求及时移送公安机关。

第三节　农业基础设施提档升级　保障首都农业供给能力

一、高标准农田建设持续推进

高标准农田建设是国家粮食安全战略工程中极为重要的工作内容。为了深入贯彻落实党中央、国务院决策部署深入实施"藏粮于地、藏粮于技"的战略，突出首都农业特色，充分发挥财政资金的引导作用，加快推动高标准农田建设（高效节水工程）项目落实，促进农业高质量发展是题中应有之意。按照北京市"十三五"规划，13个涉农区及北京首农食品集团有限公司所属北京双河农场均有高标准农田建设任务。2020年全市下达建设高标准农田任务4万亩，包括海淀、房山、顺义、大兴、昌平、平谷、密云及北京首农食品集团有限公司。经与市区财政部门、农业农村部门确定，2020年各区高标准农田建设任务为：海淀区2800亩、房山区6000亩、顺义区2000亩、大兴区650亩、昌平区1500亩、平谷区1000亩、密云区6050亩、北京首农食品集团有限公司20000亩。项目由各区农业农村局及首农食品集团负责组织实施。一是按照农业农村部4号令要求，落实了北京市4万亩高标准农田建设任务。二是争取财政支持，明确在中央财政补贴基础上，对北京各区域内高标准农田建设标准补贴到3000元/亩（含中央补贴）。三是制定并印发了《北京市农业农村局关于做好2020年高标准农田建设工作的意见》。四是按进度推进工作，及时下拨全部资金。建设任务开工率100%，建成面积33%，截至2020年9月高标准农田建设工程全部建成。

同时，实现有机肥替代化肥补贴15万亩，测土配方施肥技术示范推广13.4万亩，围绕重要水源保护区、地下水严重超采区、大尺度绿化区、生态涵养区等重点生态保护区域，在密云、延庆等8个区开展休耕试点以及耕地地力保护补贴、基本菜田生产补贴、农机深松整地、秸秆综合利用、畜禽粪污资源化利用等多项措施，耕地质量逐年提升。

二、农业信息化水平加速提升

2020年农业信息化重点开展农业遥感、新型传感器、大数据、区块链、机器人等方面的创新性研究和转化工作，提升京津冀地区的智慧农业和数字乡村水平，为乡村振兴战略落地提供信息化支撑。

（1）研发面向生产的智能农场云平台，以实现农产品生产信息电子记录、提高农产品标准化生产管理水平、规范农产品包装标识为目标，提供生产基地管理、生产资料管理、生产履历管理、产品检测管理、生产过程预警、追溯标签生成与打印等功能。系统与多种物联网设备（如病虫害监测、生产履历采集设备、农残快速检测设备等）具有良好的数据接口，可实现多源数据的融合与集成。

（2）研发面向物流的物流管理系统，集成物流监控设备和货架期预测模型，提供仓储、运输等环节的实时监控和货架期管理等功能，系统提供车辆远程位置追踪、车辆历史轨迹查询、车厢环境实时监控、订单配货、基于路线优化的订单配载、订单配送状态查询、产品货架期预测等功能。

（3）面向市场的交易管理系统，系统实现了农产品交易查询、交易统计、门店管理、订单管理以及交易记录管理等功能。系统界面美观易用，提供了一个向公众展示农产品交易的公开平台。

（4）农产品追溯区块链平台，系统包含网站、手机、触摸屏等多种追溯方式，可根据用户需要定制开发，并提供基于区块链的追溯技术。网站追溯：消费者在相应网站上通过追溯标签对相应产品进行追溯，作为回应，溯源系统将消费者所要查询的产品信息、企业信息、环境信息、生产视频信息、检测信息等所有质量安全数据显示在追溯结果页面，以满足不同消费者的追溯需求；手机追溯：消费者使用 Android 或 IOS 手机在应用市场下载并安装追溯软件后，通过二维码技术识别产品信息，也可以实现相同的溯源需求，并可通过手机上网实现详细的追溯；触摸屏追溯：消费者通过使用带有二维条码扫描头的触摸屏对条码进行扫描，能查到蔬菜、水果、畜禽、水产等产品信息、企业信息、农事信息、检测信息等追溯结果。

（5）面向政府的监管系统，基于农产品质量安全管理流程及部门分工定制，实现了认证企业审核与备案、农事信息监管、检测数据分析、条码打印标签统计、质量安全预警等功能，重点支持产中投入品监管、产后检测监管。

（6）温室病虫害监测设备及预警系统，针对温室病虫害监测预警需求，提供病虫害物联网数据采集子系统、基础数据管理子系统、历年病虫数据分析、气候信息数据分析、调查任务管理、数据查询汇总、数据分析、数据迁移、数据填报、系统对接、植保知识库、信息交流子系统等功能，重点支持政府部门和园区的植保信息化需求。

三、农业机械化水平转型升级

习近平总书记指出，"大力推进农业机械化、智能化，给农业现代化插上科技的翅膀""没有农业机械化，就没有农业农村现代化"。近年来，北京市农业机械化和农机装备水平显著提升，目前北京全市农机总数 20.52 万台套，主要农作物综合机械化率达到 91.2%，农作物秸秆综合利用率达到 95.36%，为农业"调、转、节"和农业供给侧结构性改革提供了动力保障，在促进农业增产增效、农民增收、农村资源利用方面发挥引擎作用。

2020 年是北京市实施"自主购机"政策第二年，制定了《北京市农机购置补贴工作流程》《北京市农机购置补贴产品核验工作规程》《北京市农机具购买及补贴申请、兑付流程》《2019—2020 年北京市农机购置补贴中央资金补贴额一览表（2020 年度第一批调整）》《北京市 2020 年度农机新产品购置补贴试点实施方案》等一系列配套文件，明确补贴工作程序，规范相关工作流程。确定年度农机购置补贴范围共 73 个品目，调查相关产品 1000 余个，对每个品目的产品进行分档，并测算每个档次产品的补贴额，公布年度北京市农机购置补贴额一览表。邀请企业自主、自愿投档，组织专家对投档信息和材料进行审核，形成并发布年度北京市农机购置补贴产品归档信息表，全年共归档补贴产品 2000 余个。

北京市农机装备产业科技创新能力持续提升，农机具配置结构进一步优化，农机作业条件进一步改善，农机社会化服务领域有效拓展，农机使用效率进一步提升，为建立全市农业机械化发展协调推进机制，破除农业机械化发展障碍，共同完成农机化转型升级各项任务，营造加快推进首都农业机械化和农机装备产业转型升级营造了良好氛围。

第四节 发展有机循环绿色农业 共同绘就首都绿水青山

落实新发展理念，实现高质量发展。北京市积极推动实施乡村振兴战略，着重提高农业农村发展层次，着力增强乡村振兴内生发展动力。2020年北京市市民人均可支配收入为69434元，同比增长2.5%。北京市还出台《关于推动生态涵养区生态保护和绿色发展实施意见》，对占全市面积近七成的生态涵养区发展划出"红线"：确保区域生态空间只增不减、土地开发强度只降不升。这意味着北京乡村发展也走上了"减量提质"之路，将以更绿色的GDP留住美丽乡村。

一、有机农业助力首都绿色发展

北京农业产业的发展方向转向大都市小农业，不再以农业产量为目标导向，而更多地把有机绿色循环作为主导的农业发展方向。有机（绿色）农业兼顾生产、经济、生态环境以及社会需求等多方面的特性，必将成为推动首都农业产业高质量发展和转型升级的突破口，成为助力乡村振兴战略的重要抓手，同时有效促进首都农业产业综合管理水平的提升。

2020年，延庆区委、区政府通过打响区域公用品牌，控制农业产业相关产品质量，实现农业产业相关产品的溢价，为本地区的农业发展打造了新的增长点，激发了当地的农业产业主体的生产积极性。由此，在区政府的倡导下，"妫水农耕"区域公用品牌应运而生。当地结合本地区的现实情况，立足自身的资源禀赋条件，充分发挥自身所具有的生态优势和地域优势，将自身的优势创造性转化为市场上的有效供给，即将本地区的优质农产品卖出去，把城市人请进来。延庆区是北京市唯一一个中国有机产品有机认证示范区，其中北菜园有机蔬菜、金粟有机葡萄、归原有机奶等都是北京著名品牌。

以北菜园为例，其始于2007年，专注有机农业发展，目前有机种植基地分布北京延庆、海南海口/三亚/东方、广西资源、黑龙江五常四大省市，有机蔬菜的种植规模达到2500余亩，年产有机蔬菜5000余吨，超过50种蔬菜和大米获得了权威机构出具的有机认证证明。有机农业将是延庆农业发展的重要方向，目前其有机认证土地已达2500余亩。认证品种达70多种，年产量2000余吨，全年日均供应有机蔬菜35种左右，专注于有机蔬菜种植生产、加工包装和产品销售业务，北菜园正致力建设一种"有机产业提升＋联农、带农"的合作共赢新模式。

二、设施农业推动农业现代化

设施农业是都市型现代农业的发展方向，近年来，北京农业多措并举推动现代设施农业创新发展。从 2010 年到 2020 年设施农业的收入来看，2013 年设施农业总收入达到顶峰为 57 亿元，2014 年降至 51 亿元，随后设施农业收入情况基本稳定，2020 年全市设施农业播种面积 43.5 万亩、实现产值 50.1 亿元，分别增长 7.2% 和 6.3%。将农业与农业机械设施相结合，发展新型农业生产模式，采用现代农业工程技术，改善甚至改变局部自然环境，从温度、湿度、空气、光照和水等方面为动植物提供适宜的生产环境，促进动植物的生长发育。高投入、高技术含量、高品质、高产、高效益的设施农业，是最具生机的现代新业态之一，建筑材料、机械、自动控制、园艺技术、栽培技术和管理学科系统工程等涵盖其中，设施农业的发展程度成为衡量农业现代化水平的重要标志之一。2019 年 10 月出台了《关于实施家庭农场培育计划的指导意见》，文中提出强化用地保障，利用规划和标准引导家庭农场发展设施农业。鼓励地方政府加大土地支持力度，并支持以各种方式建设家庭农场的仓储、干燥、保鲜库和农机库棚等设施。

为促进首都设施农业发展，北京市加强设施农业数据资源建设。13 个区设施农业台账信息采集工作顺利完成，共建立设施农业台账 213928 个，覆盖北京市 178 个乡镇。形成了"1＋32"的指标体系，核心信息包括位置信息、面积信息、图斑号信息以及建设主体、经营主体等信息。初步实现设施农业台账数据共享。完成合同信息导入和关联的设施占比 73.4%。设施农业二维码标牌装挂工作稳步推进，目前已经装挂二维码并实现数据关联的设施占比 79.4%，基本完成支撑设施农业台账信息管理的系统开发工作。

三、打造北京绿色循环农业

为了全面提高农产品的质量和安全水平，北京成立了"国家农产品质量和安全"小组，创建了以优质、安全、绿色为主体的"北京绿色农产品质量安全示范区"，加强农业生产、环境保护、产品质量监督等一系列工作，促进农业生产和农产品的标准化生产，有力推广北京三品一标（无公害农产品、绿色食品、有机农产品和农产品地理标志）认证、北京"安全农业"品牌，增加绿色高质量生产的农产品有效供给，促进农业标准化，保障农产品的质量安全。

截至 2020 年年底，全市现行有效农产地方标准 236 项，辐射至全市主导产业、有特点的产业标准体系已初步形成，建立规模化生猪养殖场 17 家，总设计存栏达到 50 万头。对农产品产前、产中、产后全过程的生产管理实施有效措施，农业标准化对农产品质量安全的支撑作用更加有力。

北京作为首都，绿色环境、绿色生态是坚守的目标。近年来，北京农业积极推进农作物秸秆回收利用，综合利用水平得到明显提高，积极建立和完善以秸秆为肥料、饲料和基础原料的秸秆购储运输体系并进行综合利用。发展以龙头企业，家庭农场和专业合作组织为主导的农牧业综合体，推广秸秆青贮、氨化、微储藏或颗粒饲料生产等技术，促进以秸秆利用为基础的种养结合。多年来围绕"种养加循环、三次产业融合"的发展目标，全面推进畜禽粪污、秸秆、农膜等农业废弃物资源化利用，给予完善的装备和技术支持，大力促进农业生态绿色发展。按照集约节约、环境友好、绿色发展要求，鼓励农产品加工企业开展副产物循环高值梯次利用。推行低消耗、少排放、可循环的绿色生产方式，推进"生产－加工－产品－资源"循环发展。加快副产物综合利用的技术创新，开发新能源、新材料、新产品等，实现资源多次增值、节能减排。

第三章　北京都市型现代农业产业体系

第一节　延伸农业产业链　打造特色产业品牌

一、种养一体化全面协同，扎实推进现代种业建设

（一）推进种质创新，提升优势特色物种

种业是农业的"芯片"。根据中共中央、国务院深入实施乡村振兴战略、加快发展现代种业的决策部署，按照《北京加强全国科技创新中心建设总体方案》《北京市乡村振兴战略规划（2018—2022年）》相关要求，北京市促进现代种业的高质量发展，加大优良品种推广力度，提升市域范围内农作物、畜禽、水产和林果良种应用水平，加大种业创新成果对河北天津及全国的辐射带动，加快种业创新成果转化，带动农民增收，提高农民福祉。

水产养殖业作为种业产业之首，北京鲟鱼种业在全国具有举足轻重的地位。据2020年5月实地到户对鲟鱼亲鱼和后备亲鱼的统计，全市保有鲟鱼亲鱼3.03万尾、后备亲鱼2.97万尾，为鲟鱼种业的发展奠定了坚实基础。北京市正在着力打造中国种业之都和世界种业枢纽，作为四大种业之首的水产养殖类将会作为重点发展，鲟鱼种业更是成为北京市种业的重要发展对象。此外，北京市委市政府还重视新鲜玉米产业的发展，通过推广、引导以及应用等方式，促进新鲜玉米产业的发展。北京的新鲜玉米种植面积以每年10%至15%的回收率增长，2020年种植面积超过35000亩，高端质量优的鲜食玉米（水果型、甜糯型）占种植面积的30%以上，正逐渐成为农民的首选农产品。2020年3月，北京市农业农村局、北京市发展和改革委员会、北京市科学技术委员会等5部门联合印发《北京现代种业发展三年行动计划（2020—2022年）》，提出关注促进创新和高质量发展的12个北京优势特色物种，其中就包括特色玉米等一系列农产品，制订联合攻关方案。从2020年

开始，每年启动 4 个物种，每个物种连续推广以及大力支持 3 年，打造在全国具有影响力强和市场占有率大的品种 20 余个，引领我国种业创新发展。

（二）装备现代农业科技，夯实产业创新基础

北京着力建设创新园区、基地和平台，装备现代种业科技，夯实产业创新基础，为北京打造现代种业高端增长点提供保障，做精做细北京种业的产业链。2020 年，平谷区创建国家现代农业（畜禽种业）产业园，以首农食品集团奶牛、蛋鸡种业为主导产业，带动生猪、樱桃谷鸭等畜禽种业共同发展，打造全国畜禽种业科技创新中心。中国禽业种业科技创新大会暨国家现代农业产业园推广会也在平谷区进行，重心在攻克关键核心技术，提升种业核心竞争力方面。通州国际种业创新园区提升工程也在进行当中，预计建成以农作物种业、林业种业为主的现代种业创新园区，2020 年首创了番茄栽培新模式，可溶性糖含量均达到了 8%~9%，对照普通栽培品种 5%~5.5% 的可溶性糖含量，提高了 60% 左右。截至 2020 年，通州国际种业园区已经吸引包括中国农业大学在内等 4 家高校院所和京研益农等 60 余家企业入驻，引进各类高层次人才近 200 人，博士以上 180 人。同时，培育孵化奥佳生态、方圆平安等科技型企业 10 余家。在建设"硅谷种业"的规划中，北京市农业局制定了渔业种业发展规划，提出将围绕鲟鳇鱼、观赏鱼等北京市优势渔业品种目标，继续贯彻落实《国家南繁科研育种基地（海南）建设规划（2015—2025）》和南繁工作会议精神的工作思路，推动北京市南繁基地建设，将南繁硅谷作为北京现代种业育种创新加速器和创新服务扩展平台。

（三）推动创新成果转化，提升北京种业价值链

2020 年，按照《北京现代种业发展三年行动计划（2020—2022）》的相关要求，组织实施现代种业创新成果转化行动，北京将把种业科技创新平台资源整合到会展平台，北京种子大会改成为北京种业大会。2020 年 10 月 18 日，第二十八届北京种业大会座谈会在丰台区世界种子大会品种展示基地召开。28 年来的发展、成长已经成为全国种业代表信息、科技、人才成果的一个重要交流和种子交易平台，随着 2014 年世界种子大会在丰台区的成功举办，鼓励了与国际种业的交流与合作，2020 年 5 月 26 日第九届北京现代种业博览会在北京市通州区国际种业科技园区召开。本届展会共有 100 家国内外种植企业、高校院所的 1315 个农作物新品种参加展示，展会持续到 11 月。另外，北京建立了全国种业发展服务平台，包括 "10 + 1 + 5" 新品种创新示范基地，10 个郊区县基地、1 个国家级和市场级基地、5 个科研院所。建立了全国第一个育种大数据平台——金种子育种云平台，提高农民生产效益。

此外，北京市注重种业市场的发展，加强植物新品种权保护，开展综治市场检查，严查非法转基因，以杂交玉米种子为重点，狠抓其关键环节，规范种业生产基地，重点核查制种企业的生产经营许可证等内容。例如北京市通州区种子市场检查主要以农作物审定情况、蔬菜种子包装标识为检查重点，以市场检查形势对辖区内种子经营单位来进行监管，有利于种子市场更好地流通与发展,对于北京市现代种业建设非常有利。

二、产销一体化全面推进,提升产业应急保障功能

(一) 互联网技术贯穿产加销,实现"一条龙服务"

随着高科技、互联网等新型工具的出现,农产品的销售方式也变得多样化。2020年1~10月密云区有100多家合作社实现"互联网+农业"的发展,产品主要包括蔬菜、水果、各种谷物、家禽鸡蛋、肉类等;销售额达3亿元,销售量2万吨,密云通过电商平台或第三方平台,向全国各地销售本地优质国产农产品,直接带动4000余户农民增收,带动低收入230户增收。例如,位于北京的京东生鲜设备厂,一直关注于打造京东生鲜供应链,温室总覆盖面积11040m²,这是一个结合了人造光和自然光的植物工厂。京东工厂从原料到设备,从种子到营养液都引进自日本三菱,不仅如此,京东工厂还采用了日本三菱化学的技术,用浅液流水培模式进行栽培,利用智能控制系统和电子传感器系统来控制蔬菜的生长环境,还有很多的日本专家常年对现场进行指导。京东负责人赵磊解释道:"虽然温室采用的是日本的设备与模式,但是在设计建造时,也根据中国北方的气候特点做出了相应的调整。"为了控制蔬菜领域的全产业链,京东在产业链上更进一步,设立了自己的植物工厂,直接突破所有供应环节,实现从种植到销售的"一站式服务"。

(二) "菜篮子"稳产保供,保障居民日常生活

"大城市小农业"是北京的一大特色。农业规模虽小,但应急保障功能是特大城市在特殊时期正常运行的基础。疫情、低温、降雪等一系列的问题给北京郊区广大的农业园区和生产基地带来了生产困难。面对这些棘手问题,北京市农业和农村事务委员会和市统计局农业和农村事务部迅速建立一个预防和控制工作领导小组确保蔬菜的充足供应。为了达到这个目的,政府加强农业生产技术的指导,组织农业技术推广部门,为大多数的生产提供技术支持服务和业务实体以及供应种子、化肥、农药等农业材料。其中,北京市农业技术推广站组织专家组,以多种方式对7个区40个生产基地进行指导,特别是对草莓生产提出了技术指导,受疫情影响,在保证生产的同时,北京也加强了对农产品的市场监测和预警。以批发市场为重点,城市监控主要菜篮子产品的供应和流通,得到主要农产品市场的供应情况,近期蔬菜体积和价格变化的趋势,农产品的贸易动态和主要蔬菜品种变化信息的来源。目前,北京选择了50家蔬菜供应商,71家大型标准畜禽养殖场,42家大型水产养殖基地,20家农业产业化龙头企业,了解其存在的问题,通过这些问题对症下药。目前全市蔬菜种植面积约4.8万亩,其中设施农业种植面积4.5万亩。可生产30多个品种,每天向市场供应1700~2100吨。全市有畜禽养殖企业234家,日供应猪肉800多吨,牛羊肉屠宰市场规模大幅增长。鸡蛋和鲜奶的日均产量分别为240吨和750吨,与上年同期持平。25家畜禽屠宰企业已恢复生产,生产能力已恢复到春节前水平。

2020年,北京市蔬菜播种面积超过54万亩,产量超过130万吨,比2019年增长20%

以上，生猪存栏量达 32.18 万头，为保障市民"菜篮子"量足价稳发挥了积极作用。2021年将推进高效设施农业试点建设，促进北京市蔬菜产量大幅度增长，由 2020 年的年产 130 万余吨增至 156 万吨左右，有效保障首都蔬菜产品供应。

（三）多措并举，保障农产品流通

在新冠肺炎疫情防控过程中，受很多因素影响，北京市部分农产品出现卖不出去且买不回来的现象，为了帮助解决这类以及复工复产困难的问题，北京市统计局农业和农村事务部在严格防疫和控制的同时，采取建立农产品销售工作协调小组，推进信息采集平台快速发展，农业企业跨区域运输，发布民生企业资质证书，保障和引导批发市场等九项措施，加强了当地农产品收购、促进农产品流通，加快物流体系的建设。市农村局与市商务局合作，推出 16 家大型超市和 4 家电商平台对接生产基地，有效缓解了"卖不出去""买不回来"现象。市农村局同商务部门、各区农村局，共同解决一些地方的滞销问题。

此外北京城市副中心与亦庄新城之间将新增一条新的高速公路，市发展改革委正式批准了（京哈公路-京津公路）道路工程项目建议书，该项目已开工建设，计划于 2022 年建成通车，建成后，该公路将从二级公路升级为城市快速路，构成城市副中心与亦庄新城的重要交通通道，进而影响到整个地区，提高城市交通服务保障能力。北京鲜活农产品流通中心将通过一条专用高架路与该项目相连，对外与京哈高速等高速路网相连，实现农产品运输车辆快速出入，提高流通中心的服务保障能力。

三、着力打造区域特色品牌，创建特色农业

（一）特色农产品品牌逐渐丰富

农业品牌是衡量现代都市农业发展水平的重要指标。为贯彻中央一号文件及相关文件精神，积极发挥农业品牌在引领产业发展的作用，为扩大好品牌企业影响力，北京不断加大政策扶持，强化质量监管，并多次组织好品牌企业开展农超对接，北京农业在社区、京郊好物惠吃季、中国国际农产品交易会、北京农业好品牌进园区、京津冀产销推介会以及区域性展会等各类活动，提升北京品牌农产品的市场影响力与社会美誉度，并向公众提供高质量、安全有保证的农产品。

根据《农业部　北京市人民政府共建北京农产品绿色优质安全示范区合作协议》，2020 年北京市进一步建设绿色生产、品牌过硬、优质产品的"安全农业"品牌，进行全面的区域监督与协调。继续挑选特色农产品品牌，推进国家现代农业产业园建设，加强对整个农产品链的监管和品牌保护，推进农业供给侧结构性改革。

北京市菜篮子产品"三品"认证率全国第二，认证产量达 179 万吨，占同类产品产量的 60%，已经提前完成了"十三五"规划的目标，为北京市创建国家农产品质量安全提供保障。《北京现代种业发展三年行动计划（2020—2022 年）》，实施"千村万户"良种更换工程，推广 100 个优质特色品种，完成 10 万亩农作物良种更换，启动北京鸭、北京

油鸡、北京宫廷金鱼、鲟鱼四种地方特有遗传资源的保种体系和保护制度，主要农作物、畜禽良种覆盖率达到98%以上，丰富特色农产品品牌。截至2020年，全市13个涉农区全部完成"国家农产品质量安全县"创建工作，其中4个区完成挂牌，9个区完成推荐，全市创建任务基本完成。示范区创建的关键指标中，完成名优品牌100个，"三品一标"农产品认证覆盖率达到86.9%，建成农业标准化基地1208家。启动了北京油鸡地理标志申请工作，启动"京西稻"和"茅山后佛见喜梨"两个地理标志农产品保护工程。已有"昌平草莓""北京鸭"等12个产品登记为地理标志农产品，保护地域面积28028公顷，年产量28.6万吨。另外北京也开展了农业标准化基地建设和评定，按照"区级建设、市级评定、动态管理、优级奖励"的原则，组织各区推进农业标准化基地建设、评定和指导。2020年9月底，全市已有1220家农产品生产基地进行了标准化备案，已有504家备案基地被评定为市"优级"标准化基地，成为北京安全、优质、绿色农产品生产的主力军。截至2020年年底，全市现行有效农业地方标准236项，覆盖全市主导产业、特色产业的标准体系已初步形成，农产品产前、产中、产后全过程的生产管理已有标可依，农业标准化对农产品质量安全的支撑作用更加有力，对品牌来说更加有保障。

"走在品牌路上，农业大有希望"，一百个品牌就是一百个高擎的标杆，引领北京都市现代农业大步向前，一百个品牌也是一百条坚实的臂膀，肩负起北京农业高质量发展的重任，一百个品牌更是一百只昂起的号角，在京郊大地共同奏响推动北京乡村振兴的最强音。

（二）农产品地理标志种类繁多

农产品地理标志是在特定区域内生产的，其自然环境和人文因素是关键，经国家审核批准以地理名称进行命名的农产品。地理标志产品市场地位的确立结合了一个国家长期的历史传统、饮食文化和民俗风情，所以农产品地理标志产品是一种新型的旅游资源，其价值在文化旅游方面得以体现。北京市非常重视地理标志工作，2009年出台了《北京市人民政府关于实施首都知识产权战略的意见》，文件对地理标志工作进行了详细的部署。2020年北京市畜牧总站获得北京鸭、北京油鸡农产品地理标志登记证书。根据农业农村部对于农产品地理标志登记证书持有人的要求，为促进地理标志北京鸭、北京油鸡的产业发展，提高对拥有地理标志登记证书的人的管理和技术支撑水平，北京市畜牧总站召开"北京鸭、北京油鸡地理标志及产业发展工作会"。

（三）加强区域特色品牌建设，提升北京农产品知名度

针对不同地区产品的技术规程和产品标准，加强特色产品宣传展示，挖掘推广具有传统文化意义和经济价值的乡村特色产品，提升特色产品知名度。通过举办"一村一品"交流活动，开展农产品生产标准化、特征标识化、主体身份化、营销电商化"四化"试点，创响一批"土字号""乡字号"特色产品品牌。

积极实施农产品出村进城工程，推动生产者与知名电商平台、"农邮通"、龙头企业等合作订单生产。推进"一村一品+试点"工作，全国一村一品示范村镇累计达到80个。结合国家全域旅游示范区建设，提出"十百千万"畅游行动计划，致力于打造十余条休闲农业精品线路、百余个精品美丽休闲乡村、千余个精品观光采摘园、改造提升近万家民俗接待户。

第二节　产业融合持续提升　科技创新引领支撑

一、与会展融合，辐射带动周边产业

北京市以特色农产品为区域优势，通过产品区域优势大力发展会展农业，通过举办一个农业展览会、拉动一个产业、富裕一方农民。近年来，北京市成功举办世界草莓大会、世界食用菌大会、世界种子大会、世界葡萄大会、世界马铃薯大会、世界月季洲际大会等国际性农业会展，通过举办一系列农业领域"奥林匹克"级别的大型国际会议展览项目，北京市农业逐步迈向高端化、国际化。北京市注重会展场馆的后续利用，利用世界草莓大会场馆连续举办集科技展、园艺观光、娱乐、科普教育等功能于一体的北京农业嘉年华活动。

会展农业不仅是一个提供经济、生态、生活功能为一体的平台，更是一个集农业研发、文化旅游、文化创意、农产品加工价值为一体的平台。它代表了城市现代农业的高端化与经济化，是引领城郊农业布局结构全面升级和调整优化的重要业态，发展前景广阔。通过举办展览活动，达到农业生产、加工、营销等产业化水平，实现高产、优质、高效的生产。在昌平举行的世界草莓大会，将北京的草莓推向了世界，使中国的草莓科研水平至少加速了5~10年。昌平区每年接待约300万名草莓采摘者，采摘销售额约占总产量的60%。2020年的北京会展农业逐步高端化、服务化、集聚化、融合化、低碳化。

二、与文旅融合，大力发展休闲农业

北京市农村依托丰富的山水生态景观资源，大力发展乡村休闲观光产业，生态优先是发展沟域经济的核心理念，北京在发展沟域经济的过程中，生态优先的理念贯穿于整个过程，为了打造特色生态沟域，市政府安排8亿元专项资金来支持完善道路、绿化、水环境等配套基础设施。截至2020年，共打造了门头沟百花山、怀柔水长城等30多条特色品牌，2020年11月，北京召开了2020年乡村民宿发展推进会，已累计创建了中国美丽休闲乡村38个，全国乡村旅游重点村32个，精品民宿品牌699家、星级民宿接待户6000多

户、星级民俗村 274 个。2020 年北京近郊区开展观光休闲服务的农业园接待旅游 867.2 万人次，经营总收入 15.5 亿元；同比往年稍有下降，但是随着新冠肺炎疫情防控形势控制，乡村旅游与休闲农业得以恢复，乡村旅游的收入自新冠肺炎疫情暴发以来首次实现正增长，增长 4.5%。

为了满足市民休闲娱乐需求，促进休闲农业的发展，2020 年 4 月北京市农业农村局、北京市财政局制定了《北京市休闲农业"十百千万"畅游行动实施意见》即创建十余条精品路线、百余个美丽休闲乡村、千余个休闲农业园区、近百万家民宿接待会，这些都提高了北京市休闲农业发展的质量与效益。其中提出围绕长城、大运河和西山永定河三条文化带，打造全市休闲农业精品路线。2020 年 11 月，北京大运河文化节顺利开幕，2020 年的大运河文化节整合了沿线七区的文化文物资源，开展了 39 项主题活动，期间线上线下总参与人数达 3500 余万人。通过打造运河旅游路线，深挖周边特色乡村文化，提升休闲农业园，改造民宿等措施，打造出都市型现代休闲农业产业基地，进一步推动了休闲农业的发展，实现了农民创业增收。

三、与创意融合，开展特色农业活动

2020 年"双节"期间，北京市举办了多项农业活动。大兴、通州、顺义等区一共组织特色活动 23 场，到场人数 30 万人次，带来经济效益 500 万余元。大兴区在滨河运动公园举办了"月圆京城·情系中华"特色游园活动，有文艺表演、非遗展示、趣味运动、传统文化展示等内容，其中手作中秋玉环宫灯、手作汉服头饰等多项民间传统中秋民俗项目亮相，让游客在亲身感受传统文化的同时，也体验到不一样的游园乐趣。

2020 年农民丰收节系列活动与前两届相比有很大的不同，在内容设计上更加接近群众，很多活动持续时间长，贯穿"十一"假期始终，为市民提供了休闲娱乐、采摘购物的良好场所，群众参与度非常高。2020 年 10 月 1 日至 7 日，全市乡村旅游累计接待游客 288.1 万人次，恢复到上年同期的 64.3%，营业收入达 3.2 亿元，恢复到上年同期的 77.3%。"双节"过后，全市丰收节系列活动还将持续展开。其中，顺义区 2020 年 10 月 18 日在北小营镇前鲁各庄村举办金秋水稻收割季展示活动，设计拾稻穗、收稻草、割水稻、打草帘等劳作项目，展现农民耕作的辛勤和丰收后的喜悦。昌平区 2020 年 10 月 14 日在南口镇红泥沟村圣泉农业合作社开展农民丰收节专场活动，现场组织市民采摘果蔬、体验农耕乐趣等活动。丰台区 10 月 18 日在王佐镇佃起村举办以"京西稻乡 百年贡米"为主题的开镰节暨丰收节，包括开镰收割、打运稻谷、拾稻穗、钓稻田蟹、捕稻田鱼、野鸭湖捡野鸭蛋等活动。

四、与科技创新融合，打造高端化现代农业

北京依托丰富的科技资源优势，蓄力打造国际科技创新中心，在市委市政府和社会各

界的大力支持下，平谷区围绕首都四个中心建设，主动承载农业科技创新中心功能，持续打造"农业中关村"，取得了阶段性成果。农业科技创新论坛是2020年中关村论坛的主导论坛，以共建"京瓦新模式"，打造"农业中关村"为主题，探索其建设新的模式、新的路径，建设北京·京瓦农业科技创新中心作为农业科技创新"金三角"合作的加速器、"农业中关村"的新引擎和我国农业科技创新的源动力。北京也始终秉持创新、协调、绿色、开放、共享的新发展理念，紧扣生态涵养区功能定位，不断完善农业科技创新平台，推进科技、管理、商业模式等领域全面结合，提高农业科技创新示范区建设水平，建立农业科技顶尖交流平台、农业科技资源聚集平台、农业科技创新示范平台。

2020年，北京市农业技术推广站专家赴北京昌平国家农业科技园区开展科技服务工作，并对园区内南果、无土栽培西红柿、无土栽培草莓、黄瓜、葡萄、无花果等温室大棚农作物的繁育推广进行了具体指导。与会专家与园区负责人就园区温室大棚规模化建设、农产品多样化种植和园区特色化发展等进行交流与探讨，并结合园区发展提出具体建议。第十二届北京菊花文化节在北京顺义国家农业科技园区举办，园区布置面积达10万平方米以上，推出47种以菊科、亚菊科为主的秋季露地花卉，依托园区内大菊繁育基地，共培育出110余种、14000万盆国内外精品大菊。其中小球菊、什锦菊、造型菊、悬崖菊共8000盆，特色盆栽花卉50000盆，同时，新增金光菊、花环菊、干花菊、矢车菊和地肤5个品种。下一步，农村中心将进一步完善服务国家农业科技园区的工作体系，深化服务内容，充分发挥北京全国科技创新中心资源优势，提升北京国家农业科技园区的创新能力与引领示范作用。

五、与网络融合，构建推动现代农产品流通体系

（一）依托信息技术整合农业资源

在5G信息技术快速发展的大背景下，为了推进农业经济的持续、高效发展，北京针对农业资源充分利用网络技术来进行有效整合，努力将可持续发展理念渗透到农业生产、运营以及销售的全过程。根据农业发展情况，制定科学、合理的发展策略。北京市农业农村部、中央网络安全和信息化委员会办公室联合印发了《数字农业农村发展规划（2019—2025年）》，文件中提到要加快推进种植业信息化，加快发展数字农情，构建病虫害测报监测网络和数字植保防御体系，建设数字化田园。例如北京市海淀区智慧农业体验中心，有智能温室控制中心，每天将温室的温度、湿度还有光照强度等管理数据收集起来，上传到云计算系统，然后进行数据分析，再远程操控设备，为植物提供风和光线，以此达到把植物生产数据化的目的，改变了凭经验种植的模式。通过整合信息得出结论，告诉农民农作物应该怎么种，土壤水分精确到百分之几，利用互联网技术深入分析土壤、水文等与农学相关的要素，深入了解农业发展相关信息，并提出相应的解决方案，以此来实现农业产业的更好发展。

(二) 开拓电子商务销售渠道

近年来,农村电子商务快速发展,"互联网+三农"新模式得到广泛应用,促进农村经济绿色健康持续稳步发展。尤其是当前新冠肺炎疫情造成大量农产品滞销,各类电商平台纷纷承担起推动农村经济发展的社会责任,推出各种带动农产品销售的新渠道。比如,京东在2020年2月10日发布了《告全国农人书》,宣布开通"全国生鲜产品绿色通道",全面开放并倾斜供应链、物流、运营、推广等核心资源,解决滞销生鲜农产品问题;同时,借助全渠道、全业态等落地优势,让生鲜农产品能够更加及时地送达到消费者手中。在京东主站也建立了"京东生鲜"这一平台,为入驻商家提供帮扶服务,如加快审核速度、进行流量倾斜等。与此同时,苏宁拼购还启动了18项行动来帮助农民,联合各类便利店、家乐福等苏宁系力量,扩大农产品销路,有效地帮助农户将农产品"走出去、卖出去"。

新冠肺炎疫情期间,我国农产品终端零售渠道结构发生了明显变化,超市消费受影响不大,生鲜电商、社区菜店和社区团购消费激增,农贸市场消费下降明显。线上企业布局线下渠道,线上线下渠道加快融合。如2020年春节,北京美团的日均订单量为节前的2~3倍,"无接触配送"是美团的一大特色。社区团购模式得到迅速推广,占比由2%增至11.9%,且推广速度与新冠肺炎疫情风险等级正相关。北京社区团购渠道占比增加较快,提高了11个百分点,高于全国平均水平。社区自发组织购物群,通过居民拼单由社区从批发市场代购生鲜农产品,其便利性和实惠性逐步被人们接纳。

面对新冠肺炎疫情,一些大中型电商企业快速响应,开辟助农销售绿色通道,在一定程度上缓解了农产品滞销难题,也为自身带来较大业务量增长。我国生鲜电商日活跃用户数量春节前不到800万个,春节后迅速突破1200万个。生鲜电商渠道销售占比增至33.1%,提高17.6个百分点。在当前线上消费越来越成熟的条件下,新冠肺炎疫情的冲击也客观上促进了生鲜农产品的线上消费,线上下单、实时无接触配送的便利模式也被更多市民所接受。而居民也会更加重视吃得安全、吃得营养,对大健康、有机绿色食品、药食同源食品、功能食品的需求增加,对农产品提出更高要求,这也为绿色农产品的发展提供了更好的机遇。

(三) 具体案例分析

以大兴区农产品电商销售平台为例,2020年受新冠肺炎疫情影响,农产品线下销售困难,大量优质农产品滞销。为促进农产品销售,大兴区电子商务处发挥北京科技高地优势,联合阿里巴巴等多家电商平台,组建农产品应急电子商务销售平台,联结各销售困难合作社,创新农产品销售新模式——"直播+农助+电子商务"。截至2020年年末,累计召集农业合作社20余家,帮助农民增加收入。

同时,大兴区电子商务办公室将复工复产与扩大内需相结合,联动菜鸟网络,解决新冠肺炎疫情期间"线上销售易,线下配送难"的问题,以全程无接触配送为目标,提供物流配送服务。此外，大兴区电子商务办公室相关负责人结合网红带货的新模式，以网络主播带货的形式，通过互联网将大兴区农社引入北京消费者的视野中，推动了大兴区产业发展，已成功促进四家农业合作社产品的网络直播销售，助力大兴农产品向全国推广。

第三节　相关产业波及广泛　防控提质应对冲击

一、对休闲农业和乡村旅游业的影响

北京市政府对休闲农业和乡村旅游的发展高度重视，2017年，北京市农村工作委员会出台《关于加快休闲农业和乡村旅游发展的意见》，北京休闲农业和乡村旅游要遵照生态优先、以农为本、市场导向、多方参与的原则，加快推动产业提档升级，促进农民增收，满足市民消费需求，在乡村振兴战略背景下，《北京市乡村振兴战略规划（2018—2022年)》明确提出要推进产业融合发展，提升乡村休闲产业发展质量，推进北京休闲农业和乡村旅游产业集聚，打造精品品牌，推进京津冀协同发展。以首都乡村振兴战略为引领，实现北京休闲农业和乡村旅游高质量发展是推进三次产业深度融合、实现首都农民创业增收、满足市民休闲消费需求、提升北京市经济全面可持续发展水平的重要推动力，休闲农业和乡村旅游已经发展成为促进农民增收与满足市民多元化消费需求的双向互动平台。2020年北京全年全市人均可支配收入为69434元，比上年增长2.5%，市民消费需求空间较大，但在新时期背景下，北京休闲农业和乡村旅游的发展却面临着诸多现实困难与体制机制障碍，在发展过程中存在供需缺位、用地紧张、融资困难，以及文化创意体验性产品缺乏等问题，致使其从根本上制约了北京休闲农业和乡村旅游高质量发展，难以有效对接消费者日益多元的消费需求。近年来，北京农业观光园数量和乡村旅游经营收入呈现连续下降趋势，2019年北京市农业观光园数量相比上年减少224个，总收入比上年下降了将近15%，而2020年受新冠肺炎疫情影响，休闲农业和乡村旅游发展更是"雪上加霜"，2020年全年北京全市农业观光园925个，实现总收入15.5亿元，相比上年下降33%，实际经营的乡村旅游单位（农户）5832户，数量比上年下降约57%，实现总收入9.5亿元，较上年下降34%，休闲农业和乡村旅游遭遇"寒冬"。在"十四五"开局之年，如何破解北京休闲农业和乡村旅游高质量发展的难题，实现首都乡村振兴，面临重要挑战。

新冠肺炎疫情等突发事件对于旅游业的间接影响时间较长，旅游业业绩的低谷多集中出现于新冠肺炎疫情暴发之后的两个季度。疫情对乡村旅游业绩影响持续时间较长且具有一定的滞后性，表现在消费者难以在短期之内恢复出游意愿，且基于恐惧和担忧的心理，

也在一定程度上会减弱消费者的出游意愿，对于旅游业的恢复需要一定的时间。

二、提档升级应对新冠肺炎疫情冲击

近年来，北京市坚决贯彻习近平总书记的重要讲话精神，坚决践行"绿水青山就是金山银山"的理念，落实北京城市发展定位，出台相应政策文件支持和规范休闲农业和乡村旅游发展。通过在全市实施休闲农业"十百千万"畅游行动，着力打造区位优势明显、生态环境优美的十余条精品线路，创建乡村文化浓郁、村容精致独特的百余个美丽休闲乡村，提升产业特色鲜明、经营多样规范的千余个休闲农业园区，改造升级乡土风味浓郁、农家文化纯朴的近万家民俗接待户，持续拓展农业休闲观光、生态涵养、文化传承、教育科普等新功能，聚焦产业提档升级，强化布局集聚集群，突出产品高端优质，致力于服务完善提升，发力农户增收致富，加快构建生态优先、产业高效、业态丰富、产品精致、服务一流的休闲农业产业体系，使农区变景区、田园变公园、民房变客房、农品变商品，让更多市民体验"宿在民居、乐在乡间、游在山水"，引领带动乡村"美丽资源"向"美丽经济"转化。北京将借助举办2020年世界休闲大会、2021年世界樱桃大会、2022年北京冬奥会冬残奥会等重大活动机遇，联动景区、乡村、农业园区、农业产业基地、乡村民宿融合发展，力争到2025年，全市休闲农业和乡村旅游年接待量达到4000万人次，经营收入达到50亿元。

卓有成效的防控工作帮助释放了消费者前期压抑的北京乡村旅游出游需求，疫后更旺盛的乡村旅游消费需求、更健康的旅游消费意识、更有力的政府政策支持将会更好地推动北京休闲农业和乡村旅游提档升级。新冠肺炎疫情发生后消费者对田园生活的更加向往有助于推进北京市乡村旅游与都市型现代农业的新型业态更加深度融合，带动乡村旅游专业化、品牌化发展，更好地满足广大市民消费者对田园生活的向往与消费需求。

此外，防疫期间也是休闲农业相关经营主体提升管理服务能力的窗口期。防疫期间，相关经营主体借助这一时期通过强化规范管理、梳理休闲农业和乡村旅游相应行业标准、制定修订相应技术规程等提升行业经营服务管理能力。此外，北京休闲农业和乡村旅游也可通过这一时期创新管理观念，剥离不良业务，优化提升管理系统，提高运营质量，提升经营主体生存能力。

随着国内新冠肺炎疫情形势的有效控制以及防控措施的常态化，北京休闲农业和乡村旅游发展迎来恢复经营阶段，前期被抑制的消费需求得以逐步释放。2020年"五一"假期期间，北京市乡村旅游累计接待游客66.6万人，恢复至2019年同期水平的23.2%；营业收入达7900万元，恢复至2019年同期水平的34.1%，假日旅游呈现回暖态势。同时，北京市鼓励支持自然景观类乡村旅游经营户恢复经营，倡导市民在践行防控规定的前提下亲近自然、开展健康生活，积极参与休闲农业和乡村旅游。

未来，随着新冠肺炎疫情的有效防控，休闲农业和乡村旅游作为北京市重点打造的新型业态更需要以提档升级来有效对接消费者多样化的消费需求，助力北京加速实现农业农村现代化。具体来讲，新冠肺炎疫情防控仍是保证北京休闲农业和乡村旅游持续稳定经营的关键，经营活动要在做好新冠肺炎疫情防控的前提下有序开展。为此，要在此基础上促进北京休闲农业和乡村旅游提档升级，通过创新休闲农业和乡村旅游土地利用机制，完善利益联结机制，增强农民参与产业发展能力；通过激发农村创新创业活力，发展多种形式的创新创业支撑服务平台，推动经营体制创新，发展壮大农村集体经济，提升北京休闲农业和乡村旅游发展质量，为促进首都三次产业融合，实现首都乡村振兴提供支持。要加强休闲农业和乡村旅游的宣传推介工作，"酒香也怕巷子深"，相关业态的经营发展离不开有效的宣传，要通过利用互联网等新兴模式，更好地促进消费者对相关业态的消费，拓宽消费者消费渠道，带动相关业态农户增收。

第四章 北京都市型现代农业经营体系

第一节 聚力推进新型主体建设 实现现代农业有机衔接

2020年中央1号文件指出,要"重点培育家庭农场、农民合作社等新型农业经营主体,培育农业产业化联合体,通过订单农业、入股分红、托管服务等方式,将小农户融入农业产业链"。2020年北京市政府积极响应中央号召为促进新型农业经营主体的发展制定了创贷政策等一系列相关政策。在政策制定、工作部署、财力投放等各个方面加大对家庭农场、农民合作社、农业龙头企业的支持力度,促进新型农业经营主体的集约化、组织化、专业化、社会化发展,进而带动北京市都市型现代农业经营体系的发展完善。

一、新型农业经营主体蓬勃发展

(一)政府支持力度加大

北京市各级政府为鼓励社会各界力量投入新型农业经营主体和服务主体的建设发展出台了一系列支持政策并加大相关资金投入。加快构建以农户家庭经营为基础、合作与联合为纽带、社会化服务为支撑的都市型现代农业经营体系。各类新型农业经营主体和服务主体不断创新模式,辐射带动小农户,促进都市农业规模经营稳步发展,推动新品种新技术新装备加快应用,成为乡村振兴的重要推动力量。

(二)家庭农场发展迅速

北京市制定家庭农场指导意见和管理办法,出台农民培训、创新创业政策,引导人才下乡创业。家庭农场的经营范围逐步走向多元化,从粮经结合,到种养结合,再到种养加一体化,三次产业融合发展,经济实力不断增强。农民合作社数量不断增加,大量农民合作社进军休闲农业和乡村旅游,实现了集中连片种植和集约化经营。各类新型农业经营主体和服务主体快速发展,成为推动都市型现代农业发展的重要力量。

（三）带动效果越发明显

新型农业经营主体把农户整合起来，为小农户提供涉及产前、产中、产后全过程的全方位服务，在统一收购农产品的基础上，制定标准，打造有品牌、有质量的农产品，有效提高农产品市场竞争力和农户收入水平。97.8%的社员参加过合作社提供的农业生产等方面的产前技术培训，84.8%的社员享受过合作社提供的农药、化肥等生产资料统一购买的产中服务，部分合作社还提供统一收购和销售农产品等产后服务。

（四）引领作用持续发挥

新型农业经营主体和服务主体能够迅速根据市场变化做出改进，能够严格农产品质量管控，建立标准化、品牌化的经营体系，注重产销对接，使农产品供给数量充足、品种和质量契合消费者需求，越来越多的新型农业经营主体和服务主体与小农户形成了紧密的利益联结机制，逐步把小农户引入现代农业发展轨道。促进了农业种养销结构调整优化，推动了农村三次产业融合发展，带动了农业劳动生产率不断提升。北京市大批人才返乡下乡"双创"，大多领办或参与新型农业经营主体和服务主体，其中80%以上从事新产业新业态新模式和产业融合发展项目，50%以上运用了智慧农业、遥感技术等现代信息手段。

二、农民专业合作社助力"三农"发展

（一）北京市农民专业合作社发展模式

一是农村能人带动型。由具有一定经济实力和能力的种养大户、经纪能人牵头组建，通过为小农户提供专业技术支持、农机、产品销售等农业产销服务，带动合作社产业化发展。如北京套里蔬菜种植专业合作社，在合作社理事长的带动下以线上线下销售、产品包装、统一育苗、蔬菜种植、技术指导、生产资料供应为主要业务范围，吸纳本村70多家农户入社。

二是资源优势带动型。主要依托当地优质农产品资源，联合本地农户，成立农民合作社，建造特色农产品产业基地。如国家级示范合作社北京庞农兴农产品产销专业合作社，依托大兴西瓜这一优质农产品资源，申请注册商标"兴庞农""晓吸瓜"等，吸纳当地150多家农户入社，主要通过线上线下相结合的销售方式，以西瓜产销服务为主业，实现年销售收入4000万余元。

三是龙头企业带动型。由龙头企业提供技术指导、订单采购、管理服务，农户负责劳动力、场地等。如北京绿奥蔬菜合作社，拥有入社农户372家，其中股东52家，合作社与北京天安农业公司签订销售协议，采取订单农业的形式有效对接市场需求，将合作社系统的80多种蔬菜交由北京天安农业有限公司进行销售。通过该模式，农户解决了农产品的销售问题，调动了生产的积极性。企业也能通过合作社获得质量、批量有保证和较稳定的农产品，使公司与农户实现"双赢"。

四是休闲农业带动型。合作社在农业生产和经营的基础上，发展景观农业、互动体验

农业等。如国家级示范合作社北京兴农鼎力种植专业合作社,共吸纳当地 306 户农户入社,该社承建的都市型现代农业万亩示范区利用大型现代农机作业、现代节水灌溉设备、田间气象站等,带给游客春华秋实的农耕乐趣,把粮食种植变为体验式农业、景观农业,实现年产值 6000 万余元。

(二) 北京市农民专业合作社作用显著

农民专业合作社担负起内联农户外接市场作用,实现了生产与市场的有效对接,大大提高了农民的组织化程度,促进了农业产业化经营,已逐渐成为新形势下京郊地区推进农业生产、拉动农村经济、带动农民增收的重要途径。

1. 服务小农户,有效维护农民权益

一是提升农户抵御市场风险的能力。面对市场竞争,合作社把区域内农户整合起来,在统一收购农产品的基础上,形成标准化、有品牌、有质量的产品进行联合销售,有效提高农产品市场竞争力和农户抵御市场风险的能力。

二是为农户提供涉及产前、产中、产后全过程的全方位服务。97.8% 的社员参加过合作社提供的农业生产等方面的产前技术培训,84.8% 的社员享受过合作社提供的农药、化肥等生产资料统一购买的产中服务,部分合作社还提供统一收购和销售农产品等产后服务。

三是多元化的营销手段促进农户增收。合作社采取订单农业、社超对接、农产品电子商务等多元化的销售方式,为农户提供更多更稳定的销售渠道,有效减少中间费用,精简运销层次,使联合起来的农户更多地分享到加工和营销环节的利润,增加了农民收入。

2. 规模化经营,实现利润最大化

一是改善农户市场地位。合作社通过组织进行统一谈判和销售,增加谈判"筹码",改善农户市场地位,市场议价能力提升,有效提高农产品销售利润、降低生产成本。经统计,出售同类产品的入社农户比不入社农户每亩地增收 20% 左右;社员通过合作社批量采购化肥,每吨可节约经费 150~200 元。

二是拓展经营服务内容,提升产品附加值。农产品产销合作社中,有部分合作社会对出售的农产品进行二次加工和包装,来获得更高的农产品附加收益。

三是农户收入方式和渠道多样化。社员在通过合作社获得生产经营性收入的同时,还可以通过土地、资金、技术等生产要素入股,使资源变股本,带动农户财产性收入增长。

3. 标准化生产,助推农业提质增效

一是提升农产品品质和质量。农民合作社采取统一生产和管理模式,严格把控产品质量;部分合作社有自己注册的农产品商标,并拥有通过"三品一标"认证的农产品。

二是优化产业链。部分合作社通过网上预订的形式进行销售,以订单形式纳入农场销售计划。使农场有计划地安排采摘、备货和运输,按实际供应配送,短时间内迅速发货,最大限度地保证农产品品质和质量。

三是产业融合打造新型消费业态。农民合作社通过大户主导、公司带动、品牌引领、要素合作等方式，发展特色农产品专业化生产，在此基础上有的合作社融合农村生产、生活和生态功能，打造多种消费业态，实现农村三次产业的融合发展。

三、农业龙头企业发展逐步加快

北京市农业产业化国家重点龙头企业着眼国家发展大局，担当建设现代农业、发展农村经济的使命，把握新发展阶段，贯彻新发展理念，构建新发展格局，为乡村全面振兴作出新贡献。

（一）农业龙头企业数量不断增加

近年来，市政府不深化对农业产业化的认识，切实加强对农业龙头企业的扶持和帮助，全市农业龙头企业发展步伐明显加快，数量不断增加。北京市拥有市级以上重点龙头企业达到185家，其中经农业农村部第九次监测合格的农业产业化国家重点龙头企业36家。2020年开展了第六次北京市农业产业化重点龙头企业认定工作，认定合格北京臻味坊食品有限公司、北京康安利丰农业有限公司等12家市级农业产业化龙头企业。

（二）农业龙头企业助力生产保供

2020年新冠肺炎疫情暴发，北京市各级农业产业化重点龙头企业本着珍惜荣誉、担当使命的精神积极投入战疫工作，北京德青源农业科技股份有限公司增大向武汉全体医疗一线的捐赠规模，开展"保供接力30天"的爱心计划，向武汉市10万新冠肺炎定点医院的医护人员和患者捐赠爱心鸡蛋，连续30天、保证武汉十万医生患者每人每天一个鸡蛋，助力医患增强营养，提高免疫力。

在新冠肺炎疫情防控新形势下，北京农业产业化龙头企业响应号召，做好保障"菜篮子"产品生产保供等重点工作，在保障蔬菜、肉蛋奶、粮食等居民生活必需品的充足供应等方面做出巨大贡献，为保障新冠肺炎疫情期间市场供应做出了表率。其中，首农食品集团坚决落实北京市委市政府的指示和部署，充分发挥首都食品供应服务保障的主渠道、主载体、主力军作用，全力以赴做好首都市场食品保障供应工作。截至2020年2月3日，旗下涉及百姓生活必需品的生产加工企业全面复工。集团聚焦"打赢疫情防控阻击战"、聚焦"保供稳价"，紧紧围绕"分析供应形势、增加充实库存、积极对接商超、保障食品质量安全、保持物价稳定、确保信息畅通"六个方面的要求，重点抓好米、面、油、肉、蛋、奶等生活必需品供应，确保生产经营稳定有序，储备产品库存充裕，食品质量安全可靠。

（三）农业龙头企业营商环境改善

市农业农村局全面摸清农业龙头企业发展需求，为650余家农业企业解决贷款、应急物资运输车辆通行证、产销对接、技术需求等问题，摸清实际困难，建立动态台账，逐一挂账解决。针对涉农企业资金筹措问题，市农业农村局主动联系金融机构，一方面对接银行推送企业需求信息，协调解决贷款需求；另一方面对接担保机构发挥政策性担保作用。例如，已有农行北京分行为首农食品、老才臣两家企业新增授信 40.5 亿元，完成贷款投放 10.09 亿元。市农业融资担保有限公司将新冠肺炎疫情期间所有涉农主体提供担保融资的担保费率下调 0.5 到 1 个百分点，其中对于提供蔬菜、禽蛋肉等直接保障民生的经营主体担保费率设定不超过 1%，现已完成项目 15 个，实现担保金额 6565 万元。

（四）农业龙头企业帮扶成效明显

农业龙头企业树立科学治贫、精准扶贫、有效脱贫"三大理念"，积极探索创新扶贫举措，切实提高扶贫成效，拓展农业功能，发掘乡村价值。开展"北京消费扶贫月暨市管国企消费扶贫月"，北京掀起消费扶贫新高潮。活动中，北京市农业龙头企业首农食品集团会同物美集团建立的首农物美扶贫超市，在北京消费扶贫双创中心亮相。该超市扶贫专柜面积达 1200 平方米，重点销售包括北京市扶贫支援的 7 个省区 90 个县在内的国贫县扶贫产品。湖北茶叶、内蒙古草原绿豆、贵州蜂蜜、河北黑米糊、燕麦糊等一度受新冠肺炎疫情影响滞销的产品找到销售新渠道。仅前半年，北京市消费扶贫销售额 106.96 亿元，带动受援地区 27 万多名贫困户增收脱贫。

第二节　新型职业农民培养完善　引领农户衔接现代农业

开展农民培训工作，建设人才振兴乡村，是促进乡村振兴战略的重要内容，是促进"农业全面升级、农村全面进步、农民全面发展"的重要举措。为有效推进北京市农民培训工作，强化统筹，精准施策，更大力度、更高质量、更有针对性地做好农民培训工作，北京市结合适应北京农民（农村实用人才）培训、农村劳动力转移就业培训、农村基层干部培训等各类农民培训的特点，建立起统筹规划、运转高效、保障有力的工作机制，形成了一套成熟的农民培训工作经验做法。合理扩大培训规模，精准确定农民培训对象、内容和方式，着力提高农民培训的针对性、精准性和实效性，进一步提高各类农民的专业技能、职业能力和综合素质，为乡村振兴战略实施和都市型现代农业经营体系建设提供人才支撑。

一、逐步完善新型职业农民培育制度体系

北京市贯彻落实为推进具有首都特点的乡村振兴提供强有力的人才支撑的思想方针，市委农办印发《关于加强和改进农民培训工作的指导意见》和《关于加强和改进农民培训工作的实施方案》（京农组办发〔2020〕7 号）；会同市人力资源和社会保障局、市财政

局联合印发《北京市实施农民职业素质提升培训工作方案》。组织各区农业农村主管部门和农广校系统对改版升级后的农民教育培训信息管理系统进行操作培训;统计全年全市农民培训情况,优化调整全年培训方案,建立完善的新型职业农民培训制度体系。

(一) 建立对承训机构的考核评估

建立培训工作绩效考评机制,对学员招收和培训情况进行公示。按照一定比例抽查培训学员和培训机构,对其绩效完成情况进行考核评估,建立承训机构政府采购和淘汰退出机制。研究制定承担补贴性培训机构的督导和综合评价办法,切实提升补贴效能。

(二) 加大农民培训的宣传力度

坚持"干说并重",充分发挥各类媒体作用,多形式大力宣传农民培训政策、各地农民培训好经验好做法、各类优秀农民成长历程和典型事迹,大力营造农民积极参加培训、全社会关心支持农民培训、促进农民充分就业的良好氛围。

(三) 建立培训就业的城乡对接帮扶机制

结合国家、市区重点工程、重大建设、重大活动等,挖掘适合农民的就业岗位,并与农民培训相对接,实现农村劳动力就近就地转移就业,建立区域内农民培训和就业对接机制。在农村劳动力转移就业困难的地区,由城区开发用工岗位,郊区负责提供劳动力资源,并对农村劳动力实施定岗培训,建立城区与郊区农民培训和就业对接机制。深入推进生态涵养区结对帮扶、市区职能部门与重点乡村结对帮扶,通过扩大岗位供给精准对接农民培训需求。

(四) 建立农民培训与就业精准对接

建立以高质量就业为导向的农村劳动力、低收入农户就业培训机制,组织开展培训与就业紧密挂钩的定单、定向、定岗式培训,提高供需匹配度。建立主管部门、用人单位、承训机构联动机制,定期组织企业岗位招聘与农民培训的对接活动,实现培训与就业紧密挂钩。

二、全面落实新型职业农民培育规划方案

北京市以教育培训、规范管理、政策扶持为抓手,以公益性培训机构为主体、多种教育资源和市场主体共同参与,采取"一点两线全程分段"方式,分层分类分模块,切实提高培育的针对性、规范性和有效性。探索政企合作模式,采取政府购买服务等方式,支持农民专业合作社、龙头企业、农业职业教育集团承担培育任务。支持新型职业农民采取"弹性学制、农学交替"的方式,接受中高等职业教育。

(一) 政府统筹协调机制完善

市委农办牵头研究制订农民培训方案,组织领导全市农民培训工作,确定总体目标和重点任务,推动工作落实。市农业农村局负责农民(农村实用人才)培训,统筹制订全市农民(农村实用人才)培训计划。市人力资源社会保障局负责农村劳动力转移就业培训,

统筹制订全市农村劳动力转移就业培训计划。市委组织部负责农村基层干部培训,市财政局负责农民培训经费保障及相关政策制定。市教委、市科委、市文化和旅游局、市园林绿化局、市水务局、市妇联、市残联等相关单位,负责本行业、本领域内的农民培训计划统筹制订工作。各涉农区参照市级建立本区农民培训分工协调机制,统筹制定本区农民培训计划并组织实施。明确市、区两级培训分工,市级主要负责综合性、示范性培训,区级及以下负责普及性、技能性等培训。

各行业主管部门深入开展农民培训需求调研,摸清农民对培训内容、培训方式、培训时间等方面的实际需求,结合我市乡村振兴工作实际提出本行业的农民培训计划。市农业农村局、市人力资源和社会保障局、市委组织部对各有关单位提出的培训计划进行汇总,并在协调统筹的基础上,对培训内容、培训人数、培训对象和承训机构进行合理安排,确定年度目标任务,明确年度培训的数量和质量要求,避免培训内容、对象重复交叉或出现空白。

(二) 农民培训行动有序开展

根据《北京市冬春高素质农民培训行动方案》的部署和要求,启动了"冬春高素质农民培训行动",加快培养一支有文化、懂技术、善经营、会管理的高素质农民队伍。在冬春农闲时节,突如其来的新冠肺炎疫情影响了各行业正常运行,为开展线上农民培训提供了有利时机,也是推动高素质农民培育计划落实落地的重要契机。北京市以北京市农业广播电视学校作为首都农民教育培训的主阵地,以公益性培训机构为主体,准确把握新形势新要求,充分认识农民大培训的重大意义,围绕实施乡村振兴战略总要求,围绕高素质农民培育计划总目标,利用农广校远程教育网络开办现代农业科技、农技人员知识更新等网络课堂,向首都基层农技人员和高素质农民开展远程培训。充分引导农民通过农广校远程教育平台、微信群、"云上智农"APP 和 12316"三农"服务热线等新媒体和信息平台开展在线学习,一方面,立足当地主导产业和特色农业,有针对性地开展冬季生产和春耕春播春管实用技术培训,解决当前农业生产问题,促进农业稳产保供和农民增收,推动农业高质量发展;另一方面,立足绿色发展和农村社会和谐稳定,宣传党和国家的惠农强农富农政策,开展全面提升科技文化素质的培训,促进农民生活幸福、农村生态宜居,推动构建农村学习型社会。

(三) 农民专业技术水平提高

组织开展了第六届全市农村创业创新大赛及全市农村实用人才优秀创业项目评选资助工作,评选出优秀创业创新项目 10 个,推荐其中 4 个参加全国创新创业大赛。通过以赛代训的方式,培训新农人及返乡下乡创业创新人员约 80 人,共有 85 万人通过网络直播的方式,关注并收看了比赛活动。

此外,围绕产业重点问题,开展联合攻关,积极对农民进行技术培训。培训主要针对贮藏加工、育苗技术、蔬菜生产技术等方面来进行(见表 4-1)。

表 4-1　　　　　　　　　　　北京市农业主推技术

序号	培训活动	培训单位
1	黑木耳菌棒催芽技术指导	北京市农业技术推广站
2	全市小麦苗情调查	北京市农业技术推广站
3	甘蓝春季采后管理指导	北京市农业技术推广站
4	贮藏加工技术服务	北京市农业技术推广站
5	白菜春季采后管理	北京市农业技术推广站
6	草莓避雨基质育苗技术	北京市农业技术推广站
7	蔬菜生产技术服务	北京市农业技术推广站

资料来源：北京市农业农村局。

北京市农业推广站培训农技人员，推广应用优质绿色高效技术模式，累计举办农民培训 60 多场次，培训 3000 余人次，其中对低收入农户的专题培训达到 1500 余人次以上。

（四）技术推广应用成果显著

针对京郊农业生产需求，通过线上、线下多种方式组织开展技术培训指导，发布生产技术指导意见 111 期，发布病虫防控指导意见 94 期；共组织 10 个创新团队的专家对接郊区农业企业和合作社 150 家，为其提供科技服务，共示范推广新品种 155 个、新技术 211 项，取得了良好的示范效果，提升了生产管理人员的科技素质。

2020 年在市委、市政府的正确领导下，聚焦科技创新驱动，组织广大农业科技人员广泛开展农业技术示范推广和农民科技培训工作，在郊区农业生产一线示范推广了一大批技术先进、实用性强、覆盖面广的科技成果，为推动北京现代农业高质量发展，促进农业发展方式转变、农业农村生态环境改善和农民持续增收提供了强有力的科技支撑。为表彰奖励广大农业科技工作者在促进农业科技成果转化和实用技术推广方面所作出的贡献，根据《北京市农业技术推广奖奖励办法》，经北京市人民政府批准，"生菜良种良法配套及产业化关键技术研究与应用"等 15 项科技成果被评为北京市农业技术推广奖一等奖（见表 4-2），"草莓优良品种选育与优质高效技术集成应用"等 25 项科技成果被评为北京市农业技术推广奖二等奖，"设施蔬菜水肥精准调控关键技术集成与应用"等 39 项科技成果被评为北京市农业技术推广奖三等奖。

表 4-2　　　　　　　　　北京市农业技术推广的主要成果

序号	成果名称	主要完成单位	主要完成人
1	生菜良种良法配套及产业化关键技术研究与应用	北京农业职业学院、北京农学院、北京市农业技术推广站、中国农业大学、北京市农业机械试验鉴定推广站、北京市昌平区种子管理站、北京市通州区农业技术推广站、北京市大兴区农业技术示范站、北京市顺义区种植业服务中心、北京市怀柔区种植业服务中心	范双喜、韩莹琰、陈湘宁、常希光、曹之富、郝敬虹、狄政敏、杜相革、张京开、刘超杰、徐全明、杜巍、朱青艳、钱朝华、朱文、陆凌晨、焦立东、张洋、高秀芝、徐峥

续表

序号	成果名称	主要完成单位	主要完成人
2	辣椒育种技术创新与新品种选育及示范推广	北京市海淀区植物组织培养技术实验室、北京海花生物科技有限公司	李春玲、张树根、邢永萍、邓晓梅、张军民、王振泉、蒋钟仁、李春林、赵连娥、李新柏、侯双飞、王盼、孟宪泉、张宁、刘文喜
3	番茄基质栽培技术集成与推广	北京市农业技术推广站、北京市密云区农业服务中心、中国农业大学、北京农学院、北京宏福国际农业科技有限公司	李红岑、李新旭、冯宝军、雷喜红、张瑞芬、王艳芳、李蔚、赵文超、刘湘伟、柯南雁、牛曼丽、田永强、张光伟、杨夕同、王书娟、杨琳、赵光华、于静浞、冯颖、王冰华
4	低维护苔草新品种及其应用技术示范推广	北京草业与环境研究发展中心、克劳沃（北京）生态科技有限公司、北京方达康生态科技有限公司、北京市天竺林业开发公司、北京市朝阳区园林绿化局、北京金都园林绿化有限责任公司、北京市朝阳区北小河公园	武菊英、范希峰、滕珂、岳跃森、温海峰、张辉、杨学军、滕文军、孙建华、袁小环、张广伟、韩朝、王国臣、湛金锁、张全刚、周林慧、张卉、王黎明
5	优质鲜食玉米品种开发及关键技术推广应用	北京市农林科学院玉米研究中心、北京市农业技术推广站、中国农业大学、小丁家（北京）农业科技有限公司、北京市房山区种植业技术推广站、北京市顺义区农业科学研究所	卢柏山、史亚兴、裴志超、周继华、徐丽、樊艳丽、班丽萍、郎书文、王卫红、徐向东、解春源、席胜利、刘国明、谷艳蓉、曹海军、张远、毕显杰、刘佳、刘志霞、金生东
6	奶牛提质增效饲养技术集成与推广应用	中国农业科学院北京畜牧兽医研究所、北京中地畜牧科技有限公司、北京农学院、北京首农畜牧发展有限公司、北京市畜牧总站、北京市饲料监察所、中国奶业协会、中国畜牧业协会、北京东方天合生物技术有限责任公司	卜登攀、赵连生、王继彤、马露、马莹、张晓峰、张超、王丽、陈雅坤、李寰旭、张跃、崔彪、郭凯军、赵有、席库、周振峰、郭雨佳、范伯帅、白飞英、解冰辉
7	奶牛高效、低排放生产技术研究与推广	北京市畜牧总站、北京低碳农业协会、北京建筑大学、好食新源（北京）农牧科技有限公司、北京农学院、北京奶牛中心、北京首农畜牧发展有限公司	路永强、任康、吴建繁、马文林、方洛云、韩广文、朱法江、黄毅、陈孝杰、王瑜、李晓祥、龙燕、蓝碧浩、孟庆更、常卓、魏杨、于泽、谷学佳、西鹏洋、张贺
8	蛋鸡绿色健康养殖技术示范与推广	北京市畜牧总站、北京科为博生物科技有限公司、北京博锦元生物科技有限公司、北京市通州区动物疫病预防控制中心、北京市延庆区动物疫病预防控制中心	郑瑞峰、王玉田、潘兴亮、李富伟、吕学泽、姜波、李志衍、金银姬、韩明渠、王永艳、刘鑫、朱晓静、杨龙峰、刘金霞、李毅、郭峰、李慧、王瑾、田艳辉、朱金金
9	奶牛绿色无抗养殖关键技术研究与示范推广	北京农学院、中国农科院北京畜牧兽医研究所、北京市畜牧总站、北京科为博生物科技有限公司、北京首农畜牧发展有限公司奶牛中心、北京市昌平区动物疫病预防控制中心、北京市延庆区动物疫病预防控制中心、北京市大兴区动物疫病预防控制中心、北京市华都峪口禽业有限责任公司、北京金龙腾达养殖场	蒋林树、熊本海、张永红、郭江鹏、吴培均、楚康康、王慧、南雪梅、童津津、谷瑞平、杜茜茜、孙猛、李文森、黄秀英、沈爱华、于丽娜、刘长清、李革

续表

序号	成果名称	主要完成单位	主要完成人
10	结球叶类蔬菜生产机械化技术集成与示范推广	北京市农业机械试验鉴定推广站、北京市延庆区农业机械化技术推广服务站、北京市大兴区农业机械技术推广站、北京市密云区农机化技术推广服务站、北京市昌平区农业机械化技术推广站、北京市房山区农业机械技术推广站、北京市优质农产品产销服务站、河北省农机化技术推广总站、山东华龙农业装备股份有限公司	赵景文、李治国、李凯、刘晓明、赵丽霞、张岚、史家益、刘旺、刘婷韬、袁胜君、李志强、张文艳、郭连兴、郝东生、王宏、王尚君、张云生、孙涛、安绍海、李鑫金
11	农民远程教育融媒体学习平台研发与推广	北京市农林科学院农业信息与经济研究所	郭建鑫、赵继春、孙素芬、龚晶、沈鉴宇、陈蕾、聂莹、乔珠峰、李玉华、秦莹、陈会娜、杨盼盼、宋扬、徐猛、吕适艺、李爽、王旭、王英英、马特、刘江峰
12	优质锦鲤繁养殖绿色高效技术研究与产业化应用	北京市水产科学研究所、中国农业大学	朱华、史东杰、胡金有、马志宏、丁文、张强、皮国华、张悦、齐海霞、杜合泉、王芳、姜娜、马茵驰、张蓉、王赛赛
13	果蔬中农药多残留检测关键技术集成创新与应用推广	北京市农业环境监测站、农业农村部环境保护科研监测所、北京本立科技有限公司、北京市房山区农业环境和生产监测站、北京市大兴区农产品质量检测中心、北京市密云区农产品质量安全综合质检站、北京市延庆区植物保护站、北京市昌平区农产品监测检测中心、北京市平谷区农产品质量安全综合质检站、承德市农产品质量监督检测中心	欧阳喜辉、孙江、肖志勇、黄宝勇、贺泽英、温雅君、杨红菊、闫建茹、郭忠利、习佳林、尹丽颖、朱冬雪、王岚、车辂、刘小冬、郭阳、赵源、刘霁欣、王丽英、刘洋
14	基于植物诊所的绿色植保技术推广	北京市植物保护站、北京市昌平区农药管理站、北京市平谷区植物保护站、北京市延庆区植物保护站、北京市顺义区植保植检站	乔岩、郭喜红、张涛、赵磊、王步云、郑书恒、陈海明、万敏、张保常、魏肖楠、杨金利、张爱军、张超、周长青、姚永生、王银忠、刘红英、邢路、李雪娇、赵一龙
15	北京市农村污水处理技术管理集成与应用	北京市排水管理事务中心、北京市城市排水监测总站有限公司、北京清流技术股份有限公司、北京市海淀区排水管理所、北京市通州区潮白河事务中心、北京市门头沟区供排水事务中心	廖日红、朱晓峰、崔克力、韩旭、张金有、刘旭春、甄毅、牛鑫艳、王佶、王哲、杜颖、黄业柳、高丹、王喆、付美安、陈鹏飞、马恒涛、肖羿、张贺伟、王蔚然

资料来源：北京市农业农村局。

三、加快建设新型职业农民培育服务体系

为了建设新型职业农民服务体系的建设，北京市政府出台了一系列保障措施：

（一）完善农民培训资金制度

进一步保障对农民培训的经费投入，不断完善与就业挂钩的农村劳动力转移培训政策。研究制订符合田间地头、农村企业等一线实操性培训特点和一定比例的"走出去"农民培训经费使用管理办法，简化程序，优化经费使用规定。

（二）推进农民培训信息化管理

各承训机构和培训组织管理部门充分利用信息化系统，将培训需求、培训计划、学员招收、学员管理、课程评价等培训信息及时录入培训信息平台，实现培训绩效和学员情况的信息化管理。

（三）加强培训工作监督考核

市农业农村局、市人力资源和社会保障局、市委组织部等牵头部门强化对培训工作的监督考核，完善考核评估办法，定期组织督查。重点对培训工作开展指导和过程监管，对培训效果及管理情况进行绩效考评。对承训机构培训质量加强考核评估，建立承训机构政府采购和淘汰退出机制。对招生信息、招生情况及培训情况进行公示，对培训学员和培训机构按照不低于10%的数量进行抽查，根据绩效完成情况进行考核评估，评估结果作为下一年度选择师资及承训机构参考依据。

（四）建立北京乡村振兴学院

北京乡村振兴学院立足于送技能、送培训、送文化，以农业职业学院为依托，以北京市农业广播电视学校为龙头，以京郊职业学校、农广校分校为骨干，统筹协调各类培训场地，优化各级涉农教育和培训资源配置，切实提升服务"三农"能力和水平，着力打造高素质农民职业能力提升工程、乡村干部治理能力提升工程、高素质农民学历提升工程、农技推广队伍建设提升工程、乡村文明整体提升工程五大培训服务品牌工程，积极探索新时代高素质农民教育培训新模式。

第三节 社会化服务体系有创新 助力新型经营主体发展

一、培育农业社会化服务组织

北京市加大力度扶持各类农业社会化服务组织，本着经营主体多元、组织形式多样、专业服务全面、市场竞争充分的原则，充分利用不同农业社会化服务组织各自的功能特点，支持农业农村经济组织规模化、专业化经营；充分发挥农业合作社对接农民和市场的纽带作用，为农民社员提供专业的各种生产经营服务，推动小农户与现代农业有机衔接，深化新一轮农村改革,着力激发农业农村发展动力活力;充分发挥各级农业产业化龙头企业的服务带动作用,鼓励各级农业产业化龙头企业为农户提供系统、专业、全面的服务;支持各类提供农业社会化服务的公司逐步建立成熟的服务模式、灵活的服务机制以及专业的服务水平。

二、推动服务组织联合融合发展

支持各类农业社会化服务组织联合融合发展,促进农业社会化服务组织服务链条全方位拓展延伸,推动各级经营主体深化合作、优势互补、融合发展。引导各类农业社会化服务组织以先进专业技术、生产经营服务等为纽带建立服务联合体等新型组织形式,建立完善的新型农业社会化服务组织体系。支持各类服务主体与新型农业经营主体开展多种形式的合作与联合,建立紧密的利益联结和分享机制,壮大农村三次产业融合主体。鼓励各类农业社会化服务组织积极与科研院所、高等学校开展科研和人才合作,鼓励银行、保险、邮政等机构与新型农业社会化服务组织深度合作。支持各类农业社会化服务组织与新型农业经营主体开展多种形式的合作与联合,建立紧密的利益联结和分享机制,壮大农村三次产业融合主体。

三、加快推进农业生产托管服务

支持各类农业社会化服务组织,提高自身服务能力和服务条件。适应不同地区、不同产业农户和新型农业经营主体的农业作业环节需求,发展单环节托管、多环节托管、关键环节综合托管和全程托管等多种托管模式,面向农产品生产的小农户以及新型农业经营主体开展托管服务。鼓励各地因地制宜选择本地优先支持的托管作业环节,按照相关作业环节市场价格的一定比例给予服务补助,通过价格手段推动财政资金效用传递到服务对象,不断提升农业生产托管对小农户服务的覆盖率。

四、推动社会化服务规范发展

严格农业社会化服务行业管理,推动有关部门、单位和行业协会制定服务标准,规范服务行为,切实保护广大小农户的利益。加强服务组织动态监测,探索建立社会化服务组织备案登记制度。建立服务主体信用评价机制,推动服务组织信用记录纳入全国信用信息共享平台,重点扶持服务能力强、服务效果好的农业社会化服务组织。引导服务价格制定,以市场确定原则,引导服务组织合理制定服务价格。加强服务合同监管,加强合同签订指导与管理,积极发挥合同监管在规范服务行为、确保服务质量等方面的重要作用。加快制定标准格式合同,规范服务行为,确保服务质量,保障农户利益。

第五章 北京都市型现代农业支持与保障体系

第一节 多方施策彰显农业支持 助农财政投入集约有效

在以习近平同志为核心的党中央有力领导下,在习近平新时代中国特色社会主义思想的指导下,北京市充分落实习近平总书记在中国共产党第十九次全国代表大会和第十九届中央委员会第二次、第三次和第四次全体会议上的讲话精神,坚决贯彻党的基本理论。在新冠肺炎疫情常态化防控时期,统筹社会经济发展和疫情防控双向推进,在居民就业、基本民生、市场主体、粮食能源安全、产业链供应链稳定、基层运转六个方面加强工作实施力度,以新发展理念为基调,以供给侧结构性改革为主线,稳步提高社会经济发展。优先促进居民就业,新冠肺炎疫情时期稳定就业环境,城镇新增就业人数900万人以上,促进消费回补和潜力释放,进出口促稳提质,国际收支基本平衡,居民收入增长与经济增长基本同步,实现全面建成小康社会的目标任务,完成"十三五"规划的目标任务。

一、政策支持体系

2020年国家出台了一系列农业支持政策,包括强农惠农政策、农产品稳产保供政策、农机具补贴新政策、农业资源保护政策等。政策的出台有利于北京市进一步改善农村环境问题,优化农村生态环境,保障农民基本生活需求,加强农村基础设施建设,保障农业高质量发展,补齐"三农"发展短板,实现农业稳产保供(见表5-1)。

表5-1 2019~2020年国家农业支持政策文件统计

颁布时间	单位	名称
2019年2月	农业农村部	《关于乡村振兴战略下加强水产技术推广工作的指导意见》
2019年2月	国务院	《关于有效发挥政府性融资担保基金作用切实支持小微企业和"三农"发展的指导意见》

续表

颁布时间	单位	名称
2019年4月	农业农村部、财政部	《2019年重点强农惠农政策》
2019年4月	农业农村部	《关于规范稻渔综合种养产业发展的通知》
2019年4月	农业农村部、生态环境部	《关于进一步做好受污染耕地安全利用工作的通知》
2019年5月	农业农村部、市场监督管理总局	《关于做好非洲猪瘟病毒检测结果通报和发布的通知》
2019年6月	农业农村部	《全国农业综合行政执法基本配备装备指导标准》
2019年7月	农业农村部、工业和信息化部、生态环境部	《关于加快推进农用地膜污染防治的意见》
2019年8月	国务院	《关于促进小农户和现代农业发展有机衔接的意见》
2019年9月	农业农村部、自然资源部	《关于实施家庭农场培育计划的指导意见》
2019年11月	农业农村部、水利部	《国家农民合作社示范社评定及监测办法》
2019年11月	农业农村部	《关于进一步加强农机购置补贴政策监管强化纪律约束的通知》
2019年12月	农业农村部	《加快生猪生产恢复发展三年行动方案》
2019年12月	农业农村部	《全国试行食用农产品合格证制度实施方案》
2019年12月	农业农村部	《渔业无线电管理专项整治工作方案》
2019年12月	国务院	《保障农民工工资支付条例》
2020年1月	农业农村部	《关于肥料包装废弃物回收处理的指导意见》
2020年2月	中共中央办公厅	《中共中央国务院关于抓好"三农"领域重点工作确保如期实现全面小康的意见》
2020年2月	国务院	《关于加强农业种质资源保护与利用的意见》
2020年3月	农业农村部	《关于支持民营企业发展生猪生产及相关产业的实施意见》
2020年4月	农业农村部	《关于加快农产品仓储保鲜冷链设施建设的实施意见》
2020年6月	农业农村部	《关于加快推进设施种植机械化发展的意见》
2020年6月	农业农村部等九部委	《关于深入实施农村创新创业带头人培育行动的意见》
2020年6月	农业农村部	《关于国家农业科技创新联盟建设的指导意见》
2020年7月	农业农村部等七部委	《关于扩大农业农村有效投资 加快补上"三农"领域突出短板的意见》
2020年9月	国务院	《关于促进畜牧业高质量发展的意见》
2020年12月	财政部等七部委	《关于进一步加强惠民惠农财政补贴资金"一卡通"管理的指导意见》
2020年12月	国务院	《关于防止耕地"非粮化"稳定粮食生产的意见》
2021年1月	农业农村部	《农业农村部关于统筹利用撂荒地促进农业生产发展的指导意见》
2021年2月	农业农村部、财政部	《2021—2023年农机购置补贴实施指导意见》
2021年4月	农业农村部等九部委	《关于推动脱贫地区特色产业可持续发展的指导意见》

数据来源：根据国家相关部委公开资料整理。

为了保障北京都市型现代化农业得到更好的发展，北京市政府也出台了一系列农业支持政策。主要围绕着强化科技支撑、实施乡村振兴战略、促进现代农业高质量发展、抓好"菜篮子"稳产保供、宅基地管理、乡村旅游等方面（见表5-2），并取得了较好的成效，不断推动北京都市型现代农业向高质量方向转变，提高农业产出效益。

表5-2　　　　　　　2019~2020年北京市农业支持政策文件统计

颁布时间	单位	名称
2019年2月	北京市发展和改革委员会	《北京市农业产业化重点龙头企业认定和动态监测管理办法》
2019年6月	中共北京市委、北京市人民政府	《关于落实农业农村优先发展扎实推进乡村振兴战略实施的工作方案》
2019年8月	北京市农业农村局	《北京市农业科技园区发展规划（2019—2025年）》
2019年8月	北京市农业农村局	《北京市农业科技园区管理办法（试行）》
2019年8月	北京市生态环境局	《农业农村污染治理攻坚战行动计划》
2019年8月	北京市科技委员会	《强化创新驱动科技支撑北京乡村振兴行动方案（2018—2020年）》
2019年8月	北京市第十五届人民代表大会常务委员会	《北京市城乡规划条例》
2019年8月	中共北京市委、北京市人民政府	《北京市乡村振兴战略规划（2018—2022年）》
2019年10月	北京市农业农村局	《关于实施家庭农场培育计划的指导意见》
2019年10月	北京市农业农村局	《关于开展农民合作社规范提升行动的若干意见》
2019年11月	北京市农业农村局、财政局	《2018—2020年北京市农机购置补贴实施方案》
2019年11月	中共北京市委、北京市人民政府	《实施乡村振兴战略扎实推进美丽乡村建设专项行动计划（2018—2020年）》
2020年1月	北京市人民政府办公厅	《北京市关于完善退耕还林后续政策的意见》
2020年3月	北京市农业农村局、财政局	《关于印发2020年度动物疫病强制免疫"先打后补"工作实施方案的通知》
2020年4月	中共北京市委、北京市人民政府	《关于抓好"三农"领域重点任务确保如期高质量实现全面小康的行动方案》
2020年4月	北京市农业农村局	《北京现代种业发展三年行动计划（2020—2022年）》
2020年4月	北京市农业农村局	《北京市2020年种业市场监管工作方案》
2020年5月	北京市农业农村局	《北京市休闲农业"十百千万"畅游行动实施意见》
2020年6月	北京市农业农村局	《关于公布国家畜禽遗传资源品种名录的通知》
2020年8月	北京市农业农村局、商务局	《关于加强新冠肺炎疫情防控期间本地农产品销售工作的紧急通知》
2020年10月	北京市农业农村局	《关于进一步加强和规范农村宅基地及建房审批管理的通知》
2020年11月	北京市农业农村局、财政局	《北京市2020年度农机新产品购置补贴试点实施方案》
2021年4月	北京市第十五届人民代表大会常务委员会	《北京市生态涵养区生态保护和绿色发展条例》

数据来源：根据北京市农业农村局、北京市财政局等相关部门公开资料整理。

二、财政支持体系

（一）财政支农资金更加集约化和市场化

2019年北京市财政支农投入584.62亿元，同比2018年上升1.5%，主要用于提高低收入农户"三保障"水平，促进农业绿色高效发展，做好北京市"菜篮子"生产保供（见图5-1）。支持南水北调调水及万家寨引黄生态补水工作，保障全市水资源及供水安全。开展市属河道水利工程运行维护，保障防洪安全和水环境安全。"十四五"期间，降税减费政策效应进一步释放，着力保障农产品高质量发展，发展休闲农业完成供给侧结构性改革，继续加强高标准农田建设，优化财政支出结构，财政支农资金更加集约化、市场化。

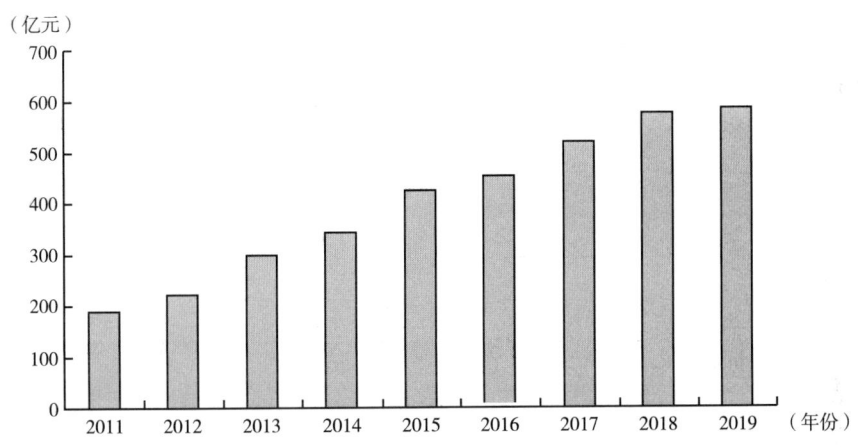

图5-1 2011~2019年北京市财政支农投入

数据来源：北京统计年鉴。

（二）优化财政支出结构，保障基本民生支出

2020年北京市财政投入结构做了调整，优化财政支出结构保障基本民生。重点支持实施乡村振兴战略、推进设施农业发展、加强农业资源保护，支持农产品高质量发展、农业产业化发展，保证"菜篮子"稳产保供，着力促进农业提质增效。实施农业惠民政策，推进农业产业提升和山区农民搬迁工程，重点帮助低收入农户，确保收入持续增加。

2020年农林水支出预算执行数为1505408万元，相较2020年预算调整数减少86116万元，下降5.4%。农业农村预算执行数相较2020年调整预算数增加53287万元，增长18.8%，主要用于促进设施农业的发展、基本农田保护、保障全市农产品供应等项目支出。由于国家下达北京市的造林任务减少，林业和草原支出执行数比调整预算数减少84053万元，下降15.8%。其中林业草原防灾减灾执行数比2020年调整预算数减少11682万元，减少资金主要用于援助张家口市和承德坝上地区植树造林项目等支出。此外，出台扶持设施农业的发展补助政策，增加蔬菜供应量，支持设施农业的发展。水利执行数比2020年预算调整数减少55271万元，下降7.4%，主要是由于新冠肺炎疫情导致部分水利工程运行维护项目延期,相关支出减少。

1. 农业农村财政投入

2020年农林水总投入资金完成调整预算的94.6%。其中农业农村投入为33.6亿元,占比22.3%,主要包括:行政运行1.8亿元,机关服务0.2亿元,事业运行3.6亿元,科技转化与推广服务0.4亿元,病虫害控制0.4亿元,农产品质量安全0.4亿元,执法监管0.1亿元,统计监测与信息服务0.3亿元,农业行业业务管理0.6亿元,农业结构调整补贴1.6亿元,农业生产发展22亿元,农产品加工与促销1.2亿元,农业资源保护修复与利用0.2亿元,农田建设0.1亿元,其他农业支出0.6亿元(见表5-3)。

表5-3　　　　　　　　　　农业财政投入构成

农业财政投入主要构成	金额(亿元)	农业财政投入主要构成	金额(亿元)
行政运行	1.8	机关服务	0.2
事业运行	3.6	科技转化与推广服务	0.4
执法监管	0.1	统计监测与信息服务	0.3
农业行业业务管理	0.6	农业结构调整补贴	1.6
农业生产发展	22	农产品加工与促销	1.2
农业资源保护修复与利用	0.2	农田建设	0.1
其他农业支出	0.6	—	—

数据来源:北京市财政局。

2. 水利财政投入

2020年水利财政投入69.3亿元,占比46.0%,主要包括:行政运行1.4亿元,机关服务0.3亿元,水利行业业务管理27.4亿元,水利工程建设1.8亿元,水利工程运行与维护24.5亿元,水利执法监督0.3亿元,水土保持0.4亿元,水资源节约与保护6.2亿元,水质监测0.1亿元,水文测报0.7亿元,防汛0.4亿元,农村水利0.1亿元,水利技术推广0.1亿元,大中型水库移民后期扶持专项支出0.1亿元,信息管理0.8亿元,水利建设征地及移民支出0.1亿元,南水北调工程建设4.0亿元,南水北调工程管理0.2亿元,其他水利支出0.9亿元(见表5-4)。

表5-4　　　　　　　　　　水利财政投入构成

水利财政投入主要构成	金额(亿元)	水利财政投入主要构成	金额(亿元)
行政运行	1.4	机关服务	0.3
水利行业业务管理	27.4	水利工程建设	1.8
水利工程运行与维护	24.5	水利执法监督	0.3
水土保持	0.3	水资源节约与保护	6.2
水质监测	0.1	水文测报	0.7

续表

水利财政投入主要构成	金额（亿元）	水利财政投入主要构成	金额（亿元）
防汛	0.4	农村水利	0.1
水利技术推广	0.1	大中型水库移民后期扶持专项支出	0.1
信息管理	0.8	水利建设征地及移民支出	0.1
南水北调工程建设	4.0	南水北调工程管理	0.2
其他水利支出	0.9	—	—

数据来源：北京市财政局。

3. 林业和草原财政投入

2020年北京市林业和草原财政投入44.8亿元，占比29.8%，主要包括：行政运行2.0亿元，机关服务0.1亿元，事业机构支出3.4亿元，森林资源培育33亿元，技术推广与转化0.7亿元，森林资源管理0.8亿元，森林生态效益补偿0.4亿元，自然保护区等管理0.1亿元，动植物保护1.6亿元，林业产业化管理0.3亿元，信息管理0.4亿元，林业草原防灾减灾1.1亿元，行业业务管理0.5亿元，其他林业和草原支出0.4亿元（见表5-5）。

表5-5　　　　　　　　　林业和草原财政投入构成

林业和草原财政投入主要构成	金额（亿元）	林业和草原财政投入主要构成	金额（亿元）
行政运行	2.0	机关服务	0.1
事业机构支出	3.4	森林资源培育	33
技术推广与转化	0.7	森林资源管理	0.8
森林生态效益补偿	0.4	自然保护区等管理	0.1
动植物保护	1.6	林业产业化管理	0.3
信息管理	0.4	林业草原防灾减灾	1.1
行业业务管理	0.5	其他林业和草原支出	0.4

数据来源：北京市财政局。

4. 其他财政投入

2020年其他财政投入2.8亿元，占比1.9%，主要包括：普惠金融发展支出2.8亿元，其他农林水支出0.002亿元（见表5-6）。

表5-6　　　　　　　　　其他财政投入构成

其他财政投入构成	金额（亿元）
普惠金融发展支出	2.8
其他农林水支出	0.002

数据来源：北京市财政局。

（三）财政资金使用更为规范

2020 年全面实施财政绩效管理工作，不断创新绩效管理模式，主要包括四个方面：一是对 2019 中央财政转移支付资金开展绩效评价，包括农业生产发展资金、农村污水治理、农业资源及生态保护补助资金三个项目，相关单位对项目的执行情况开展材料收集和自评，形成了绩效自评报告，按时报送农业农村部计划财务司和财政部农业司。二是对 2019 部门预算开展绩效评价，紧紧围绕农业结构调整、动植物疫病防控、农产品质量安全监管、生态农业、京津冀协同发展、农机购置补贴、政策性农业保险、农村金融奖补支持、农业产业化奖补扶持、农村地区"煤改电"低谷电补贴等重点领域，对 193 个重点绩效管理项目开展了项目绩效评价，其中采用普通程序评价 2 个、简易程序评价 191 个，评价项目占全局项目总数的 32.94%，涉及金额 15.13 亿元。三是完成市财政局绩效评价检查，2019 年市财政局抽取 3 个项目进行绩效评价，通过评价，"2018 年北京市动物无害化处理"项目评价结果为 91.50 分，绩效级别为"优秀"。"农业保险保费补贴政策"评价结果为 85.94 分，绩效级别为"良好"。北京市农业农村改革发展资金评价结果为 81.96 分，绩效级别为"良好"。四组织开展 2020 年农业农村改革发展资金专项转移支付预算事前绩效评估工作，涉及资金 11.2 亿元。

三、主要保障措施

2020 年北京市按照国家总体部署，以打造北京"安全农业"品牌为导向，以提高农产品基层监管能力和质量安全管理水平为目标，以完善农产品质量安全监管体系为核心，以落实地方政府管理工作为重点，以"菜篮子"区长责任制为抓手，坚持"产出来"和"管出来"两手抓，全面持续推进农产品高质量发展工作，为建设国际一流的和谐宜居之都提供有力保障。

（一）保障京郊蔬菜生产

新冠肺炎疫情防控常态化阶段，北京力保郊区蔬菜生产，稳定蔬菜供给，解决后顾之忧。2020 年北京农机械试验和鉴定推广站成立了 WeChat－蔬菜机械化咨询小组，在《北京蔬菜农机专业服务组织名录》中选出 27 位成员单位和蔬菜园区的负责人，向农户及时进行北京市近期日光温室蔬菜机械化生产技术指导意见的推送工作。邀请来自不同地区的农业机械、园艺和城市蔬菜生产方面的技术专家加入该团体，为京郊蔬菜生产提供技术支持服务，确保稳定和有序地开展蔬菜生产工作。

（二）保障退耕还林农户权益

北京市对退耕还林农户进行补贴，对于重点风沙危害区和河流两侧的速生杨退耕林地，以及坡度大于 25 度和位于重要水源地一级保护区内的退耕林地，市级财政按照每年每亩 1000 元土地流转费和每年每平方米 1 元林木养护费的标准给予此类农户补助。对于自主经营退耕还生态经济兼用林的农户，市级财政按照每年每亩 500 元的标准给予补助。

退耕农户享受农机购置、农作物病虫害绿色防控产品、有机肥和农业保险等农业补贴政策。此外，各相关区政府根据实际情况给予补助，与新一轮百万亩造林绿化统筹实施养护管理。果树产业发展基金优先支持退耕农户发展林果产业；开展科技帮扶，给予农户技术帮助，每个乡镇派驻1名林果专业技术人才进村入户推广实用技术、开展技术培训，帮助退耕农户提升从业技能，促进退耕农户增收，提高退耕林地综合效益。

（三）强化农业科技创新

落实《北京市促进科技成果转化条例》，开展农业科技创新工作，组织各类农业生产经营主体协同创新，合作联动，整合来自各方的科技资源，助推科技成果走向田间，创新机制体制，建设新一批农业科技创新示范区。

第二节　多措协同落实农业保障　产业支持助力乡村振兴

习近平总书记关于实施乡村振兴战略的重要论述是新时代做好"三农"工作的根本遵循和行动指南，北京市以《关于抓好"三农"领域重点任务确保如期高质量实现全面小康的行动方案》为导向，发挥首都效应，深入学习、率先贯彻、认真落实、科学推进全面建成小康社会的各项任务。2020年，北京农业严守农产品质量安全，着力保护农业资源，全力升级农业产业体系，多措协同推进落实首都农业保障，为乡村振兴战略的实施奠定坚实基础。

一、农产品高质量发展体系

（一）现代种业高质量发展

根据《北京加强全国科技创新中心建设总体方案》《北京市乡村振兴战略规划（2018—2022年）》的相关要求，2020年北京市各部门联合印发《北京现代种业发展三年行动计划（2020—2022年）》，确保现代农业高质量发展。北京市围绕农作物、畜禽、水产、林果四大领域的种业，重点推进甘蓝等蔬菜、特色玉米、节水小麦、马铃薯、蛋鸡、生猪、奶牛、北京鸭、鲟鱼等冷水鱼、宫廷金鱼等观赏鱼、桃、乡土树种12大物种产业，培育具有竞争力的优质品种，加强品牌建设，发展一批特色企业稳步推进现代种业高质量发展。

现代种业发展立足北京，协同津冀，示范引领全国农产品高质量发展。北京现代种业围绕平谷农业科技创新示范区和通州国际种业科技园区两个中心地区，与其他区的特色种业交流协作，共同建立种业试验示范与交流基地，最终形成"多点两核心"的种业发展布局。津冀等北京周边地区，以北京市现代农业新品种示范研究基地为参考，成立环北京农作物新品种试验基地和畜禽良种繁育基地。全国范围内建立以北京为核心的种业繁育和加工基地，在海南三亚、文昌建立北京科研育种基地，在新疆、甘肃、四川等地重点布局北京良种繁育生产与加工基地。

（二）农业标准基地建设

北京市印发《2020年北京市农业标准化工作实施方案》，完成9个标准的送审和9个标准的报批，组织开展2021年农业农村地方标准项目征集，完成新增标准化基地备案，完成标准化基地建设的评定工作。完善农业农村标准体系，建设标准化基地。在农业标准体系框架基础上，巩固现有的农业标准化基础，加强北京农业农村标准制度的建设，继续遵循"地区建设、市级评估、动态管理和优级奖励"的原则，加大建设工作力度，再新建一批标准化基地并纳入市级备案。同时开展现存基地的建设提升工作，积极建设全程农产品质量安全标准化示范基地，提升全区农业标准化水平。北京市现有13个涉农区，已完成"国家农产品质量安全县"创建工作，其中4个区完成挂牌，9个区完成推荐，全市创建任务基本完成。示范区创建的关键指标中，完成名优品牌100个，建成农业标准化基地1208家。

持续推进无公害农产品认定工作，积极对有机农产品和绿色农产品进行产品认证，继续对"三品"新认证基地和复查换证基地给予支持奖励。强化基地建设指导，鼓励有条件的农产品生产经营主体主打无公害，发展绿色食品、有机农产品。按照《北京市"三品一标"工作实施方案》，组织开展内检员培训，持续推进无公害认定工作，完成181家主体的复查换证工作，建立北京高质量、绿色优质农产品示范区，国家农业产品质量安全城市的创建工作已基本完成，农产品质量安全监测合格率达98%以上。从六大方面十六项重点工作先后推进顺义、大兴、密云和房山等9区的现代农业园区的建设工作，并组织专家开展遴选验收工作，完成"国家农产品质量安全市"整体创建考核推荐。

（三）加强农产品质量安全保障

针对农产品质量安全的问题，北京市聚焦绿色优质安全示范区的建设，为农产品绿色发展提供环境基础。对突出问题进行专项整治，着力对生猪屠宰监管、农药残留及隐性添加、"瘦肉精"、生鲜乳等薄弱环节加强监管。2020年，北京市提高化肥利用率，减少化肥农业的使用，其中化肥利用率达到40%以上。保护耕地，优化土壤环境，完善耕地质量分类清单，建设高标准农田，对受污染土地进行综合整治并合理利用，提倡休耕轮作，推广节水控能，年新用水量控制在4.5亿立方米。各部门之间进行工作的有效衔接，以监督检查中发现的问题为重点开展整治，确保突出问题及时有效解决，从而培育北京特色的农产品，建设绿色优质安全品牌，提升"北京产"的美誉和影响力。新冠肺炎防控期间灵活调整监测开展方式、就近组织开展抽样工作，抓好农产品质量安全工作。各区针对重点生产主体，加强质量安全技术指导与管理，开通安全服务绿色通道，组织安全检测单位和部门结合实际为生产主体提供免费检测服务，增强质量安全控制水平。

二、农业资源保护体系

（一）畜禽遗传资源保护

北京市在《国家畜禽遗传资源目录》的基础上，为进一步保障畜禽产品的供给，加强人民群众认知，整理汇编了《国家畜禽遗传资源品种名录》（以下简称《名录》）。《名录》对我国的畜禽遗传资源的种类和范畴进行明确，我国现有33种地方畜禽品种，分为17个传统畜禽品种和16个特种畜禽品种，其中传统畜禽包括猪、牛、羊、鸡、鸭、鹅等17类，特种畜禽包括梅花鹿、珍珠鸡、水貂等16类。新冠肺炎的警示以及名单的公布，有利于进一步规范畜牧业生产和监督管理工作，降低公共卫生安全风险，减少动物性传染病的传播，严格禁止以食用为目的对野生动物进行转售买卖，保护野生动物品种。各部门加强协同配合，依据《中华人民共和国野生动物保护法》和《国家畜禽遗传资源品种名录》，明确工作职责和范畴，加强执法和监管工作，实现人与自然的和谐共处。此外，组织家禽团队、粮经团队、果菜团队、鲟鱼、虹鳟鱼团队与张承地区科研单位、企业、基地进行对接，按照计划，开展蛋鸡、甜玉米、草莓和虹鳟鱼等新品种和配套技术的试验示范工作。

（二）完善生态补偿机制

坚持以完善森林生态补偿机制和探索建立湿地生态保护补偿机制为重点，注重改革创新，加强监督管理，严格"两线三区"空间管控和刚性约束，着力促进生态保护补偿制度化和规范化，让绿水青山真正成为"金山银山"。2020年实现森林、湿地生态保护补偿全覆盖，生态补偿额度和补偿标准分别于生态保护的绩效工作、经济社会的发展程度相适应，计划到2022年，逐步建立市场化、多元化的生态保护补偿机制，形成绿色生产方式和生活方式。

（三）农业资源可持续发展

北京作为都市型城市，农业资源有限，这成为农业发展的一大短板。加快都市型现代农业发展，亟须解决这一问题。彰显农业的生态功能，进一步推进农业资源走可持续发展之路，是未来北京都市型现代农业发展的必然趋势。农业资源与生态环境是保障粮食安全、促进农业可持续发展、推进生态文明建设的物质基础。2020年北京市政府加大在农业方面的投入，积极发展都市现代型农业，然而，农业发展方式并未完全细化，仍然存在农业生态系统退化，由于化肥农药的过度使用导致部分地区土壤问题加剧，田间秸秆的焚烧加剧空气污染，人均可用水较低等突出问题。北京市积极调减高耗水型农业，推广高效节水设施，提高化肥农药的使用率，提高土壤的保墒能力。

三、农业产业支持体系

（一）加快恢复生猪供给

北京市起草"菜篮子"区长负责制，根据各区自评报告进行了考评，印发了《关于反馈各区 2019 年度"菜篮子"区长负责制自查自评考评结果的通知》，以各区区级为总抓手，保障猪肉供给。推动生猪的规模化养殖率，提高中小型养殖户的防疫能力，实现生猪补栏增收和猪瘟疫病防控双向促进，做好后期饲料生产的供给工作，纠正随意扩大限养禁养区和搞"无猪市"问题。截至 2020 年年底北京市共有 18 家新建和改扩建的生猪养殖场，其中，新建 12 家，6 家改扩建。4 家养殖场完成工程建设和验收工作，即将正式投产，全市已完成生猪存栏 17.2 万头，出栏 12.86 万头，生猪供给恢复工作稳步进行。

（二）推进"菜篮子"稳产保供

按照《积极应对新冠肺炎疫情抓好"菜篮子"稳产保供和春耕备耕工作的指导意见》，相继发布系列技术指导意见指导新冠肺炎疫情期间蔬菜生产，同时组成 13 个督导组，到各区指导蔬菜和粮食生产，全市蔬菜生产状况良好；2020 年春季准备种子 220 万公斤、育苗 1.65 亿株、化肥约 4 万吨、农药 1800 吨，满足春季生产需求。日光温室春季倒茬换茬基本完成，其中在田果类蔬菜占比 36.8%、叶类蔬菜占比 31.7%，北京市生产蔬菜、畜禽产品、水产品监督抽查合格率分别为 99.6%、98.7%、98.6%，继续保持较高水平。2020 年全年播种粮食 73.3 万亩、总产量 30.5 万吨，同比分别增长 5.1%、6.2%。蔬菜生产前三季度播种面积 36.7 万亩、产量 81.9 万吨，同比分别增长 12.7%、9.4%，实现重要农产品稳产保供。

（三）把握乡村旅游新契机

北京市坚定践行"绿水青山就是金山银山"理念，把握新的发展定位，将乡村旅游培育成为北京郊区的支柱型产业和惠及全市人民的现代服务业，以新冠肺炎疫情常态化防控为发展新契机，以生态优先为发展新思路，鼓励市民转变休闲方式，倡导乡村生态保护和资源循环，吸纳市民走进北京山区，带动就业人数，北京乡村旅游产业迅速发展壮大。2019 年累计接待游客 32 亿人次，带动 800 多万户农户创收，借助举办 2020 年世界休闲大会、2021 年世界樱桃大会、2022 年北京冬奥会冬残奥会等进一步联动乡村旅游、农业产业发展、民宿发展的融合发展。

四、农业保险保障体系

（一）着力强化农业保险风险管控

北京市立足更好地落实农业补贴政策，确保农业保险保费补贴审核工作质效。抓住重点，着力强化农业保险的风险管控工作。实行总分核对，核对各保险机构业务和资金规模等要素与区域汇总表的对应关系，重点关注指标口径的一致性、各表衔接的有序性，确保申报数据准确无误。严格资金管理，聚焦农业补贴资金管理链条，从预算安排、分解下达、管理使用等环节，对资金分配、使用、结余、结算等方面进行重点追踪，核实资金拨付是否到位、资金使用是否规范、资金结余是否合理、资金结算是否准确，确保"用好每一分钱"。按照内控工作要求，做到基础审核和分级复核工作全程留痕，完善审核基础资料归档管理，确保审核工作规范有序、风险可控，确保农业保险保费补贴审核工作质效。

（二）技术支持带动农业保险信息化

2020年北京市继续加强农业保险信息共享，加大资金投入力度，继续提升农业保险信息化水平。逐步整合财政、农业农村、保险监督管理、林业草原等部门以及保险机构的涉农数据和信息，动态掌握参保农民和农业生产经营组织相关情况，从源头上防止弄虚作假和骗取财政补贴资金等行为。为促进农业保险信息化发展，2020年，通过卫星遥感技术、电子围栏技术、OCR（Optical Character Recognition，光学字识别）智能识别技术等先进技术支持推进农险信息化试点的开展，将面对面的线下经营转变为依靠信息技术的线上化经营，进一步优化服务流程、提升经营管理效率，并有效地减少人员、人畜的接触，为落实新冠肺炎疫情防控措施给予支持，极大提升农险的科学化、电子化水平，有效降低农险的经营成本，提升农险的经营效率，促进农险的高质量发展。

第三节　多策并行保障农业建设　生态优先引领休闲农业

一、环境治理体系

（一）实行冬季清洁供暖工作

北京市在2003年就已启动"煤改电"工程。按照《2020年北京市农村地区村庄冬季清洁取暖工作实施方案》，2020年北京农村地区要继续推进煤改清洁能源工作，"煤改电"项目涉及昌平、房山两个区，覆盖46个村约2.9万户居民。项目实施"煤改电"配套电网改造，主要建设内容包括：安装变压器422台，中压电缆54.25公里，低压电缆51.25公里，中压架空线路1053.94公里，低压架空线路921.14公里，电杆11411基，电表16349个。此次46个村"煤改电"工程的完工，也意味着北京3921个村中，已有3398个顺利完成煤改清洁能源改造，占比约87%。

（二）完成美丽乡村建设三年行动计划

2020年北京市进行第三批村庄规划编制的工作，实现农村人居环境干净整洁，主要开展的工作包括：建设无害化厕所，改造农村公厕755座、户厕2万户左右，全市90%以上的行政村公共卫生厕所达到三类以上标准，卫生公厕覆盖率达到98%；推进乡村绿化工作，实现乡村绿化4200亩，累计创建1000个首都绿色村庄；进行污水处理和垃圾分类的综合治理工作，解决300个左右村庄生活污水治理问题，污水处理设施村庄覆盖率50%以上，进一步推动实施农村生活垃圾分类处理工作，完成162处非正规垃圾堆放点治理，累计创建 1500 个垃圾分类示范村,99% 的行政村生活垃圾得到有效处理。着力抓好 396 个城乡接合部地区村庄、125 个农村集市等重点地区的人居环境整治,实施美丽乡村建设三年行动计划。

(三) 提高乡村治理效能

截至目前北京市已完成第三批村庄规划编制 662 个,累计完成村庄规划 2912 个,占应编规划村庄的 99.8%。持续推进农村生活污水治理,300 个村污水治理任务分解到各区,目前已完工 177 个村,完工率 59%。深入开展农村人居环境整治,卢彦副市长 10 次调度农村人居环境整治和美丽乡村建设工作,市级制定《农村人居环境整治考核验收标准》,每月开展农村人居环境的考核工作,发现问题点位及时移交属地整改,9 月中旬,第三批"千村整治"任务村庄环境整治通过市级考核验收,396 个城乡接合部村庄整治任务基本完成,全市农村环境较好保持了干净整洁有序的面貌。

依托市民"12345"服务热线,推动社会治理和服务的重心向乡村基层发展,建立健全基层工作机制,强化基层工作的主动性,完善"接诉即办"工作机制。推动政务服务事项的便利化办理,为群众办事提供"一门式办理"和"一站式服务"。健全基层民主制度,完善村民自治章程和村规民约,全面落实村级重大事项决策制度,落实"三务公开"。

二、精准帮扶体系

(一) 明确低收入农户帮扶方案

按照《2020 年低收入农户帮扶工作方案》,明确任务目标、重点工作和 10 个区、19 个市级单位的责任分工,指导各区开展低收入农户全面摸排,核查 2019 年调查收入真实性,识别标准线下户、标准线边缘户(4565 户)和返低风险户(222 户)三类群体,制定"一户一策"精准帮扶措施,明确帮扶责任人,实施重点帮扶。特别是针对受新冠肺炎疫情影响存在就业、经营、大病等风险的低收入农户,建立预警机制,进行风险预判,逐户销号、逐项补漏。

(二) 完成帮扶情况自查工作

按照《关于开展低收入农户帮扶工作评估检查的函》,部署各区开展对"六个一批"帮扶政策落实情况和目标任务完成情况自查。制定《市级低收入农户帮扶工作评估方案》,在区级自评基础上,会同市财政局、市人力资源和社会保障局等部门,开展市级评估检查,总结帮扶成效,发现突出问题。6 月评估检查"一户一策"落实情况,7 月评估检查产业帮扶项目,8 月评估检查就业帮扶工作,10 月开展"回头看",并向各区政府印发三次评估检查反馈意见,督促问题整改。

(三) 帮助涉农主体解决实际困难

新冠肺炎疫情常态化防控时期北京市成立 13 个工作指导组,了解涉农企业的实际需求,帮助涉农主体解决实际困难。累计收集并解决涉农主体产销对接、协调贷款等 348 个问题，帮助788家涉农企业走出困境。组织农业生产经营主体对接114家运输服务物流企业，为418家种子、化肥、农药企业出具"民生保供企业证明"，向28家企业出具跨省应急物资调拨（转运）证明函和通行证224份，保障企业运输工作的顺利进行。开发上线"北京市农产品供求信息采集平台"，累计发布农产品供应信息813条，及时解决农产品信息不对称问题，帮助农户和企业了解实时农业信息。

三、休闲农业体系

（一）实施休闲农业"十百千万"畅游行动

按照《北京市休闲农业"十百千万"畅游行动实施意见》，北京市对休闲农业和乡村旅游发展进行支持和引导。通过在全市范围内实施休闲农业"十百千万"畅游行动，拓展北京乡村生态康养、文化铸魂、休闲农业观光新功能，致力乡村发展，"十百千万"旨在打造十余条精品线路，建设百余个美丽休闲乡村，提升千余个休闲园区，改造万余家民俗接待户，构建生态优先、业态丰富、产品优质、服务一流的休闲产业体系，引导农户增收致富，吸纳人才回流，稳定就业，建设美丽乡村。

（二）推进休闲农业供给侧结构性改革

北京市休闲农业发展类型多样、经营主体多元，北京市既瞄准当前休闲农业发展中存在的突出共性问题，又针对不同类型业态实施有重点的支持与引导。目前获得"全国休闲农业与乡村旅游示范点"称号的休闲农业点有21个，获得"中国美丽休闲乡村"称号的乡村有38个，被评为全国星级园区的休闲农业园区有85个，市级休闲农业星级园区有292个，星级民俗村有274个，星级民俗旅游户有6042个。北京十余条精品线路建设工作，助推沿线村庄道路等配套设施、田园景观等景观节点设施的优化，旨在形成十余条具有鲜明特色和高辨识度的休闲风情之路；百余个美丽乡村建设以突出村庄的特色优势、建立民俗品牌、传承公序良俗、完善基础设施为重点，提升美丽乡村建设；百余个园区提升以产业发展、绿色生态、示范带动等为导向，打造优质京郊园区；万余个民俗接待户改造围绕规范经营管理、完善安全设施、美化内外环境、明确主题定位、提升文化内涵、增加休闲体验，转型升级成为乡村民宿。

四、信息化保障体系

（一）完善金融和技术保障服务

收集企业贷款需求信息，并积极联系北京农业开发银行、北京农业银行和北京农村商业银行，帮助17个农业企业的贷款授信新增共计758亿元和贷款投放8.2亿元。通过市级和区级分别进行农业技术的培训和指导工作，市级培训和指导工作采用线上和线下等方式发布147期病虫防控意见和生产技术指导意见，组织专家进行专业性指导。区级培训和指导工作利用微信、电视等多媒体方式，发布农产品耕种生产和管理的相关信息，指导农户的生产工作。

(二) 实施"互联网+"农业建设工程

借助北京优越的互联网信息资源，指导农产品电子商务的发展，鼓励农产品生产、流通和销售全产业链运用电商。加强农业信息服务，建设和共享农业信息资源的共同模式，完善农业电商综合服务平台。生产方面加强农产品市场监测预警，及时掌握价格信息；流通和销售方面，鼓励各类新型经营主体在农产品流通中借助电商改造升级农产品流通的基础设施，建立北京农产品流通中心，实现农产品京津小时达。推进具有自主知识产业的农业新品种、新技术、新成果的转化应用，建立技术创新市场导向机制，加快北京国家现代农业科技城建设。

第六章　北京都市型现代农业发展的政策建议

第一节　巩固拓展帮扶已有成果　有效衔接乡村振兴

2020年，北京低收入农户家庭人均可支配收入达到17588元，全部超过标准线11160元，全市234个低收入村全部消除。为巩固脱低成果，保证政策持续发力，应设立过渡期，对现有产业、就业、社保等帮扶政策分类优化调整，由集中资源支持向常态化帮扶平稳过渡。同时还将从建立监测和帮扶机制、巩固提升产业帮扶项目、兜底保障、完善社会力量帮扶机制等多个方面继续推进，将巩固拓展低收入农户帮扶成果同乡村振兴有效衔接，提升农户内生发展能力。

一、分类优化调整现有帮扶政策

低收入帮扶目标任务完成后，从脱低之日起设立5年过渡期。巩固"六个一"政策成果及落实惠民富民、促进共同富裕政策措施情况的监督检查。过渡期内严格保持主要帮扶政策总体稳定。现有帮扶政策该延续的延续、该优化的优化、该调整的调整，确保政策连续性。兜底救助类政策要继续保持稳定。落实好教育、医疗、住房、饮水等民生保障普惠性政策，并根据农户实际困难给予适度倾斜。

二、健全防止返低动态监测和帮扶机制

健全防止返低动态监测和帮扶机制，实施帮扶对象动态管理。落实行业主管部门工作责任，巩固低收入帮扶成果。做好易地搬迁后续扶持工作，从就业需要、产业发展和后续配套设施建设提升完善等方面加大扶持力度，提升安置区社区治理能力。加强村级项目资产管理和监督，确保公益性资产持续发挥作用、经营性资产不流失或不被侵占。

三、统筹编制"十四五"时期系列规划

以城乡一体为目标，推进低收入帮扶与乡村振兴有效衔接，应科学分析新发展理念，明确发展过程中可能存在的影响领域和传导路径，强化包容性增长、共享性发展，在规划上统筹接续减贫和乡村振兴。依据《中共中央 国务院关于打赢脱贫攻坚战三年行动的指导意见》《乡村振兴战略规划（2018—2022年）》等文件要求，结合北京实际，以战略规划中部署的重大工程、重大计划、重大行动为抓手，以加强以智慧物流设施为代表的"新基建"为基础，联通产业链、供应链、服务链、价值链，通过改善营商环境降低成本、增进服务，强化北京在环渤海经济带、京津冀协同发展区等区域协调战略中的融入，实施空间优化战略，统筹编制《"十四五"低收入帮扶成果巩固提升规划》《"十四五"乡村振兴规划》等规划文件，为低收入帮扶与乡村振兴有效衔接提供工作蓝图。

第二节　充分吸收新冠肺炎疫情防控经验提升农业应急保障能力

2020年1月23日武汉市采取严格的封闭式管理措施之后，北京各区也陆续实施严控交通、封闭隔离、设置关卡、延迟复工等严防严控措施，严格控制人员流动，且持续了较长时间。在严峻的防控形势下，某些地方采取"一刀切"的严格防控措施，这给北京市的农业发展带来了不可忽视的负面影响。新冠肺炎疫情的直接冲击，加之为阻击新冠肺炎疫情扩散蔓延而采取的一系列措施，叠加在一起对农业生产经营的整个链条和各个领域带来显著影响，从而对北京市农业生产和主要农产品供给造成较为严重的后果。为防止此类事件的再次发生，应充分吸收经验教训，提高首都农业的抗风险能力。

一、优化农产品供应格局，分散建立农产品流通渠道

为有效消除新冠肺炎疫情对农产品销售的不利影响，应积极发挥网上农业和线上农业的平台作用。为此，要加快农业产业新业态的发展，充分发挥好网络平台的作用，支持农业企业加大网上销售力度，比如利用app、微信小程序等方式开拓和维护客户，大力发展"线上下单、无接触配送"模式。浙江大学中国农村发展研究院郭红东等提出，应在全国各地推广无接触宅配送的服务，它既是地方政府与电商企业创新的农业经营的新业态，又是网上销售的新模式。无接触宅配送服务针对城市居民的农产品消费需求，就近对接种养农户、农业企业和农民生产合作社及农业园区、农产品基地，联结电商平台和配送农业企

业，通过无接触宅配送服务直达城市社区和居民消费者，阻断人与人接触和病毒传播途径，这种无接触宅配送服务形式是减少病毒传染、协调农产品供给、满足城市居民购买和消费农产品需求的安全有效途径。

二、打通农产品进京产业链，延续6省市蔬果供京机制

打通农产品进城产业链，搭建城乡现代商业桥梁。完善农产品进城的冷链物流配送等基础设施建设，建立从乡村到城市的农产品配送体系，将农村的蔬菜水果、生态养殖的禽畜鱼等优质产品从田间地头直接运到城市集散地和社区门店，大大简化中间环节，让利农民和消费者，满足人们的幸福生活需要。

建立周边6省市联保机制，延续天津市、河北省、内蒙古自治区、辽宁省、山东省、河南省6省、市、自治区成立的工作专班，保障各地区输京大型骨干蔬果流通企业和货源，进一步加强与北京方面的对接，增加对北京市场供应。

三、各机构灵活协同，建立多主体互动的农业灾害救助体系

设立农业灾害救助基金，加大因新冠肺炎疫情影响而造成农业停产停业的救助力度，应安排专项预算，确保农牧业能正常生产。拓宽农业救灾资金渠道，建立由农业企业、民间组织、农民构成的社会化救灾资金投入体系。完善农业灾害救助体系，除发挥政府的主导作用外，还应引入市场化的救助理念。因地制宜推广并完善"龙头企业＋专业合作社＋农户"的现代农业生产模式，建立农户与龙头企业风险共担机制，充分发挥农业龙头企业在农业灾害救助过程中的作用，分担政府农业灾害的救助压力。政府还应充分发挥金融部门的杠杆作用，进一步健全农村信贷支撑体系，引导中国农业发展银行、中国邮政储蓄银行、农村信用社、小额贷款公司、村镇银行等涉农金融部门，开展农业灾害救助专项贷款业务。通过试点探索、完善政策救助体系、发放财政补贴等手段，着力解决保险公司因风险过大不愿承保、农业经营主体投保积极性不高等问题；同时，加大宣传力度，提升农业经营主体的投保积极性，推进农业保险业务的开展。

第三节 以科技和市场为核心竞争力 引导农业量质同升

一、提升农业科技战略地位，前瞻布局重要农业科研领域

将农业科技纳入北京国际科技创新中心建设战略，积极承接国家级农业重大任务，强

化国家农业创新战略力量的牵引带动作用和成果就地转化能力。集聚一批农业科技领军人才和创新团队,实施"揭榜挂帅"机制,围绕生物种业、高效设施农业、数字农业等领域研发一批具有自主知识产权的核心技术,推进以清洁能源、人工智能为基础的第三代农机产业化应用。打造"农业中关村",大力推进平谷区农业科技创新示范区建设,抓好智慧农业创新工场等试点。建设乡村振兴大数据平台,构建全市农业农村数据资源"一张图",推动主导产业全产业链数字化转型。创建国家级现代农业产业园、市级现代农业产业园及农业产业强镇,提升国家农业科技园区,建设农业科技示范基地。创建国家农业现代化示范区,示范引领农业设施化、园区化、融合化、绿色化、数字化发展。

加强农业科技基础研究及前瞻布局,鼓励"无人区"领域的探索研究,力争取得一批原创性理论规律、机理机制和工具方法的重大突破。同时,加强关键核心技术攻关,紧盯种子和耕地两个要害,瞄准农业"卡脖子"技术领域,加快突破关键核心技术,全力抢占制高点。

二、挖掘北京高端消费市场,提升农业价值创造和市场竞争能力

促进农业新"三品一标"。在从产品角度发展绿色食品、有机农产品、地理标志农产品生产和推行食用农产品达标合格证制度的基础上,更加注重从生产方式角度促进农业品种培优、品质提升、品牌打造和标准化生产,培育农产品的品种、品质和品牌优势,提升农业的品种、品质和品牌溢价。选育具有特定地域适应性的优良品种,增强各地农业的唯一性、差异性和辨识度、美誉度。调整农业科技进步路线,从过度追求产量指标转向注重营养、风味物质指标。通过提高标准、强化制度、严格监管,倒逼农产品质量安全水平提升。提升农产品认证的权威性,加强对区域公用品牌和地理标识的法律保护,发挥品牌和认证的增信作用,鼓励各类经营主体注册自有品牌和申请产品认证。培育品质消费文化,通过多种途径促进境内消费者提高对"北京农产品质优价高"的接收程度和形成"北京口味依赖"的消费习惯。

三、建立数字农业经营主体的培养体系

在鼓励农户、高校毕业生、退伍军人、科技人员等返乡下乡创业的政策引导下,以新型农业经营主体为核心,同时加强对小农户具有包容性的数字农业人才培养体系建设。通过农技推广体系、商业企业培训服务和院校研究人员授课等线上或者线下的灵活形式。结合对数字农业技术采纳的定向资金支持等方式,开展数字农业人才培养工作。对于新型农业经营主体,提供数字农业转型方案,激励其从环节改造开始,进行全产业链化的数字农业转型。对于分散细碎化经营的小农户,激励其使用具有规模中性的数字技术,如通过手机使用 ICT (Information and Communications Technology,信息通信技术),帮助其改善在关键生产环节进行科学决策的可能性。此外,还要培训一批具有数字农业相关设备管护,数据调用与存储和

平台维护等能力的人才队伍，以保障数字农业运行的安全性与可靠性。

第四节　围绕居民新需求　释放农业多种功能和乡村多元价值

瞄准城乡居民对休闲观光、乡土文化、生态环境等的新需求，促进乡村经济多元化，以新产业新业态新商业模式挖掘农业的多种功能、释放乡村的多元价值。

一、延长农业产业链、提高农业就业增收密度

以使农民有机会获得农业生产之外的全产业链增值收益为出发点，以农业生产为基础拓展其价值链为立足点，保障农民获益，建立契约型或产权型利益连接机制。一方面，注重促进农业与农产品加工业的融合发展，提高农产品加工转化率。农产品加工业应尽量布局在农产品产区，把加工增值留在当地。对直接服务种植养殖业的农产品加工、电子商务、仓储保鲜冷链、产地低温直销配送等产业，应布局在农产品生产基地周边。对具有较大规模要求的农产品加工业，应布局在县城或有条件的乡镇。另一方面，注重促进农业与第三产业的融合发展，提高农业价值创造和就业吸纳能力。积极发展观光采摘、农耕文化体验、垂钓、市民菜园等建立在农业生产基础上的新型服务业，促进产区变景区、产品变礼品、农房变客房，使农民的剩余劳动时间得到充分利用。

二、促进乡村休闲、居住和创业功能的释放

从促进休闲功能的释放来看，应鼓励有条件的地区利用良好生态、传统习俗、民族风情等特色资源，发展农家乐、民宿美食、户外探险等新产业。从促进居住功能的释放来看，应鼓励城市周边乡村利用集体土地建设面向在城市就业的年轻人的租赁住房，鼓励生态环境良好、交通便利的乡村利用闲置农房或宅基地发展面向城市老龄人口的健康养老产业。从促进创业功能的释放来看，应依托乡村低密度、低成本优势有选择地承接城市无污染生产环节的转移，借助乡村田园生态、恬静宜人的环境吸引城市创新、创意、创业等人才进驻发展科技、文化等服务业。释放休闲、居住、创业等新功能，对经营理念、市场渠道、资金投入等有较高要求，有必要引入外来资本和经营团队，但要处理好与当地农民的利益关系。应通过资源变股权、资金变股金、农民变股东等方式，保障当地农民对乡村土地、生态、文化等资源的占有权和收益权。

三、探索生态价值变现机制，激发农业生态功能

建立受益者适度付费的正外部性补偿机制，使生态涵养区中的农民利益得到合理补

偿，有效解决生态涵养区发展难的问题。海淀、朝阳等城区应与密云、延庆、平谷等郊区尽快启动研究建立生态补偿具体标准与实施方法，建立重大生态工程项目的投资分担机制，在郊区建设重大生态、水利等工程项目时，探索收益在项目资本金及地方配套资金等方面的合理分担机制，实现项目的共建共享。基于生态系统权益的可交换性，建立生态要素全区性的市场交易机制尽快试点建立碳汇交易机制。在对全市森林、草原、农作物等生物资源量和折算碳汇当量科学测算基础上，筹建碳汇交易所，设计交易模式、交易标准和交割结算方式等，尽快试行交易并不断总结完善，促进生态涵养区生态资产变现。

第二篇 分论
——现代农业产业技术体系创新团队发展报告

第七章 现代农业产业技术体系创新团队技术支撑作用

北京农业产业创新团队在 2020 年深入落实首都乡村振兴战略，牢固树立新发展理念，对标全面建成小康社会的新任务，全面推动农业高质量发展，保障首都"菜篮子"有效供给。2020 年，十大创新团队进一步适应北京农业发展的新趋势，强化农产品质量安全管控，保证重要农产品供给，聚焦农业绿色环保，提高农业产出效益，在"稳产保供、高产高效、优质安全"等方面开展了大量工作并取得突出成效。本章全面总结了现代农业技术产业北京市创新团队的综合情况、技术发展成果，重点突出其技术创新能力及技术服务能力，推动北京都市型现代农业步入创新驱动发展的快车道，引领带动全国现代农业走高端、高效、高辐射之路。

第一节 团队总体情况

一、团队发展核心

2020 年是全面建成小康社会目标实现之年，是全面打赢脱贫攻坚战收官之年。为全面贯彻党的十九大精神和习近平新时代中国特色社会主义思想，坚持把"三农"工作作为全党工作的重点，2020 年，现代农业产业技术体系北京市创新团队适应北京农业发展新趋势，对标全面建成小康社会的新任务，牢牢锁住稳中求进的风格，落实农业农村高质量发展的要求，保障首都"菜篮子"有效供给，持续抓好美丽乡村建设、重要农产品稳产保供和农民增收，全力维护农村社会和谐稳定，不断提升农民群众获得感、幸福感、安全感，深入推进乡村振兴战略的实施，加大生态环境保护力度，继续巩固农业农村优势，提高北京都市型现代农业高质量发展水平，按期完成各项工作计划并取得显著成效。

二、团队发展理念

2020年十大创新团队全面贯彻党的十九大精神,以习近平新时代中国特色社会主义思想为指导,以"绿水青山就是金山银山"重要理念为引领,以绿色驱动农业高质量发展,加快转变农业发展方式,保障重要农产品有效供给,不断提高农业发展质量和效益,实现农业发展与生态环境保护的互促共进。按照高科技、高辐射、高效益、生态环保、质量安全、集约节约的要求,着力构建与首都功能定位相一致、与第二、第三产业融合、与京津冀协同发展的农业产业结构。"立足北京、引领津冀、辐射全国",对产业区域进行全面调研,开展团队技术研发、新品种突破、新产品创新,推广农民技术服务与培训活动;创建农产品信息平台,确保在生产、管理、销售、服务的全方位监控,提高农民收入、提升农产品质量;收集相关农业政策,为产业发展趋势提供政策依据,为政府决策提供理论依据,为农业社会化服务体系建设提供现实依据;不断扩大媒体宣传,发挥地区优势,总结经验、模式,打造产业品牌,扩大产业知名度,获得大量的科技进步奖项,示范效应明显。

团队紧紧围绕"创新、协调、绿色、开放、共享"的新发展理念,立足北京实际,坚持绿色发展理念,立足资源可承载能力、环境可容纳能力,发展节水农业、生态农业和循环农业,推进节水、节肥、节药等资源节约型、环境友好型农业发展,推动农业降成本,强化农业面源污染防治,促进农业废弃物资源化利用和农业节能减排;坚持协调发展理念,打造都市现代农业高精尖产业和安全农产品品牌,深化农业结构调整,使首都农产品生产与首都市场的需求相适应。坚持开放发展理念,团队积极推进京津冀技术推广、品种认定、质量安全监管等方面协同合作发展;坚持共享发展理念,根据政府相关产业带动低收入村帮扶,通过低收入科技帮扶,为低收入村产业发展提供支持,全面提高农民收入,全面提升农村公共服务水平;坚持创新发展理念,大力发展首都特色农产品,打造了一批具有示范引领作用的农业科技园区。2020年十大创新团队通过技术研发、示范推广和提高应急保障等工作,对首都都市型现代农业产业的技术提升、新冠肺炎疫情期间首都稳产保供、首都低收入"脱低"工作发挥了重要的支撑作用,为首都的乡村振兴提供了重要的力量。

三、团队内部建设

(一)创新团队组织架构

围绕五年计划工作任务,北京市十大创新团队全体成员团结协作,努力完成了各项任务。2020年是"十三五"收官之年,也是创新团队第二轮建设的收官之年,与"十三五"前相比,创新团队的科技支撑效果明显。加强团队内部各岗位间协作以及与其他团队、体系外的协作，与企业加强合作，突破科研技术成果转化的瓶颈。岗位融合度不断加强，不断重视组织机制、管理制度、文化建设和考核机制等方面的协调与创新，不断创新组织模式，充分发挥十大创新团队的"纽带作用"，加强专家、试验站、田间学校的合作，指导开展相关的试验示范；不断加强团队建设，已经形成首席办公室、功能研究室、综合试验站和农民田间学校工作站为网络的组织结构；不断构建多种互联网平台，加强会议、语音、视频等沟通交流，提高工作效率。新冠肺炎疫情期间，十大创新团队积极参与农业农村局组织的新冠肺炎疫情防疫应急工作，广泛开展线上、线下宣传、交流与合作，以团队总体目标为工作方向，充分发挥团队技术支持作用，有效增强了团队的工作积极性，进一步扩大十大创新团队的社会影响。

（二）团队开展调研

2020年，北京市十大创新团队开展以了解农户、市场、社会需求等为目的的调研，调研地点覆盖北京郊区与京津冀地区；参与人员包括团队岗位专家、综合试验站成员和田间学校成员等，团队人员基本达到全覆盖；调研对象包括政府、企业、合作组织、工作站、农户及消费者等各领域，取得的信息较为全面，创新团队调研范围广、人员参与度高，为准确摸清产业的发展状况与团队决策提供了现实依据。此外，新冠肺炎疫情期间十大创新团队通过电话、问卷与实地走访相结合的方式，对北京蔬菜、粮经作物、畜禽养殖等生产基地、养殖场进行调查，了解生产进度、技术落实情况和存在的问题，做好需求调研，把握不同阶段农业生产现状，及时解决种苗繁育、病虫害绿色防控、畜禽养殖管理等生产技术问题。根据调研情况，各创新团队有针对性地提出生产技术指导意见，解决实际问题。

四、团队科技服务

（一）组建技术服务团队

2020年围绕做好新冠肺炎疫情防控和保障首都"菜篮子"稳定的目标，立足科技先行，北京市农业农村局科技处组织10个现代农业产业技术体系创新团队，发挥技术和资源优势，为春耕生产提供科技支撑。新冠肺炎疫情防控期间，各创新团队及时组建技术服务队，深入生产一线开展调查研究和技术指导服务。

（二）开展多种形式技术服务

针对新冠肺炎疫情防控的形势，十大创新团队通过电话指导、网络服务、直播培训等线上线下结合的多种方式，及时解决技术关键节点和极端天气应对等技术难题。十大创新团队均建立不同层级生产交流群微信群，通过公众号、各级生产交流群下发各类管理措施和建议，及时沟通生产情况和技术难点。通过服务对象反馈，十大创新团队指导意见及时，解决问题积极到位，为特殊时期北京农产品供应提供了有力支撑。

第二节 创新团队技术研发与主推技术

一、团队技术研发

北京市十大创新团队在 2020 年瞄准团队目标，聚焦绿色环保、围绕高产高效、紧盯优质安全开展技术攻关研发；紧跟年度预定指标，进行了大量的项目研发、技术示范。充分发挥团队的创新作用，引领企业、试验站、农户等发展（见表 7-1）。

表 7-1　　　　　　　　　　　　　创新团队主要研发技术

创新团队	研发技术
果类蔬菜	基因编辑技术，创制出番茄雄性不育系，提高了育种效率；分子标记辅助育种技术、微生物发酵修复土壤处理技术、蔬菜病虫害生态防控技术、激光微孔膜包装保鲜技术、串收番茄果梗、萼片霉变控制技术
叶类蔬菜	菜叶育种技术、叶菜工厂化栽培技术、水培叶菜立体栽培技术、棚室叶菜高产优质栽培、叶菜周年高效栽培茬口、芹菜越夏栽培技术、叶菜富硒栽培技术、叶菜绿色防控关键技术、叶菜轻简化生产技术、叶菜加工与流通技术、鲜切菜边角料利用技术、叶菜加工与流通技术
食用菌	分子育种平台构建、菌种培养接种配方技术、桃树木屑及其他秸秆资源栽培大球盖菇的技术模式、蔬菜与食用菌、草莓与食用菌间套种生产技术
粮经	鲜食甘薯优质高效种植技术、鲜食甘薯适时采收及安全贮藏配套技术、甘薯贮藏环境智能感知系统、鲜食玉米"抢早延后"高效种植技术、水肥高效利用技术、绿色防控技术、优化病毒病生物防治技术、草莓优质健康种苗繁育技术
西甜瓜	KASP 引物设计和标记验证、构建绿色防控技术、油蔬两用油菜栽培技术、蜜蜂授粉技术
生猪	母猪扩繁推广定时输精技术、细菌病防控技术
家禽	用于鉴别地理标志北京鸭品种真伪的特异性分子标记技术、优化 ω-3 鸡蛋技术、北京油鸡抗病育种技术、北京鸭分子鉴别技术、绿壳蛋鸡新品系的扩繁及示范应用、家禽饲料质量安全检测控制技术和加工保障技术、家禽饲料质量安全评价及预警监测等
奶牛	饲喂过瘤胃褪黑素颗粒对牛奶体细胞数的影响、利用 SNP 技术筛选天然高褪黑素奶牛、新型粗饲料与碳水化合物等精饲料的配伍技术、药物递送系统研究技术、奶牛遗传缺陷基因检测芯片、奶牛高发病防治系列新兽药创制与应用、耐药病原菌控制技术、基于氨基酸平衡模式的后备奶牛低蛋白日粮配制技术
观赏鱼	观赏鱼微生态制剂水质调控技术、观赏鱼营养与饲料加工技术、观赏鱼主要病害防治及监测技术、基于 VR 控制拘束的水上视频采集系统等
鲟鱼鲑鳟鱼	生态养殖水处理技术、池塘循环流水养殖技术、生物浮床治理池塘富营养化技术、中草药防治鱼病技术、生物制剂调水技术、不同养殖模式杂交鲟商品鱼养殖技术等

二、团队主推技术

2020年,十大创新团队从良种繁育技术、绿色防控技术、生物防治技术以及设施配套、生产加工技术等角度入手,重点研发推广高效、节药、节肥、增产、提质、保质的产品生产加工新技术,示范推广成效明显(见表7-2)。

表7-2　　　　　　　　　　　创新团队主推技术

创新团队	主推技术
果类蔬菜	工厂化生产中番茄、辣椒病毒绿色防控技术、土壤消毒后土壤活化技术、番茄营养品质提升技术研究与示范技术;工厂化关键技术
叶类蔬菜	叶类蔬菜立体种植技术、深液流水培技术、叶菜绿色高产栽培技术、叶菜轻简化生产技术、叶菜水肥一体化技术
食用菌	优质平菇品种4142、4195、4019推广;菇种高产高效栽培技术、菇蚊蝇生物防治技术
粮经	小RNA深度测序技术、鲜食玉米抢早延后高效种植技术、甘薯高效贮藏、甘薯和草莓脱毒技术、节水降肥技术、优质高效栽培技术等
西甜瓜	草莓套种技术、网纹甜瓜简约地爬栽培技术、西甜瓜蜜蜂授粉技术;集约化育苗技术;小果型西瓜高密度吊蔓栽培及基质栽培技术、小型西瓜长季节栽培技术;精品网纹甜瓜栽培技术;病虫害绿色防控技术、水肥一体化技术、节水、减肥技术
生猪	养殖肥水资源化利用技术、母猪同期发情与定时输精技术、母猪批次化生产管理技术、猪低蛋白质日粮技术
家禽	家禽功能性鸡蛋生产技术、家禽特色饲料膨化加工技术、肉鸽标准化养殖技术、生物活性硒鸡蛋技术、矮小型蛋鸡选育提高技术以及鸡蛋粉机、储藏和包装技术等
奶牛	奶牛健康繁殖SMART服务、智能化精准喷淋系统奶牛选配技术、奶牛DHI技术、牛传染性鼻气管炎病毒的RAA快速检测技术、早期妊娠监测技术、犊牛早期断奶及高效培育技术、舒适度评价技术
观赏鱼	淡水养殖水体常用微生态制剂使用技术、生物生态水质综合调控与节水技术、金鱼小池精养技术、优质锦鲤繁养绿色高效技术、优质苗种挑选技术等
鲟鱼、鲑鳟鱼	本土鲑鳟三倍体育种技术、封闭式工厂化循环水鲟鱼养殖过程中的水处理技术、病害防控技术等

三、团队研发成果

在研发项目的同时,十大团队不断促进新品种的培育推广,推动新产品的研发推广。如表7-3所示,2020年十大创新团队共研发推广新品种107余项,研发新产品135余项,促进了产业技术进步,并丰富了市场的品种,满足消费需求,有效推动农业供给侧结构性改革。例如西甜瓜团队已经完成了"京玲""京豹"等6个高质量西瓜新品种登记,"京美""京嘉2号"等五项新品种权证书;筛选出高抗枯萎病、白粉病优良材料42份,获得西瓜高抗根腐病及病毒病的优良葫芦砧木材料35份;其创新产品新型农机,提高了西瓜的生产效率,继续优化西瓜耕地种机械化、研发的双行西瓜移栽机实现西瓜定植环节的机械化作业,有效地提高西瓜定植作业效率,降低劳动人员的工作压力,缓解西瓜生产过程中出现的劳动力短缺、劳动力成本高的问题。

表 7-3　团队主要成果

创新团队	团队主要成果
果类蔬菜	新品种:簇生朝天椒国塔 612、国福 910、国福 921 新产品:复配土壤熏蒸剂、小型自动换行换向农机动力平台、土壤旋耕消毒覆膜一体机、火焰消毒机、现代化大型连栋温室番茄工厂数据库、精准注肥机、喷洒机器人、主要病害监测预警模型建模等
叶类蔬菜	耐抽薹快菜新品种:20Z5-319、322、341;抗根肿病快菜新品种:20CR 昆/火-506、515、732、735;油菜新品种:20N9、20N2、20G8-124、20G8-330;生菜新品种:北紫球生 1 号、北紫球生 2 号、北紫生 5 号、北紫生 6 号、北散生 5 号、北散生 6 号;韭菜新品种:京韭 3 号、京韭 4 号等;直立生菜、红苋菜、观赏羽衣甘蓝品种:直立生菜 19-3(加工型)、红柳苋 2 号、粉莲 1 号、粉冠 1 号
食用菌	耐高温香菇杂交菌株、肺形侧耳高产品种 499、3815、具有推广前景的菌株 7 个、平菇黑白双两头出菇模式、平菇菌渣生产有机肥的配方 2 个、家庭与科普栽培食用菌装置、羊肚菌液体菌种配方
粮经作物	京科甜 608、京科糯 2000E、京科糯 2000K、京科糯 623、农大 16、农大 28、农大 29 和农大白;京科糯 837、京黄糯 269、京白甜 886 和京白甜 888;草莓新品 16-4-6、16-40-D;甘薯新品 22-1、24-22、4-3、草莓基质改良剂等
西甜瓜	"京彩 1 号""维密"和"冰激凌"系列特色品种
生猪	仿生携氧材料纳米悬浮液、滚动式猪舍环境干燥喷洒器、低剂量深部输精枪、益生菌制剂
家禽	鸡新城疫(ND)和禽流感(H9 亚型)二联灭活疫苗、建立多种鸽疫病专用监测产品、培育绿壳蛋鸡品种:黑羽、横斑
奶牛	家畜养殖数字化关键技术与智能饲喂装备、连续回分式活性污泥处理工艺等
观赏鱼	观赏鱼品系选育、绿色养殖、病害防治饲料营养、病害防治、水族、信息装置、金鱼造血器官坏死病的流行病学调查取得重要进展
鲟鱼鲑鳟鱼	建立冷水鱼共生微生物课、"生长无忧""应激无忧"和"疱疹无忧"等饲料

在科研成果推广方面,2020 年团队共获得专利 143 项,发表相关学术论文 572 篇,此外还提出政策建议若干项,内容涉及科技帮扶、设施农业发展、农业品牌目录建设、都市型农业发展、果类蔬菜产业发展等,创新团队对助推北京市都市型农业产业健康绿色发展,在促进北京市农村经济发展、农民收入增加以及丰富首都市民"菜篮子"等方面发挥了重要作用(见表 7-4)。

表 7-4　创新团队科研成果总结

创新团队	新品种(个)	新产品(个)	获得专利(项)	论文(篇)
果类蔬菜	11	9	11	54
叶类蔬菜	19	—	23	66
食用菌	12	12	8	11

续表

创新团队	新品种（个）	新产品（个）	获得专利（项）	论文（篇）
粮经作物	19	10	4	46
西甜瓜	22	8	9	31
生猪	—	26	21	69
家禽	2	14	23	61
奶牛	—	42	29	167
观赏鱼	15	69	11	27
鲟鱼、鲑鳟鱼	9	1	4	40

第三节 团队技术示范推广效益

一、经济效益

促进农民增收、带动农民致富是北京市创新团队的落脚点，通过对新技术、新产品的示范推广、对农民进行培训指导，扩大了新技术、新产品的应用范围，提高了农业生产效率，增加了农民收入，取得了良好的经济效益（见表7-5）。主要表现为：第一，通过使用新技术新产品促进单位产量的提升，果类蔬菜通过微生物发酵修复土壤处理技术，产量增产12%以上，土传病害防治效果达到70%以上；叶类蔬菜亩产增加300公斤；全市食用菌平均亩产量为5783公斤，较2015年的5164公斤提高16.6%；全市的西瓜平均单产3872.6公斤/亩，高于全国平均水平56.3%；生猪、家禽等养殖组团队提高单产方面同样效益突出；受新冠肺炎疫情影响2020年北京市观赏鱼规模与2019年相比稍有下降。第二，产品质量改善方面，团队不断筛选和培育新品种，果菜团队筛选出优良晋级品种105个，创制了适于设施栽培，抗病抗逆的优良自交系62份；叶菜团队、西甜瓜创新团队和粮经团队都研发出优良新品种；食用菌选育出耐高温香菇杂交菌株；家禽团队实现我国肉鸽自主育种新品种零突破；生猪团队提高了仔猪增重速度，提高了能繁母猪的妊娠率。第三，在要素投入量减少量方面，团队更是效益突出，其中，果菜团队实现单位面积水肥投入强度减少，投入产出比1∶5以上，平均节约劳动力投入量38.6%，总节水量达到11.8万立方米；西甜瓜团队实现总节水量约139.2万立方米，节肥73吨，减少化学农药使用约23.4吨，节省人工12.1万个；生猪团队利用多重聚合酶链式反应（PCR）技术和优化引物设计，以及仿生携氧材料纳米悬浮液的应用，降低了成本，采用滚动式猪舍环境干燥喷洒器节约了劳动成本。各团队带动农民增收明显，通过团队成员的技术创新和推广，为示范户增收。

表 7-5 创新团队经济效益总结

创新团队	单位产量提升	产品品质改善	要素投入减少	农民增收/企业增收
果类蔬菜	微生物发酵修复土壤处理技术,产量增产 12% 以上,土传病害防治效果达到 70% 以上	1. 筛选出果菜优良晋级品种 105 个,配制辣(甜)椒、番茄、茄子新组合 2550 个 2. 创制了适于设施栽培、抗病抗逆的优良自交系 62 份;筛选出优良新组合 32 份、高品质新品种 7 个、砧木品种 1 个	1. 单位面积水肥投入强度减少,投入产出比 1:5 以上 2. 平均节约劳动力投入量 38.6% 3. 总节水 11.8 万立方米	经济效益 9600 万元
叶类蔬菜	亩增产 300 公斤	2020 年叶菜团队研发新品种 19 个,6 个生菜品种、7 个快菜新品种、4 个油菜新品种、2 个韭菜新品种,推广成熟叶菜品种 11 万亩	1. 化学农药使用量平均减少 45.2% 2. 亩节肥 9.2 公斤(纯养分) 3. 平均亩节水 87.6 立方米	—
食用菌	1. 全市食用菌平均亩产量为 5783 公斤,较 2015 年的 5164 公斤提高 16.6% 2. 新冠肺炎疫情对全市食用菌生产影响较大,总产量 6.25 万吨,产值 4.18 亿元,与上年同期相比,产量降低了 28.98%,产值降低了 40.29%	1. 选育出耐高温香菇杂交菌株 2. 驯化出生育期短且商品性高的 2145 菌株 3. 筛选出低温优良金顶侧耳品种 4024	每吨有机肥可节约腐殖酸 50 公斤,可减少 10% 左右的原料和人工成本,有效减少了化肥的使用,替代量达 50%	产值 4.18 亿元
粮经作物	1. 鲜食玉米"抢早延后"高效种植技术模式,产值和效益分别比 2019 年增加 9.5% 和 7.1% 2. 草莓平均单产增产 14.7%,甘薯和鲜食玉米平均单产增产 24.3%	1. 筛选出 16 个优良品种,其中鲜食玉米品种 9 个、草莓品种 4 个、甘薯品种 2 个 2. 审定 2 个高品质鲜食玉米新品种,登记 4 个甘薯新品种,选育出 4 个鲜食玉米新组合,选育出 2 个优良草莓新品系	1. 水肥用量每亩减少 10%~25%,水肥生产效率提高 15% 以上 2. 示范区全程绿色防控技术覆盖率达到 100%,化学农药用量减少 19% 3. 示范区内节省人工达 94.6%,亩均作业成本减少 800 元	—
西甜瓜	1. 明确了西瓜与草莓垄沟套种模式,平均亩产量 1254 公斤,明确了网纹甜瓜简约地爬栽培技术要点,提高了劳动效率,商品率达到 90% 2. 小型西瓜基质栽培技术的应用,亩产量较常规生产增加 9.8% 3. 西瓜平均单产 3872.6 公斤/亩,高于全国平均水平 56.3%	1. 登记和获得授权新品种 11 个、筛选新品种 25 个 2. 优化了新产品 8 个、新装备 2 个 3. 示范推广新品种共 22 个,示范推广成熟技术 19 项	1. 总节水 139.2 万立方米 2. 节肥 73 吨 3. 减少化学农药 23.4 吨 4. 节省人工 12.1 万个	经济效益增加 3245 万元

续表

创新团队	单位产量提升	产品品质改善	要素投入减少	农民增收/企业增收
生猪	1. 持续对母猪繁殖力进行遗传改良，实现示范场母猪年产窝数2.22窝以上 2. 发情期和妊娠期日粮添加短中链脂肪酸，显著提高总产活仔数0.5头 3. 应用细菌病防控技术后，成活率提高3%	1. 加速母猪扩繁推广定时输精技术，示范母猪配种24天妊娠率达89%以上 2. 在仔猪饲粮中添加0.6克/公斤的中链脂肪酸（MCFA）（活性成分计），可提高仔猪增重速度3.9%，日增重达到481.4克/天	1. 能耗降低62% 2. 多重PCR技术和优化引物设计，降低成本，初步预估为30元/样本 3. 仿生携氧材料纳米悬浮液的应用，降低成本50% 4. 滚动式猪舍环境干燥喷洒器节约了劳动成本 5. 每头猪饲养成本减少15元	经济效益7860万元
家禽	1. 蛋鸡年产蛋数提高5%，达到300枚/年，蛋鸡入舍合格种蛋数提高4%，达到204枚/年 2. 2020年在平谷地区开展试验示范1万余只，绿壳率100%，产蛋高峰期产蛋率达90%，相比地方绿壳蛋鸡（产蛋率50%左右）生产性能有极大的提升，淘汰鸡收益提升30%	1. 推广新产品14个 2. 2020年绿壳蛋鸡完成了第十一个世代的选育，培育出2个品系（黑羽和横斑） 3. 实现了我国肉鸽自主种新品种零的突破。先后完成了"天翔1号""苏威1号"2个肉鸽配套系的培育和审定	肉鸭料肉比降低5%	经济效益4890万元
奶牛	示范场覆盖25420头成乳牛，平均单产达到10.9吨/头，头均年产奶量增加0.3吨/头	1. 培育进站后备种公牛101头，种子母牛207头 2. 筛选主推技术/产品/模式42项，覆盖牛群196930头次	1. 结合处理鲜牛粪约10万吨 2. 节水46.5万吨	经济效益新增3358.5万元
观赏鱼	1. 2020年北京市观赏鱼规模为6538亩，与2019年相比，减少84亩，减幅1.44% 2. 金鱼小池精养技术示范推广，利用人工配合饲料与生物饵料综合养殖试验，示范区苗种成活率由72%提高至75% 3. 观赏鱼团队研发推广优质锦鲤繁养绿色高效技术体系，优质苗种覆盖率从74%提高至96%，流通占有率从32%提高至53%	选育筛选观赏鱼品种（金鱼、锦鲤）15个；研发集成技术12项；新产品69个；菌蜕工艺1个	1. 节水5921万立方米 2. 节药2.57吨	1. 经济效益3500万余元 2. 因新冠肺炎疫情影响，与上年同期相比，效益降低10%左右

续表

创新团队	单位产量提升	产品品质改善	要素投入减少	农民增收/企业增收
鲟鱼、鲑鳟鱼	1. 养殖成活率为95.93%，单位水体经济效益为150.6元/立方米。比2019年单产17.37公斤/立方米相比略有提高 2. 养殖成活率在83%~92%，提高了6.3%	1. 开展试验研究技术34项，集成健康养殖和水处理新模式4套，主推技术16项 2. 研究推广自主培育的鲟鱼杂交种4个，鲑鳟杂交种2个，本土鲑鳟三倍体3种 3. 研发鲟鱼烘焙新产品1个和鲑鳟系列菜品2个，研发饲料产品1种	1. 推广封闭式工厂化循环水鲟鱼养殖过程中的水处理技术，节省用水15%，平均节水量在26% 2. 发现在具有良好的孔隙结构及膨化效果下，软化时间最短，吸油率高且漏油率最低。此技术减少鱼粉和大豆蛋白20%使用量	试验示范直接总利润384.2万元，间接利润1500万元

二、社会效益

北京市创新团队通过媒体宣传报道、参加国内外交流、组织观摩，及对农民进行培训指导等多方面措施，加强团队对先进经验的借鉴学习，同时增强社会对创新团队的认知，社会影响力明显提升，并且逐步走出北京，影响力扩大到京津冀甚至全国。第一，2020年共进行媒体宣传984次，受新冠肺炎疫情影响宣传力度较2019年有一定幅度的下降。参加国内外交流345次，较2019年有小幅增加。组织观摩417次，培训人员近51.5万人次，与2019年相比大幅增加，是2019年培训人员数量的十余倍，有效扩大创新团队在产业和领域内的影响力。第二，宣传技术、推广方式创新，各个团队根据本产业特点，积极尝试新的宣传、推广方式，取得良好效果。其中，家禽团队开展技术指导230余次，组织培训47次，培训农民5110人次，产业调研79次，试验示范23项，受CCTV-10《创新进行时》栏目邀请，录制《解密绿壳蛋鸡》节目，节目播出后各地养殖户纷纷咨询饲养。生猪团队分别在都江堰、合肥和北戴河组织召开"猪场之旅"2020行活动3次，接受中央人民广播电台中国乡村之声节目采访，在线解答了全国听众关心的养猪形势和养殖技术问题，接受了农民日报关于母猪批次化生产的全进全出模式推动生猪复产内容的记者采访，参与京津冀联合主办的"2020第二届雄安猪业高峰论坛"，扩大团队的影响力。近年来新的宣传模式成为潮流，人们通过开展网络直播等自媒体形式进行宣传，奶牛创新团队通过网络宣传65次，自媒体270余次。（见表7-6）。

表7-6　　　　　　　　　　创新团队社会效益总结

创新团队	媒体宣传（次）	国内外交流（次）	组织观摩（次）	培训人员（人次）
果类蔬菜	180	56	79	6605
叶类蔬菜	100	—	12	7327
食用菌	40	—	20	3699

续表

创新团队	媒体宣传（次）	国内外交流（次）	组织观摩（次）	培训人员（人次）
粮经作物	129	11	74	2018
西甜瓜	50	12	—	1845
生猪	78	55	72	311093
家禽	—	72	—	26800
奶牛	357	120	16	148865
观赏鱼	29	29	145	7027
鲟鱼、鲑鳟鱼	251	29	—	58
合计	1214	384	418	515337

三、生态效益

北京独有的生态资源优势作为转变乡村发展方式、推动产业转型升级的新动能，为首都乡村振兴提供必不可少的物质基础，生态效益已成为北京农业产业的生命线。2020年北京市创新团队严格落实生态优先的发展理念，强化首都农业生态功能，积极发展节水农业和生态农业，切实推动北京都市型现代农业绿色发展，在节水减排、粪污处理方面成效显著，产生有较大影响力的生态效益（见表7-7）。第一，节水技术、产品的应用。以西甜瓜团队为例，2020年，团队针对园区、集中农户及分散农户，分别示范滴灌、膜下微喷及膜下沟灌三种节水灌溉方式，每茬亩用水量分别为105.5立方米、136.4立方米和175.8立方米，示范区平均用水量133.0立方米。观赏鱼团队通过示范点养殖实践，规范养殖技术，经综合统计计算，单只4龄龟12个月耗水最低26.8升，节水超过30%以上，并构建观赏龟旱养和水养模式，系统解析节水机制，获得166202条unigene（广泛通用的基因数据库），分析获得参与耐旱响应序列3条，转录因子29条。第二，减排技术、产品的应用。主要是通过降低氮、磷等的排放、控制二氧化碳等气体的排放、减少化学农药的使用量和污水排放，合理利用秸秆以减少环境污染，如果菜团队采用高效水肥管理技术和生物技术集成，提高养分利用效率20%~30%，减少70%的化学农药使用。通过对秸秆回收利用技术研究与示范推广，节约草炭资源，同时减少碳排放量，降低环境的污染。生猪团队研发的益生菌菌液，在猪场养殖环境及粪池中喷洒，在猪的饮水和饲料中添加，空气中的硫化氢减少到9.8ppm，氨气减少到12ppm。家禽团队运用集成蛋鸡和北京鸭生态环保养殖工艺，打造9家示范场，示范场碳排放降低20%以上，氮排放降低11%，氨排放减少约140吨。观赏鱼团队研发出高性能的金鱼专用饲料配方、低氮磷排放金鱼饲料配方。第三，开展并利用水肥一体化技术，2020年果蔬团队开展4种果类蔬菜水肥调控技术研究，制定番茄、辣椒、黄瓜、茄子专用水溶肥配方及施肥套餐，制定了测土配方施肥技术手册1份，并建立配方施肥示范点12个，推广面积2600亩。生猪团队研究出养殖肥水资源化利用技术，按照作物养分需求量在1～2倍范围内施肥，完全能够满足作物对主要养分的需求。

表7-7　　　　　　　　　　　　创新团队生态效益总结

创新团队	节水措施	减排措施
果类蔬菜	主推滴灌施肥技术模式：以微灌为核心，配套高效灌溉制度、水肥一体化、地膜覆盖保墒等技术	1. 采用高效水肥管理技术和生物技术集成，提高养分利用效率20%～30%，减少70%的化学农药使用 2. 秸秆回收利用技术研究与示范推广，既节约草炭资源，又减少了生产投入成本 3. 益昆虫循环利用等病虫害生态防控技术减少化肥农药的使用
叶类蔬菜	1. 应用蔬菜水肥一体化技术 2. 推荐农户使用微喷灌溉技术、改良微喷灌溉技术、水肥一体化技术，在此基础上主推微喷灌溉水肥一体化技术，能够比常规灌溉节水50%，为农户节本增效	1. 减少了农药与化肥的施用量 2. 推广水肥一体化、测土配方施肥、轻简化栽培、全程绿色防控等集成技术
食用菌	节水技术得到广泛应用	1. 形成利用桃树木屑资源以及其他秸秆资源栽培大球盖菇的技术模式 2. 增加新风系统、水冷空调、超声加湿和立体层架栽培系统并集成智能控制
粮经作物	建立草莓、甘薯和鲜食玉米节水技术示范点7个，示范面积920亩，每亩较常规灌溉节水45%～50%	草莓、鲜食玉米和甘薯绿色防控技术应用680亩；其中草莓10亩，有效防效提高20%以上，减少用药次数1～2次；鲜食玉米500亩，蛀穗率降低达10%以上，化学农药亩用量降低15%以上；甘薯170亩，茎线虫病防治效果94%以上，化学除草效果82%以上
西甜瓜	针对园区、集中农户及分散农户，分别示范滴灌、膜下微喷及膜下沟灌三种节水灌溉方式，每茬亩用水量分别为105.5立方米、136.4立方米和175.8立方米，示范区平均用水量133.0立方米	1. 示范了"减量施肥""单质肥施用""专用配方肥"及"功能性替代肥料"以及微生物菌剂施用。辐射带动2500亩，亩化肥用量70公斤 2. 构建绿色防控技术，减少化学农药使用
生猪	通过优化配方与生产工艺，研制成仿生携氧纳米悬液，进一步提高曝气效果，在保证养殖肥水处理效果的基础上，降低了曝气费用50%以上	1. 利用益生菌菌液，在猪场养殖环境及粪池中喷洒，在猪的饮水和饲料中添加，空气中的硫化氢减少到9.8ppm，氨气减少了12ppm 2. 通过围护结构和通风参数的调整将节约热负荷60.4瓦/平方米，节能幅度达到62%
家禽	节水型饮水技术	1. 打造粪污资源化利用新模式、鸡粪有机肥应用于盆栽蔬菜、粪污无害化处理技术示范 2. 集成蛋鸡和北京鸭生态环保养殖工艺2套，打造9家示范场，示范场碳排放降低20%以上，氮排放降低11%，氨排放减少约140吨

续表

创新团队	节水措施	减排措施
奶牛	智能化精准喷淋系统	1. 奶牛繁殖的智能化装备 2. 水热液化—奶牛粪污水热液化过程元素迁移
观赏鱼	1. 示范点养殖实践，规范养殖技术，经综合统计计算，单只4龄龟12个月耗水最低26.8升，节水超过30%以上 2. 构建观赏龟旱养和水养模式，系统解析节水机制，获得166202条unigene，并分析获得参与耐旱响应序列3条，转录因子29条	1. 推广废弃物处理技术、龟植套养技术、淡水养殖水体常用微生态制剂使用技术等，实现水资源节约使用、循环利用、废弃物变废为宝 2. 形成高性能金鱼专用饲料配方、低氮磷排放金鱼饲料配方
鲟鱼、鲑鳟鱼	推广封闭式工厂化循环水鲟鱼养殖过程中的水处理技术，节省用水15%。结合液氧添加、栽植水生植物、养殖尾水处理循环使用、微生态制剂利用系列的水质管理措施，平均节水量在26%	高效净化系统稳定后，湿地沟渠净化区和生态浮床净化区的总磷平均去除率为39.6%，总氮平均去除率为64.745%；与养殖池塘相比，湿地沟渠净化区和生态浮床净化区的化学需氧量（Chemical Oxygen Demand, COD）值平均降低46.355%

四、京津冀协同效益

2020年是"十三五"的收官之年，也是京津冀品牌农产品产销对接活动的第五年，京津冀三地产销衔接、顺畅销售，推动建立长效机制，促成稳定购销合作关系，构建优质高效现代的农产品流通体系，市场机制的推动作用越来越明显，北京市创新团队以农业产业为纽带协同研发新技术，为增强优势特色产业的品牌效应，为京津冀特别是河北贫困地区特色产业提质增效，为辐射带动津冀农户增产、农民增收发挥了积极作用，产生了良好效益。如食用菌团队通过协同研发出的耐高温香菇杂交菌株，出菇整齐，型态圆整。将菌糠经过无害化处理后用作化肥，种植南瓜，克服了重茬的影响，亩产增产300公斤，技术应用到张北，带动了当地贫困户17户；家禽团队的京津冀活动共计13项，2020家禽团队技术支撑优帝鸽业在河北阜平的肉鸽扶贫工作，而且田间学校工作站在河北承德、张家口赤城两地建立2个家禽养殖示范基地，并在京津冀地区的3家养殖场对传染性病毒疫苗进行临床安全性和有效性的实验。覆盖京津冀的家禽总数达7000余万只，创造的直接经济效益达4890万元，河北的2个家禽养殖示范基地的建设，带动了河北地区家禽养殖技术水平的提升；粮经团队2020年繁育优质抗病黄香蕉脱毒、黄玫瑰种薯在京津冀进行区试，草莓、甘薯、鲜食玉米品种和健康脱毒种苗，北京地区覆盖度达65.3%，京津冀覆盖度达10.1%。2020年北京粮经团队协助企业在太仆寺旗、尚义等地繁育草莓种苗1554.9万株，辐射带动当地120余人就业，人均增收1.35万元。各团队具体情况详见表7-8。

表 7-8　　　　　　　　　　创新团队京津冀协同效益总结

创新团队	协同研发	辐射带动情况
奶牛	在石家庄中国奶业年会期间，团队分别与中国奶业协会卫生保健专业委员会、中国奶业协会乳品工业专业委员会、中国奶业协会国际专业委员会联合组织3场大型交流与技术培训会，组织开展了京津冀地区全株玉米青贮质量评价活动、第三届"幼龄草食动物培育"国际研讨会等交流会；充分发挥了北京奶业人才众多、技术领先的优势，以协同研发、奶牛保姆行动、调研、交流观摩等为手段，全方位促进京津冀奶业协同发展，为津冀奶业发展提供了数量众多、形式多样的技术和智力支持	开展京津冀协同研发11项，培训474次、3640人次，观摩15次258人次，交流78次1041人次参与，辐射增收232万余元
果菜	组织京津冀番茄擂台赛及生产技术交流会；开展线上第四届京津冀蔬菜工厂化生产技术交流会；赴津、冀生产园区考察交流5次，邀请接待津、冀技术人员观摩交流6次，促进了三地蔬菜新品种、新技术的引进和推广；选育出的新品种在京津冀地区全年累计示范8000亩以上；簇生朝天椒国塔612成为京津冀等地首选品种，全年示范1500亩	通过现场指导、远程咨询、发送技术资料等方式进行技术指导，解决产业技术难题3个，采收甘薯2万公斤、谷子总产1万公斤、甜糯玉米亩产1万公斤，平均亩增收200元
家禽	京津冀活动共计13项，2020家禽团队技术支撑优帝鸽业在河北阜平的肉鸽扶贫工作；田间学校工作站在河北承德、张家口赤城两地建立家禽养殖示范基地2个；在京津冀地区的3家养殖场对传染性病毒疫苗进行临床安全性和有效性的实验	覆盖京津冀家禽总数7000万余只，创造的直接经济效益达4890万元，河北的2个家禽养殖示范基地，带动了河北地区家禽养殖技术水平提升
粮经作物	2020年繁育优质抗病黄香蕉脱毒、黄玫瑰种薯在京津冀进行区试；草莓、甘薯、鲜食玉米品种和健康脱毒种苗，北京地区覆盖度达65.3%，京津冀覆盖度达10.1%	协助企业在太仆寺旗、尚义等地繁育草莓种苗1554.9万株，辐射带动当地120余人就业，人均增收1.35万元
食用菌	选育出耐高温香菇杂交菌株，出菇整齐，一致性高，形态圆整，示范推广到河北省丰宁县、张北等地；构建香菇农杆菌介导的香菇遗传转化体系，转化子萌发率由16.5%提高到29%	菌糠经过无害化处理后用作化肥，种植南瓜，克服重茬影响，亩产增产300，技术应用到张北，带动当地的贫困户17户
西甜瓜	团队专家赴津冀进行薄皮甜瓜标准化生产、数据化管理和品牌化运营的发展思路的交流	张家口、内蒙古、三亚等外埠基地从2016年0亩发展到5000亩，增加了淡季供应，建设了瓜类主题观光采摘景观，促进"一三产"融合发展，提供了休闲产品
生猪	完成京津冀基因组联合评估平台构建；协同推进母猪同期发情与定时输精技术示范推广，基础母猪2万头；向河北转让益生菌饲料生产技术，带动养殖业的绿色发展；河北建立推广猪蛋白低磷日粮配制技术示范点，累计销售105.8万吨；向河北涞水示范点持续技术输入，打造合作典范	推广母猪批次化生产管理技术，牵头推广，近两年在北京、河北等9个省市开展了母猪批次化生产技术示范，年均示范15万头，辐射推广1000万头次；推广猪低蛋白质饲料221.3万吨，辐射示范推广生猪规模达232.6万头，平均每吨饲料节约成本10元，取得的经济效益为2213万元

续表

创新团队	协同研发	辐射带动情况
叶菜	机械化覆膜直播技术在张家口坝上基地进行京春黄3号大白菜覆膜播种，丸粒化种子，每穴播种2粒，起垄、施底肥、铺滴灌带、地膜、破膜播种一次完成，出苗率80%，省工80%。京内、外叶菜品种展示、推广和技术培训	—
观赏鱼	与天津市水产研究所合作开展"血鹦鹉温室工程化循环水养殖系统构建与应用研究"，该系统能提高血鹦鹉的成活率和优级品的产出率，提高养殖效益；与天津、河北相关企业进行观赏鱼种质资源引进、饲料加工；与河北省张家口市蔚县桃花小米休闲产业园区进行渔业养殖规划策划；与天津水产产业技术体系创新团队、河北省现代农业产业技术体系淡水养殖创新团队合作开展观赏龟生态养殖技术示范推广和天津、河北观赏鱼产业经济调研	开展观赏龟产业试养殖，多渠道进行科技帮扶，协助观赏龟养殖回收，使对口帮扶村喜获科技帮扶收益61200元，纯收益50000元
鲟鱼、鲑鳟鱼	向河北养殖基地提供优质鲟鱼仔鱼1500多万尾，虹鳟苗种30多万尾，覆盖面积1000多亩，养殖户31户。鲟鱼苗种养殖成活率在75%以上，虹鳟鱼苗种成活率在65%。养殖尾水治理技术转化应用，用水量节省约30%。培训养殖户58户，技术指导服务达到60多次	至2020年11月底，全市年销售鲟鱼苗种5489万尾，鲑鳟苗种120万尾，技术和产品辐射全国25个省市，并对购苗企业进行无偿的售后服务，团队首席专家和12名岗位专家，与国内15个省市建立长期的合作关系

第四节　团队标志性成果

2020年，创新团队紧盯质量安全，围绕高产高效，聚焦生态环保，开展技术示范推广，取得了一系列标志性技术成果。

一、病虫害防治技术成果

（一）金鱼造血器官坏死病的流行病学调查取得重要进展

北京市观赏鱼创新团队完成了北京地区金鱼造血器官坏死病的流行病学调查，掌握了发病原因和严重化程度，研制菌蜕疫苗1种，显著降低了中试期间示范区的病害发生水平，对于主要病害有效防控具有重要意义。

（二）创建与应用畜禽饲料质量安全控制关键技术

从非法添加和生物污染两大饲料安全问题入手，在饲料非法添加物阈值与限量、有害微生物检测与控制、加工过程营养保真与清洁生产、质量安全预警与追溯等关键技术方面开展了长期、系统的研究,集成构建了"原料检测、加工控制和产品溯源"的全产业链饲料质量安全控制技术体系,为保障畜产品质量安全、满足人民对美好生活的向往提供了有力的科技支撑。该成果获 2020 年国家科技进步二等奖。

(三) 创新饲料质量安全检测控制技术

建立了饲料中 20 多种主要有害微生物的检测方法,制定了沙门氏菌、李斯特氏菌、葡萄球菌、志贺氏菌等检测方法标准,其中 3 项填补了国内空白,保障了《饲料卫生标准》的实施,为我国饲料有害微生物预警监测工作提供了有力支撑。

(四) 创新饲料质量安全加工保障技术

系统研究了维生素、酶制剂等热敏性物质在不同热加工条件下的损失率,发明了将粉料高温调质熟化、杀菌处理、再添加热敏性物质低温制粒的畜禽饲料生产新工艺,实现了有害物质消减与营养成分保真的高效协同,破解了高温灭菌与营养保真难兼顾的技术难题;建立了以靶动物生产性能为主要评价指标的畜禽饲料最佳加工工艺参数,实现饲料产品营养保真和精准加工。

(五) 创建饲料质量安全体系管理技术

创新了饲料加工过程质量安全可追溯管理技术,研发了基于条形码的饲料质量安全管理系统,实现了"原料—加工—产品"生产全过程的信息化和可追溯;创建了涵盖饲料危害因子、加工特性、加工工艺参数的饲料质量安全数据库,为饲料产品配方精准设计、加工工艺优化、饲料品质控制提供了重要基础数据。

(六) 创制与应用奶牛高发病防治系列新兽药

创建了国际最大的奶牛病原菌库,摸清了奶牛乳房炎、子宫内膜炎等高发病病原种属及分布规律,发现了药物作用新靶标,为新药研发奠定了理论基础。创新了国际领先的药物制备"共性和差异化"关键技术,实现了"两高一低":硫酸头孢喹肟乳房注入剂(干乳期)等达到"零弃奶",药物安全性高;创新了盐酸沃尼妙林均相 One – Pot Reaction 合成工艺,其对支原体的抗菌活性是泰妙菌素的 30 倍,药物活性高;发明了低温催化等关键技术,药物成本大幅降低。多项产品通过欧盟欧洲药品质量管理局(EDQM)认证,国际竞争力优势显著。创制了安全高效系列新兽药 31 种,获国家新兽药证书 25 项,品种齐全,填补了多项空白,实现了"犊牛—育成牛—青年牛—成乳牛"奶牛养殖产业链"全覆盖"。项目成果转化 36 项次,实现了新兽药成果转化率和产业化率"双 100%"。

(七) 研发可逆转多重耐药革兰氏阴性菌耐药性的新型广谱抗菌增效剂

奶牛创新团队丁双阳团队研究发现了一种新型广谱抗菌增效剂 SLAP – S25,SLAP – S25 是一种新型抗菌增效剂的先导化合物,具有较理想的成药性。同时,新发现的药物作用靶点 PG 为活性分子筛选和新型抗菌药物开发提供了新思路。后续将围绕 SLAP – S25 的作用机制展开深入的研究,为其治疗奶牛疾病的临床应用提供数据支持,实现多重耐药革兰氏阴性病原菌感染的高效治疗。

(八) 开发可程序化释药递送体系

细菌分泌的毒力因子在复杂的感染过程中起着至关重要的作用。结合酶触发释药的治疗策略,团队开发了一种可程序化释药递送体系,构建兼具凝固酶响应性靶向与活死细菌识别功能的自组装微球体系(简称PMS),提高抗菌药物疗效。

(九) 发现亚致死水平的抗生素可促进细菌在上皮细胞中的持留性

为进一步在细胞水平验证丁双阳团队之前提出"宿主细胞介导抗菌药物耐受"的假说,该团队采用经典的细胞内最小杀菌浓度(intracellular MBC)方法,发现亚致死浓度抗菌药物会促进细菌入侵上皮细胞,增强抗菌药物的耐受性(抗菌药物与细菌之间"躲猫猫");低水平抗菌药物暴露诱导宿主细胞内化的细菌在胞内存活和持留(内化的细菌与细胞形成"特洛伊木马")。研究结果补充了细菌在抗菌药物压力下的存活策略,完善抗菌药物耐受性产生机制,为揭示抗菌药物治疗后病原菌扩散现象的分子机制提供新思路。

(十) 西瓜害虫天敌防控技术示范效果显著

从2017年开始,西甜瓜创新团队植保岗位专家连续4年在大兴区、顺义区、昌平区和延庆区开展以异色瓢虫、智利小植绥螨和东亚小花蝽应用为主的西瓜绿色防控技术应用与示范,效果显著,得到了广大农户的认可。2020年三项技术示范面积为643亩,技术辐射面积1500亩以上,示范区内三种害虫的平均防效可达70%以上,西瓜全生育期内化学药剂减少3~5次/亩,节省用工3~4个/亩,天敌控害成本逐年降低,天敌投入成本与化学药剂相当,有效解决了化学防治与蜜蜂授粉、省工栽培之间存在的矛盾。

(十一) 研发韭菜迟眼蕈蚊(韭蛆)绿色防控技术

结合各个时期的品种选择、生物肥有机肥、昆虫病原线虫、剑毛帕厉螨、辣根素灌根、防虫网、色板、日晒高温覆膜等技术集成,达到韭菜全程的绿色安全种植。在通州等京郊各区韭菜种植基地示范推广使用,累计面积50亩。

二、高产高效技术成果

(一) 锦鲤高效养殖配套技术取得实效

针对北京渔业面临的资源环境和成本收益的双重约束,北京市观赏鱼创新团队在锦鲤品系选育、绿色养殖、病害防治和宜居家养管理等关键技术上取得突破。岗站联合选育优质锦鲤品系9个,各品系特征明显、体色纯净、明艳、斑纹质地浓厚、切边清晰、分布均匀。生长速度快,2龄体长达到40厘米以上。与当前国际先进水平对比,商品鱼(体长5~80厘米)品质处于并跑水平,年推广苗种约2亿尾,京郊良种覆盖率实现89.17%;示范基地B级以上商品鱼单尾价格增加最高达到300倍,经济效益显著,使得观赏鱼产业在新冠肺炎疫情期间,经济效益在合理区间内健康稳定。获得省部级奖励2项,锦鲤产业成为北京渔业高质高效、乡村宜居发展的重要推动力。

(二) 集成鲜食甘薯优质高效种植技术

针对北京市甘薯生产存在的品质差、效益低等问题,以"优质高效"为核心,突出品种优质、种苗健康、栽培高效和绿色安全，集成了鲜食甘薯优质高效种植技术。推广优质鲜食甘薯品种、健康种苗、全程机械化种植、病虫害绿色综合防控技术，提高了甘薯种苗质量、甘薯商品率、种植生产效率，降低了甘薯病虫害危害，减少了农药用量。

鲜食甘薯优质高效种植技术，甘薯脱毒种苗覆盖率较 2014 年从 16% 提高到 57%，示范区内亩用工量合计减少了近 10 个，节省人工达 95%，全程机械化亩均作业成本至少减少 940 元。病害防治效果达到 64.5%~74.8%，每亩减少化学农药 0.4~1.3 公斤。甘薯腐烂率降低 20 个百分点，商品薯出窖率达 85% 以上。

（三）开展叶菜周年高效茬口栽培试验示范

在昌平小汤山特菜大观园和通州永盛园开展叶菜周年高效茬口栽培示范，示范面积分别为 0.8 亩和 0.9 亩，第一茬生产于 2020 年 2 月 14 日开始播种定植，目前已经完成了周年生产示范，生产中快菜、油菜、菠菜各种植 7 茬采收 6 茬，散叶生菜种 6 茬采收 5 茬，结球生菜种植 6 茬采收 4 茬，芹菜种植 6 茬采收 3 茬，除去茬口时间重合后，得出周年种植模式 3 个：即 41515.4 元/亩（结球生菜-芹菜-菠菜-散叶生菜）、34625.97 元/亩（散叶生菜-菠菜-快菜-快菜-油菜）、34542.26 元/亩（芹菜-菠菜-油菜-结球生菜）。

（四）制定《疫情期间净菜加工企业生产及流通指南》

叶类蔬菜创新团队加工流通与产业经济功能室陈湘宁教授迅速反应，对首农集团裕农公司进行调研和网络会议研讨，在数天内形成了新冠肺炎疫情下既防疫又保证食品安全的净菜加工规范指南，在遵守日常净菜加工管理规定基础上，针对人员、设备、物料、加工流通、环境、应急等方面提出了针对性要求。

（五）研发鲟鱼亲鱼营养强化饲料

鲟鱼亲鱼营养强化饲料填补了国际上有关鲟鱼亲鱼营养需求研究的空白，解决鲟鱼亲鱼"油包卵"现象。孵化率提高了 4% 左右，出苗率提高了 42.86%。突破粒径为 50~200μm 微颗粒开口饲料的加工工艺，解决了微小颗粒的加工、营养均一性和溶失率可控的问题，在微颗粒沉浮性控制方面也有所突破，鲟鱼仔稚鱼应用开口率达 90% 以上，国产鲑鱼应用体长和体重增加显著高于国外进口开口料。相关专利已授权深圳澳华集团、广东海大集团使用，实现成果转化 75 万元。

三、绿色生态技术成果

（一）观赏鱼微生态制剂水质调控技术成效显著

针对北京市观赏鱼都市型集约化高密度精养带来的生态环境、水环境、病害等问题，北京市观赏鱼创新团队研发并推广了观赏鱼微生态制剂水质调控技术，国内首次创新性提出微生态制剂效果评价指标。该技术覆盖京郊观赏鱼 90% 以上养殖水面，年节水率约 70%。该技术已升级为北京市地方标准 DB11/T 1724—2020，并被遴选推荐为 2020 年度北京市农业主推技术，于 2020 年 4 月 7 日由北京市农业农村局面向社会公开发布并组织推广应用,对于北京渔业绿色高效发展具有重要意义。

(二) 生态养殖水处理技术

对工厂化循环水、池塘、新型的鲟鱼池塘循环流水三种养殖模式尾水生态处理技术进行研究试验。实验室条件下,发现在水温14℃,流速为0.05~0.02m/s条件下,冷水性鱼类在循环水养殖条件下微生物能高效挂膜,生物膜形成后,填料微生物群落代谢变化显著,定置在填料上的微生物数、香农指数和丰富度指数均显著上升。

(三) 推广观赏鱼绿色高效综合配套养殖技术

在观赏鱼绿色养殖技术模式示范方面大力创新,除推广前期成果外,重点推广淡水养殖水体常用微生态制剂使用技术(北京市地方标准 DB11/T 1724—2020)、生物生态水质综合调控与节水技术(入选北京市农业农村局《2020年北京市农业主推技术推荐目录》京政农发〔2020〕37号)。开展金鱼小池精养技术示范推广,利用人工配合饲料与生物饵料综合养殖试验,示范区苗种成活率由72%提高至75%。开发一套基于VR控制技术的水上视频采集系统,初步解决自主巡航式水质监测平台水下综合信息数据处理和显示等相关辅助技术问题;建立观赏鱼池塘养殖、金鱼联缸养殖实时水质远程动态监控技术示范点2个,有效提高了示范点智能化水平。

(四) 研发并应用基于氨基酸平衡模式的后备奶牛低蛋白日粮配制技术

奶牛创新团队饲料与营养功能研究室屠焰岗位,依托中国农科院饲料研究所、奶牛营养学北京市重点实验室研究平台,采用部分扣除法取得了断奶后犊牛、7~10月龄后备牛日粮的赖氨酸、蛋氨酸、苏氨酸等的限制性顺序和比例,发现以获得最大氮沉积为目的时,荷斯坦后备母牛日粮中赖氨酸、蛋氨酸、苏氨酸分别为第一、二、三限制性氨基酸,其适宜比例模型赖氨酸∶蛋氨酸∶苏氨酸 =100∶(31~32)∶57,其中3~6月龄牛日粮中含量分别为1.21%、0.38%、0.69%,7~9月龄牛日粮中含量分别为1.00%、0.32%、0.57%。在2020年开展了验证饲养研究,在氨基酸水平和比例适宜的情况下,可将精料的粗蛋白质水平降低2~3个百分点。同时开展尿素、磷酸脲等非蛋白氮的利用方法研究,均可以代替日粮中10%左右的粗蛋白质,动物生产性能与畜产品品质不受影响,先后制定了尿素和磷酸脲的标准,其中国家标准《饲料添加剂 第6部分:非蛋白氮 尿素》(GB 7300.601—2020)已发布实施。

(五) 广泛推广西瓜蜜蜂授粉技术

2016~2020年蜜蜂授粉面积稳定在10000亩以上。应用率逐年增加,从2016年的39.8%逐年增长到2020年的93.8%。通过蜜蜂授粉技术的应用极大地减缓了瓜农在授粉期的工作强度,解决了瓜农授粉期需在高温、高湿环境下长时间劳作的问题。

(六) 集成环渤海暖温带区设施芹菜减药技术模式

该技术模式有效利用生防微生物、纸钵育苗技术、日光消毒技术和弥粉防治技术,通过大量生物替代技术减少了芹菜土传病害防治过程中的化学药剂投入量,提高了芹菜叶部病害防治用药的利用率，减少生产过程中的化学农药投入量，最终实现日光温室芹菜化学农药减施增效的目标。利用该模式示范后，化肥减施 30%；降低化学农药使用次数 3 次，化学农药比本地调研数据减量 50%，农药利用率提高 12.8%，增产 15.4%，模式示范棚芹菜生长健壮，病虫害发生轻，土传病害发生率降低 78%。

（七）节水生态模式取得突破

在京郊及津冀地区构建了池塘旁路循环绿色生态养殖、生态工厂化循环水零排放养殖、新型生态循环鱼菜共生养殖等模式，综合集成养殖尾水处理技术 6 套，示范点的养殖容量比原来提高 2~3 倍，平均节约养殖用水 90% 以上。

四、良种培育技术成果

（一）成功培育绿壳蛋鸡新品系

绿壳蛋鸡新品系是利用绿壳蛋色分子育种标记和常规育种方法形成，该品种有以下几个特点和优势：（1）蛋壳颜色为绿色，绿壳率达 98% 以上；（2）高产，该品系的产蛋数已经达到 252 个/年，产蛋率达到 88%，是世界上产蛋率最高的品系或品种；（3）羽毛颜色为黑羽和横斑羽，淘汰鸡价格得到提升。绿壳鸡蛋外型独特、蛋重小、蛋黄比例大、蛋清粘稠，同时淘汰鸡肉质鲜美、营养丰富，附加值高。

（二）实现北京油鸡新品种培育及配套养殖关键技术应用

该技术包括核心品种"栗园油鸡"和核心技术"标准化高效配套养殖技术"，"栗园油鸡蛋鸡"适应性强，生产性能稳定，成活率高，蛋品质优良，养殖效益好，具有节粮优势，近三年累计推广父母代种鸡 43.3 万套，推广商品代鸡 1258.5 万只，配套养殖技术覆盖北京油鸡 1500 余万只，鸡蛋和鸡肉产品售价提高 1 倍以上。北京油鸡新品种和配套养殖技术已推广到全国 22 个省市，北京油鸡产业已经形成了从科学保种、育种研发、商品鸡生产、屠宰与加工、产品销售到休闲农业的全产业链发展模式，经济效益和社会效益十分显著，为地方鸡品种的产业化开发利用树立了标杆。

（三）选育及推广应用 2020 年鲜食玉米品种

2020 年，选育出糯玉米品种"京科糯 2000E"、甜玉米品种"京科甜 608"，并均通过北京市扩区审定。"京科糯 2000E"是在糯玉米品种"京科糯 2000"的基础上，进一步育成的优种提升品种。除具有高产、优质、多抗、广适、易制种等综合优点外，在熟期上较"京科糯 2000"提早 7 天以上，在品质和口感上优于"京科糯 2000"。目前"京科糯 2000E"已通过国家北方区、西南区审定，以及黑龙江省、北京市等省级审定。

（四）集成与应用草莓优质健康种苗繁育技术

2020 年，粮经作物创新团队围绕优质健康种苗核心，开展草莓优质健康种苗繁育技术集成与应用，涉及育种、栽培、植保等多岗位领域。一是种苗脱毒快繁技术研究，明确主栽品种适宜的脱毒方法和培养基激素配比，病毒脱除率达到 100%；二是开展草莓促花芽分化技术研究，明确苗期施用糖醇钙和磷酸二氢钾处理，促进种苗矮壮且提高花芽分化4~5天，进一步提升种苗质量；三是建立组培脱毒—原种苗—商品苗三级育苗体系，对土壤基质消毒、育苗设备资材消毒、病虫害定期防控、子苗切离、水肥管理5项关键生产技术进行集成，推广应用面积1320亩，繁育优质种苗；四是对主要园区繁育种苗质量（包含外观质量指标、五种主要病毒携带、炭疽病、根腐病等强危害性病原）进行监测与检测，面积1170亩，掌握繁育种苗整体质量水平。

（五）完成325头优秀种公牛遗传评估并发布结果

奶牛创新团队共计325头优秀种公牛遗传评估结果公开发布，在荷斯坦种公牛"CPI1"和"GCPI"指数入选质量和数量上中心多年连续排名榜首，"CPI1指数"公布的荷斯坦种公牛TOP100内占33头，比例高达33%，雄踞国内首位，中心种公牛"1113667"和"11112651"CPI1指数分别为2970和2959，位居排名榜亚、季军；"GCPI"指数中心青年种公牛公布TOP20中占9头，比例高达45%，独显中心青年种公牛绝对优势。娟姗种公牛入选公布12头，占比26.7%。

（六）种子母牛选配工作纳入正规

2020年，奶牛创新团队初选种子母牛207头，正选78头，进站自主培育荷斯坦公牛29头；胚胎引种培育公牛有序开展，完成荷斯坦公牛38头进站。基因组完成送测公犊32头，GTPI最高达2891，母犊38头，GTPI最高达2891，创历史新高。并与美国奶牛育种委员会（CDCB）、美国全国动物育种委员会（NAAB）、纽勤（Neogen）开展种公牛基因组检测、注册于遗传评估，持续打造"308"品牌效应，实现团队公牛GCPI与GTPI的双指数认证。

（七）集成开发遗传缺陷自主芯片

2020年，奶牛创新团队联合中国农业大学、北京博奥生物技术有限公司集成开发了一款具有自主知识产权、可实现单位点、多位点灵活检测的奶牛主要遗传缺陷位点IMAP芯片，检测时间约为2.5小时，涵盖奶牛遗传缺陷单倍型HH1至HH6、HCD等11个遗传缺陷位点。遗传缺陷位点芯片进行随机样本检测，样本检出率100%，经测序验证，检测准确性100%，检测灵活且灵敏度高，为我国种牛及进口遗传物质的监督检测提供强有力技术支撑。

（八）引进西瓜及甜瓜新品种42个

2020年北京市西甜瓜创新团队大兴综合试验站开展了西甜瓜新品种的试验示范工作。引进了小果型西瓜类"L600"系列、"京美1K"系列、"京美3K"系列、"彩虹瓢"系列、中果型西瓜及甜瓜新品种共42个，通过试验筛选出表现较好的品种6个，增加大兴西瓜品种储备。分别为类L600系列表现较好的是"L800""锦绣前程""光辉L1000"。"L800"中心可溶性固形物含量为12.7%，边缘可溶性固形物含量为9.5%，口感酥脆。锦绣前程单瓜重1.89公斤，中心可溶性固形物含量12.5%，边缘可溶性固形物9.95%，口感酥脆。"光辉 L1000"边缘可溶性固形物含量 10.15%，中心可溶性固形物含量 12.5%。"彩虹瓤"品种："京彩 1 号""京彩 3 号"表现较好。"京彩 3"中心可溶性固形物含量高达 13.7%，边缘可溶性固形物含量为 9.95%。"京彩 1 号"中心可溶性固形物含量为 12.6%，边缘可溶性固形物含量高达 10.95%，心边糖梯度小。两个品种口感均为酥。"京美"系列："京美 3K01"表现较好，单瓜重为 1.81kg，中心可溶性固形物含量为 13.34%，边缘溶性固形物含量为 11.4%，心边糖梯度小。

（九）选育与推广叶类蔬菜新品种 19 个，筛选新品种或种质 4 个

"北紫球生 1 号""北紫球生 2 号""北紫生 5 号""北紫生 6 号""北散生 5 号""北散生 6 号"6 个生菜新品种通过鉴定。选育出 3 个深亮绿色耐抽薹性强的快菜品种"20Z5 - 319""322""341"，4 个兼抗昆明、长阳根肿病小种快菜品种"20CR 昆/火 - 506、515、732、735"，均为市场深亮绿主流品种京研快菜类型。选育油菜新品种 4 个，其中耐抽薹品种 1 个，抗热品种 3 个；选育油菜新品系 2 个，"20N2（耐热）""20N9（耐抽薹）"；优良新组合 2 个，"20G 8 - 124（耐热、抗病）""20G 8 - 330（耐热）"。选育 2 个韭菜新品种"京韭 3 号（无休眠，耐寒）""京韭 4 号（休眠，高产）"。筛选出 1 个适宜加工的直立生菜品种 19 - 3，适合越夏种植的红苋菜"红柳苋 2 号"，适合秋茬种植的观赏羽衣甘"蓝粉冠 1 号"（皱叶类型，色彩分明，层数多，较耐寒）和"粉莲 1 号"（圆叶类型，颜色亮丽，植株健壮，叶片紧凑，耐寒性强，抗霜冻）。

（十）筛选出显著影响鲟鱼繁殖力的四个基因

筛选出与西伯利亚鲟鱼怀卵量显著相关的功能基因肝酯酶 HL、调控脂类代谢载脂蛋白 APOEβ 和参与脂肪细胞分化代谢及沉积的 PPARβ、PPARγ 这四个基因，且与表型性状鲟鱼肚皮厚度以及性腺脂肪含量明显关联。在高怀卵量（怀卵量 >20%）个体中的表达显著高于中低怀卵量个体（怀卵量 <20%）。可以重点作为分子标记辅助高怀卵量雌亲鱼的选育。

（十一）攻破 2 种国产鲑科鱼三倍体育种关键技术

分别攻破了细鳞鲑、马苏大麻哈鱼 2 种鱼类热休克法诱导三倍体的最佳时机（受精后时间间隔）、最佳温度、持续诱导时间等关键条件，试验组受精率大于 83%，发眼率大于 82%，孵化率 71%，三倍体率大于 88%。试验采用了成本最低、技术最易推广应用的温度热休克法诱导三倍体，为后期的规模化生产奠定了坚实的基础。

第八章　北京市果类蔬菜产业发展报告

蔬菜生产是北京地区的重要产业，是农民收入的重要来源，同时，蔬菜是居民生活消费中必不可少的组成部分。北京蔬菜产业历史悠久，在当地农村经济中占有重要的地位，长期以来在保障城市蔬菜供应和帮助农民致富方面发挥着重要作用，是北京市发展都市现代农业的一个不可或缺的重要组成部分。

由于新鲜蔬菜不耐贮藏、运输不便、货架期短等特点，自产蔬菜运输距离近、运输时间短和成本低的优势就成为居民能随时买到新鲜蔬菜的一种重要保障，是蔬菜应急供应保障能力的重要力量。

当前，蔬菜产业是北京现代农业的重要产业，果类蔬菜（番茄、黄瓜、青椒、茄子）产业作为蔬菜产业的重要构成，在北京农业产业发展中的地位日益凸显。为把握北京市果类蔬菜产业的发展问题和支持效果，本报告基于宏观统计数据和微观实地调研数据，分别从果类蔬菜产业发展现状、创新团队技术支撑作用、典型案例进行分析，揭示2020年果类蔬菜产业发展的新变化，并在此基础上提出北京果类蔬菜产业发展的具体对策建议。

第一节　果类蔬菜产业发展现状

一、果类蔬菜生产

蔬菜是北京市传统优势产业，同时也是北京市"菜篮子"工程的重要构成。果类蔬菜产业是北京市农业产业的重要组成部分，也是保障居民食品消费需求的重要基础。从近几年北京市果类蔬菜生产的发展来看，正在朝着集约化、规模化、专业化和设施化的趋势发展，发挥着都市现代引领作用。随着探索农村产业发展新机制的提出，政策支持、科技进步和体制创新等促进北京农村从生产功能逐渐向休闲农业、乡村旅游等新业态转变，在此背景下，北京果类蔬菜生产进一步萎缩，同时，受制于资源约束、劳动力成本高、其他产业竞争和自身种植特性的影响,果类蔬菜产业发展面临诸多挑战。在对北京市蔬类产业地位分析的基础上,利用北京市统计局和农业农村局的宏观数据对果类蔬菜的生产情况进行分析,具体包括品种变化、空间分布、设施特征等。北京市农业生产和蔬菜生产的发展演变,在一定程度上反映了果类蔬菜生产的发展演变。图8-1显示的是北京市农业和蔬菜生产的历史演变。

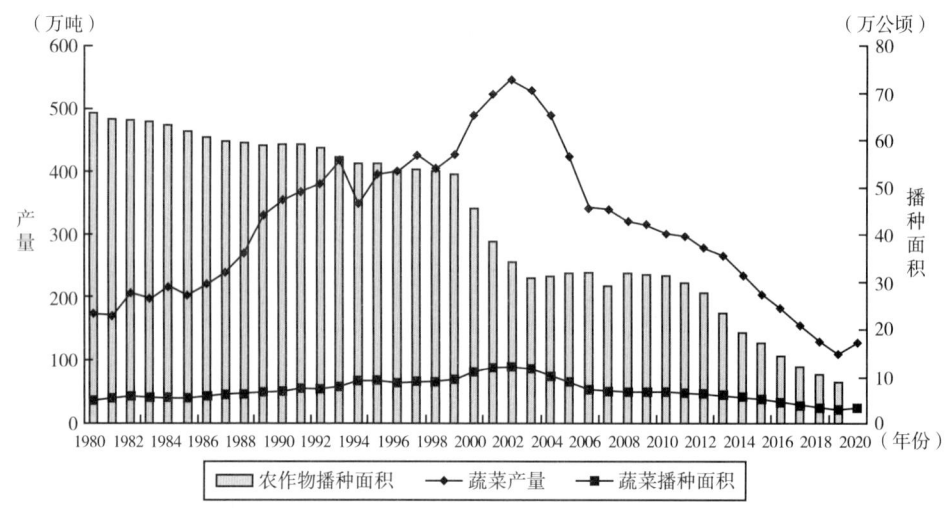

图8-1 1980~2020年北京市蔬菜播种面积和产量

数据来源:历年《北京统计年鉴》。

如图8-1所示,2000~2002年农作物播种面积出现迅速下降,2003年相关农业支持政策出台后保持稳定直到2011年;随着农村产业结构优化、种植业比较优势降低、疏解非首都功能等影响,2012年以来全市农作物播种面积处于长期减少态势,且速度相对处于较高水平。2020年,北京市蔬菜播种面积超过54万亩,蔬菜产量超过130万吨,比2019年增长20%以上,扭转了蔬菜生产连续多年下滑局面,为保障市民"菜篮子"量足价稳发挥了积极作用。1979年到2019年的40年间,蔬菜播种面积占农作物总播种面积的比重从8%上升到32.1%,表明蔬菜产业处于北京现代农业的核心地位,更是与农产品加工业、服务业对接的重要窗口。

(一)果类蔬菜生产的品种变化

表8-1展示了四种果类蔬菜生产的生产及变化情况,值得说明的是,报告中果类蔬菜指番茄、黄瓜、青椒和茄子。2020年果类蔬菜在播种面积、总产量和单产上相比于2019年均有所下降,2020年四种果类蔬菜播种面积为8.7万亩,相比于2019年有所下降,绝对值下降了5.4%;2020年果类蔬菜产量为42.1万吨,比上年下降20.3%,平均单产4812.4公斤/亩,比上年低15.3%。果类蔬菜种植面积缩减是长期趋势,在2019年果类蔬菜种植面积短期增加后,2020年果类蔬菜种植面积再度回到缩减状态,加之新冠肺

炎疫情使种植户在农产品流通等环节受阻，蔬菜收益降低导致其生产积极性有所下降，加剧了果类蔬菜种植面积的下降。

表8-1　　　　　　　2019年和2020年北京市果类蔬菜播种面积和产量

品种	播种面积（万亩）		产量（万吨）		单产（公斤/亩）	
	2019	2020	2019	2020	2019	2020
番茄	3.7	3.5	25.8	18.6	6915.7	5346.5
黄瓜	2.9	2.6	14.3	11.5	4891.9	4298.7
茄子	1.6	1.8	8.1	7.6	5007.2	4345.6
青椒	1.0	0.8	4.6	4.3	4748.0	5233.3
合计/平均值	9.2	8.7	52.8	42.1	5680.7	4812.4

数据来源：根据北京市农业农村局数据整理。

从2020年与上年的相比的单产变动幅度来看，番茄、黄瓜、和茄子的单产下降幅度为22.7%、12.1%和13.2%，青椒单产有所提高，相比于2019年提高了10.2%，表明2020年青椒种植的管理和技术水平有显著的提高。2020年四种果类蔬菜的单产比值，即番茄、黄瓜、茄子和青椒的单产相对比值为1.5∶1.0∶1.0∶1.0，与2019年的1.5∶1.0∶1.1∶1.0相比变化不大，番茄的单产水平依然高于其他果类蔬菜，黄瓜、茄子和青椒的单产水平无明显差异。综合近年数据来看，各类果类蔬菜单产在2019年之前逐年提高，2020年出现下降，其原因可能来自果类蔬菜生产结构和环境较不稳定，尤其是新冠肺炎疫情的影响，导致种植户对农业生产积极性降低和要素投入的变动。

2012~2020年，四种果类蔬总体上保持稳定，但内部品种结构发生了变化（见图8-2）。2019年四种果类蔬菜播种面积8.7万亩，其中番茄从2012年的9.6万亩下降到3.5万亩，黄

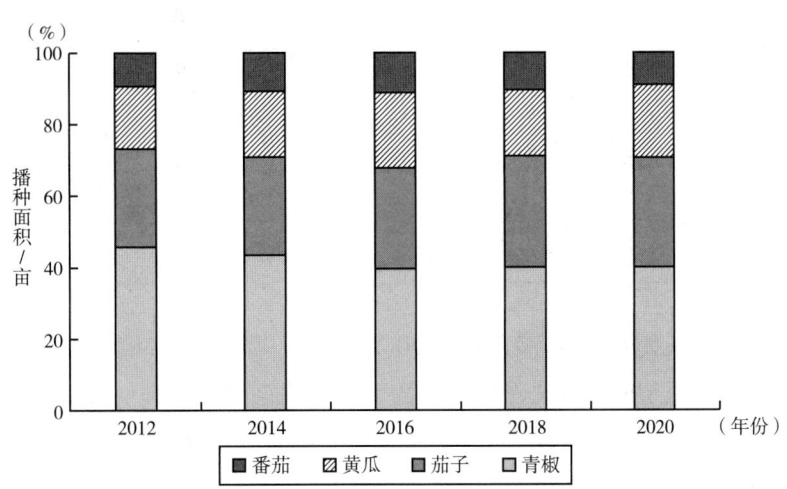

图8-2　四种果类蔬菜播种面积结构变化趋势

数据来源：根据北京市农业农村局数据整理。

瓜从5.8万亩下降到2.6万亩,茄子从3.7万亩下降到1.8万亩,青椒从2.0万亩下降到0.8万亩。从播种面积看,番茄、黄瓜、茄子相对青椒的比例从2012年的4.8∶2.9∶1.8∶1.0变为2018年的4.3∶3.3∶2.2∶1.0,可见果类蔬菜品种结构始终为"番茄和黄瓜"占优势的特征,但番茄减少速度较快,且番茄在果类蔬菜中占比明显下降,茄子和青椒占比有所上升。

(二)果类蔬菜生产的空间分布

1. 区域间比较优势变化

北京市各区县果类蔬菜生产产量和播种面积如表8-2所示。从2020年产量和播种面积看,顺义仍然保持显著的种植规模优势,大兴果类蔬菜种植规模在2019年出现大幅度反弹后于2020年回落,两个地区属于北京市果类蔬菜的核心产区,产量占北京市的57.1%;通州、房山、平谷和密云属于具有一定规模的产区,具有相对比较优势,产量占北京市的33.1%。需要指出的是,作为北京市城市副中心所在地的通州区,长期将彻底失去果类蔬菜种植优势,密云、房山、延庆等区域弱化果类蔬菜生产功能,而是倾向于与休闲观光农业相结合,发展一、二和三产业融合的农业新业态。

表8-2　　　　2020年北京各区果类蔬菜产量和播种面积及其占北京市比重

区名	产量(万吨)	播种面积(万亩)	产量占北京市比重(%)	播种面积占北京市比重(%)
顺义	19.6	3.5	46.5	39.9
大兴	4.5	1.2	10.6	14.1
通州	4.1	0.9	9.7	10.8
房山	4.3	0.7	10.2	8.2
平谷	2.6	0.6	6.2	7.1
密云	3.5	0.6	8.3	7.0
延庆	1.6	0.4	3.9	5.1
昌平	0.6	0.2	1.5	2.7
怀柔	0.7	0.2	1.7	2.4
其他区	0.6	0.2	1.4	2.9

从时间维度看(见图8-3),2013~2020年北京市果类蔬菜种植优势空间布局发生显著变化。顺义区果类蔬菜面积占北京市比重从25.5%提高到39.9%,密云区从6.4%提高7.0%,通州区从8.5%提高到10.8%;同时,大兴区从22.4%下降到14.1%,房山区从21.2%下降到8.2%。由此可知,果类蔬菜种植优势持续向北京东北部移动,南部地区果类蔬菜种植规模优势逐渐消失。

图8-4展示了2013~2020年单产水平的空间分布变化,房山和通州长期增长率最高,

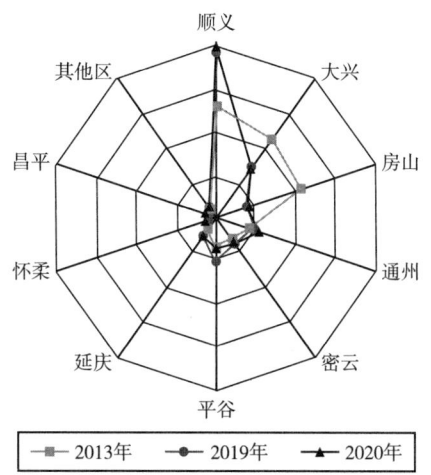

图 8-3　2013 年、2019 年和 2020 年果类蔬菜产量占北京市的比重对比图

注：从内到外的范围分别表示 10%、20%、30% 和 40%；

数据来源：根据北京市农业农村局数据整理。

分别为 86.5% 和 46.8%，除房山和通州之外，其他地区长期增长率均为负，大兴和昌平单产下降最多，分别为 -34.8% 和 -34.4%，其次是平谷、怀柔、密云，分别下降了 24.4%、23.2%、11.5%，顺义果类蔬菜单产增长率变化不大，仅为 -1.4%。由此说明，房山和通州单产水平较高且增速较快，主要得益于设施种植比例增加、良好的灌溉基础设施和农业发展的政策支持力度较大等。受新冠肺炎疫情的冲击，大部分地区单产水平出现下降，作为第一批国家现代农业示范区，顺义果类蔬菜生产的空间集聚优势使其生产效率较高，因此顺义区受新冠肺炎疫情影响不大。2016~2020 年单产标准差较小，有利于可持续性发展；不过，依靠社会化服务组织、新型经营主体等非要素投入型路径，仍可以挖掘当地果类蔬菜单产提高的潜力。

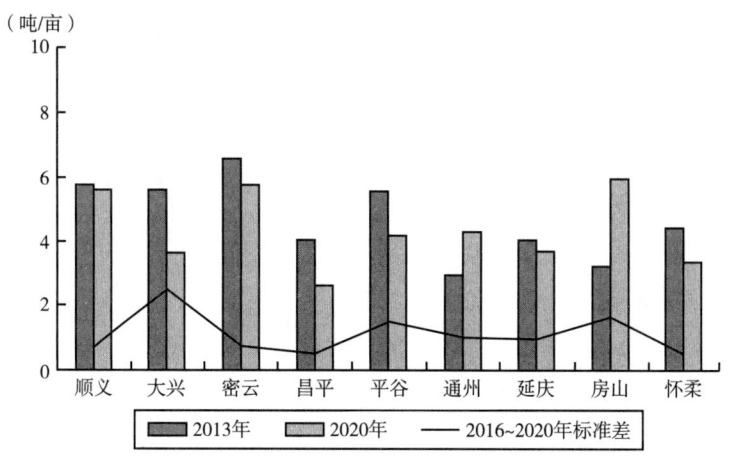

图 8-4　2013 年与 2020 年北京各区果类单产对比

数据来源：根据北京市农业农村局数据整理。

与2013年对比，北京市果类蔬菜优势区域布局由"西南三区"转变为"南北两区"，预计未来将形成以顺义为核心的北部果类蔬菜主产区，以大兴－房山为核心的南部果类蔬菜主产区。考虑到北京城市副中心和北京大兴机场的巨大区域发展带动能力，本地果类蔬菜生产、流通、技术推广和加工中心将集中于以顺义区为主、密云和平谷区为辅的北部区域。

2. 果类蔬菜各品种的区域比较优势

果类蔬菜四个品种呈现出明显的区域集聚特征，从图8-5可以看出，从区域看，顺义在所有果类蔬菜种类种植上均是排名第一，顺义的黄瓜、番茄和茄子种植规模占比尤为突出，远远领先第二优势区，占北京市产量比例分别为40%、54%和50%。在黄瓜种植方面，密云、通州、房山、大兴产量占比差距较小，均占总体的10%左右，整体上北部地区更具有生产优势。茄子产量中顺义和大兴两区占总体的68%，可见茄子的生产优势集中在北部地区。值得注意的是，2020年青椒种植呈现均匀分布于顺义、房山、密云和延庆，没有出现绝对优势产区，与往年情况较为一致。

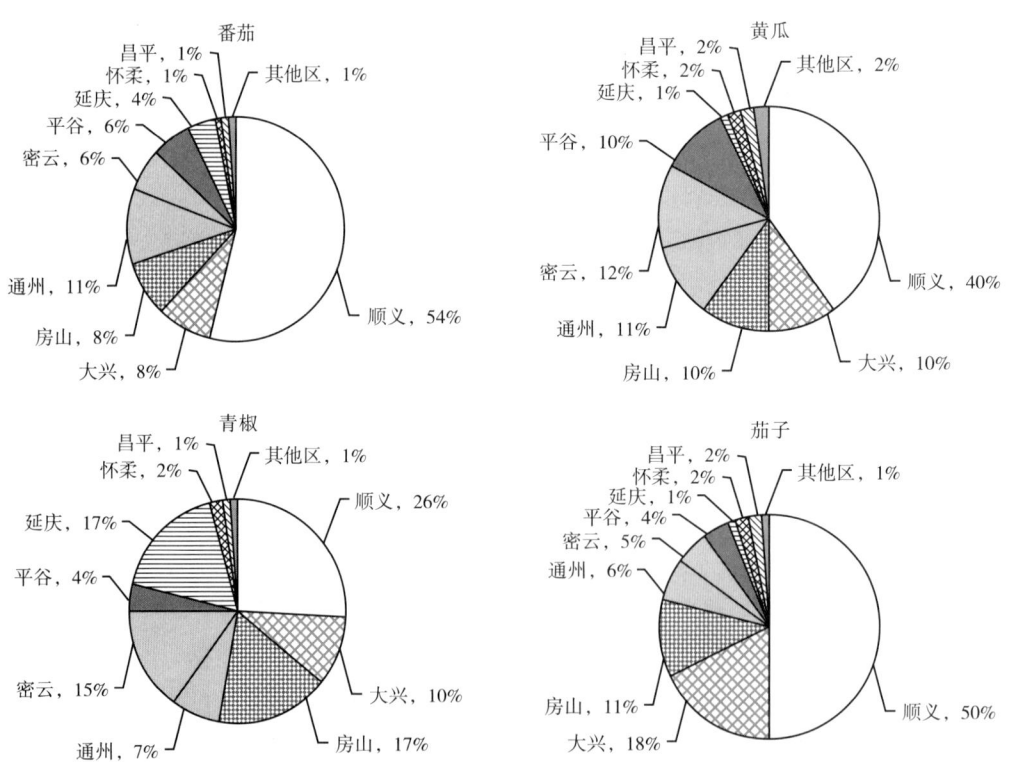

图8-5 2020年北京果类蔬菜四个品种产量的地区分布

数据来源：根据北京市农业农村局数据整理。

（三）果类蔬菜生产的设施类型特点

2020年北京市果类蔬菜生产的设施特征为种植比例进一步提高，速度逐渐趋缓。

如图 8-6 所示，2020 年北京市果类蔬菜种植中，设施种植的面积占总体的 75.6%，与 2019 年相比，2020 年果类蔬菜设施化种植面积比例变化不大。在果类蔬菜设施种植面积中，塑料大棚、日光温室、连栋温室和小拱棚分别占 36.6%、36.5%、1.8% 和 0.7%，可见北京市果类蔬菜设施类型以塑料大棚和日光温室为主，相比于 2019 年，连栋温室的种植面积以及占比均有所提高，可能与北京市清理违规"大棚房"现象后的恢复建设相关。

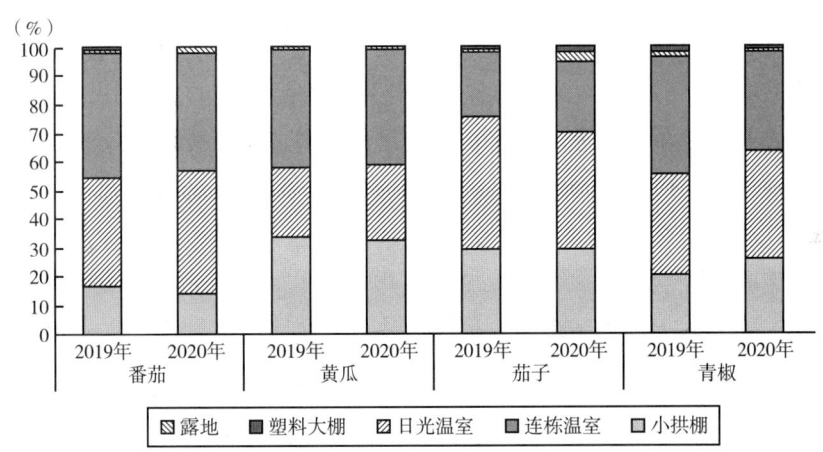

图 8-6 2019 年和 2020 年果类蔬菜（播种面积）种植设施结构变化

数据来源：根据北京市农业农村局资料整理。

从果类蔬菜分品种看，茄子和黄瓜有一定提高，茄子设施化种植面积保持稳定，青椒设施化程度有所下降。2020 年番茄、黄瓜、茄子和青椒的设施化种植面积比例为 85.3%、67.2%、70.3% 和 73.6%。除黄瓜外，其他三种都是大棚种植占绝对优势。2020 年与 2019 年相比，不同品种果类蔬菜种植的设施结构变化不大，较为突出的改变是茄子日光温室和连栋温室种植面积扩大、塑料大棚种植面积缩小，青椒与之相反。

（四）果类蔬菜种植户家庭及基本经营特征

2020 年是果类蔬菜产业创新团队继续对北京市主要果类蔬菜生产地区进行调研，调研地区包括大兴区、顺义区、密云区、延庆区和通州区的蔬菜种植重点镇，选取的调研对象为前期工作的有效调研对象，果类蔬菜高产高效技术示范户（以下简称示范户）和非示范户比例约为 1∶5，获得有效问卷 117 份。

1. 果类蔬菜种植户户主基本特征

果类蔬菜种植户户主年龄大多为 46~59 岁，分布于这一年龄区间的农户占比达 52.14%；其次为 60 岁以上种植户，占比为 36.75%；45 岁以下种植户占比仅为 11.11%，表明北京市果类蔬菜生产经营缺乏年轻劳动力的参与。北京市果类蔬菜种植户的受教育程度大多为初中水平，占比高达 64.96%；初中及以下农户占比达 76.92%。

总体而言，北京市果类蔬菜种植户的户主年龄大多分布于 45~59 岁，受教育程度多为初中及以下，表明果类蔬菜种植户的人力资本倾向于"经验型"，考虑到北京市果类蔬菜产业的技术导向型发展方向，为保证果类蔬菜在京郊农业中的优势地位需加强对"职业农民"的培育，吸引更多年轻、高学历的劳动力从事果类蔬菜生产经营。

2. 果类蔬菜种植户家庭基本特征

以下从农户家庭、劳动力及收入结构三个方面，分析果类蔬菜种植户家庭基本特征，农户家庭构成以五口以上家庭为主，5 人以上规模家庭占比为 41.88%。家庭劳动力以 2 人左右为主，家庭拥有劳动力为 2 人及以下的家庭占比为 57.26%，3~4 人的家庭占比为 36.75%，两者合计比例超过 94%，体现出京郊果类蔬菜种植农户生产经营规模普遍较小的特点。由于蔬菜产业的劳动密集型特征，北京市果类蔬菜种植户中蔬菜生产劳动力占比达 70% 以上的农户比例为 57.26%。

就收入情况而言，农户户均蔬菜收入为 60944.68 元，蔬菜收入占总收入的比重达 70% 以上的农户为 64.10%，蔬菜收入占比达 40% 以上的农户占比为 85.47%，表明果类蔬菜收入是农户收入较为主要的来源。蔬菜劳动力占比和蔬菜收入占比分布情况体现出了农户蔬菜生产专业化程度较高的特点。

3. 果类蔬菜种植户生产基本特征

农户家庭总耕地及蔬菜种植面积进行分组考察，拥有 3~5 亩耕地的农户占比最高，为 36.75%，其次为 3 亩及以下耕地的农户，占比为 24.79%，随着拥有土地面积的区间进一步上升，农户占比在逐渐下降，11.97% 的农户拥有 7~10 亩的耕地，拥有 10 亩以上耕地的农户占比为 9.40%。就蔬菜种植面积而言，同样以 3~5 亩的农户占比最多，为 35.04%，菜地面积在 5 亩以下的农户累计占比超过 65%。由此可见，果类蔬菜生产具有小规模的特点。

（五）果类蔬菜生产示范技术采用情况

果类蔬菜产业示范技术包括以下类型：一是增产增效型技术，包括二氧化碳吊袋装置、土壤消毒、雄蜂授粉、穴盘育苗、植物生长调节剂、大棚降温剂、遮阳网、地膜覆盖、抗旱品种、深耕保墒、秸秆还田和免耕；二是质量安全型技术，包括防虫网、防虫板、生物菌肥、天敌、高温闷棚和熏棚、生物农药和杀虫灯；三是环境保护型技术，包括测土配方施肥、秸秆生物反应堆技术、软管引水、水费计费方式（水量）和节水灌溉技术（见表 8-3）。

表 8-3　　　　　　　　　　果类蔬菜生产技术分类

技术类型	技术名称
增产增效型技术（11 项）	二氧化碳吊袋装置、土壤消毒、雄蜂授粉、穴盘育苗、植物生长调节剂、大棚降温剂、遮阳网、地膜覆盖、抗旱品种、深耕保墒、秸秆还田和免耕
质量安全型技术（6 项）	防虫网、防虫板、生物菌肥、天敌、高温闷棚和熏棚、生物农药和杀虫灯
环境保护型技术（5 项）	测土配方施肥、秸秆生物反应堆技术、软管引水、水费计费方式（水量）和节水灌溉技术

根据表8-3可知果类蔬菜生产技术中增产增效型技术11项,质量安全型技术6项,环境保护型技术5项。由于农业生产经营主要以小农户作为基本单位,在进行农业生产时,农户最先考虑的是利润最大化问题,虽然农户获得的利润不仅取决于产量,但是作为生产主体在进行周期较长的蔬菜生产种植时,优先考虑的正是提高产量带来的利润,因此增产增效型技术使用最为广泛。此外,由于农产品市场对不同品质农产品的区分逐渐细化,伴随人们生活水平的日益提高,高质量安全的农产品成为越来越多消费者的选择,因此通过市场需求对果类蔬菜生产技术提出了新的要求,质量安全型技术采用的农户比重增长迅速。

从增产增效型技术采用情况来看,根据图8-7,农户采用比例最高的三项技术分别为地膜覆盖、穴盘育苗和植物生长调节剂。免耕的采用比例最低,仅为11.1%。

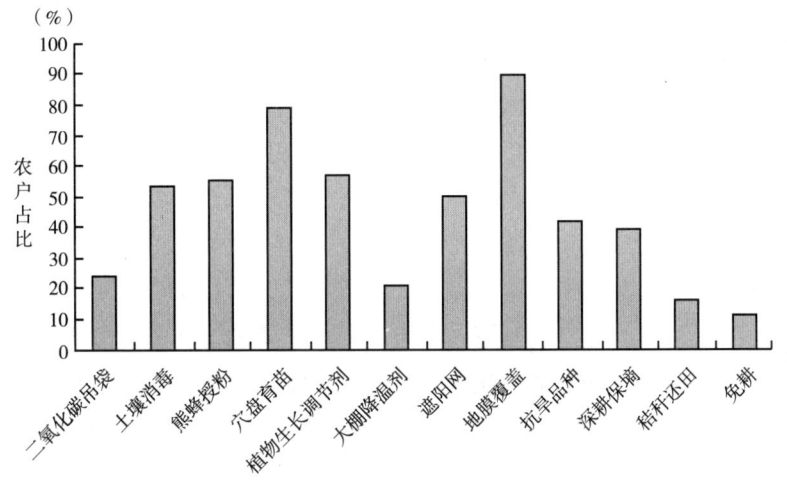

图8-7 增产增效型技术采用情况

数据来源:北京市果类蔬菜创新团队产业经济岗位2020年调研数据整理。

就质量安全型技术而言,高温闷熏棚、防虫网、生物菌肥、防虫板、生物农药的采用比例较高,而天敌、杀虫灯的采用比例相对较低。天敌技术的使用比例较低的原因在于,其属于病虫害的生物防治方法,但其成本较高、且管理难度高,难以进行大面积推广。由于杀虫灯这项技术的安装运行成本高,管理面积大,因此往往在村级层面上使用,故该项技术的使用比例较低。

图8-8汇总了农户总体环境保护型技术使用情况。根据该图可以看出,农户对环境保护类技术的采用情况以节水技术为主,就农户而言,采用比例最高的为软管引水、以用水量计费、节水灌溉技术,而测土配方施肥、秸秆生物反应堆技术的采用比例较低,分别为30.8%、10.3%。

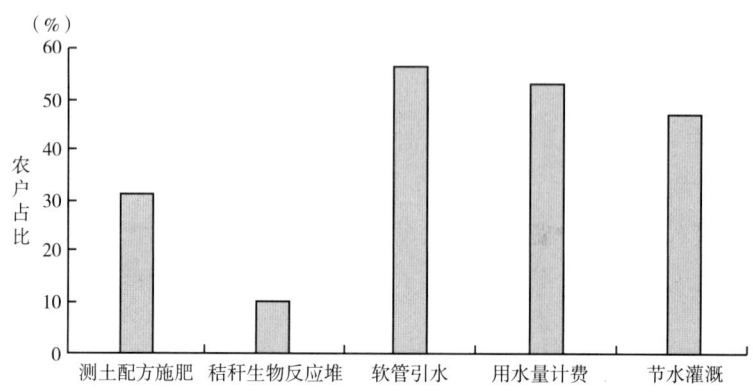

图 8-8 环境保护型技术采用情况

数据来源:北京市果类蔬菜创新团队产业经济岗位 2020 年调研数据整理。

(六) 2020 年夏季新冠肺炎疫情影响的调研分析

受访农户中认为新冠肺炎疫情对蔬菜生产造成影响的有 38 人,占比 31.9%,认为新冠肺炎疫情对蔬菜销售产生影响的有 91 人,占比 76.5%,可见新冠肺炎疫情对销售环节的影响大于生产环节。

在认为新冠肺炎疫情对生产有影响的农户中,回答认为主要影响为人工短缺的农户有 28 人,占比 73.7%;认为生产资料供应不足的有 8 人,占比 21.1%;认为技术服务不足的有 10 人,占比 26.3%。在认为新冠肺炎疫情对销售有影响的农户中认为主要影响为缺乏人工采收的有 8 人,占比 8.8%;认为运输成本增加的有 20,占比 22.0%;认为缺少销售渠道的有 79 人,占比 86.8%。所以新冠肺炎疫情对北京市蔬菜产业的影响主要集中在销售环节,特别是对销售渠道的影响较大。

分蔬菜品种来看,新冠肺炎疫情对不同蔬菜生产和销售的影响情况,番茄种植户中认为新冠肺炎疫情对生产有影响的农户占比 29.8%,认为对销售有影响的农户占比 76.2%;黄瓜种植户中认为新冠肺炎疫情对生产有影响的农户占比 66.7%,认为对销售有影响的农户占比 88.9%;茄子种植户中认为新冠肺炎疫情对生产有影响的农户占比 46.2%,认为对销售有影响的农户占比 84.7%;青椒种植户中认为新冠肺炎疫情对生产有影响的农户占比 30.8%,认为对销售有影响的农户占比 61.5%。

新冠肺炎疫情无疑对蔬菜产业产生了巨大的冲击,使得蔬菜价格、市场供需平衡、菜农及中间商利益、城市居民生活都产生了不小的波动,但是随着新冠肺炎疫情逐步好转,已经形成的仓储、物流、销售渠道、市场规范等都会对未来的蔬菜产业发展奠定良好的基础,并且随着餐饮行业的逐渐恢复,对蔬菜的需求量也将加大,居民消费能力也将提高,未来的北京市蔬菜产业将形成供给更加有效、物流配送更加便捷、市场管理更加规范、质量安全更加有保障、种类更加丰富的局面。

二、果类蔬菜加工流通现状

（一）果类蔬菜的加工和贮藏

北京市居民的蔬菜需求大都以鲜切蔬菜为主，而由于鲜切蔬菜市场供应范围一般在200～300千米，因此，鲜切蔬菜的建设将集中在较大规模城市周边。北京市主要的蔬菜加工区集中在平谷、顺义、房山、大兴、通州等东南部地区，主要包括净菜加工与脱水和速冻蔬菜的加工，并开发了绿色营养系列净菜产品，如食疗保健净菜、微波净菜产品、低脂肪净菜产品等。虽然目前北京自产蔬菜中经过加工的蔬菜量占总蔬菜的比例依然较低，但近年来加工配送蔬菜产业化模式得到较快发展，出口蔬菜、加工配送蔬菜等产业化模式也得到迅猛发展。截至2017年，全市蔬菜出口企业近30家，出口总量1.5亿公斤，出口供货总额5亿元人民币；全市加工配送蔬菜总量近6亿公斤，约占蔬菜总产量的25%，配送总额12.5亿元；全市企业的管理水平不断提升，已经通过ISO9000国际质量管理体系认证的企业也已达到20余家。目前，京郊已建立15个基础设施完备、优惠政策多、一条龙服务到位、以食品生产为主的国家级农产品加工业示范基地，形成13家农产品加工创业基地，农产品加工业知名品牌逐渐增多，品牌影响力逐步提高。

蔬菜的鲜切、配送企业一般只能进行短期贮藏，时间不超过7天，短期贮藏损耗率一般不超过3%，相对而言，长期贮藏则延长了供应时间和产品深加工增值的链条，但是损耗为10%～25%，最高贮藏损耗率则达到40%。只有少数的加工蔬菜实现冷链运输，冷链运输在北京蔬菜流通中的应用率为2%～5%，鲜切产品实现了全冷链运输。尽管鲜切企业、配送企业、合作社多数都配备了冷藏车，但是由于运输距离较短，运输前需要提前2个小时打冷，会增加运输成本，多数未使用。

（二）果类蔬菜的流通

北京是我国北方地区重要的蔬菜主销区，确保北京市蔬菜供需均衡和价格平稳运行意义重大。随着北京市城镇化不断深入，蔬菜播种面积不断缩减，人工成本刚性增长，本埠蔬菜供给减少。同时，随着市场流通体系建设的健全和交通、通信条件的持续改善，蔬菜广域流通格局逐步形成，外埠蔬菜对北京市蔬菜市场愈加重要，因此北京蔬菜流通体系对北京蔬菜供应尤为重要。

2020年春节前新冠肺炎疫情暴发，对北京市果类蔬菜流通产生了巨大影响。新冠肺炎疫情使各地区进入严格的防控阶段，多地隔离措施的施行使得部分产地蔬菜难以进入市场，蔬菜供应出现阶段性短缺。北京地区多部门跨部门积极组织协调，保障蔬菜运输畅通及市场的正常运转，短时间内实现了蔬菜的保供稳价。新发地市场积极采取多项措施，补齐短缺蔬菜，保证蔬菜供应充足，使得蔬菜市场价格在短期内恢复正常，为北京蔬菜供应提供了重要保障。

2020年6月中旬，在新冠肺炎疫情发生背景下，北京新发地农产品批发市场休市，3

个月后复市。北京新发地农产品批发市场是全国最大的销地批发市场,复市后的新发地批发市场有许多方面的规则进行了优化和改制。严格执行"卖家注册制,买家会员制",批发市场内除去便民市场区域外,只做批发交易,不做零售交易。新发地批发市场还优化了市场内分区布局优化,强化了市场内基础设施建设。

在新冠肺炎疫情的影响下,北京果类蔬菜的流通模式产生了巨大变化。"产销对接"成为北京果类蔬菜流通的主要模式之一。北京蔬菜供应之所以能在短时间内快速恢复,与充足的货源密切相关。"产销对接"是在社会经济发展到一定程度后出现的新型农产品流通模式,由于新发地市场蔬菜供应逐渐进入大流通阶段,实现了专业化与规模化,这种新型流通模式开始取代此前的零散贩运的模式。新冠肺炎疫情得到控制后,"产销对接""农商互联"等新型流通模式被持续采用,后期进一步依托互联网、5G、人工智能等新兴技术手段继续推进和完善这类新模式,使北京蔬菜流通更加便捷化、信息化和智能化,持续增强首都"菜篮子"供应保障能力。

三、果类蔬菜市场消费现状

蔬菜是居民饮食消费中必不可少的组成部分,对其日常生活有巨大影响。同时,蔬菜也是北京市"菜篮子"产品的重要组成部分,在北京市产业发展中具有举足轻重的地位。图8-9显示的是2017~2019年北京市居民人均蔬菜消费量,可以发现,3年间城镇居民和农村居民的人均蔬菜消费量均呈现上升趋势。总体来看,北京市全部居民2019年人均蔬菜消费量为114.9公斤,比2018年增加了8.09%,比2017年增加了25.03%,增幅显著。其中城镇居民2019年人均蔬菜消费量为115.9公斤,比2018年增加了9.03%,比

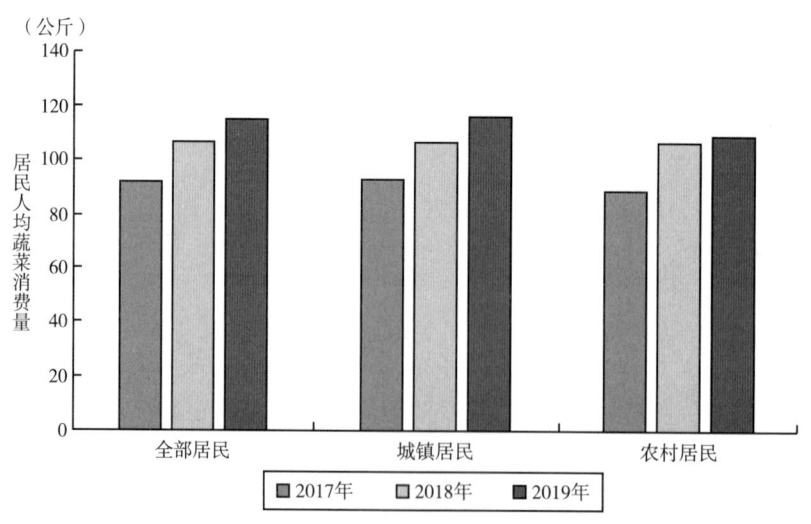

图8-9 北京市居民人均蔬菜消费量

数据来源:国家统计局《中国统计年鉴》。

2017年增加了25.03%，增长率接近全市平均水平；农村居民2019年人均蔬菜消费量为108.9公斤，比2018年增加了2.16%，比2017年增加了22.77%。可以看出，随着北京市居民消费水平的提升，蔬菜消费的地位愈加重要，蔬菜产业发展不容忽视，这对北京市"菜篮子"的保障能力带来了严峻挑战。

受气候条件、资源禀赋和饮食习惯等多因素影响，蔬菜的生产和消费都具有明显的地域性和季节性特点。图8-10显示的是2020年北京市新发地市场四种果类蔬菜的价格变化趋势。可以发现，四种果类蔬菜的价格均在1~3月间达到年内最高水平，因为在此阶段恰逢春节，居民蔬菜需求巨大，同时也体现了在此阶段蔬菜供应的短缺。另外，2020年春节期间新冠肺炎疫情大规模爆发，包括劳动力在内的多种生产资料流通不畅，对劳动力需求巨大的果类蔬菜产业产生了巨大影响，同时多地蔬菜供应渠道受阻，面对北京市民巨大的需求缺口，果类蔬菜价格持续上升，因此，不仅要保证生产资料与蔬菜流通渠道畅通，还应稳定北京市蔬菜产业发展，提升蔬菜自给率。春节过后蔬菜价格开始下降，四种果类蔬菜价格均在6月初达到了年内较低水平，但随后在供应充足的夏季再次出现持续上升的趋势，这直接体现了蔬菜消费的季节性特征。

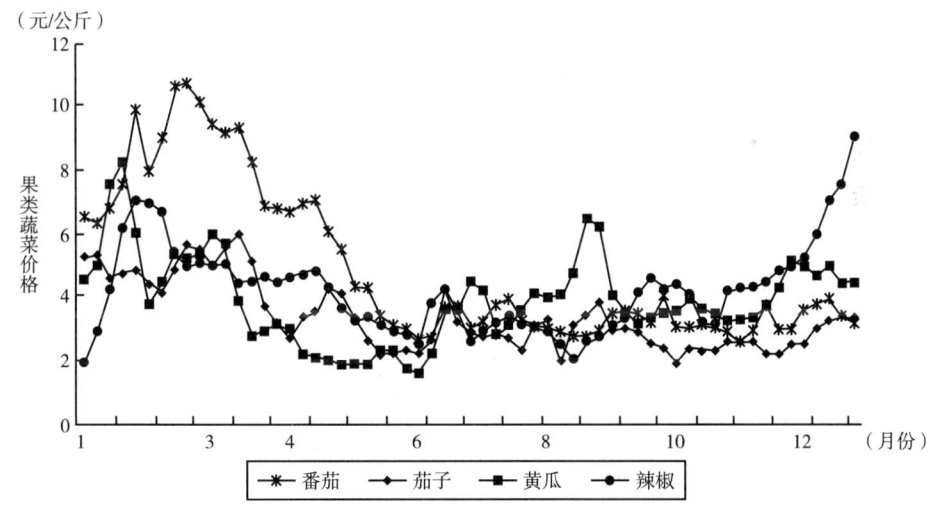

图8-10　2020年北京新发地市场果类蔬菜价格变化趋势

数据来源：北京新发地市场统计数据。

此外，北京市果类蔬菜消费方式也产生了巨大变化。在新冠肺炎疫情的影响下，生鲜电商市场呈高增长趋势，通过网络购买蔬菜的消费习惯逐步形成。新冠肺炎疫情时期，冷链物流成为生鲜蔬菜供应链的重要组成部分。果类蔬菜具有鲜活易腐、不耐贮运、生产季节性强、消费弹性系数小等特点。随着生鲜供应链的逐渐成熟，果类蔬菜的运输季节、地域限制被克服。据相关数据显示，超市是北京市居民蔬菜消费的首要渠道，占比达到68.42%，社区生鲜蔬菜超市占比28.07%。线上购买平台多以盒马鲜生和每日优鲜为主,分别占比 29.82%、19.30%。随着消费者对高品质生鲜产品的需求日益增长,传统供应链的许多弊病愈加暴露出来,对生鲜蔬菜消费升级的全面推进构成了挑战。

四、新型经营主体现状

近年来,北京市大力发展各种新型农业经营主体和服务主体,农民专业合作社、家庭农场和农业企业等数量急剧上涨,生产规模逐步扩大。截至 2018 年底,北京市设施蔬菜经营主体共计 3.12 万个,主要包括本村村民、其他个人、村委会、企业和合作社等。与 2016 年全市 1.2 万个农业生产经营单位相比数量大幅增加,其中本村村民作为经营主体的占比接近四分之三,其次是其他个人(非本村村民)占比 13.6%,其他经营主体占比未超过 10%。蔬菜经营主体和服务主体通过组织农户进行统一的规模化生产,生产各环节的种植技术培训和指导,在新技术的使用、新品种的推广种植以及新市场的扩展中起到了不可替代的作用,逐渐成为现代农业和机械化生产农业的主力,在很大程度上促进了农业生产组织方式的不断转变。为进一步明确新型经营主体的生产特征,以下利用对蔬菜园区(包括蔬菜专业合作社和农业企业)的调研数据对其经营规模、带动农户数量、生产设施类型和员工人力资本禀赋等方面进行分析。

五、成本收益及其产业支持政策实施效果

(一)果类蔬菜成本收益分析

蔬菜生产的投入成本和实际收益与农户的经营管理能力、生产决策和技术采用等因素相关。低成本高收益是农户作为理性决策者的最终目标,从产业整体角度,产业链延伸、生产环境可持续发展、农村居民收入增长、产品供给稳定丰富,都是整体目标。作为全国政治中心、文化中心、国际交往中心、科技创新中心,北京市特殊的城市地位与其高度的城市化进程,一直以来都是弱质性的农业发展所面临的巨大挑战,城市化带来的高消费水准也提高了北京市周边农村蔬菜生产的成本和农民的生活成本,一方面是极具消费力的市场;另一方面是弱质性产业面临的高成本,如何在蔬菜生产过程中利用好巨大的市场潜力同时降低成本,是每一个蔬菜种植户面对的问题,也关系着北京市未来的蔬菜产业发展。

按照蔬菜生产各个环节可以将蔬菜生产成本分为六大类(见图 8-11),即种苗费、肥料费、农药费、雇工费、能源费、其他费用等。蔬菜产量为单位面积实际产量,收益指的是当茬作物实际销售收入,种苗费用包括购买种子、育苗所产生的费用,肥料费包括底肥、冲施肥及相关肥料所产生的费用,能源费包括亩均水电费、机耕燃油费用,其他费用包括设施维修、销售、租地等因素所产生的费用。从总体来看,在各项成本中占比最高的是雇工费和肥料费,达 22.8%、22.15%;占比第三、第四、第五的分别是种苗费 18.39%、其他费用 12.71%、农膜费 10.32%;农药费和能源费占比较少,分别为 7% 和 6.67%。

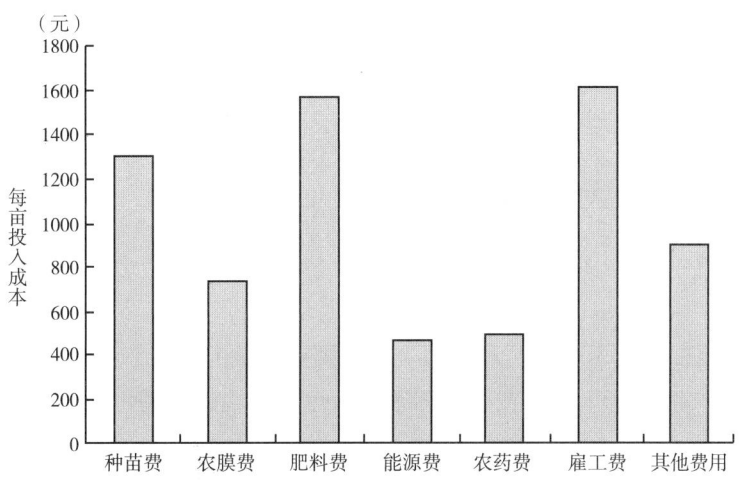

图 8-11 不同类型投入成本情况

由于不同种类蔬菜生产方式有所不同，而销售价格受市场因素影响也存在差异，所以有必要从不同蔬菜品种角度对成本收益进行比较分析，进而得到蔬菜生产的优势品种。从总成本来看，番茄、黄瓜、青椒、茄子四种果类蔬菜中青椒的亩均成本最高，达到 14978.39 元，成本高昂的主要来源是青椒的雇工费和种苗费高昂，达到 6111.9 元/亩、3518.3 元/亩，占总成本的 40.8%、29.7%；占比排名第三和第四的分别为肥料费 2046.8 元/亩和其他费用 1705.44 元/亩，占比分别为 13.67% 和 11.39%。从成本构成来看，番茄和黄瓜的成本构成相似，肥料费占比最高，分别为 1574.58 元/亩和 2024 元/亩，分别占总成本的 24.84% 和 26.04%；番茄成本构成占比第二的是种苗费，达到 1144.62 元/亩，占比达到 18.06%，占比第三和第四的是雇工费 1047.64 元/亩和农膜费 770.14 元/亩，占比分别为 16.53% 和 12.15%；黄瓜成本构成占比第二的是其他费用，达到 1885.19 元/亩，占比 24.26%；占比第三和第四的是雇工费 1733.33 元/亩和农膜费 816.76 元/亩，占比分别为 22.3% 和 10.51%。茄子的成本构成中，占比最高的是雇工费 1086.45 元/亩，占比 24.6%；占比第二、第三、第四的分别是肥料费 852.8 元/亩、种苗费 696.39 元/亩，占比分别为 19.31% 和 15.77%。从经济效益来看，番茄成本-利润比最高，达到 2.43；黄瓜次之，为 0.95；茄子第三，为 0.60；青椒最低，为 0.44。因此，从不同种类蔬菜来看，北京市番茄生产最具优势，青椒相对经济效益最低。

（二）果类蔬菜产业支持政策及其实施效果

农业的基础性、弱质性、外部性、政治性等特征，决定了政府需要对农业进行支持。政策作用途径主要可分为两类：一类是明确按照国家政策文件，通过对宏观农业支持政策以及蔬菜专项支持政策进行分析，间接得到果类蔬菜产业的政策支持力度，进而对政策支持效果进行评价。另一类是根据农业政策及法律法规，开展蔬菜产业相关项目，针对性地对地区果类蔬菜产业进行扶持，并对项目效果进行评价。

1. 果类蔬菜产业相关支持政策

蔬菜产业支持政策的制定遵循以下两个层面，一是基于世界贸易组织农业协议的微观层面；二是基于农业政策理论的宏观层面。微观层面的具体措施由改善蔬菜生产条件的投入政策和改善提高蔬菜生产要素质量的投入政策两部分组成，宏观层面的蔬菜产业支持政策是政府为建设现代农业，实现农业与经济社会协调发展，促进蔬菜产业良性发展所采取的一系列具有宏观调控作用的保护与支持性政策。本书按照类型将蔬菜产业支持政策大致分为技术创新类、流通类、生产补贴类和生产服务类，生产补贴类和生产服务类政策实施内容侧重于微观层面，技术创新类和流通类政策则更加偏向于宏观层面。如表8-4所示，当前北京市蔬菜产业政策更倾向于宏观层面的技术创新和市场流通方向。

表8-4　　　　　　　　　2020年北京市蔬菜产业相关政策详情

政策类型	政策文件	部门	政策支持力度	政策目标
生产补贴类	关于全面推进乡村振兴加快农业农村现代化的实施方案	中共北京市委、北京市人民政府	坚持"种满""种好"两手抓，实施设施农业以奖代补、绿色服务、菜田补贴等专项扶持措施，加快补上蔬菜集约化育苗、机械装备、产销衔接等短板，推动设施蔬菜稳面积、提产能、增效益。创建国家农业现代化示范区，示范引领农业设施化、园区化、融合化、绿色化、数字化发展	农业供给侧结构性改革深入推进，蔬菜播种面积、产量恢复到62万亩、156万吨以上，京郊农村成为超大城市乡村治理体系和治理能力现代化的成功范例
生产服务类	北京市农民职业素质提升培训实施办法	北京市农业农村局等	根据农民培训需求，结合农民从事产业等特点，精准确定培训内容。重点围绕设施农业、生猪、蔬菜等"菜篮子"生产供应，乡村民宿、林下经济等富民乡村产业发展，加强经营管理型、生产技能型、专业服务型的高素质农民培训	加快提升农民的职业素质、生产技能和经营管理能力，促进农民就地就近就业创业和收入持续增长
技术创新类	北京现代种业发展三年行动计划（2020—2022年）关于加强现代农业科技金融服务 创新支撑乡村振兴战略实施的意见	北京市农业农村局等科技部	加强科技引领，加强种质资源保护和开发利用；建设创新园区、创新基地和创新平台；聚焦转移转化、试验示范、交流交易等环节，推动创新成果转化；构筑优良的种业发展环境，优化北京种业服务链 加大现代农业科技信贷支持力度，支持国家科技计划项目实施和成果转化，重点支持种业科技创新和种业企业高质量发展，助力国家农业科技园区建设	到2022年，北京现代种业的创新链、产业链、价值链和服务链协同发展能力大幅提升，现代种业建设成效突出。科技创新引领地位显著增强。产业创新发展能力全面提升 打通"科技—产业—金融"的合作通道，推进科研与生产、品种与市场的深度融合，推动我国种业跨越式发展

续表

政策类型	政策文件	部门	政策支持力度	政策目标
流通类	关于加强新冠肺炎疫情防控期间本地农产品销售工作的紧急通知	北京市农业农村局等	严格落实"菜篮子"区长负责制；保障道路运输通畅；积极扩宽销售渠道；建立农产品经营用工保障机制	针对新冠肺炎疫情发展趋势和市场需求，全面部署，精准施策，畅通运输渠道，做好产销衔接，保障质量安全，确保"菜篮子"产品总体供应充足，价格基本稳定，流通顺畅有序

资料来源：北京市人民政府门户网站整理所得。

从蔬菜生产补贴角度来看，政策作用主要在于两个方面，一方面是保障蔬菜的供给，恢复蔬菜种植面积和产量，弥补蔬菜产业在机械装备、产销衔接等方面的短板，在此基础上提高生产效率促进农民增收；另一方面是提高生产的现代化水平，在于保证蔬菜产量的基础上，创建国家农业现代化示范区，示范引领农业设施化、园区化、融合化、绿色化、数字化发展。从生产服务角度来看，加快提升农民的职业素质、生产技能和经营管理能力，促进农民就地就近就业创业和收入持续增长。从技术创新角度来看，一方面提升蔬菜生产创新能力，挖掘和开发优质蔬菜种质资源，使农业科技创新成果真正转化为现实生产力；另一方面，发挥农业科技园区示范带动作用，以园区为中心向蔬菜生产经营主体辐射蔬菜生产技术，提升蔬菜生产效益。从流通角度来看，优化蔬菜供给结构，规范蔬菜供给市场，在新冠肺炎疫情冲击下，全力拓宽运输渠道，做好产销衔接，保障质量安全，确保"菜篮子"产品总体供应充足，保障价格基本稳定。

2. 根据宏观目标对支持政策的评价

农业支持政策目标是政府为了解决农业问题而采取的行动所欲达到的目标、指标和效果。它既是政府调控意图与政策取向的具体体现，也是选择农业支持政策工具和进行政策效果评价的基本依据。从北京市蔬菜支持政策内容来看，其政策目标如下：

第一，促进蔬菜生产技术推广，带动农民持续较快增收。在乡村振兴背景下，加快推进农村农业基础设施建设，不断提高土地产出率、资源利用率和劳动生产率，对稳增长、调结构、提高农民收入意义重大。近几年北京市蔬菜产量下降，但蔬菜产值在增加。北京市依靠科技支撑提高生产要素利用率，进而提高土地产出率，带动农户收入持续增长。

第二，提高了蔬菜市场供给效率。"农户+中间收购商+批发市场+零售市场+消费者"是目前存在最广泛的供给模式，北京市加强批发市场蔬菜供应管理，完善零售市场网点布局，提高蔬菜市场供应能力。北京市蔬菜供给量的90%来自外埠地区，批发市场是重要的中转站，北京市已经基本形成九大最具代表性的批发市场。

第三，保障蔬菜产品供给水平。为缓解北京市蔬菜供需结构失衡，保障居民菜篮子的稳定供应。提高设施化和机械化蔬菜生产水平，到2020年末，果类蔬菜中设施蔬菜播种面积比重为75.6%，其中番茄设施产量比重更是高达85.3%。在新冠肺炎疫情冲击下，蔬菜播种面积和产量均受到影响，在政策支持下，蔬菜总体波动较小，播种面积和总产量相比于2019年仅有小幅度下降。

第二节　果类蔬菜产业发展中创新团队的技术支撑作用

2020年果类蔬菜团队以"工业思维模式"为引领，针对京郊果类蔬菜生产的关键技术以及蔬菜产业存在技术需求，开展系列试验研究和技术集成示范工作，引导京郊果类蔬菜优质化、工厂化生产，为全市蔬菜产业水平的提升提供技术储备。

一、果类蔬菜团队基本情况

（一）创新团队功能定位及其建设任务

1. 开展轻简栽培研究，实现农技农艺融合

重点针对设施蔬菜生产中整地、施肥、做畦、定植、采收以及秸秆处理等关键环节，开展适宜农机具选型、与农机相融合的农艺技术研发等工作，推进农业机械在设施蔬菜生产中的应用，降低生产者劳动强度、提高劳动生产效率，促进良种、良法、良机协同推广。

2. 提升果类蔬菜优质水平，满足市场多元需求

开展新品种种质资源创新与新品种选育、果类蔬菜营养品质提升与高品质果类蔬菜集成技术、设施果类蔬菜优质高效全产业链技术集成、设施果类蔬菜智慧病虫诊断与综合防控技术研究与应用，从全产业链角度，提升果类蔬菜优质化水平。

3. 发展绿色高效农业，提高质量安全水平

集成示范绿色高效栽培技术，推广应用商品有机肥、生物有机肥、测土配方施肥、水肥一体化技术，持续提高化肥利用率。加快绿色防控替代化学防治，重点推广生态控制、生物防治等技术，推广精准高效施药，提升科学安全用药水平。

4. 开展高效设施研究，引导产业升级转型

继续加强工厂化生产关键技术研究与集成示范，开展设施模式、环境因子精准控制技术、水肥等资源精准控制技术、农机与信息技术研究与应用。建立番茄工厂化生产数值模型，为进一步开展高效设施番茄工厂化生产技术示范及推广积累数据，奠定基础。

（二）创新团队组成架构

果类蔬菜团队重点研究设施面积大、经济效益高的蔬菜品种，以番茄、黄瓜、辣椒、茄子为研究对象，围绕产前、产中、产后三个环节，遵循研究、示范、集成推广的工作思

路,分为四个层级,以首席专家负责制组建团队。团队人员组成包括,首席专家 1 名,9 个单位共 21 名功能研究室岗位专家,综合试验站站长 4 名(4 个区),农民田间学校工作站站长 26 名(7 个主产区)。

(三)创新团队作用与交流机制

1. 严格执行管理办法,确保工作顺利完成

为确保团队全年工作的顺利完成,团队成员严格按照团队的组织管理办法,定期梳理工作内容,在新冠肺炎疫情的情况下,及时开展并顺利完成了蔬菜生产应急指导、年度任务实施、经费审计、2021 年实施方案和经费预算二合一评审、团队年度考评等工作。

2. 应用信息管理手段,推动工作稳步开展

面对新冠肺炎疫情的突发情况,为保障全市蔬菜产品稳定供应和团队工作正常运转,团队及时应用"腾讯会议"等云会议平台、微信等信息化手段建立沟通渠道,部署工作任务,开展团队工作。

3. 加强岗位协同创新,强化技术集成落地

进一步加强了功能研究室、综合试验站和农民田间学校之间的对接与协作,将单项关键技术集成应用,取得了较好的效果。

4. 加强项目资金管理,确保资金规范使用

依据相关财务制度及团队资金使用管理办法对团队资金进行管理,严格明细账制度、规范资金使用。

二、技术研发与主推技术

(一)团队技术研发情况

1. 优新品种选育

(1)品种筛选、选育和示范成效显著:

筛选出果类蔬菜优良晋级品种 105 个;配制青椒、番茄、茄子新组合 2550 个;创制了适于设施栽培,抗病、抗逆的优良自交系 62 份;筛选出优良新组合 32 份、高品质新品种 7 个、砧木品种 1 个;选育出的新品种在京津冀地区全年累计示范 3000 亩以上;簇生朝天椒国塔 612 成为京、津、冀等地首选品种,全年示范 1500 亩;北方拱棚早熟牛角椒主栽品种国福 910、国福 921 在北京、河北、陕西、内蒙古等地示范推广 3 万亩以上(见图 8-12)。

(2)创新先进育种技术,缩短育种周期:

通过分子标记辅助育种技术研究,获得了聚合多个抗病基因的番茄育种材料 1 份、雄性不育两用系材料 1 份、抗烟草花叶病毒(TMV)、疫病的辣椒材料 1 份、与砧用南瓜重要性状(抗病、抗逆或品质性状)紧密连锁的分子标记 1 个、鉴定中蔬砧 1 号种子纯度的分子标记 6 个。

图 8-12 2020 年示范推广的果类蔬菜新品种（部分）

借助 CRISPR/Cas9 介导的基因编辑技术，创制出番茄雄性不育系，显著提高了育种效率。借助辣椒连锁图谱筛选出距离抗 TMV 基因遗传距离 0.9cM 的分子标记 11JJ19044，准确率为 96%，并明确了育种材料中 L4 基因的分布情况。

最终筛选出适合茄子、辣椒单倍体育种植株工厂化生产的不同基因型材料花粉脱分化、再分化的一步成苗培养基及茄子胚状体高诱导率基因型材料 3 个。

2. 健康土壤技术研究

（1）构建土壤质量健康综合评价系统：

构建了土壤质量的评价模型及系统平台 1 套，方便农户对田间土壤是否健康做出评价及采取改进措施。

（2）研发复配土壤熏蒸剂：

研发了氯化苦、二甲基二硫、威百亩复配熏蒸剂，能够有效防治土传病原真菌、细菌、线虫、杂草等。

（3）示范应用土壤消毒后土壤活化技术：

制定了土壤消毒后生物菌肥应用技术规范。明确了土壤改良剂包括枯草芽孢杆菌肥、哈茨木霉菌肥、沸石、硅肥、腐植酸钾等能够活化作物根际微生物态进而促进番茄、黄瓜生长。

（4）研发微生物发酵修复土壤处理技术：

明确了微生物发酵修复土壤处理技术，产量增产 12% 以上，土传病害防治效果达到 70% 以上。

3. 水肥技术研究

（1）明确番茄灌溉决策参数：

苗期、开花期和结果期光辐射启动门槛 200 焦耳/厘米、400 焦耳/厘米、100 焦耳/厘米，基质最大相对含水量 80%，回液差值 1.0 毫秒/厘米，适宜于椰糠栽培番茄田间应用。

（2）明确代谢型抗蒸腾剂在番茄上的应用效果：

在番茄叶片喷施国光腐殖酸抗蒸腾剂效果最佳，可以提高番茄抗旱能力，促进产量和品质提升。

（3）明确不同功能性水溶肥在番茄上的应用效果：

增施酵素效果较好，小区产量比对照提高了28.8%、硝态氮含量降低了41.5%、糖酸比提高了28.6%。

（4）番茄日光温室无土栽培优质高效水肥优化技术研究与应用：

调整了营养液配方比例和供液模式，兼顾了番茄生长和提高品质的需求。营养液配方及供液模式获得新的发明专利授权。

4. 果类蔬菜品质提升技术研究

（1）生物炭与微生物有机肥配施对黄瓜果实品质的影响：

施用生物炭和有机肥可以提高土壤栽培黄瓜的风味物质含量，并在一定范围内提升部分品种的商品品质。

（2）结果期不同灌水量对春大棚无土栽培番茄果实品质影响研究：

明确了随着灌水量减少，番茄可溶性固形物和可溶性糖逐渐增高，可滴定酸逐渐降低，糖酸比升高，维生素C含量升高。

5. 抗逆生理研究

（1）生长调节剂对土壤栽培黄瓜生产应对倒春寒及生长后期复壮系列技术：

推荐了苗期叶面喷施、定植前蘸根28-表高芸苔素内酯的浓度分别为0.01~0.1毫克/升、0.05毫克/升，提高幼苗耐寒性，较对照增产14.6%。生长后期用0.004%芸苔素内酯水剂1000倍液灌根可明显促进植株生长，较对照增产14.6%。

（2）番茄无土栽培条件下根际有益微生物的应用效果：

初步探明益生菌能够促进根系生长和改变根形态，根系生物量增加20%~30%。育苗期间使用益生菌，节约育苗时间20%。

6. 轻简化栽培技术研究示范

（1）开发设施生产轻简高效配套装备：

研制加工出小型自动换行换向农机动力平台1套，改进小型有机肥撒施机1台。

研发新型土壤消毒机械"土壤旋耕消毒覆膜一体机"，实现施药覆膜一体化操作和施药镇压一体化操作。

研发新型土壤消毒机械"火焰消毒机"，对土壤根结线虫防效可达到95%，对杂草种子防效可达100%。

（2）规模化专业生产示范工作：

在金六环农业园开展了黄瓜现代化生产技术集成示范，示范规模为5栋塑料大棚、面积3.0亩，集成示范了设施四情信息网络一体化采集系统、环境调控系统、省力化作业模式以及无土栽培等技术，实现了高效的生产目标，亩产 2761.6 公斤、较土培增产 19.09%，单方水产出黄瓜 34.3 公斤、劳动力日均生产黄瓜 98.6 公斤；初步形成了可复制技术。

7. 研发蔬菜病虫害生态防控技术

利用有益昆虫循环利用——昆虫酒店为昆虫创造适宜的定居和生存环境，增加园区生物多样性。开发果类蔬菜智慧植保平台，包括病虫害智能识别诊断、智能监测预警、智能预防控制 3 个模块。

8. 采后保鲜保质技术研发与应用

（1）激光微孔膜包装保鲜技术的研发：

对 20 多个品种的薄膜材料透气特性进行了研究，确定了甘蓝、生菜、番茄、黄瓜、洋葱和胡萝卜的适宜专用薄膜。

（2）嗜冷菌对鲜切果类蔬菜营养和风味的影响：

4℃和 8℃贮藏温度下的细菌总数呈先减少后增多的趋势，随着细菌总数的增加，蔬菜组织褐变和腐烂的程度加重。

（3）串收番茄果梗、萼片霉变控制技术：

在串收番茄包装改良的基础上，明确了在包装中放入 1% 浓度过氧乙酸浸泡块（直径 1 厘米）没有残留气味和对萼片的伤害。

9. 分析果类蔬菜产业经济数据，把握京津冀产业发展动态

2020 年，根据北京市果类蔬菜产业经济岗位对北京市及河北、山东、天津和辽宁等地果类蔬菜产业的调研，对果类蔬菜产业进行了系统分析。具体包括：北京果类蔬菜生产的新情况、果类蔬菜生产技术创新及技术进步贡献，北京果类蔬菜全产业链的分析，特别是新冠肺炎疫情对果类蔬菜产业的影响分析。此外，还有对北京与周边省市果类蔬菜产业的优势和京津冀协同发展等的研究，在研究指导生产实践、提出政策建议等方面做了大量工作，为果类蔬菜产业的发展提供重要的参考。

（二）团队主推技术情况

1. 开发新型岩棉粒状基质

开发粒状岩棉基质 1 种，在保证番茄正常生长的前提下降低了生产成本。

2. 连栋温室番茄精准化管理情况监测

掌握了 2019~2020 年北京市连栋温室番茄工厂化生产情况，进一步优化了优新品种及水肥、环控技术。

3. 开发环境因子与作物生长模型

建立现代化大型连栋温室番茄工厂化生产的温度、光照与产量的数据库各 1 个，建立 6 个番茄生长与环境因子的数学模型，模拟番茄的生长发育所需的温光环境。

4. 连栋温室番茄工厂化生产技术生产示范

首次实现了口感型番茄在连栋温室的种植，"原味 1 号""京采 8 号""京番 308"可

溶性固形物均达到7.5%以上。

连栋温室番茄工厂化生产在京郊示范223.3亩，中果番茄（Cappricia）最高产量达到31.93公斤/平方米，平均产量达到30.4公斤/平方米，樱桃番茄（Tomagino）最高产量22.61公斤/平方米，平均产量18公斤/平方米。

该项技术在京郊普通设施应用600亩，日光温室口感型番茄平均产量达到5.28公斤/平方米，平均可溶性固形物含量达到7.5%以上，亩均年收入达到9.6万元，较普通生产效益提高了220%。

5. 工厂化生产配套关键技术及装备的集成应用示范

开发了基于物联网育苗灌溉管路精准注肥系统、肥水一体化栽培营养液管理系统及作业参数监测系统、营养液自动化调配系统、基质残液自动取液系统及温室农药喷洒机器人等，降低了用工量，部分环节实现了机械化作业。

6. 工厂化生产中的病毒病防控技术集成示范

集成了工厂化生产中番茄、辣椒病毒病绿色防控技术，在昌平、密云和大兴进行示范和推广。

（三）团队研发成果情况

团队选育出新品种11个，总结形成新技术19项，研发新产品9项，申报专利12个，发表文章54篇，编著书11本，制定标准2个，提出政策建议7项。

三、技术示范推广效益

（一）技术示范推广经济效益

1. 单位面积水肥投入强度减少

利用病虫害生态防控技术、土壤消毒技术、水肥一体化技术的示范推广，示范区年亩节本增收2800元，投入产出比1∶5以上。

2. 劳动力投入显著减少

通过针对果类蔬菜生产新型经营主体推进实施果类蔬菜规模化生产和工厂化生产，蔬菜种植的轻简化，机械化水平的提高，替代劳动力的投入量，示范点平均节约劳动力投入量38.6%，不仅降低人工成本，也给农业劳动力高龄化的北京，解决了"谁来种菜"的难题。

（二）技术示范推广生态效益

秸秆回收利用技术研究与示范推广，既节约草炭资源，又减少了生产投入成本；益昆虫循环利用等病虫害生态防控技术减少化肥农药的使用；通过水肥一体化等措施，全市示范点亩均节水116立方米，推广1020亩，总节水11.8万立方米。

（三）技术示范推广社会效益

通过媒体宣传、农民培训与观摩、低收入村科技帮扶、形成知识产权等形式，产生广泛的社会效益。

1. 开展需求调研，摸清产业底数

开展调研 207 次，调研对象 1374 人次。形成《北京市果类蔬菜产业发展报告》《北京市果类蔬菜示范户及其示范技术》《北京及周边省市蔬菜产业发展比较》《疫情防控对蔬菜产业发展的影响及对策》等调研报告 10 份。

2. 加强培训观摩，提升主体能力

利用"观摩季"活动和互联网等信息手段，将线上培训观摩和传统现场观摩相结合，开展培训 125 次、6605 人次，观摩 79 次、1162 人次，使生产主体技术水平和素质得到了显著提升。

3. 积极交流宣传，扩大团队影响

报送信息和工作日志，截至 2020 年 11 月 31 日上报材料共计 1211 篇，圆满完成各项考核指标。全年共参加国内外交流 56 次，电视台等媒体宣传报道 180 次，扩大了果类蔬菜团队的影响。

4. 示范点建设与信息采集

在 6 个京郊区域建立春、秋、越冬三大茬口 4 类果类蔬菜育苗监测点 6 个，生产监测点 59 个，适度规模化示范点 7 个，获得设施果类蔬菜高产栽培技术集成示范点数据记录 120 份。

5. 京津冀技术合作交流

组织京津冀番茄擂台赛及生产技术交流会，"斗鱼""抖音"等平台关注热度达 42 万以上；开展线上第四届京津冀蔬菜工厂化生产技术交流会，在线人数达 3000 余人，赴津、冀生产园区考察交流 5 次，邀请接待津、冀技术人员观摩交流 6 次，促进了三地蔬菜新品种、新技术的引进和推广。

6. 新冠肺炎疫情防控技术服务

在新冠肺炎疫情防控关键时期，成立了蔬菜生产技术服务队，深入生产一线开展技术指导，为园区和农户解决了低温障碍、水肥管理、植株调整等技术问题 7 个，共计指导 565 次，发布技术指导建议 148 期，指导生产主体 265 个，农户 916 户，开展线上咨询 662 次。

7. "保粮保菜"技术服务

牵头"蔬菜技术服务组"，开展现场督导 10 次，检查生产面积、生产能力及质量安全监管能力的落实情况，开展蔬菜生产技术服务，服务生产主体 69 个、375 次，撰写生产指导意见 12 期，应急指导意见 6 期，为完成 2020 年我市蔬菜生产目标任务作出了贡献。

8. 低收入村科技帮扶

推进延庆黑峪口和红果寺村特色粮经作物转型升级，扩大集体经济生产规模。引进高品质南瓜品种 6 个，示范面积 3 亩；引进甘薯品种 3 个，提供种苗 4.8 万株，示范面积 12

亩；引进黄芩品种 1 个，示范 30 亩；示范甜糯玉米、谷子、甘薯生产技术，推广面积 120 亩，补贴复合肥 10 吨。通过现场指导、远程咨询、发送技术资料等方式进行技术指导，解决产业技术难题 3 个，采收甘薯 2 万公斤、谷子总产 1 万公斤、甜糯玉米亩产 1 万公斤，平均亩增收 200 元，巩固脱低成果。

四、团队对产业支撑作用

（一）对果类蔬菜产业的支持模式

1. 立足新冠肺炎疫情防控，做好技术指导服务

成立"疫情防控蔬菜生产技术指导"小组，及时组织专家下乡指导生产，撰写《北京市近期蔬菜生产技术指导意见》10 期，有效保证了全市蔬菜稳产保供。

2. 跟踪国际前沿、开发育种新技术

开发了辣椒抗 TMV 的 L4 基因定位和紧密连锁标记，鉴定 L4 抗病基因的准确率为 96%，显著提高了抗 TMV、辣椒轻斑驳病毒（PMMV）、马铃薯 X 病毒（PVX）的育种效率。建立了基因编辑技术创制番茄雄性不育系的方法。

3. 研发机械设备，促进生产轻简高效

研制小型自动换行换向农机动力平台，可快速挂载不同的农机具，实现蔬菜生产过程中的土地旋耕、起垄、定植等环节作业。

4. 发布全市施肥指南，指导科学施肥

发布涵盖了番茄、黄瓜、辣椒、茄子 4 种果类蔬菜作物的全市主要农作物施肥指导意见，发放相关技术手册 3000 册。

5. 试点规模化生产，推动产业转型发展

启动设施番茄适度规模现代化生产技术集成示范，摸索现番茄种植智能化管理与轻简化生产模式，为"十四五"工作打下良好基础。

6. 种植高品质番茄，拓展工厂化生产种类

首次实现了口感型番茄在连栋温室的种植，可溶性固形物均达到 7.5% 以上。

7. 开发智慧植保系统，支撑产业绿色发展

开展了主要病害监测预警模型建模、相关病虫图片库与智能识别诊断模型构建、智能监测防控产品开发等工作。

（二）对产业发展支持的方式案例分析——以对宏福农业园区的支持为例

北京宏福农业园区位于北京市大兴区庞各庄镇，总占地 1272 亩，现拥有高效玻璃连栋温室 75 亩（5 公顷）和配套技术区 9 亩（0.6 公顷）。针对宏福农业园区的设施特点，果类蔬菜团队实施相应的技术支持。

1. 支持果类蔬菜工厂化生产

以技术手段保障大型现代化温室蔬菜工厂化生产的产量和质量。主要技术包括：温室

设计与制造技术、温室环境控制设备与技术、温室应用蔬菜品种选育、工厂化育苗技术、温室病虫害综合防控技术、植株营养检测与水肥一体化设备及技术、产品采后处理与贮藏设备与运输技术、基质与秸秆废弃物综合利用技术、温室生产综合管理技术等。

2. 扶持蔬菜工厂化社会化服务体系

蔬菜工厂化生产，必然存在产品同期同质化生产，这也是解决蔬菜周年生产供应所必需的。支持蔬菜工厂化生产所需的育苗、植保、植株残体处理、营养液检测、技术咨询、相关生产资料供应等方面的社会化服务体系建设，促进开展专业化服务。还要支持加强人才人力队伍培养和培训，多方面促进蔬菜工厂化生产发展。

第三节 果类蔬菜产业典型案例分析

2020年是我国全面建成小康社会的决胜期，落实乡村振兴战略目的的关键时期。北京市是全国重要的农业科技创新、技术应用示范和消费中心，北京果类产业发展，在有效保证首都蔬菜供给的同时，也能为乡村振兴注入"产业发展活力"。本书以北京宏福农业园区为例进行典型案例分析，主要展示农业科技创新如何带动北京市果类蔬菜产业发展。

北京宏福农业园区位于北京市大兴区庞各庄镇，总占地1272亩，现拥有高效玻璃连栋温室75亩（5公顷）和配套技术区9亩（0.6公顷）。园区由北京宏福集团全资子公司北京宏福国际农业科技有限公司进行生产运营，2016~2021年共开展5茬番茄工厂化生产，其中最高产量41.4公斤/平方米，达到北京市最高产量水平，亩产值达到25万元/年。

一、果类蔬菜产业新业态

宏福农业园区采用"工厂化生产园区+销售"模式，是以工厂化农业生产为基础，致力于构建一套高产、高效、低耗、优质和安全的农业生产新体系，旨在整合产前、产中、产后全产业资源，完成农业产业化闭环，加快农业现代化进程，为中国农业产业化升级转型提供示范、引领作用的产业化生产园区。

宏福农业园区是集玻璃温室蔬菜工厂化生产、销售、品牌建设、技术支持、职业培训、展示中心、科普教育等服务为一体的产业化园区。其中蔬菜工厂化生产具体是指在玻璃连栋温室条件下，选择连续坐果性强，抗早衰、耐低温弱光的品种，配备精准化环境控制系统、自动施肥营养液灌溉及循环利用系统、二氧化碳回收利用系统、支架式栽培系统、轨道车等省力化设备，采用商品岩棉或椰糠基质进行生产，集成小苗龄嫁接技术、环境精准化调控技术、营养液精准化灌溉及循环利用技术、长季节植株管理技术、病虫害综合防治技术等先进技术内容的生产模式。

通过该模式的应用,确保产品的优质安全及持续性供应。该模式提高了土地产出率、资源利用率、劳动生产率,实现了在较少的土地上,通过高投入,获得了农产品的高产出,进而取得了高效益。

二、果类蔬菜产业发展效果

(一) 大型温室高投入高产出,总体收益高

宏福农业5公顷园区建设生产运营成本(含温室折旧)为935万元,基地年销售额2500万元,通过高投入,获得了农产品的高产出,进而取得了高效益。

(二) 产品纯净安全供应期长,稳占市场份额

传统温室生产中农药及肥料使用相对粗犷,且只能满足季节供应。宏福农业园区实现了标准化生产,所有环节严格执行全球良好农业操作规范(GLOBAL G.A.P.),采用精准环境管理、绿色防控技术,农药使用降低50%以上,产品检测上瑞士通用公证行(SGS)提供双层保险,安全追溯农产品生产过程,配合生物防治技术,创造植物生长所需的适宜环境,保证产品纯净安全,实现周年供应,销售渠道稳定,利于打造优质产品品牌,提高生产效益,是稳定"菜篮子"生产、保障"菜篮子"市场供应的基础。

(三) 打造自主农业品牌,增加产品附加值

采用品牌化经营的发展策略,创建了自有品牌"宏福柿",并建立了"线上+线下"全覆盖的销售渠道。"宏福柿"系列产品覆盖北京、上海、深圳、广州、武汉、香港等全国各大城市高端超市,同时积极开拓俄罗斯、新加坡等海外市场,将中国优质的番茄带给全世界消费者,并受到广大消费者的青睐,实现了高附加值产品销售,提高了生产效益。

(四) 带动农民就业,为传统农业转型升级提供方向

传统温室产品附加值低,农民增收遇到瓶颈。智能温室将传统农民转化为产业工人,可有效带动农民就业,提高农民收入,为传统农业转型升级提供了方向。

第四节 果类蔬菜产业发展政策建议

一、产业发展问题及其技术需求

(一) 果类蔬菜产业发展面临的问题

第一,土地资源稀缺与农业设施大量撂荒并存。2018年北京市对设施农业进行了集中

清查，目前北京市现有大棚、日光温室和连栋温室共20余万栋，从各区上报情况和现场调查结果看，大量农业设施处于撂荒状态，土壤抗蚀能力逐渐减弱，土壤物理性质逐渐变差。

第二，蔬菜三次产业融合发展有待改善。北京市的城镇化和工业化水平处于全国前列，农村基础设施不断完善，信息化水平不断提高，蔬菜三次产业融合发展的趋势逐渐显现。但目前蔬菜三次产业融合还处于初级发展阶段，蔬菜生产与第二、三产业融合程度低、层次浅，蔬菜的生产、加工、服务功能之间分工较为明显。

（二）果类蔬菜产业发展的技术需求

根据2020年果类蔬菜产业经济岗位专家的调研，农户对不同的生产种植技术使用意愿不同，其中，优良种苗选育和病虫害防治方面的技术需求占比最高，达到31.63%；施肥指导类的技术需求也很高，占比达到21.36%；随后依次是节水灌溉技术占比16.27%，设施控温技术14.54%，设施内采摘和运输机械设备需求占比12%，嫁接技术占比7.73%，包装加工技术占比5.09%。可见，农户对技术的需求主要集中在生产中遇到的问题，如病虫害防治、施肥指导，同时由于市场需求的多样化，市场对不同品种果类蔬菜的风味、口感等需求也影响了农户的生产，农户力图通过优良的种苗选育提高售卖价格；但是由于目前多采取中间商收购方式，未能形成有效的产业链延伸，因此农户对产品包装加工技术的使用意愿比较低。

二、产业发展趋势及其亟待解决的技术问题

（一）果类蔬菜产业发展趋势

第一，确保蔬菜种植规模，提高蔬菜生产能力。随着北京产业结构调整中，粮食种植面积的逐步调减以及养殖业的大规模退出，蔬菜产业是未来北京现代农业体系中的核心产业。因此，加速推进北京农业现代化的发展，关键在于通过保规模、调结构、提效率等多举措提升蔬菜产业发展动力，全面提升蔬菜产业的综合效益和市场竞争力。

第二，转变发展方式，强化生产经营管理。蔬菜生产方式需向规模化、集约化转变。小而分散的蔬菜种植既影响蔬菜产业规模化发展进程，又难以实现规模经济，菜农收益也得不到保障，增收困难。重点打造一批优势特色蔬菜生产基地、培育一批蔬菜龙头企业、建设一批有带动力的蔬菜专业合作社。

第三，地域专业化水平得到提高。正在逐渐形成规模的菜园：京郊南菜园（大兴、房山）、北菜园（延庆、怀柔、密云、昌平）和东厢菜园（通州、顺义、平谷），各区内形成了蔬菜产业集聚区。

（二）农户亟待解决的技术问题

第一，高龄化导致的农户对新技术的采用意愿不强。北京从事果类蔬菜生产的年轻人所占比重逐年降低，由于农户从事果类蔬菜生产的年限较长，农户多依赖经验进行蔬菜种

植，而果类蔬菜生产的现代化水平的提升需要农户不断采用新技术和新的田间管理手段。

第二，节水技术方面的问题。北京农业生产面临的水资源制约，但是一些区县水利设施老化失修，不利于提高灌溉水的节约利用；此外，一些生产主体节水意识淡薄，制约了水资源利用效率提升。

第三，质量安全技术方面的问题。许多种植户反映不敢使用秸秆生物肥，导致大量肥料堆积在田埂。具体原因有两点：一方面种植户认为肥料中有病菌，另一方面就是低肥力与付出的劳动成本不匹配。推广宣传难题在于如何向农户证明肥力安全可靠，后者的技术难题在于降低种植户施肥的劳动投入。

三、果类蔬菜产业发展对策建议

（一）保障种植用地，确保蔬菜供应

随着城市化进程的快速推进，北京郊区的大量农用耕地被划为工业以及住宅等用地，从而减少蔬菜用地，一些农户也表示对土地问题担忧。部分农户或者是想扩大种植规模，或者是土地即将被划为工业用地不知何去何从。所以，城市用地应该高度科学统筹规划，在保证农业用地的范围内，对其他土地合理规划，做到经济与农业、工业的协调发展。

（二）加快完善运输流通体系，降低流通环节成本

虽然在蔬菜生产方面政府出台了一系列惠农措施和财政补贴，保证了蔬菜的生产，但由于流通成本和用工成本的上升，造成了一些低价蔬菜烂到地里也没人去收获，给农民带来了巨大的经济损失。虽然近年来我国加大力度进行鲜活农产品绿色通道的建设，但与发达国家相比，我国流通体系的建立还有差距，所以要加快建设和完善蔬菜市场的流通体系，降低销售流通的各项成本，以切实增加菜农收入。

（三）继续加大财政支农力度，促进蔬菜增产与农民增收

目前农民蔬菜生产成本大部分来自种子、化肥、农药及农膜的投入，所以要保证菜农的利益一方面就是提高蔬菜的价格；另一方面就是降低生产的成本。而蔬菜的价格是由市场决定的，所以只能通过降低蔬菜生产的成本来增加农民的收益。因此，应继续扩大良种补贴和农资综合补贴的农户范围以及增加补贴的金额，进而提高农户从事蔬菜生产的积极性，保障首都蔬菜的自给能力。

（四）加大农药监管力度，保证蔬菜质量安全

民以食为天，食以安为先。我们不仅要保证蔬菜的供给，更重要的还要保障蔬菜的安全。近年来我国出台了一系列的规定用以规范农业生产中的农药施用，但是，仍有少部分人视法律法规于不顾，为了增加产量，减少虫害，擅自使用国家明令禁止的农药和化肥，无视消费者的生命健康。所以，一方面政府应加大对生产不合规范的农药和化肥的查处力度；另一方面也要加强对蔬菜生产环节的监督，以保障蔬菜的安全生产。

（五）建立和完善农业保险制度，增强农民抵御风险的能力

近些年来，灾害对蔬菜的生产、流通以及销售等方面的影响也逐渐凸显，灾害会导致

农户生产受损,价格波动剧烈,农户和消费者两头利益受损。一些重大灾害导致农户亏损严重,经常要自己承担损失。虽然国家推出了农业保险,但是由于加入保险的门槛很高,农民可望而不可即,不能切实加入保险,无法减少意外发生给生产造成的损失。政府部门应在考虑农民实际情况的基础上与保险公司三方一起制定一个具有普适性的农业保险政策,使保险真正能对农户遭受自然灾害和意外事故所造成的经济损失提供保障。

(六)发挥地缘优势,创建本地品牌

通过发展当地品牌,充分利用北京本土市场,既能加强农户与合作社以及企业之间的联系,也会进一步改善蔬菜产业经营一体化的发展空间。通过企业品牌蔬菜与超市和大型直销卖场的直供连接,既降低了中间的流通损耗与成本,也增加了产品的附加值,提高了农民的收入。

(七)发挥蔬菜产业的多功能性,发展蔬菜产业新业态

现代蔬菜产业不仅具有生产性功能,还具有改善生态环境质量,为人们提供观光、休闲、度假的生活性功能。而且通过发展观光和采摘蔬菜的生产,能迅速产生农业收入和旅游收入双重的经济效益,二者的结合使得其效益优于传统农业。

第九章　北京市叶类蔬菜产业发展报告

本报告主要依据《北京统计年鉴》、北京市农业局和现代农业产业技术体系北京市叶类蔬菜创新团队（以下简称"北京市叶类蔬菜创新团队"）的内部资料，对北京市叶类蔬菜产业生产状况、叶类蔬菜加工现状调研和加工技术、消费者购买蔬菜调研、叶类蔬菜创新团队主要研发技术和主推技术、叶类蔬菜产业形成的新业态以及产业发展过程亟待解决的问题重点分析，从而为制定现代农业产业技术体系北京市叶类蔬菜创新团队的长期研究任务以及政府的科学决策提供参考依据。

2011~2020年，北京市蔬菜种植面积和叶类蔬菜种植面积均呈现缓慢缩减趋势，叶类蔬菜种植面积占蔬菜总种植面积比重呈先升缓降的趋势，2019年叶类蔬菜种植面积为26.57万亩，占全市蔬菜总种植面积的50.0%，相比2011年叶类蔬菜面积占比提升了6个百分点。2011~2020年北京市在不同环境下蔬菜产量比重变化明显，出现了由传统蔬菜种植逐渐向现代设施环境种植的发展趋势。

2020年北京市叶类蔬菜创新团队选育新品种19个，筛选新品种或种质4个；形成环渤海暖温带区设施芹菜减药技术模式，有效利用生防微生物、纸钵育苗技术、日光消毒技术和弥粉防治技术，通过大量生物替代技术减少了芹菜土传病害防治过程中的化学药剂投入量，实现日光温室芹菜化学农药减施增效；制定《疫情期间净菜加工企业生产及流通指南》指导企业安全生产，让首都市民在积极防控新冠肺炎疫情的情况下吃得安心、放心。

开展了北京蔬菜绿色生产主体行为影响因素研究，构建农户绿色生产决策行为关键影响因素概念框架；分析蔬菜绿色生产主体绿色生产实践现状，提出基于蔬菜生产绿色转型主体行为选择的政策路径优化；开展蔬菜消费者电子商务购买行为影响因素研究，提出影响蔬菜电子商务消费者采纳意愿、行为和意愿行为一致的关键因素；明确蔬菜电子商务消费者采纳意愿、行为和意愿行为一致的关键影响因素及其采纳决策形成，为蔬菜电子商务优化提供决策支撑。

北京市叶类蔬菜创新团队积极开展叶菜新品种筛选培育、高效节水技术、减肥减药技术、水肥一体化技术、绿色防控技术、绿色增值溢价研究、应用示范与试验推广，取得了一定的成果，促进了蔬菜产业发展。但是新品种、新技术推广应用、水肥资源合理化利用不高、叶类蔬菜省力化实用技术不足、技术服务和物化支持效果难以显现、叶菜贮存与营养散失调控问题、种植户应用新技术能动性不强等有待于持续地深化研究。

第一节 叶类蔬菜产业发展现状

一、叶类蔬菜生产现状

（一）基本情况

1. 蔬菜播种面积

2011~2020 年，北京市蔬菜总种植面积和叶类蔬菜总种植面积均呈现缓慢缩减趋势，叶类蔬菜种植面积占蔬菜总种植面积比重呈先升缓降的趋势，2019 年叶类蔬菜种植面积为 26.57 万亩，占全市蔬菜总面积的 50.0%，相比 2011 年叶类蔬菜面积占比提升了 6 个百分点（见图 9-1）。

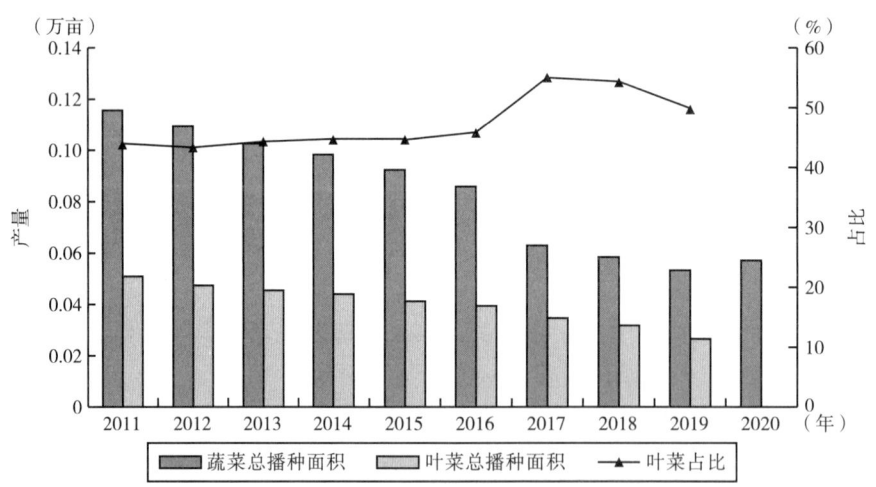

图 9-1 2011~2019 年北京蔬菜种植面积变动情况

数据来源：根据北京市农业农村局数据整理。

从 2011 年到 2019 年期间，蔬菜种类增多，增加了花菜类、芽苗菜类、鲜食玉米类和草莓类品种，满足消费者多样化需求。叶类、瓜类种植比重增加，根茎类、茄果类种植比重减少，葱蒜类蔬菜种植基本稳定，其中叶类蔬菜增加比重最大。叶类、茄果类、根茎类和瓜类是北京主要蔬菜生产品种，其中叶类蔬菜一直占有绝对优势（见图 9-2）。

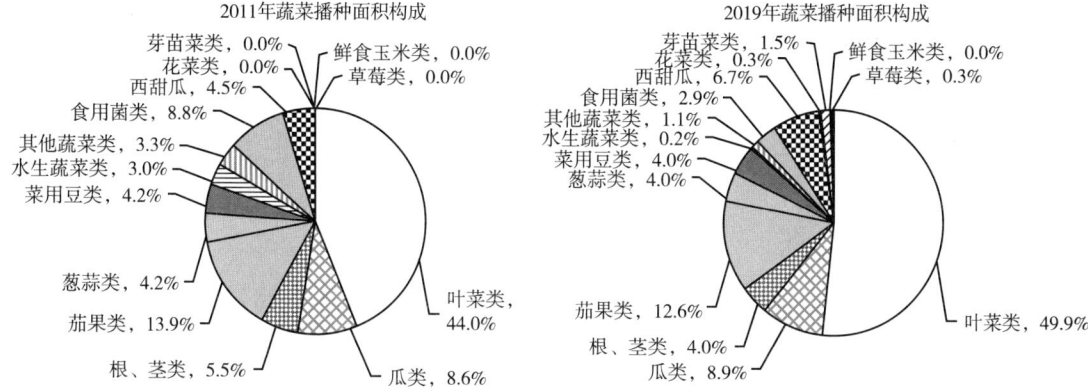

图 9-2 2011 年和 2019 年北京蔬菜总种植面积构成情况

数据来源:根据北京市农业农村局数据整理。

2. 蔬菜产量现状

从蔬菜产量角度分析,2011~2019 年北京市蔬菜总产量和叶类蔬菜总产量均呈现缓慢减少趋势,但叶类蔬菜产量占蔬菜总产量的比重却呈现先升缓降的趋势。2019 年叶类蔬菜产量为 20.28 万吨,占全市蔬菜总产量的 41.2%,相比 2011 年,叶类蔬菜产量占比变化不大(见图 9-3)。

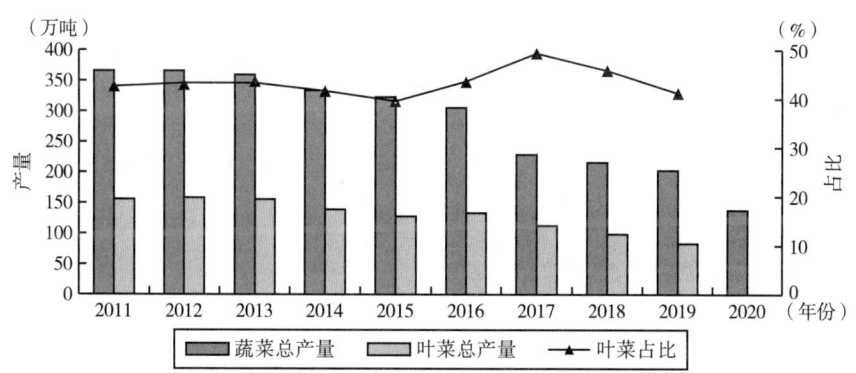

图 9-3 2011~2019 年北京蔬菜总产量变动情况

数据来源:根据北京市农业农村局数据整理。

2011~2019 年叶类、菜用豆和葱蒜类产量比重基本稳定,西甜瓜和茄果类产量比重增加,根茎类产量比重下降,其中根茎类产量比重下降较多;与种植面积相一致,叶类、茄果类、根茎类和瓜类是北京主要蔬菜生产品种,其中叶类蔬菜占有绝对优势(见图 9-4)。

3. 蔬菜种植环境

2011~2019 年北京市在不同环境下蔬菜产量比重变化明显,出现由传统蔬菜种植逐渐向现代设施环境种植发展的趋势。其中 2019 年露地产量为 54.33 万吨,占总产量比重为 26.8%,相比 2011 年露地产量比重下降 17.3 个百分点(见图 9-5)。

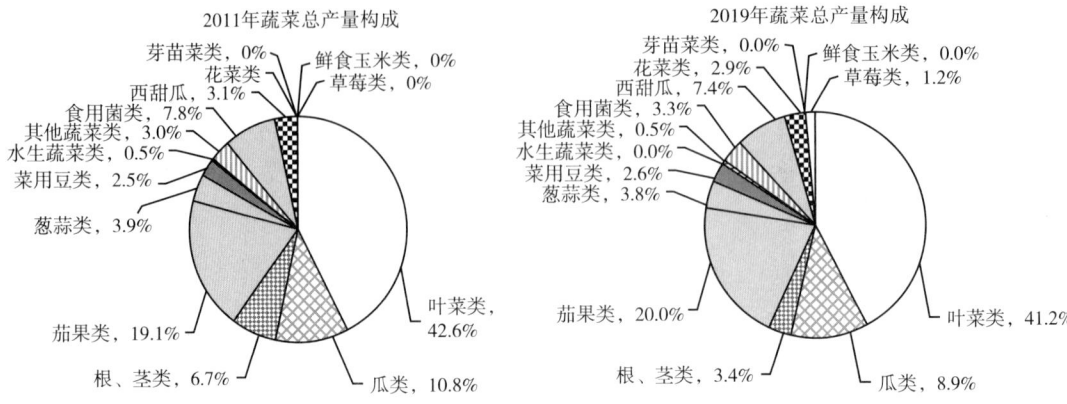

图 9-4　2011 年和 2019 年北京蔬菜总产量构成情况

数据来源：根据北京市农业农村局数据整理。

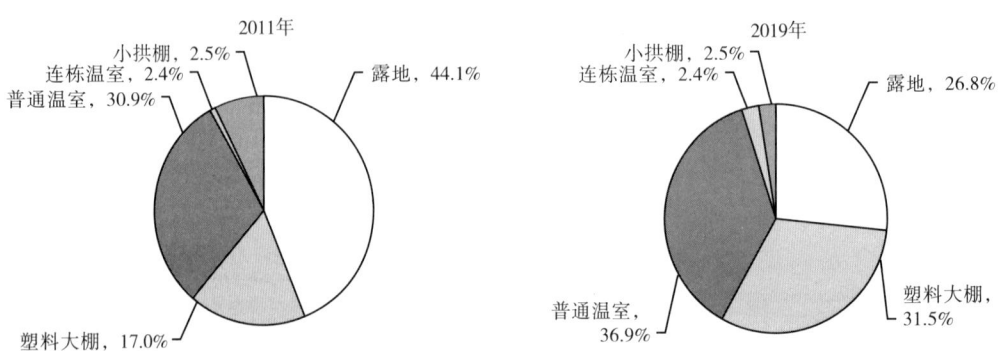

图 9-5　2011 年和 2019 年不同设施环境下蔬菜产量变动情况

数据来源：根据北京市农业农村局数据整理。

（二）北京叶类蔬菜生产变动趋势分析

1. 基于时间序列视角的叶类蔬菜生产变动趋势分析

2011~2019 年大部分叶类蔬菜种植面积均呈现平稳下降趋势（见图 9-6）。

2011~2019 年北京市叶类蔬菜生产品种种植结构发生变化。大白菜、结球甘蓝、芹菜、其他叶类蔬菜种植比重减少，而普通白菜、生菜种植比重增加，菠菜种植比重基本稳定。其中，2019 年种植比重前三的是生菜、大白菜和普通白菜，分别为 19.2%、13.8% 和 13.5%（见图 9-7）。

2011~2019 年大白菜、普通白菜、结球甘蓝、生菜、菠菜、芹菜和其他叶菜类年产量均呈现不同程度减少，其中大白菜年产量下降最多（见图 9-8）。

2011~2019 年北京市叶类蔬菜产量结构也发生变化。其中大白菜年产量比重下降最多，相对 2011 年年产量比重下降 17.3 个百分点；生菜和普通白菜年产量比重略有上升，相对 2011 年年产量比重提升 4.8 个百分点和 3.2 个百分点（见图 9-9）。

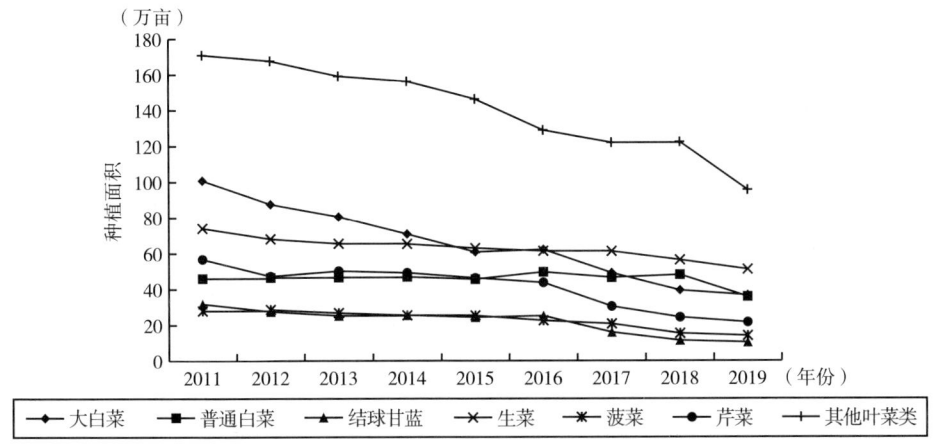

图 9-6　2011~2019 年叶类蔬菜种植面积变化趋势

数据来源：根据北京市农业农村局数据整理。

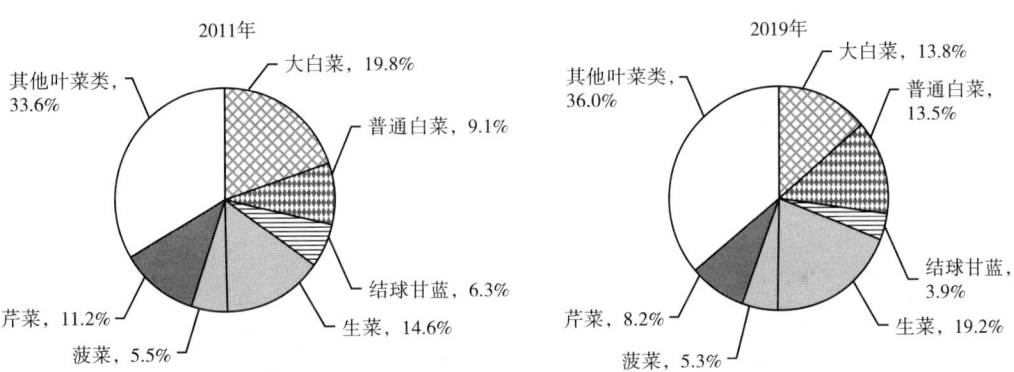

图 9-7　2011 年和 2019 年不同叶类蔬菜品种种植面积构成比较

数据来源：根据北京市农业农村局数据整理。

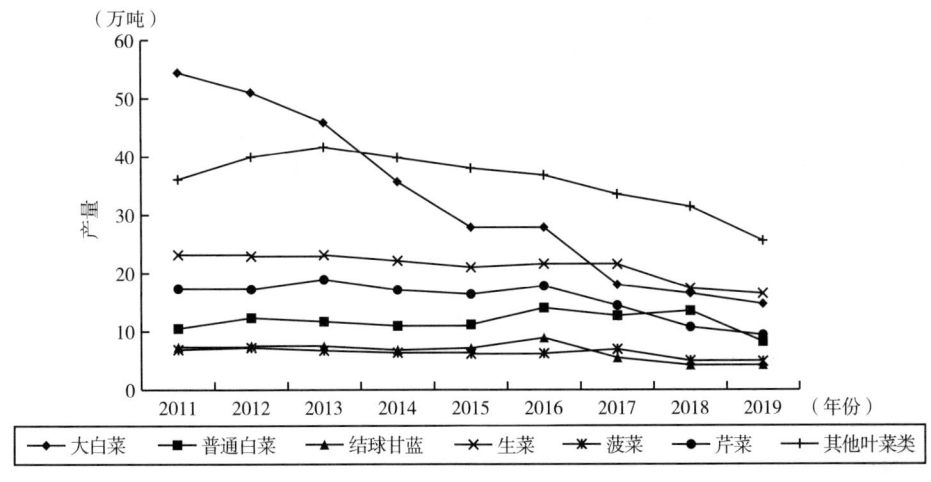

图 9-8　2011~2019 年叶类蔬菜年产量变化趋势

数据来源：根据北京市农业农村局数据整理。

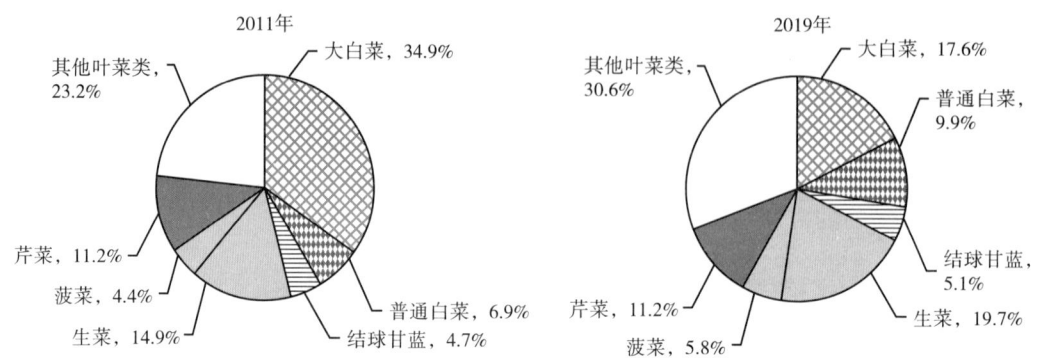

图 9－9　2011 年和 2019 年叶类蔬菜产量构成

数据来源：根据北京市农业农村局数据整理。

2. 基于种植模式视角的叶类蔬菜生产变动趋势分析

设施种植是叶类蔬菜主要种植模式，且所占比重不断提高。叶类蔬菜总体种植面积略有缩减，露地种植面积减少幅度较大。2019 年设施叶类蔬菜种植面积占比为 69.0%，相对 2011 年增加 7.8 个百分点（见图 9－10）。

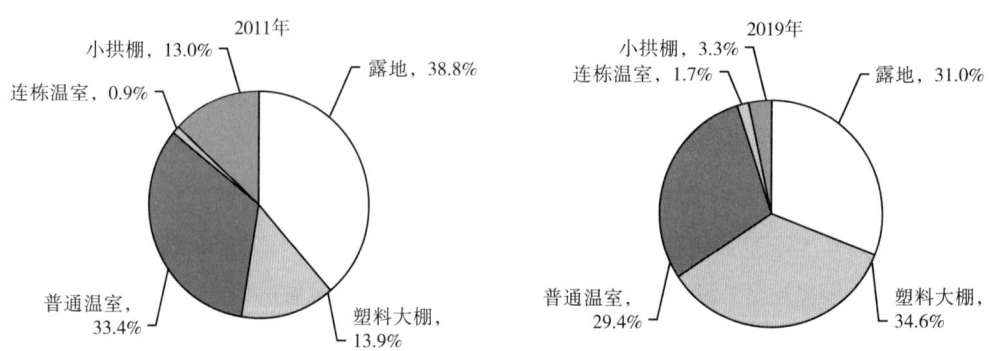

图 9－10　2011 年和 2019 年不同设施环境叶类蔬菜种植面积构成比较

数据来源：根据北京市农业农村局数据整理。

不同叶类蔬菜采用的种植模式生产差异性较大。2019 年大白菜主要以露地种植方式为主，种植面积比重为 90.6%；普通白菜主要以塑料大棚种植方式为主，种植面积比重为 60.13%；结球甘蓝主要以露地种植方式为主，种植面积比重为 42.80%；生菜主要以普通温室种植方式为主，种植面积比重为 37.64%；菠菜主要以露地种植方式为主，种植面积比重为 31.34%；芹菜主要以普通温室方式为主，种植面积比重为 31.34%（见表 9－1）。

表 9－1　2019 年不同设施环境的叶类蔬菜种植面积情况　　　　　单位：亩

品种	露地	塑料大棚	普通温室	连栋温室	小拱棚
大白菜	33274.68	1980.6	1458.2	0	15
普通白菜	3654.86	21588.5	8703.45	1485.5	471.6

续表

品种	露地	塑料大棚	普通温室	连栋温室	小拱棚
结球甘蓝	4479.71	2377.78	3034.1	246	330
生菜	15160.82	15066.36	19240.83	420.1	1235.9
菠菜	3893.38	4441.94	4980.45	214.2	644
芹菜	2195.52	7538.81	10307.57	382.1	1269.8
其他叶菜类	19613.7	39035.2	30437.53	1887.5	4671.1
合计	82272.7	92029.2	78162.1	4635.4	8637.4

数据来源：根据北京市农业农村局数据整理。

二、加工流通现状

（一）鲜切叶菜消毒效果及有效性技术

研究不同次氯酸钠浓度、酸度调节剂的使用、浸泡时间对鲜切叶菜产品杀菌效果的影响，确定次氯酸钠的最适使用条件。采用次氯酸钠浓度120ppm，浸泡时间80s，溶液pH为5.0的标准可以有效抑制大肠菌群的生长。

（二）制定鲜切生菜消毒技术规程

确定鲜切生菜最适的消毒条件，形成鲜切生菜的消毒操作规程并在鲜切菜加工厂进行应用，在保障杀菌效果的前提下，尽量减少氯的使用，保障产品安全，制定《鲜切生菜消毒方法及其操作规程》。

（三）利用鲜切蔬菜加工边角料研发蔬菜汤汁类产品

鲜切菜加工时由于规格尺寸等要求的限定，剩余边角料较多，原料损耗较大，可将这部分原料用于开发蔬菜汤汁类产品，提高原料利用率。

（四）制订供奥蔬菜加工企业环境致病菌的监测与控制方案

制定《鲜切蔬菜加工厂环境致病菌监控程序与计划》：确定目标菌—环境李斯特菌属；确定环境李斯特菌属的潜在定殖点；确定最低采样点数量及采样频率；确定纠偏措施。

（五）开展国家蔬菜及蔬菜制品风险监测和监督抽检

对2020年国家食品安全蔬菜及蔬菜制品的监督抽检与风险监测情况进行技术分析。针对目前蔬菜中禁用农药使用情况、韭菜中腐霉利不合格情况等，以及未来监管需要引起重视的问题进行深入分析，提出有效监管建议。

（六）制定与审核多项蔬菜标准

制定了《行业标准—即食鲜切蔬果》《即用鲜切蔬菜生产企业准入标准》。审核了《团体标准—鲜切水果加工技术规范》（T/BAR 002-2020）、《团体标准—鲜切水果》（T/BAR 001-2020）。

三、北京蔬菜绿色生产主体行为影响因素

调研 7 个区，回收有效企业问卷 200 份，有效农户问卷 456 份；回收问卷星有效网络问卷 427 份。

（1）农户绿色生产决策行为主要有个人特征、家庭特征、生产经营特征、绿色生产认知、绿色生产预期、社会影响、政府和市场影响的 7 大类 24 个影响因素（见图 9-11）。

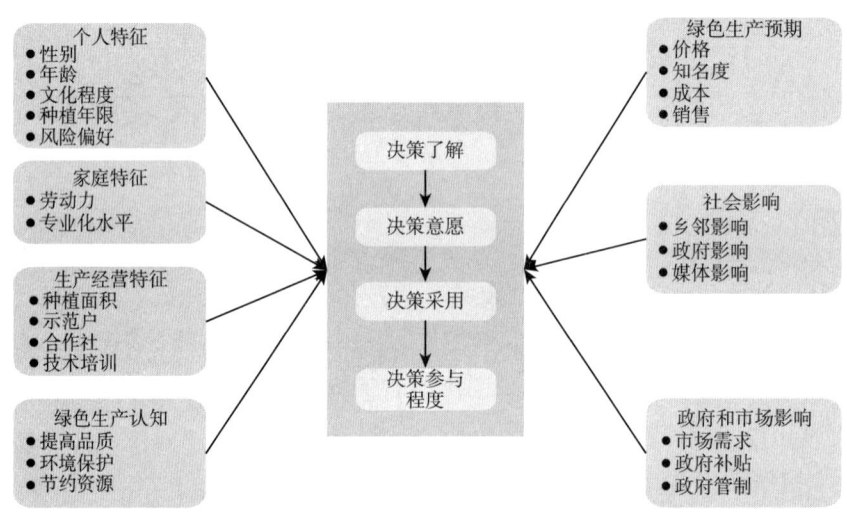

图 9-11 农户绿色生产决策行为关键影响因素概念框架

（2）产前：种子播种前处理状况相对良好；产中：商品有机肥/生物肥料和测土配方施肥技术使用频率相对较低；产后：废弃物处理、蔬菜包装和储藏运输标准遵守状态相对良好（见图 9-12）。

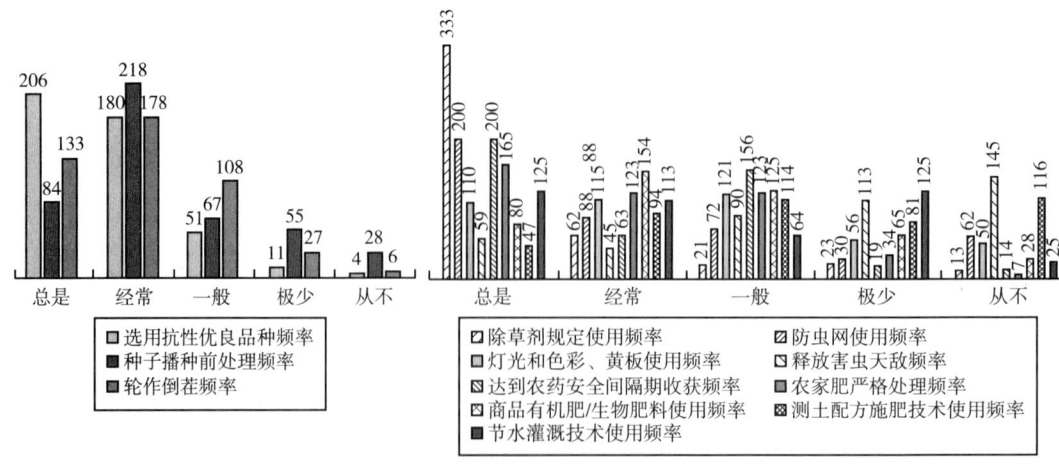

图 9-12 农户绿色生产决策行为分析

(3) 蔬菜绿色生产决策了解模型：性别、种植蔬菜年限和媒体影响 3 个变量对农户的蔬菜绿色生产认知具有负向影响；风险偏好程度、技术培训频率和政府影响 3 个变量则具有正向影响；

蔬菜绿色生产决策意愿模型：年龄、教育程度、提高品质、价格和市场影响对农户参与蔬菜绿色生产具有正向影响；种植年限、人口、知名度和成本 4 个变量则具有负向影响；

农户蔬菜绿色生产参与：合作社、节约资源、成本、销售、乡邻影响和政府影响 6 个变量对农户参与蔬菜绿色生产具有正向影响；种植蔬菜年限、风险偏好程度、技术培训频率、提高品质、环境保护和知名度则具有负向影响；

农户蔬菜绿色生产参与程度：风险偏好程度、技术培训频率、环境保护、销售、政府补贴和政府管制对农户参与蔬菜绿色生产程度具有正向影响，成本则具有负向影响。

四、基于蔬菜生产绿色转型主体行为选择的政策路径优化

调研 7 个蔬菜主产区的 400 个农户，采取分层调研方法，每个区随机调研 60~80 农户，回收有效问卷 370 份。

(1) 蔬菜绿色生产实践是指蔬菜在生产的过程中，依照绿色生产技术标准，在基本不影响蔬菜产量、生产效益的前提下，农户通过改变耕作方式和灌溉模式、降低农药和化肥施用量等绿色生产技术及管理措施，实现节约能源、减少消耗、降低对环境的污染的生产方式（见图 9-13）。

(2) 农户绿色生产行为由绿色生产采纳意愿、采纳行为和意愿行为一致性构成；农户绿色生产行为主要有个人特征、家庭特征、生产经营特征、绿色生产认知、绿色生产预期、社会影响、政府和市场影响的 7 大类 24 个影响因素（见图 9-14）。

(3) 愿意采纳蔬菜绿色生产实践，远多于不愿意采纳蔬菜绿色生产实践的农户；实际生产中，采纳绿色生产实践的农户数量与未采纳农户的数量基本相当；愿意采纳蔬菜绿色生产实践的农户更大概率采纳蔬菜绿色生产实践，但仍存在意愿行为不一致问题。

(4) 模型整体回归效果较好，计算结果表明 11 个变量通过了显著性检验。其中，8 个正向因素，即教育、风险偏好、合作社、培训、提升品质、保护环境、销售预期、乡邻影响；3 个负向因素，即种植年限、政府补贴、政府管制。

五、北京蔬菜电子商务消费者采纳意愿、行为、意愿行为一致关键影响因素

调研共发放问卷 450 份，回收 450 份，获得有效问卷 427 份。被调研消费者主要分布在海淀区、朝阳区、丰台区，共占总体样本的 65.1%，与 2018 年北京市各区人口分布一致。被调研消费者职业主要为企业人员、教师/科研单位人员、政府机构人员/事业单位人员，分别占总体样本的 48.95%、16.16%、11.94%，占总体样本的 77.05%，从侧面反映

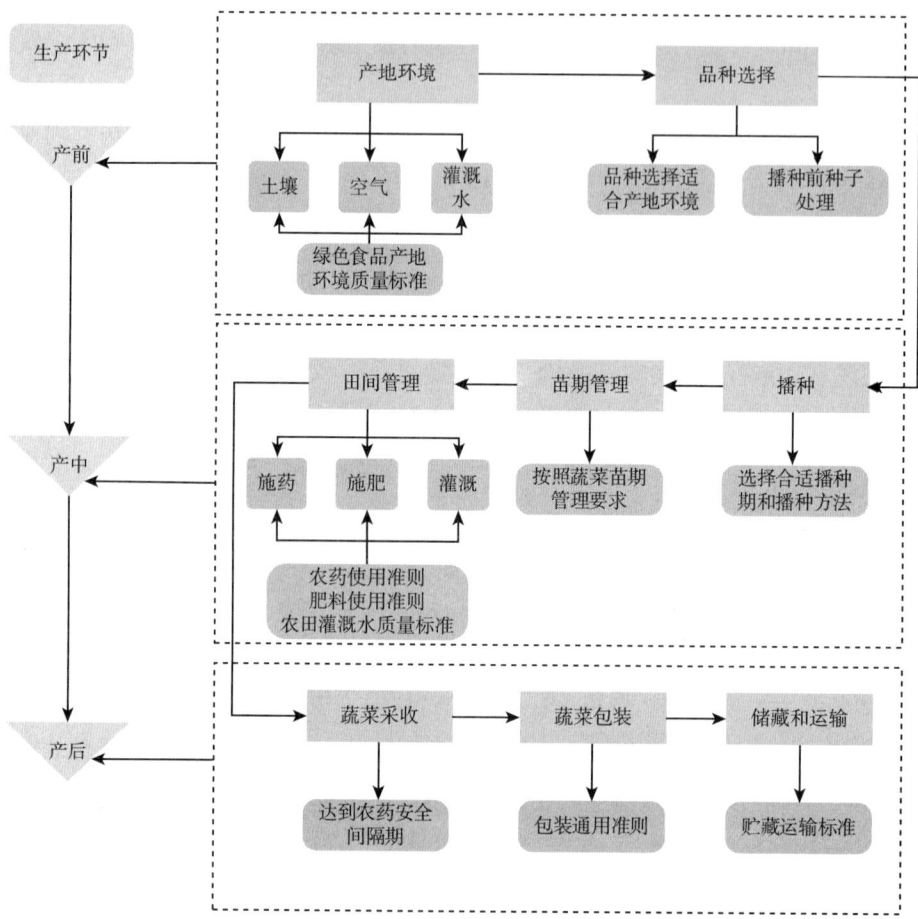

图9-13 北京蔬菜绿色生产主体蔬菜绿色生产实践图

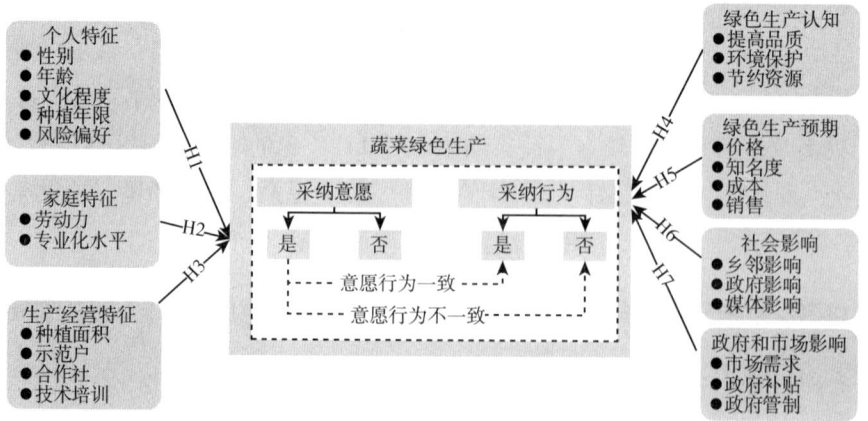

图9-14 农户绿色生产意愿行为影响因素概念框架

被调研消费者大都受到过良好的教育。

（1）梳理影响蔬菜电子商务消费者采纳意愿、行为和意愿行为一致的关键因素可以分为个人特征、家庭特征、蔬菜电子商务认知、质量认知、主观规范和外部因素的影响6个维度，这些因素可能会影响消费者采纳意愿和行为。蔬菜电子商务消费者采纳意愿和行为模型如图9-15所示。

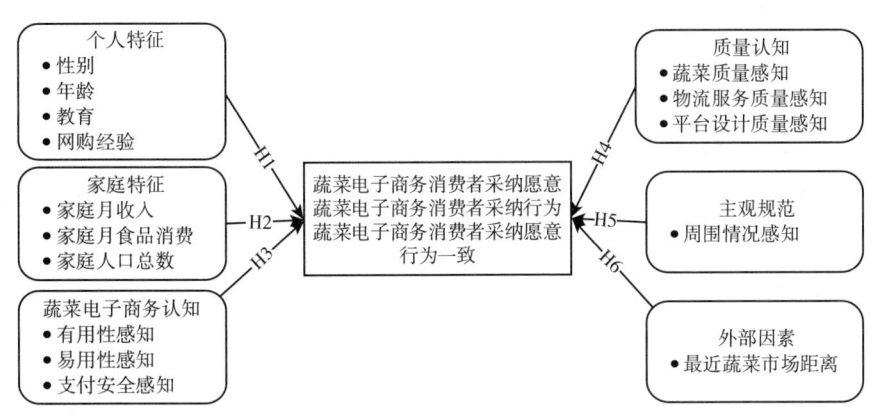

图9-15　蔬菜电子商务采纳意愿、行为和意愿行为一致模型

（2）模型计算结果表明，教育、网购经验、有用性感知、易用性感知、蔬菜质量感知、物流服务质量感知、周围情况感知、最近蔬菜市场距离8个变量对蔬菜电子商务消费者意愿有显著影响，并且都呈正向相关，家庭人口总数对蔬菜电子商务消费者采纳意愿有显著影响，并且呈负向相关。

（3）提出影响蔬菜电子商务消费者采纳意愿、行为和意愿行为一致的关键因素，并定量探讨这些因素的影响，有利于明确蔬菜电子商务消费者采纳意愿、行为和意愿行为一致的关键影响因素及其采纳决策形成机制，可以丰富电子商务采纳意愿理论；并且有利于明确制约蔬菜电子商务发展的因素，可以为蔬菜电子商务优化提供决策支撑（见图9-16）。

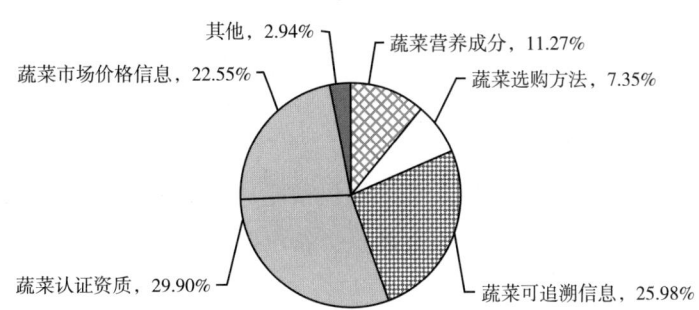

图9-16　消费者期望蔬菜电子商务增加信息

第二节 叶类蔬菜产业发展中创新团队的技术支撑作用

一、团队基本情况

(一) 北京市叶类蔬菜创新团队功能定位及其建设任务

依据北京市"都市型现代农业""菜篮子工程"的功能定位及其发展战略规划,北京市叶类蔬菜产业定位体现在城市蔬菜应急供应的基地、农民增收致富的手段、现代都市农业的展示、首都技术优势的示范四个方面,其发展方向是以北京蔬菜"三率一能力"建设为主线,以"节水、减肥、减药"为工作方向,认真组织实施和开展叶菜新品种筛选培育、高效节水技术、减肥减药技术、水肥一体化技术、绿色防控技术研究、示范与推广,有效促进北京市叶菜产业健康有序发展。

团队以"节水轻简、安全生产、周年均衡"为目标,以生菜、芹菜、菠菜、油菜和快菜等主要叶菜为重点,开展新品种选育、种苗集约化培育、轻简省力化栽培、安全标准化生产、产品采后质量保持及现代流通技术等研究,研究成果为提高叶菜产量,保障产品安全,提升供给能力,促进农民增收,提供有效的技术支撑。

(二) 北京市叶类蔬菜创新团队组成架构

北京市叶类蔬菜创新团队于2012年4月组建。团队由三个层级构成,产业技术研发中心依托北京农学院,团队聘任首席专家1名,功能室主任4名,岗位专家20名,下设综合试验站5个,农民田间学校工作站17个,团队成员共计42名。北京市叶类蔬菜创新团队是由产业技术研发中心(育种与繁育、栽培与设施设备、病虫害防控与产品安全和加工流通与产业经济四个功能研究室)、综合试验站和农民田间学校工作站3个层级构成。

(三) 北京市叶类蔬菜创新团队作用与交流机制

北京市叶类蔬菜创新团队针对叶类蔬菜产业,在政府政策资金支持下,整合高校院所专家,构建叶类蔬菜产业技术研发中心、综合试验站和农民田间学校工作站,从全产业链角度进行科技创新和产业服务。

技术推广应用是叶类蔬菜创新团队成果转化和提升产业发展水平的关键环节;叶类蔬菜创新团队通过宣传技术信息、实验示范展示、农户技术培训、鼓励新技术采纳、扩大影响力的方式,从而推广技术应用(见图9-17)。

北京市叶菜团队与都市现代农业的耦合协调体现为外部绩效;北京市叶类蔬菜创新团队的投入产出情况体现为内部绩效(见图9-18)。

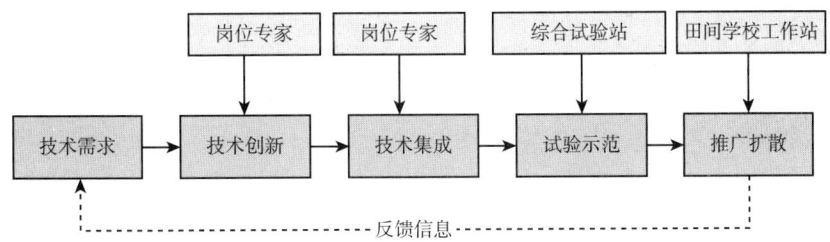

图 9-17　北京市创新团队的技术集成创新流程

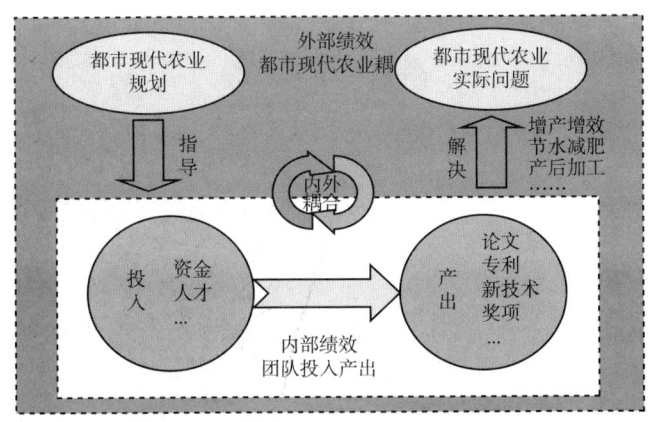

图 9-18　北京市叶类蔬菜创新团队内外部绩效

（四）北京市叶类蔬菜创新团队外部绩效（与都市现代农业外部耦合作用）

产出成果从 2012 年开始上升，2016 年达到高峰，以论文和专利为主；重点研发了病虫害防控、高产栽培技术以及新品种，而设施园艺、运输流通、安全检测等方面关注较少（见图 9-19）。

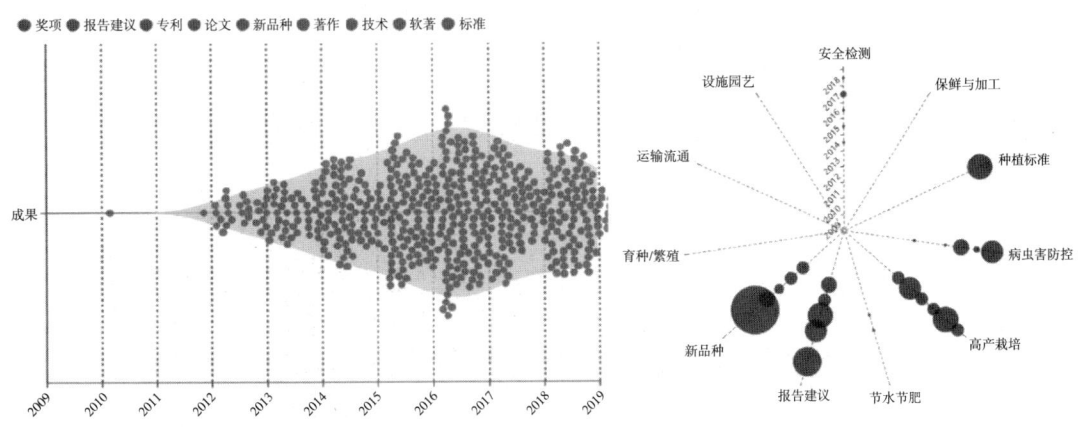

图 9-19　基于知识图谱的北京市叶类创新团队内部绩效可视化结果

"十三五"期间，在绿色生态方面，研发 15 项新型病虫害防控技术；农业增收方面，研发 19 项高效栽培技术，2 项保鲜加工技术，15 个研发登记新品种；在创新示范方面，研发62项专利成果；在农业多功能性方面，研发设施园艺技术、相关调查报告和政策建议等（见图9-20）。

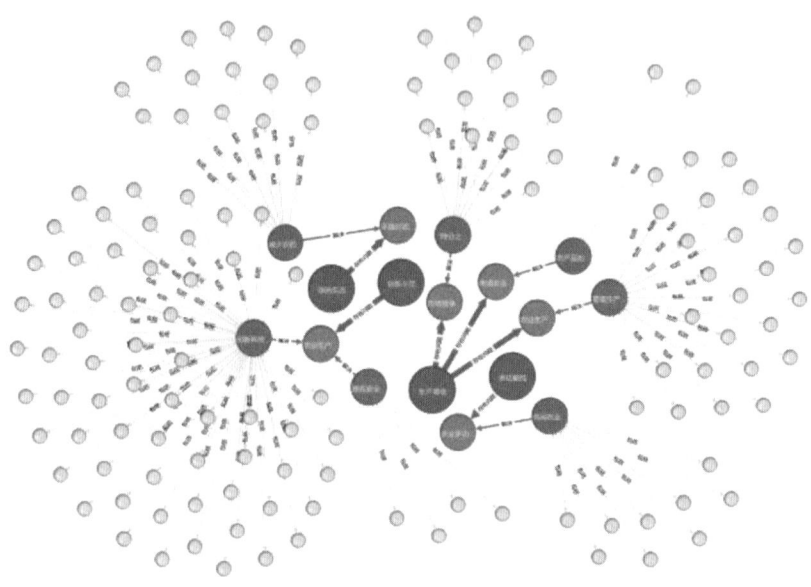

图9-20 "十三五"期间叶菜团队产出可视化成果

从综合序参量上看，种植业整体持续上升；叶类蔬菜创新团队呈现波动状态，2018年回升至较高水平。从产业耦合度来看，种植业整体趋于高水平耦合；叶类蔬菜创新团队处于在磨合耦合和高水平耦合之间波动。从耦合协调度来看，2012~2013年为中度失调阶段；2014~2017年为勉强协调阶段；2018为中度协调阶段。

（五）北京市叶类蔬菜创新团队内部绩效

根据调研结果，全要素生产率总体平稳，投入产出处于平衡状态，团队规模已达相对最优。综合技术效率波动上升，平均在0.7~0.9，仍有较大提升空间；要素生产率变化主要由技术进步驱动；新技术、新产品使用效率基本不变（见图9-21）。

	2012	2013	2014	2015	2016	2017	2018	平均
综合技术效率	0.412	0.402	0.745	0.936	1	0.815	1	0.759
综合技术效率变化	-	1	1	1	1	1	1	1
技术进步变化	-	1.100	3.265	0.789	0.378	0.991	0.943	1.000
纯技术进步效率变化	-	1	1	1	1	1	1	1
规模效率变化	-	1	1	1	1	1	1	1
全要素生产率	-	1.100	3.265	0.789	0.378	0.991	0.943	1.000

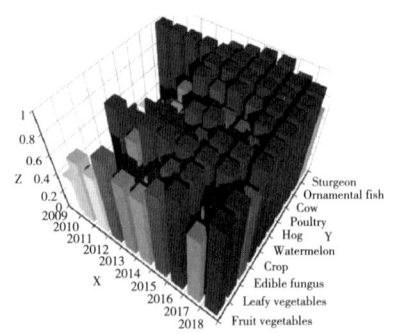

图9-21 北京市叶类蔬菜创新团队内部绩效计算结果

二、技术研发与主推技术

（一）团队技术研发情况

1. 品种选育与筛选

2020年选育新品种19个，筛选新品种或种质4个。

（1）选育生菜品种6个通过专家鉴定：

"北紫球生1号""北紫球生2号""北紫生5号""北紫生6号""北散生5号""北散生6号"6个生菜新品种通过鉴定（见图9-22）。

图9-22 选育生菜品种

（2）选育快菜新品种7个，其中耐抽薹品种3个，抗根肿病品种4个：

选育出3个深亮绿色耐抽薹性强的快菜品种"20Z5-319、322、341"，4个兼抗昆明、长阳根肿病小种快菜品种"20CR 昆/火-506、515、732、735"，均为市场深亮绿色主流品种京研快菜类型（见图9-23）。

（3）选育油菜新品种4个，其中耐抽薹品种1个，抗热品种3个：

选育油菜新品系2个："20N2（耐热）""20N9（耐抽薹）"，优良新组合2个："20G 8-124（耐热、抗病）""20G 8-330（耐热）"（见图9-24）。

（4）选育韭菜新品种2个：

选育2个韭菜新品种"京韭3号（无休眠，耐寒）""京韭4号（休眠，高产）"（见图9-25）。

图 9-23 选育快菜品种

图 9-24 选育油菜品种

图 9-25 选育韭菜品种

（5）筛选直立生菜、红苋菜、观赏羽衣甘蓝品种 4 个：

筛选出 1 个适宜加工的直立生菜品种"19-3"，适合越夏种植的红苋菜红"柳苋 2 号"，适合秋茬种植的观赏羽衣甘蓝"粉冠 1 号"（皱叶类型，色彩分明，层数多，较耐寒）和"粉莲 1 号"（圆叶类型，颜色亮丽，植株健壮，叶片紧凑，耐寒性强，抗霜冻）。

2. 叶菜轻简化生产与示范

（1）移栽机自动抓取投苗装置的研发：

制作样机图，形成样机 1 台。分别在 2020 年 4 月、9 月，在北京永盛园种植中心进行生菜秧苗自动抓取试验。开展了单因素试验确定影响自动喂苗装置抓苗实验的主要试验因素的选取范围。试验选择结球生菜，16×8，128 穴规格穴盘苗。

（2）露地生菜生产全程机械化配套模式优化试验：

根据露地生菜种植要求，团队将 hortech 起垄机、安格利斯撒肥机、oliver 除草机、意大利移栽机、意大利收获机等机械设备用于生菜生产，对其性能进行田间适应性试验，对相关数据进行采集。

（3）石墨烯加热等新型高效节能增温技术试验：

在前期对小汤山特菜大观园相变材料增温日光温室考察基础上，技术团队在大兴榆垡的北京京南绿海农机服务专业合作社基地 2 号日光温室安装相变材料，开展增温试验。

（4）菠菜播带机播种生产试验：

开展了菠菜播带机与菠菜直播播种机对比试验，对其作业效率、播种量均匀性等指标进行了测试。测试结果表明：菠菜播带机与菠菜直播机的作业效率分别为 0.002 公顷/小时、0.005 公顷/小时，各行播种量均匀性变异系数分别为 0.2%、0.3%，菠菜播带机的作业效率慢于直播机，但播种量均匀性变异系数较低，播种更均匀。

3. 叶菜工厂化生产与示范

（1）叶菜工厂化栽培试验示范：

在密云极星农业科技园、巨海阔种植专业合作社、通州永盛园建立 3 个示范基地，示范面积合计 8400 平方米，示范优新品种引进、种苗集约化培育、安全标准化生产等技术。

（2）结球生菜高产高效栽培示范：

在顺义蔬之家、绿奥合作社、通州永盛园、延庆茂源广发农业园进行结球生菜高产示范，主要示范优新品种引进、高产高效生产技术等，打造样板田 4 个，共示范面积 55 亩。

（3）叶菜周年高效茬口栽培示范：

在昌平小汤山特菜大观园基地和通州永盛园开展叶类蔬菜周年高效茬口试验示范，主要进行优新品种和高效茬口安排等的试验示范。

（4）越夏芹菜栽培技术示范：

夏季高温多雨，棚室温度高湿度大，易发生病虫害，而芹菜喜冷凉，难以越夏生产，为攻克这一难题，在顺义前陆马村果蔬产销专业合作社和昌平金六环农业园开展越夏芹菜试验示范，示范面积 3 亩，主要内容有芹菜漂浮育苗技术、夏季"两网"防控技术等。

（5）水培叶菜立体栽培技术示范：

在通州中农富通园区利用现代化温室空间，形成三层水培立体种植，取得良好景观效果。第一茬于 2020 年 2 月定植罗马生菜，4 月底采收，随后种植第二茬生菜，于 5 月底采收；6～7 月种植耐热叶菜，主要为空心菜和台湾枸杞。据统计，全年接待参观人员 5 万多人次，2020 年 5 月 16 日举办第十届北京（通州）国际都市农业科技节，通过云参观、云讲堂、云展示和云论坛相结合方式，呈现云上科技盛会，9 月 24 日举办 2020 年通州农民艺术家暨农民丰收节，充分展示了水培立体种植和景观打造技术，为园区增加收益。

4. 叶类蔬菜"两减一节"关键技术

（1）土壤改良解决芹菜土传病害技术：

适用作物：芹菜。

防治对象：芹菜根结线虫、根腐病、细菌性软腐病。

适宜地区：环渤海、华北、东北寒区日光温室芹菜减药主产区。

关键技术：休茬期，土壤消毒；苗期，"中蔬根保"复合微生物菌剂可以冲施；定植及生长期，"中蔬根保"复合微生物菌剂可以冲施、滴灌施用 2 次。

实施效果：土传病害发生率平均降低 70%，化学农药使用量平均减少 45.2%，每亩增收节支 1000～2000 元。

（2）环渤海暖温带区设施芹菜减药技术模式：

关键技术：该技术模式有效利用生防微生物、纸钵育苗技术、日光消毒技术和弥粉防治技术，通过大量生物替代技术减少了芹菜土传病害防治过程中的化学药剂投入量，提高了芹菜叶部病害防治用药的利用率，减少生产过程中的化学农药投入量，最终实现日光温室芹菜化学农药减施增效的目标。

土壤消毒：当年 7 下旬至 8 月中旬，整地过程中同时施入耐高温复合微生物菌剂，进行大水冲施，覆膜同时密闭棚膜，闷棚时间超过 15 天。

育苗：当年 6 月下旬 7 至 8 月下旬育苗，统一使用秧苗盘进行育苗，育苗土壤采用复合微生物菌剂进行处理，处理浓度为2升/立方米，芹菜苗长至5厘米时，将秧苗盘内的芹菜苗分至含解淀粉纸钵育苗容器内，苗期用复合微生物菌剂1000倍液苗盘喷淋一次。

定植：将纸钵芹菜苗在30%螺虫乙酯·噻虫嗪悬浮剂4000倍液中进行蘸根处理，专用纸钵高度为3厘米，定植时要求纸钵表面高出地表0.5厘米，随着定植水冲施中蔬丰产菌，使用量为2升/亩，以强根壮苗，预防芹菜土传病害，降低连作障碍的风险。

生长期对芹菜病虫害的预防：采取"预防为主、综合防治"的方针，定植后30天采用100亿胞子/克枯草芽孢杆菌微粉剂进行喷粉法防治，预防各类真菌病害的发生，连续使用3次，施药间隔期为10天；定植后30天，使用41.7%氟吡菌酰胺悬浮剂进行冲施，预防根结线虫的发生，用量为100毫升/亩，全程使用1次；田间灰霉病发生初期使用中蔬微粉301（50%腐霉利微粉剂+100亿胞子/克枯草芽孢杆菌）进行喷粉防治，每次用量60克，施药间隔期为7天，连续施药3次；斑枯病和尾孢叶斑病发生初期使用中蔬微粉201（75%百菌清可湿性粉剂+50%异菌脲可湿性粉剂）进行喷粉防治，每次用量60克，施药间隔期为7天，连续施药3次；田间根腐病发生初期使用45%代森铵水剂全田冲施，用量为500毫升/亩，全程施用次数1次；田间粉虱虫口密度较低时使用30%螺虫乙酯·噻虫嗪悬浮剂2500倍液进行喷雾防治，成熟期每亩地用水60升。

技术模式实施效果：利用该模式示范后，化肥减施30%；降低化学农药使用次数3次，降低化学农药比本地调研数据减量50%，农药利用率提高12.8%，增产15.4%，模式示范棚芹菜生长健壮，病虫害发生轻，土传病害发生率降低78%。

（3）中蔬根保301A促进土壤消毒后微生态功能重建：

中蔬根保301A熏蒸对土壤微生物具有显著的杀灭效果。生菜生物量改善：株高增加15.94%；球茎增加20.63%。使用后，土壤中微生物迅速恢复且高于初始量。

（4）十字花科蔬菜丝核菌融合群多重荧光定量聚合酶链式反应（PCR）的建立：

建立了十字花科蔬菜立枯丝核菌融合群AG-2-1、AG-1-IB和AG-4HGII的多重荧光定量PCR方法，通过1次反应就可同时检测3种融合群，检测灵敏度达到10~7纳克/微升，接种后第2天尚未表现症状，就可在白菜根部检测到立枯丝核菌DNA量。

（5）韭菜迟眼蕈蚊（韭蛆）绿色防控技术：

绿色防控原则：防治方针是成虫和幼虫防控并举，做好种群数量控制，需重视生态调控技术。清洁田园，播种前或定植前深耕土壤，清理各类残体，晒土风干7天左右，减少虫源量；选用分蘖能力强、株型紧凑和直立性好的品种，合理密植；定植前需施足底肥，但不可过多；结合养根需要，韭菜全年收割次数不宜过多，以连续收割2~3次为宜。

核心技术：①设置防虫网、臭氧消毒、植株上方黑色诱捕板诱捕韭蛆成虫，每亩挂放30~40块。②应用日晒高温覆膜法（参考农业行业标准《日晒高温覆膜法防治韭蛆技术规程》）。③在日晒高温覆膜法覆膜处理后第3天，开始释放剑毛帕厉螨，每2周撒放1次，共撒放3次。

实施效果：结合各个时期的品种选择、生物肥有机肥、昆虫病原线虫、剑毛帕厉螨、辣根素灌根、防虫网、色板、日晒高温覆膜等技术集成，达到韭菜全程的绿色安全种植。在通州等京郊各区韭菜种植基地示范推广使用，累计面积 50 亩。

（二）团队主推技术情况

叶菜创新团队首席专家与育种、栽培、病虫防治、加工四大重点领域 20 余名专家合力进行技术研发，促进各主产区综合试验站技术成果熟化，开展农民田间学校工作站示范推广和技术培训，龙头企业、农民专业合作社、农户等直接参与、享用配套技术与成果，由此建立了高效的产学研推用一体化组织体系，推动了叶菜向产业化方向快速发展。

1. 品种繁育与推广

（1）郊区县新品种宣传和技术培训（3600 人次）：和郊区县综合试验站紧密结合，组织育种功能室在顺义、房山综合站进行叶菜新品种集中示范，另外，各作物分别在通州、大兴、房山、海淀、昌平、顺义、延庆等郊区县开展试验示范。

（2）京内、外品种展示观摩与培训（3727 人次）：京内、外叶菜品种展示、推广和技术培训 3727 人次，其中组织观摩会 12 次，课堂培训 12 次；另外通过网络直播展示参与 36670 人次，其中寿光品种展 5 月 1 日云展示，参与 3.5 万人次。

（3）成熟叶菜品种推广：推广成熟叶菜品种 11 万亩，通过京研益农（北京）种业科技有限公司销售平台在京津冀销售良种 5 万斤，推广面积 8 万亩（快菜 5 万亩、油菜 3 万亩）。

2. 叶菜高产、轻简化技术示范推广

（1）集成示范优质绿色高产栽培技术，助推叶菜安全、绿色、轻简化生产。

（2）推广叶菜栽培规程与技术模式：修订了北京市地方标准，制定了叶菜栽培技术规程 4 套，创建了 4 套叶菜栽培技术模式，并进行推广应用。

（3）推广叶菜集约化育苗技术：与 20 余个市级育苗场合作，规范集约化育苗技术，缩短育苗天数 25%，成苗率和壮苗率分别提高 15%、28%，减少人工成本 55%。

（4）推广叶菜轻简化栽培技术：通过研发移栽机自动抓取投苗装置，租赁动力机械、中耕除草设备、生菜收获机等机具，结合生产实际，开展田间试验，不断优化露地生菜生产全程机械化配套模式；积极引进新型菠菜播带机，进行田间试验，为后续环节机械化作业奠定基础。同时，引进新型节能增温技术，测定其增温、积温效果和经济效益，力求找出适宜北京地区的增温技术方案，解决北京市煤改电后冬季日光温室加热耗能偏大、生产成本偏高的问题。

3. 绿色综合防控示范与推广

（1）华北地区塑料大棚多膜覆盖越冬生菜农药减施技术模式。

（2）华北暖温带区日光温室芹菜农药减施技术模式。

（3）减肥关键技术示范与推广。

推广水肥一体化、测土配方施肥、轻简化栽培、全程绿色防控等集成技术，亩节水 40 立方米，节省 20%，亩节肥 11 公斤，节省 15%，减少用工成本 15%~20%。

4. 节水节肥关键技术示范与推广

推荐农户使用微喷灌溉技术、改良微喷灌溉技术、水肥一体化技术，在此基础上主推微喷灌溉水肥一体化技术，能够比常规灌溉节水 50%，为农户节本增效。

5. 产后加工示范与推广

净菜加工企业的新冠肺炎疫情防控存在"三多一短"四个特点："人员多"净菜加工企业属于劳动密集型企业；"需求多"蔬菜是百姓餐桌每日不可替代的食材；"渠道多"净菜供应客户涉及生鲜超市、电商、快餐企业和批发市场等多种渠道；"周期短"净菜从生产到消费的时间非常短。对此，制定《疫情期间净菜加工企业生产及流通指南》指导企业安全生产。

（三）团队研发成果情况

叶类蔬菜已经成为北京市农业的主导产业之一，2019 年叶类蔬菜种植面积为 26.57 万亩，占全市蔬菜种植面积的 49.9%，叶类蔬菜产量为 20.28 万吨，占北京市蔬菜总产量的 41.2%。北京市叶类蔬菜创新团队 2020 年研发新品种 19 个，推广成熟叶菜品种 11 万亩；形成"两减一节"技术 12 项，示范推广 5000 亩；获得专利 23 项（授权 18 项，申请 5 项），撰写著作 4 部、论文 66 篇（SCI 23 篇，EI 8 篇）、研究报告 11 部、标准 5 项，获得计算机软件著作权 6 项，获得奖励 2 项。在保障抗击新冠肺炎疫情和服务冬奥蔬菜安全供应过程中发挥了重要作用。

三、技术示范推广效益

（一）技术示范推广经济效益

全程冷链技术体系的应用，将明显减少加工企业垃圾处理成本，垃圾处理成本将减少 50%；明显减少单位蔬菜成品用水量，减少用水成本，并确保企业用水不超用水指标；人工费用将降低近 40%；减少蔬菜原材料损耗。蔬菜原材料的获得性成本预计降低至少 20%；将企业即用即食鲜切果蔬纯利润提升至 15% 以上；将大幅降低大城市附近即用即食蔬菜加工的工作量，比原有工作量预计减少 30%。

针对鲜切叶菜原料及产品损耗高，开展鲜切叶菜生产全程冷链控制技术研究与集成示范，形成鲜切叶菜生产全程冷链控制体系 1 套。在北京康安利丰公司进行示范，实现企业年增收 10% 以上。实现企业标准化、安全化生产。

（二）技术示范推广生态效益

推广水肥一体化、测土配方施肥、轻简化栽培、全程绿色防控等集成技术，亩节水 40 方，节省 20%，亩节肥 11 公斤，节省 15%，减少用工成本 15%~20%。

推荐农户使用微喷灌溉技术、改良微喷灌溉技术、水肥一体化技术，在此基础上主推微喷灌溉水肥一体化技术,能够比常规灌溉节水50%,为农户节本增效。

(三)技术示范推广社会效益

1. 郊区县新品种宣传和技术培训(4100人次):除分别和昌平、大兴、房山、顺义、密云、怀柔郊区县综合试验站紧密结合,进行叶菜品种示范外,2019年秋季育种功能室在顺义、大兴组织了六种叶菜及观赏叶菜等新品种集中示范,组织品种集中展示会。

2. 京内、外品种展示观摩与培训(1900人次):分别在山东寿光、北京通州、张北坝上、海淀四季青、广州柯木塱组织6次品种展示观摩会,通过展示观摩培训农户及相关技术人员1900人次。

3. 建立河北沽源夏淡生菜示范基地:夏秋茬在张家口沽源、赤城等地建立核心示范基地2400亩。

四、团队对产业支撑作用

(一)增加育苗量,提高应急保障能力

叶类蔬菜因其生长期短,生长迅速,可以有效地填补蔬菜市场的供应不足,适于新冠肺炎疫情应急下种植生产。

新增生菜及小品种苗360万株,甘蓝22万株,香料(芝麻菜、薄荷、法香)12万株;芹菜、菠菜、油菜、春白菜等叶类蔬菜的育苗量也有所增加。

(二)线上指导叶类蔬菜生产

新冠肺炎疫情期间,基地封闭导致原有技术指导工作受阻,裕农综合试验站积极联系叶菜团队品种与繁育功能室等专家对叶菜种植基地进行实地以及线上指导,帮助菜农实现疫情期间正常生产。

(三)新冠肺炎疫情期间定向承担首都蔬菜保障科技项目

作为技术主导,与裕农综合试验站承担"首都蔬菜应急保障关键技术研究与科技示范"课题。

第三节 叶类蔬菜产业典型案例分析

一、产业发展新业态

(一)"产、研、宣、培、推"五位一体高效推广模式

开创性建立了"产、研、宣、培、推"五位一体高效推广模式,通过调研获取生产一

线的核心问题，利用岗位专家所在的团队技术研发优势，开展技术研发，借助企业、合作社的示范平台优势，示范宣传所研发的技术优势和效果，再结合示范生产区域的问题通过线上、线下定点培训，向生产一线推广技术及产品。

团队依托单位大力支持，专家合力进行技术研发；在综合试验站，进行技术试验、成果熟化；在全市30个农民田间学校工作站，进行新品种、新技术、新产品的示范、推广和知识、技术培训；龙头企业、农民专业合作社、农户等直接参与、享用配套技术与成果。

（二）企业化运作带动农户实现双赢

以北京裕农优质农产品种植公司、北京永盛园农业种植中心等20余个叶类蔬菜产销一体化优势企业为龙头，新品种、新技术率先在企业应用，降低农户生产风险，推进良好农业操作规范（GAP）管理方式，建立企业＋农民合作组织＋农户的产销模式，保证农民利益。

（三）农民田间学校强化全程技术培训

充分利用农民田间学校，通过"互动式、启发式、参与式"的叶菜全生育期调查、参与式学习、集体试验、团队活动、经验共享等系列活动，把农民生产中所遇到的问题，先"自下而上"，后"自上而下"，循序渐进，步步深入，最后全面解决。按照季节和农时，针对农民需求，开展了叶类蔬菜专项技术培训，取得了良好的效果。

（四）产业发展与满足需求同增长

1. 形成了北京优势叶菜产业

坚持"产、学、研、推、企"协同，优势互补，经多年努力，叶菜种植面积迅速扩大，其中生菜、芹菜单种类年播种面积分列前5位，叶菜已由项目实施前的"少、散、小"发展为具有较大规模和较强竞争优势的蔬菜产业。

2. 叶菜成为菜农优选种植菜类

通过叶菜良种良法配套及周年高效茬口技术模式的推广应用，使叶菜变为栽培简捷、用工少、成本低、产业一体化、渠道通畅、比较效益较高的优势蔬菜，成为菜农青睐的种植菜类。

3. 满足了消费者对叶菜日益增长的需求

通过"政、产、学、研、用"协作，第一，提高了北京优质叶菜产品自给率；第二，为北京叶菜提质增效奠定了理论研究和技术基础；第三，丰富了叶菜花色品种，满足了消费者多样化需求。

二、典型案例分析

（一）叶菜品种展示观摩会

先后于2020年4月20~30日（山东寿光）、6月10日（河北石家庄农科院赵县基地)、8月12~16日(张北坝上)、10月18~20日(北京通州/四季青)、12月12日(广州种子交易会)组织和参加5次全国性的品种展示观摩会,对外宣传推广快菜、油菜等叶菜新品种。深亮绿色快菜品种京研快菜、京研快菜2号成为了快菜市场标杆品种,主导着快菜往深亮绿色优质品种方向发展。

(二)"战疫情、备春耕"专题直播线上平台培训

2020年3月6日开展了"战役情、备春耕"专题直播线上平台培训,讲解设施蔬菜病害发生与轻简化绿色防控技术。岗位专家石延霞研究员做了"设施叶类蔬菜病害发生与绿色防控技术"专题培训,全国各地设施蔬菜生产一线超过5800人实时在线观看直播,为各地新冠肺炎疫情期间设施蔬菜安全生产提供了有力保障。

(三)助力脱贫,实现科技帮扶

为河北省张北县扶贫项目——义和美鲜切蔬菜加工厂提供技术服务。企业投产后,预计年加工鲜切菜2万多吨,为实现净菜进京,向北京餐饮提供多样化产品,促进京津冀协同发展贡献力量。此外,农产品附加值和就业岗位的增加,加快了当地农民脱贫致富,预计企业每年可为当地解决50余人就业问题,为贫困户带来约3万元/人的收入,实现精准扶贫。

第四节 叶类蔬菜产业发展政策建议

一、产业发展问题及其技术需求

(一)品种繁育问题

叶类蔬菜品种问题突出,主要表现为主栽品种单一、品种抗病性、抗逆性较差、商品性欠佳等,缺乏抗病、设施专用、春夏秋冬四季种植的系列配套、综合性状优良的品种。需要培育适宜设施栽培的满足周年生产需要的叶菜品种,即培育春播、夏播配套品种以及优质品种,其中需要重点解决以下问题:

(1)耐低温抽薹深绿快菜品种缺乏;

(2)耐高温抽薹生菜、菠菜品种缺乏;

(3)耐热油菜、芹菜品种缺乏。

(二)蔬菜可持续生产问题

第一,叶类蔬菜病虫害种类多且复杂,错误诊断导致其防控效果差,需要重视病虫害的有效诊断及发生趋势监测。目前叶类蔬菜害虫发生呈现小型化趋势,叶螨、蓟马和粉虱

等小型吸汁性有害生物繁殖猖獗。如何高效、安全地防治这些小型有害生物已经成为植保领域一个亟待突破的重要问题。

第二，叶类蔬菜栽培方式的改变，导致病虫害优势种群发生改变，需研究创新病虫害防治新技术。

第三，叶类蔬菜生长周期短，化学农药导致的残留污染、重金属污染和抗生素污染很容易进入消费链条，迫切需要成熟的安全高效的叶类蔬菜病虫害防控技术及终端产品的安全监测体系。

（三）蔬菜栽培与机械化问题

从叶菜近几年生产来看，劳动成本高，综合效益低；从业人员年龄偏大，文化程度低，劳动力弱，难以掌握先进的科学技术；各种植环节"好用"的机具较少，农机具智能化水平不高，现有的农机产品仅是提供单一种植环节的农机产品，无法形成叶菜种植整体解决方案；蔬菜产量不足，缺乏规模化经营，这些都直接制约蔬菜的产业发展，也是未来几年应该着力解决的主要问题。

（四）叶菜种植土肥问题

根据对6个区13个生菜生产基地（农户）、4个区9个芹菜生产基地（农户）的生产需求和现状的调查，施肥方面的问题主要表现在：

（1）施肥总量大；

（2）重基肥，轻追肥；

（3）有机肥施用量大；

（4）氮磷钾施肥比例不合适。施肥量较大，肥料利用率较低，绿色优质高产栽培技术不完善、不配套，缺乏叶类蔬菜的高效栽培模式。

（五）叶菜加工储藏保鲜问题

新时期绿色发展仍然是北京的主旋律，随着我市净菜上市工作的开展，净菜对垃圾减量、建设绿色北京都具有十分重要的意义。但是蔬菜加工产业的整体水平有待提高，依然面临着运输过程损耗大、缺乏生产规范与管理标准、安全卫生监控不到位、加工机械专用设备缺乏、关键技术信息共享不到位等问题，致使生产效率低下及产品质量不稳定。

（六）北京自产蔬菜品质问题

叶菜类蔬菜多喜冷凉，夏季高温、强光往往会导致其叶边失绿、粗纤维含量增加，严重影响其品质。同时，一些叶类蔬菜，如生菜、菠菜，还存在高温抽薹现象，严重影响其品质。另外，对一些叶类蔬菜商品器官重要品质性状不了解，如芹菜叶柄颜色，受遗传与栽培条件共同调控，而对这二者间的关系却缺乏深入研究，也制约了叶类蔬菜的高质量发展。

二、产业发展趋势及其亟待解决的技术问题

（一）培育优质品种

需要根据农户的生产需求研发、推广抗病性、抗逆性、商品性强的品种。

（1）需要培育适宜低温、高温、露天种植、设施种植、工厂化生产等不同生产环境要求的优质品种。高温生产易抽薹、烧边，需优化栽培策略，打造高品质蔬菜，提高其附加值。

（2）需要培育抗病、抗虫、综合性状优良的品种。我市耕地资源紧张，种植面积减少，需通过优良高产品种提高单位面积产出率。

（3）需要培育满足周年均衡供应、春夏秋冬四季种植的系列配套的品种，丰富叶菜栽培模式，加强越夏生产栽培研究。特别是耐低温抽薹深绿快菜品种、耐高温抽薹生菜、菠菜品种以及耐热油菜、芹菜品种等。

（二）保障产品安全，提升生态效率

1. 提供降害

叶类蔬菜因受长途运输的限制，成为都市农业发展中的重要蔬菜品种，在旧的产业模式下，叶类蔬菜生产长期存在病虫害种类多，以化学农药防控为主的问题，与安全型、生态型都市农业发展方向不符。

2. 推进叶菜病害绿色综合防控技术集成示范推广

检测和监测体系的建立依然是叶类蔬菜安全生产的第一步；同时急需将精准诊断技术传输给一线蔬菜生产者，提高从业人员的科技素养。急需叶菜轻简化栽培技术病害绿色综合防控技术集成示范推广，带动叶菜生产转型升级。

3. 促进高效安全的生防产品研发和应用

生物农药以其安全、高效、环境友好的优点成为现代绿色农药的重要组成部分，目前已经开发出大量生防产品，解决了部分蔬菜的安全生产问题，但适用于叶类蔬菜上的产品和技术有限，需要与叶类蔬菜产业发展相匹配的生防产品及其配套应用技术。

（三）转变生产方式，提高劳动生产率

1. 加强技术推广示范

从叶菜近几年生产来看，劳动成本高，综合效益低；农药使用不规范，施药者对农药使用不了解，盲目使用化学农药，增加使用次数和农药剂量，致使蔬菜农药残留超标；从业人员年龄偏大，文化程度低，劳动力弱，难以掌握先进的科学技术，亟待通过推广应用与示范，培训企业的技术骨干。

2. 建立叶菜壮苗技术规范

叶类蔬菜适龄壮苗无培育标准与分级评价，集约化育苗率不足20%，需提升育苗场整体水平，规范育苗投入品使用，开展种苗分级评价，初步实现叶菜种苗分级销售，建立叶

菜壮苗技术规范，加强信息化管理，促进种苗的标准化、数字化发展。

3. 农机需求（节省劳动力）

对育苗、耕整地、施肥、播种或移栽、田间管理等环节配套机具的性能进行优化，并通过引进、研发、改进和筛选农机具，减少或整合作业环节，利用"互联网+"技术，促进农机与信息技术的融合，不断提高叶菜生产的智能化、信息化、自动化水平。

（四）满足个性化、高品质需求

1. 满足消费者个性化需求

针对不同群体的个性化需求，开发不同的蔬菜产品，如袋装沙拉菜及盒装轻食产品等。提升叶菜产品综合价值，对实现蔬菜优质优价，提质增效和提高农民收入都将具有重要的意义。

2. 提升叶菜产品品质

与传统种植方式及传统设施生产的叶菜相比，现代化设施生产的叶菜，其含水量、营养物质等均不尽相同，保质期及保鲜方式也会有所差异，亟待开展更多现代化设施生产的叶菜产品品质保鲜研究。

3. "互联网+蔬菜流通"应用

新冠肺炎疫情常态化防控下催生出消费者"线上下单""到家服务""宅家消费"的新生活方式的强劲需求。借助"互联网+"的优势，探讨"互联网+蔬菜流通"的发展业态、技术模式与运行机制，将是重要研究方向。

三、具体建议

（一）育种繁育

需要适应不同生产环境（低温、高温、露天种植、设施种植、工厂化生产等）要求的优质品种，育种繁育工作意义重大。

（二）不同叶类蔬菜标准化绿色防控技术体系的建立和应用

建立基于生物防治、物理防控、高效低毒化学农药的叶类蔬菜病虫害绿色防控技术体系，提供安全药箱方案，推动叶类蔬菜病虫害绿色防控技术的推广应用，保障京津冀叶类蔬菜产品安全。

（三）有机叶类蔬菜标准化生产的核心技术研发和应用

研发有机叶类蔬菜标准化生产的核心技术、建立有机叶类蔬菜质量安全评价与标准，推动有机叶类蔬菜生产技术的推广，扩大首都有机叶类蔬菜发展规模，是叶类蔬菜产品安全生产的重要环节。

（四）明确叶类蔬菜周年生产中温光条件对品质的影响规律

探索周年生产中不同温光条件对油菜、生菜、芹菜、菠菜、快菜重要商品品质的影响。研究不同播种与收获期温光条件对株高、叶片数、叶面积、单株重、叶重、根重等植株生长指标,以及可溶性糖、维生素 C、硝酸盐和亚硝酸盐、纤维素、叶绿素等品质指标的影响。最终明确不同温光条件对五种叶菜品质的影响规律,建立温光条件与重要品质指标相关模型。

(五) 明确栽培与遗传因素对生菜先期抽薹和芹菜叶柄颜色的调控规律

探索调控生菜抽薹与芹菜叶柄颜色的遗传因素,以及不同温光条件对这些遗传因素的影响规律。明确调控生菜抽薹与芹菜叶柄颜色的重要基因,明确北京地区不同温光条件对生菜抽薹与芹菜叶柄颜色重要调控基因的影响规律。

(六) 现代化设施叶菜产品保鲜期内品质保持及保鲜期延长技术

针对目前现代化设施生产的叶菜产品保鲜研究较少的现状,开展现代化设施生菜产品货架期内品质保持技术及货架期延长技术的研究,建立现代化设施叶菜产品保鲜体系,开发新型包装材料等。

(七) 新冠肺炎疫情常态化防控下净菜安全配送体系

需要从全产业链角度建立新冠肺炎疫情常态化防控下净菜安全配送体系,包括信息采集、下单订货、冷链运输和物流配送等过程,形成规范化操作程序,制定蔬菜安全配送标准操作规程。

第十章　北京市食用菌产业发展报告

食用菌具有高蛋白、低脂肪的特点，含人体所需多种氨基酸和微量元素，具有许多食品所无法取代的保健作用，得到联合国粮农组织的认可。近年来北京食用菌生产品种不断增加，科技含量不断提高，投入原料成本不断降低，生产手段更加环保，组织化程度不断提升，食用菌产业已成为北京市重要的富民项目和"菜篮子"工程的组成部分。

第一节　食用菌产业发展现状

一、生产现状

（一）总体生产情况

1. 食用菌总体种植情况

2020年我市食用菌生产情况明显趋好。我市食用菌种植面积为19870.68亩，比2019年增加了28.5%，处于近4年来的最高水平，结束了北京市食用菌种植面积近十年来持续减少的态势，呈现较为明显的触底反弹走势。2020年食用菌上市量为6984.97万公斤，同比增幅4.7%，为近7年来我市食用菌产量首次出现增长。上市收入为3.87亿元，同比增幅23.2%，处于近3年来的最高水平（见图10-1）。

2. 食用菌主要品种种植情况

（1）主要品种种植面积情况：

2020年平菇种植面积有所上升，种植面积为8118.8亩，比2019年增加了34.8%，占食用菌总种植面积的40.9%。2020年香菇种植面积继续呈减少态势，种植面积为4803.2亩，比2019年减少了50%，占食用菌总种植面积的12.1%。香菇和平菇种植主要以房山区为主。

2020年其他食用菌的种植面积急剧增加，为8523.2亩，比2019年增加了113.4%，主要集中在通州区和昌平区。

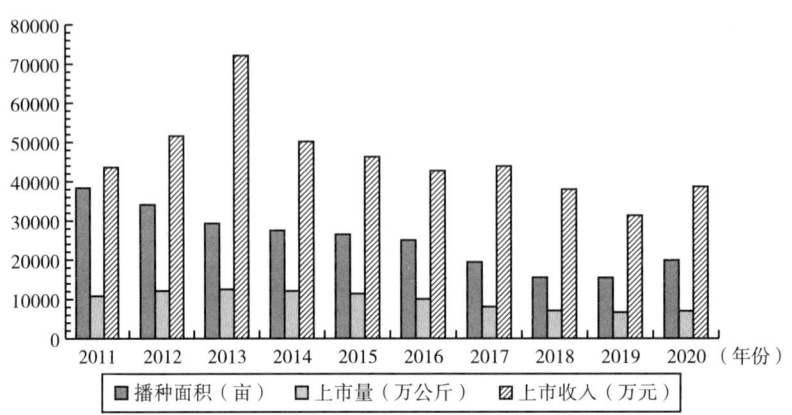

图 10-1　北京市食用菌播种面积、上市量和上市收入

数据来源：北京市农业农村局。

从图 10-2 可以看出，近年来我市食用菌种植品种趋于分散和多元化。北京市主栽的平菇和香菇种植面积占比由 2011 年的 70.8% 下降到 2020 年的 53.0%。茶树菇、秀珍菇等珍稀品种以及灵芝等药用食用菌品种逐渐增多，形成了以大宗食用菌品种为主，珍稀食用菌品种、药用食用菌、野生食用菌为辅的结构。

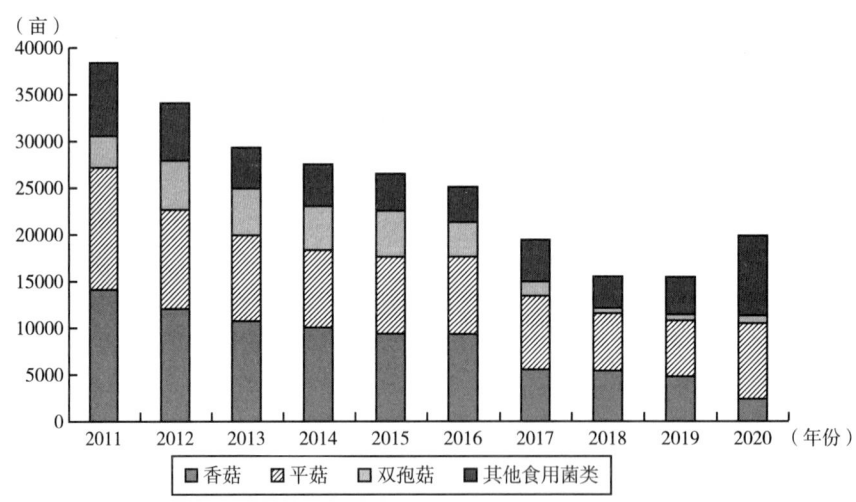

图 10-2　北京市食用菌各品种播种面积变化趋势

数据来源：北京市农业农村局。

（2）主要品种上市量情况：

平菇的上市量总体呈现下降趋势，2012 年达到最高值，为 4736.0 万公斤，2013～2019 年逐年下降，2019 年为 2229.36 万公斤，2020 年增加到 2527.81 万公斤，同比增加 13.4%。

香菇的上市量从 2011 年的 3693.99 万公斤增加到 2013 年的 4846.3 万公斤，达到最高值，2014 年以后逐年下降，2020 年下降为 1066.02 万公斤，同比减幅 21.2%。

除香菇、平菇和双孢菇，其他食用菌的上市量在逐年增加，2017年到最高值为3262.86万公斤，2018~2019年有所下降，2019年为2557.33万公斤，2020年增加到2999.98万公斤，由此可以看出，生产者的种植趋向于品种多样化（见图10-3）。

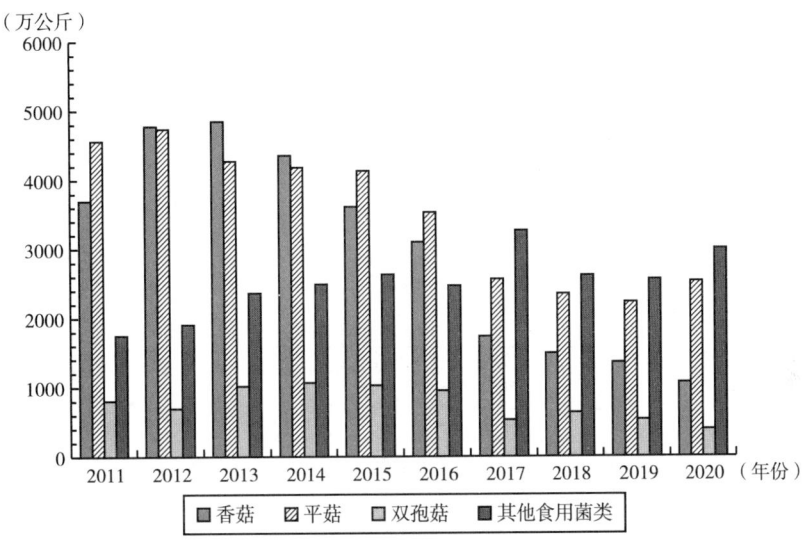

图10-3 北京市食用菌各品种上市量变化趋势

数据来源：北京市农业农村局。

（二）食用菌生产区域分布

1. 各区食用菌种植情况

（1）种植面积情况：

在食用菌种植地域分布方面，北京种植已由近郊区向远郊区扩展。房山区和通州区是北京食用菌第一、第二主产区，2016年之前播种面积基本在1万亩以上，但是2017年通州区种植面积出现了较大降幅。

2020年食用菌种植面积最大的是房山区，种植面积为9010.88亩，同比减幅8.0%。从历史统计来看，2011~2014年下降幅度较大，从2011年的20809.08亩降到2014年的10791.8亩；2014~2017年有所上升，2018~2020年又开始下降。通州区2011~2016年种植面积较为平稳，由于受城市副中心建设及产业结构调整的影响，2017年下降幅度较大，从2016年的9344亩降为2017年的1658亩，此后逐年上升，2020年上升为4802.7亩（见图10-4）。

顺义区食用菌种植面积2011~2014年逐年增加，2014年到达最高值，为2731.6亩；然后开始下降，2020年降到1267.4亩。大兴区前几年种植面积较为平稳，基本在1200亩左右，受大兴新机场及其配套工程建设等影响，2020年下降到666.4亩；密云区食用菌种植面积基本呈现下降趋势，从2011年的1309亩，逐渐下降为2014年的278亩，2015~2016年先上升（2016年为605亩）后下降，2020年下降为184.3亩；怀柔区食用菌种植面积变化趋势与密云区类似，呈下降趋势，但2020年增加到441亩；昌平区2011~2019年基本在200~350亩，2020年急剧增加到2984.3亩，主要是其他食用菌种类种植增加（见图10-5）；其他几个区种植面积都低于100亩。

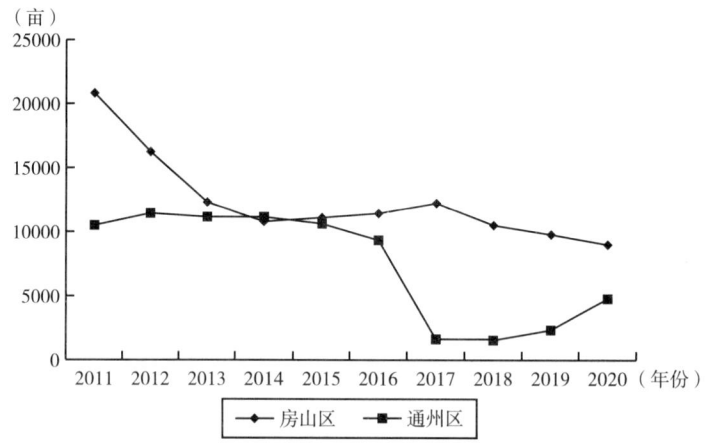

图10-4 北京市房山区和通州区食用菌播种面积

数据来源：北京市农业农村局。

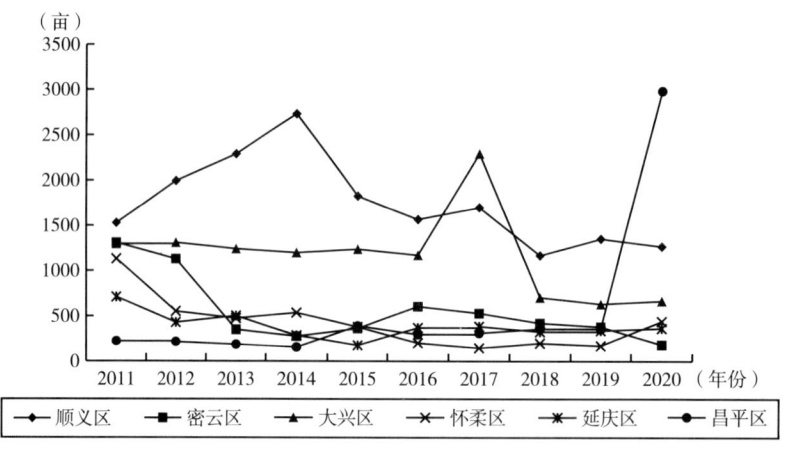

图10-5 北京市其他区食用菌播种面积

数据来源：北京市农业农村局。

（2）食用菌上市量情况：

北京市各区食用菌上市量的排名基本与种植面积一致。

房山区上市量在北京市各区中最高，2011~2016年上市量基本在5000万公斤以上，2017年急剧下降，为2700万公斤，2020年为2864.77万公斤。

通州区上市量居第二，2011~2013年呈增长趋势，以后各年基本在2500万公斤左右，2017年开始下降，2020年下降为1501.65万公斤。

顺义区在2020年被昌平区超过，居第四位（见图10-6）。

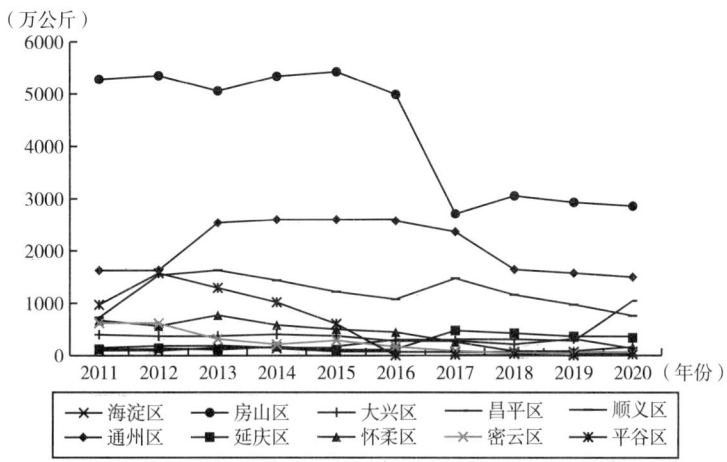

图 10-6　北京各区食用菌上市量

数据来源：北京市农业农村局。

2. 主要种植区食用菌各品种种植情况

房山区主要种植品种是平菇，近几年来播种面积基本占房山区食用菌播种面积的50%左右，2020年达到73.0%（见图10-7）；2011~2019年香菇的比重也在不断增加，2019年比重为48.9%，但2020年下降到18.1%。

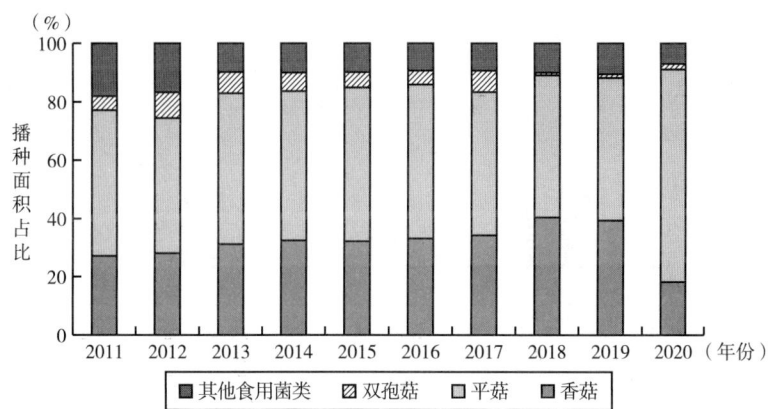

图 10-7　房山区食用菌各品种播种面积占比情况

数据来源：北京市农业农村局。

而通州区在2016年前食用菌的主要品种是香菇，品种面积所占比重基本在45%左右，2017年由于通州区整体食用菌种植下降，香菇种植面积也急剧下降，主要发展其他食用菌；其他食用菌的比重在2020年达到90.0%（见图10-8）。

（三）食用菌生产方式

总体而言，北京食用菌种植主要以设施栽培为主（见图10-9），其中以日光温室种植为主，种植面积在13000亩左右。2020年露地食用菌种植面积为4322亩，比2019年增加

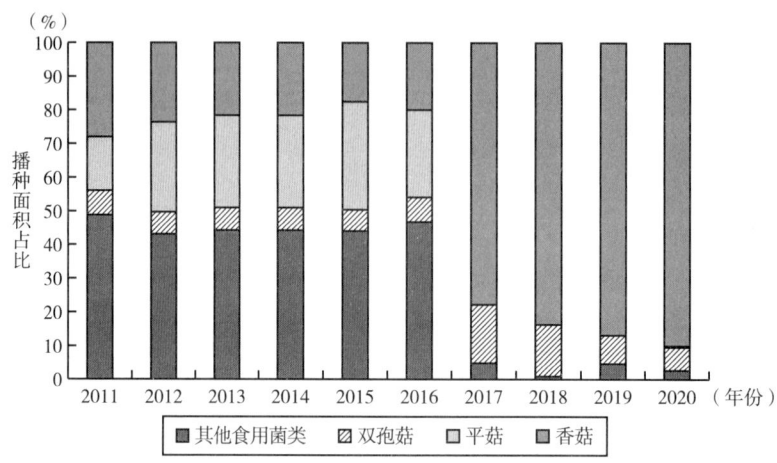

图 10-8　通州区食用菌各品种播种面积占比情况

数据来源：北京市农业农村局。

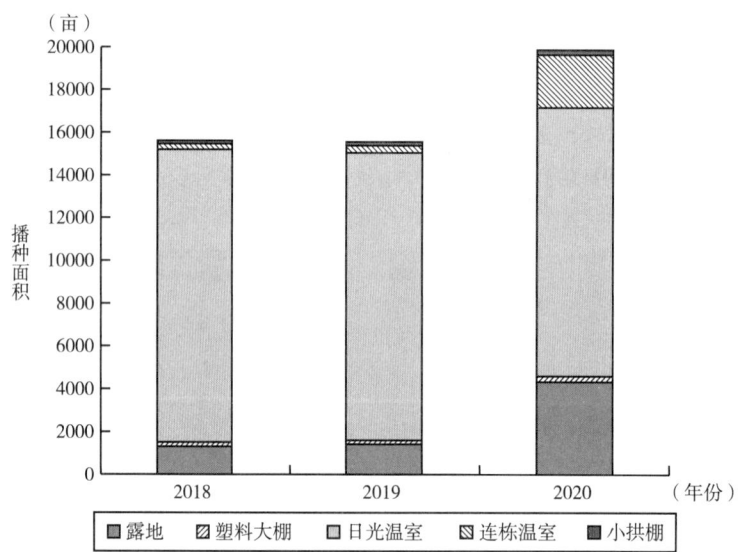

图 10-9　北京市食用菌各生产方式播种面积情况

数据来源：北京市农业农村局。

了 204.4%。

具体到品种方面，2020 年香菇、平菇主要以日光温室种植为主，比例为 98% 以上（见图 10-10）；其他食用菌品种露地种植占比 49.9%，连栋温室占比 29.2%。

二、加工流通现状

（一）加工情况

从 2020 年的团队调研情况来看，北京市食用菌加工产品基本没有。

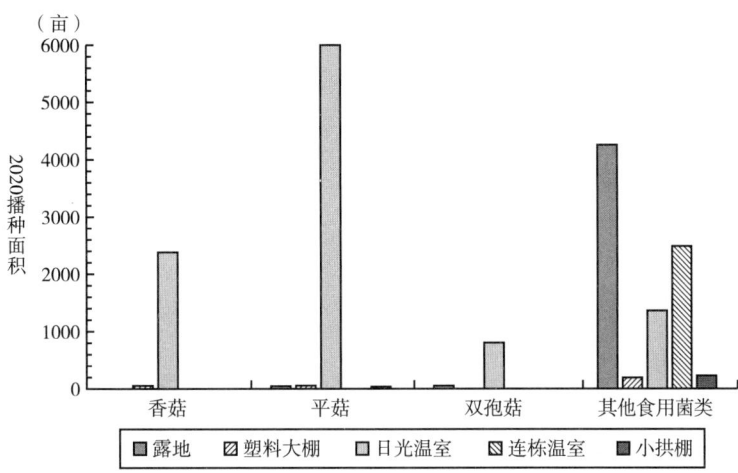

图 10-10 2020 年食用菌各品种（播种面积）生产方式情况

数据来源：北京市农业农村局。

李玉院士发表的《后疫情时代中国食用菌产业的可持续发展》一文中提出，食用菌加工产品分为传统和新型两种类型，目前很多传统加工产品正向品质优良、营养丰富的新型食品转变，呈现出传统产品现代化（营养化、标准化、工业化、地域化、品牌化）、新型产品方便化（方便食品营养化）、新型食品功能化（针对亚健康人群）、新型食品个性化（针对不同地域和民族、饮食习惯）等多元化发展趋势。因食用菌深加工产品受企业规模、深加工技术、原材料种类及价格等因素影响，仅约5%进入精深加工领域，绝大部分均处于初级加工领域。

纵观已有的研究文献及研究应用成果，食用菌加工产品以食用菌休闲食品（包括即食食品、食用菌果脯）、食用菌饮料、食用菌药酒、食用菌调料及食用菌茶等食品为主。

例如，在食用菌饮料方面，有：

（1）食用菌类多糖饮料，如香菇多糖饮料、银耳类饮料、多种真菌组合的功能性复合饮料；珍稀药用菌制得多糖保健饮料，如姬松茸、茯苓保健饮料等；在猴头菇的发酵液中添加蕃茄汁、胡萝卜汁、甜橙汁等多种天然果蔬汁，调配成的保健饮料；以猴头菇、鲜葡萄为主要原料，以柠檬酸、蔗糖等为辅料，制得了猴头菇葡萄汁保健饮料。

（2）食用菌类乳饮料，如灵芝功能性复合饮料、银耳保健乳饮料、茶树菇风味酸乳等真菌类酸乳类产品。

（3）食用菌类醋饮料，如灵芝果醋、猴头菇醋饮料、香菇汁醋以及苹果香菇醋饮料、利用美味牛肝菌的营养功效研发的液态发酵菌醋。

在食用菌药酒方面，如灵芝酒；如以香菇、猴头菇、金针菇为主料，经一系列的发酵配制的三菇营养酒；福建古田的银耳黄酒等、具有牛肝菌特殊风味的配制酒、松茸酒；香菇、猴头菌为主要原料，辅以枸杞、蜂蜜，采用纯高粱的清香型白酒为基酒进行泡制，得到的食用菌保健酒。

在食用菌调料方面，如牛肝菌风味酱、松茸酱、猴头菇鸡茸酱。

食用菌茶方面，如灵芝和姬松茸和茶叶经科学配比组合的"芝茸茶"、猴头菇浸膏和绿茶搭配（1∶2，m/m），最终制成的猴头菇袋泡茶。

还有，在食用菌药品制造方面，如猴头菇胶囊、口服液、混合片、多糖片、多糖粉、咀嚼片等多种形式的药品，以常见且产量大的杏鲍菇、香菇、猴头菇、榛蘑为原料，制成营养丰富、口味独特的即食复合食用菌营养咀嚼片。

另外，还有雪榕生物科技股份有限公司与未食达科技有限公司共同研发以食用菌菇蛋白为植物基的"人造肉"餐食产品。

食用菌深加工产业未来的主要研究方向还是食用菌功能性深加工产品和方便即食食品的研究和开发，重点开发食用菌的药用价值及其药用成分，提升食用菌的综合经济效益。

（二）流通情况

北京市食用菌产量占北京市蔬菜产量的 3.6% 左右。目前批发市场交易量较大的食用菌品种主要以鲜香菇、平菇、金针菇、茶树菇、草菇、鸡腿菇、杏鲍菇、双孢菇、海鲜菇、滑子菇 10 个品种为主。根据近几年监测数据，香菇、草菇、茶树菇、鸡腿菇、海鲜菇、双孢菇、滑子菇产自北京的比例在增加；平菇、金针菇、杏鲍菇产自北京的比例在下降（见图 10-11）。

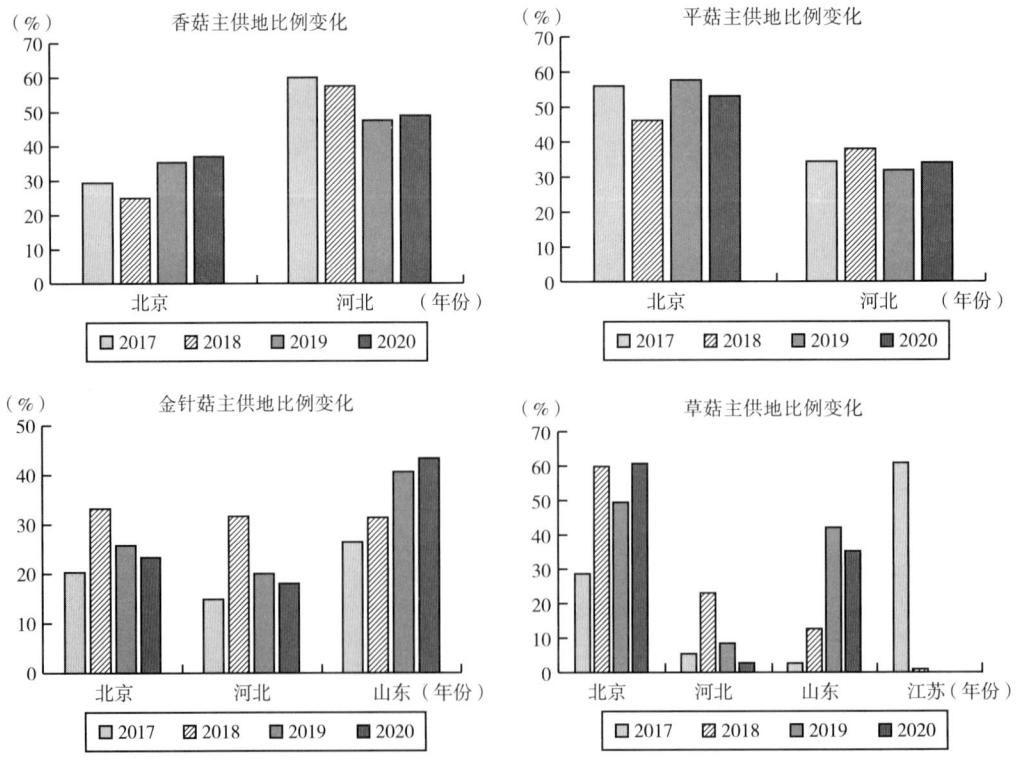

图 10-11　主要食用菌品种 2017~2020 年主供地比例变化情况

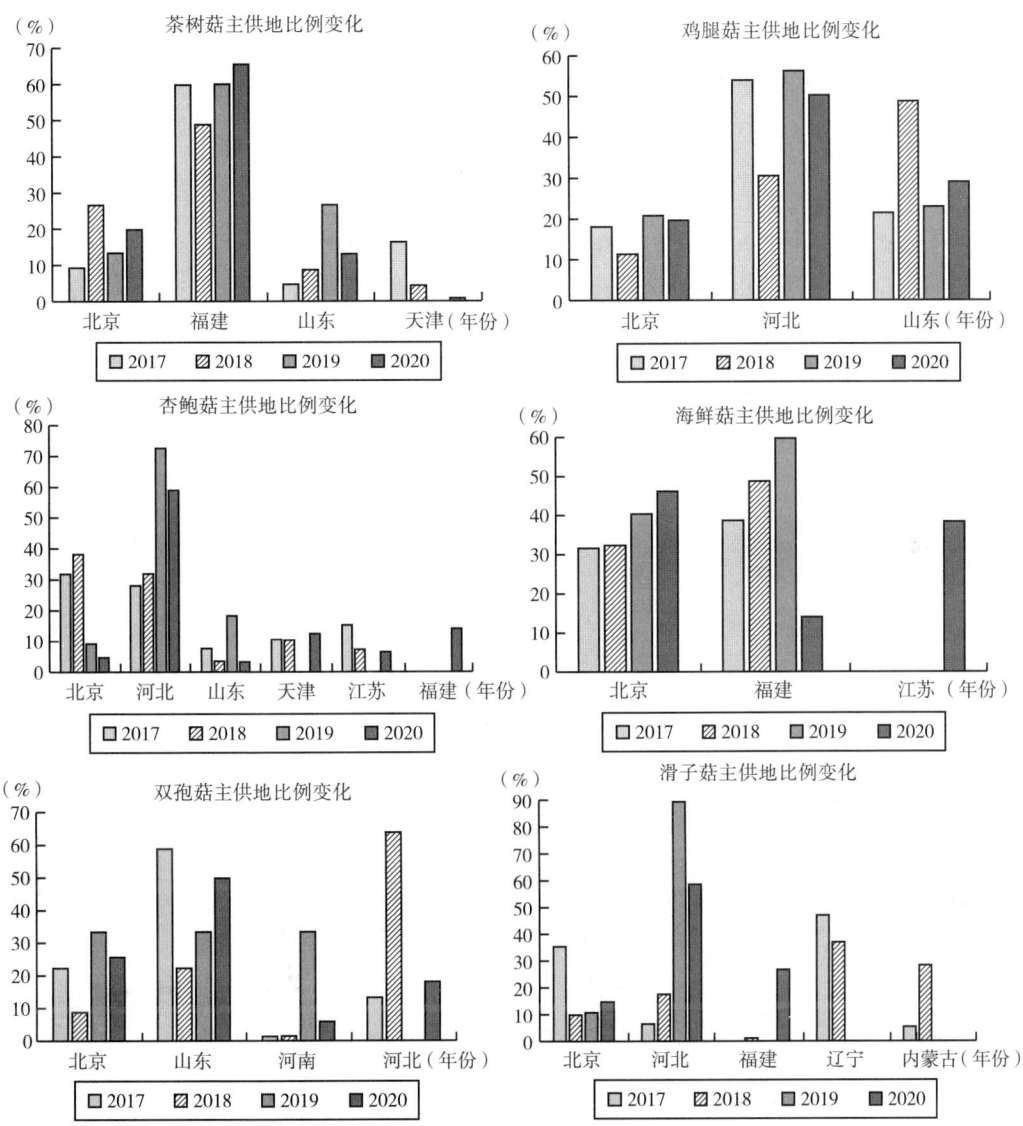

图 10-11 主要食用菌品种 2017~2020 年主供地比例变化情况（续图）

数据来源：北京市农业农村局。

2020 年北京批发市场香菇主供地，主要是河北、北京两地，分别占比 49.0% 和 37.0%，合计占比超过 85%；平菇也主要来自于北京和河北，分别占比 53.2% 和 34.0%，合计 87% 左右，比 2019 年有所下降；金针菇主供地进一步集中，从北京、河北和山东，进一步向山东集中，2020 年山东比例上升为 43.4%；草菇供应地集中在北京（60.7%）和山东（35.2%）；茶树菇主供地主要是福建，比例为 65.5%；鸡腿菇主供地变化不大，主要是河北、山东和北京，合计近 100%，其中河北的比例最大为 50.2%；杏鲍菇来源地主要以河北为主，占比均为 59.0%；海鲜菇主供地由福建和北京变化成北京和江苏，比例分别为 46.2% 和 38.3%；双孢菇主供地从北京、山东、河南三足鼎立变成山东（49.9%）、北京（25.6%）

和河北（18.0%）；滑子菇供应以河北为主，比例为58.6%，福建（26.7%）为辅。

三、市场消费现状

本书中食用菌价格是指鲜香菇、金针菇、平菇、草菇、茶树菇、鸡腿菇、杏鲍菇、海鲜菇、滑子菇、双孢菇10个主要食用菌品种的加权平均价格。

基于2006~2020年食用菌价格的年度走势来看（见图10-12），食用菌年度价格呈现波动上行的走势，仍处于长期上行周期。自2017年以来食用菌价格连续两年上涨，2018年食用菌平均价格为9.44元/公斤，绝对价格处于历史以来的最高水平，2019~2020年价格开始下降，2020年为8.82元/公斤。

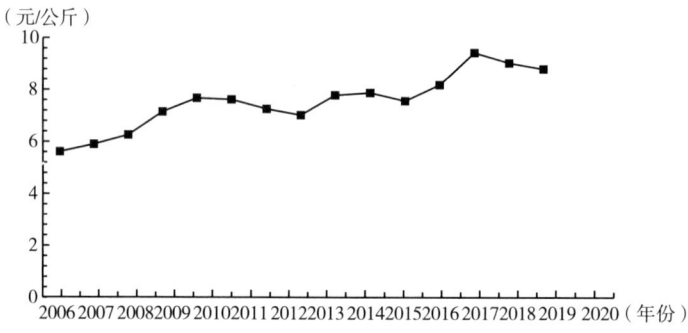

图10-12　2006~2020年北京市批发市场食用菌价格走势

数据来源：北京市农业局信息中心。

通过分析2019~2020年各月份的食用菌价格，可以发现价格高位期基本出现在8月，价格低位期大多出现在冬春季，即食用菌的价格与气温呈同向变化，这与食用菌生产供应的季节性是一致的，低温环境下食用菌生产供应量较大。2020年8月食用菌平均价格最高为9.72元/公斤，11月与12月平均价格最低为7.92元/公斤（见图10-13）。

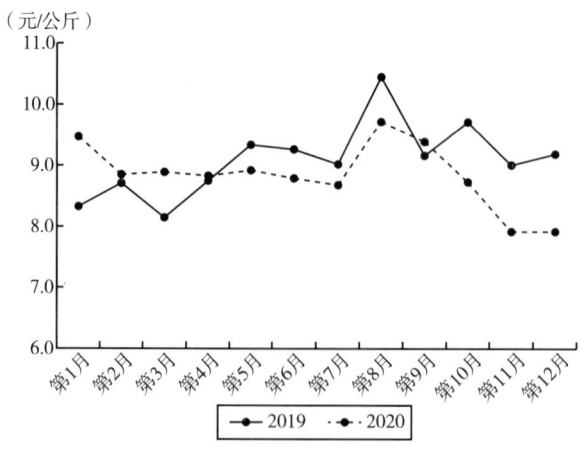

图10-13　2019~2020年北京市批发市场食用菌各月份价格走势

数据来源：北京市农业局信息中心。

2020年食用菌总体价格比2019年下降4.6%，其中，茶树菇、鸡腿菇、双孢菇价格普遍上升，超过10%；草菇和金针菇，价格下降超过5%。受新冠肺炎疫情影响，市场上市量比2019年下降了58.2%，其中海鲜菇、滑子菇、双孢菇上市量下降80%以上，杏鲍菇下降47.8%，平菇下降10%左右，其他品种下降幅度均超过50%（见表10-1）。

表10-1　　　　　　2020年主要食用菌品种价格和上市量情况

品种名称	平均价格（元）	±%	上市量（公斤）	±%
草菇	16.7	-6.49	2586860.15	-77.68
茶树菇	11.77	18.53	3120200.11	-79.6
海鲜菇	9.19	-0.33	1344100.14	-83.4
滑子菇	11.2	0.9	1306600.12	-81.88
鸡腿菇	16.18	12.21	4146740.2	-71.56
金针菇	6.02	-9.2	8241726.2	-69.51
平菇	7.4	7.87	26978780.22	-11.33
双孢菇	13.1	15.32	1658250.07	-83.89
鲜香菇	8.9	9.2	19866364.21	-54.44
杏鲍菇	6.81	8.44	5348700.14	-47.79
合计	8.82	-4.55	74598321.56	-58.18

数据来源：北京市农业局信息中心。

四、新型经营主体现状

在2019年工作的基础上，2020年团队主要对密云区和怀柔区食用菌生产主体进行了调研，目前共建立包括226个生产主体的食用菌生产主体目录。相关情况如下：

（1）我市食用菌生产主体数量以小规模家庭生产经营为主。在226个生产主体中，普通农户（10亩以下）占比87.2%，合作社占比7.1%。7个区食用菌年总产量在5.45万吨左右，工厂化生产主体产量占比50.8%，其次是普通农户产量占比32.5%，合作社产量占比10.7%。如果不考虑3家工厂化生产主体，普通农户食用菌生产量占到全部产量的66%。

（2）外地人员是我市设施食用菌生产的主导力量。外地生产主体数量占比80%，其中绝大部分外地生产主体是以家庭生产为主的普通农户，我市生产食用菌的普通农户主要来自湖南、福建、安徽、河北等地。企业和合作社生产主体是带动本地人口就业的主要生产经营主体。从雇工成本来看，临时雇工平均每天134元左右，按照小时计工，每小时16元左右，固定雇工成本每月约为3460元。

（3）我市食用菌生产组织化和规模化程度相对较低。7个区仅有16家合作社，占比仅为7%左右，而在普通农户和大户中，基本没有加入任何合作社。普通农户主体户均设施数量为4个棚，一般都是家庭夫妻两个人生产经营；大户主体户均设施数量为15个棚，需要雇工经营。获得"三品一标"等认证的主体仅有21家，占比仅为9.3%。有品牌的主体一共有10家，总体品牌意识较为淡薄。

（4）我市生产的食用菌品种主要有平菇、海鲜菇、杏鲍菇、蟹味菇、白玉菇、鲜香菇、茶树菇、草菇、秀珍菇和榆黄蘑等共计17种，主要以大众品种为主，珍稀品种种植规模偏少。从设施生产来看，主要品种以平菇、香菇、茶树菇和秀珍菇为主，占到全部设施产量的98.9%；从工厂化生产来看，主要以海鲜菇、杏鲍菇和蟹味菇为主，占到全部工厂化产量的91.5%。

（5）从食用菌销售渠道来分析，我市食用菌销售主要以地头卖给经纪人的方式为主，总体占比79.2%，其次是到批发市场进行自主销售，占比18.2%。

五、成本收益及其产业支持政策实施效果

对于农户栽培品种，因原材料运输、工人返工等影响，生产计划受到延迟15~30天左右；春季制棒品种生产成本有所上升，主要影响因素为用工成本和原材料调运成本所致。工厂化栽培品种，新冠肺炎疫情期间生产成本有所上升，工厂化栽培各菇种销量与价格较同期下降30%左右，海鲜菇、蟹味菇、白玉菇采取降温抑制产量方式，金针菇、杏鲍菇因无法调节产能，产品进入加工品市场。

在食用菌生产用电方面，农户设施生产食用菌用电成本占生产总成本2.5%~8%，年用电费用区间为1.23万~10.08万元；工厂化生产企业用电成本占生产总成本15%~20%，年用电费用区间为400万~776万元。仅1个合作社因园区规划原因未纳入农业用电，其余均享受农业用电计费政策。

2020年是"十三五"收官之年，也是食用菌创新团队第二轮建设的收官之年，与"十三五"前相比，"十三五"末我市食用菌单位面积平均产量增加明显，全市食用菌平均亩产量为5783公斤，较2015年的5164公斤提高16.6%，创新团队的科技支撑效果明显。

第二节　食用菌产业发展中创新团队的技术支撑作用

一、团队基本情况

2020年食用菌创新团队全面贯彻落实党的十九大及中央一号文件精神，按照中共北京

市委、北京市人民政府《关于落实农业农村优先发展扎实推进乡村振兴战略实施的工作方案》和北京市农业农村局工作要求，围绕五年计划工作，以支持区域食用菌优势特色发展为重点，团队全体成员团结协作，努力完成了各项任务。

（一）创新团队功能定位及其建设任务

本团队以"科技生态护菌业，健康之菇献百姓"为口号，以"建设'高产、高效、高端、高辐射'的都市型食用菌产业"为总目标，以实现"食用菌品种优良化""食用菌的高产高效高端生产""食用菌产业化发展新模式""食用菌产业化发展的高端示范""循环生产、洁净化生产配套技术规范化"为具体目标，以香菇、平菇、双孢菇等主要食用菌为重点，开展了食用菌新品种选育筛选与引进筛选、食用菌配套高产高效栽培与病虫害防治技术、食用菌采后储藏、保鲜与加工技术、食用菌产后废菌糠循环利用技术、食用菌循环经济模式、供应链模式、消费市场与品牌建设等一系列研究，为产业的"五化"（品种稀新化、技术标准化、工艺轻简化、服务专业化、产销规模化）提供技术支撑，力争为菌农解决产量和效益问题，为食用菌企业解决产品开发和效益难题，为消费者提供安全、健康、多样化的食用菌产品。

2020年度紧紧围绕"五抓一稳"的工作思路，继续开展相关工作，选育传统食用菌品种、稀有品种、小众品种、特色品种，研发相关品种栽培技术；研发食用菌绿色配套栽培技术、食用菌休闲配套技术；利用基因工程手段开展分子育种工作，选育耐高温香菇品种，完善工厂化品种栽培工艺，并进行新品种、新技术示范推广工作。

（二）创新团队组成架构

2020年食用菌创新团队聘任首席专家1名、岗位专家9名、综合试验站站长4名、田间学校工作站站长11名，团队成员共计25名，设遗传育种与制种技术功能研究室、栽培技术与设施开发功能研究室、产后加工功能研究室3个功能研究室。食用菌创新团队有效整合了中央科研、市级科研、市级推广、区级推广等农业科技资源。团队机构健全，分工明确。

（三）创新团队作用与交流机制

团队以"科技生态护菌业，健康之菇献百姓"为引领，秉承"科学、敬业、协作、奉献"的精神，以"及时、高效、公正、公开"的评价制度进行管理，力争为服务对象提供最好的服务，团队氛围融洽向上，团队建设成效显著。

2020年，团队顺利完成了第三方审计公司审计，开展线上、线下工作落实会议2次，下发工作通知25次，征集团队管理意见1次，开展期中观摩、首席督导8次，实行季度绩效、年度绩效管理，考核结果显示各岗位均完成了任务指标，完成质量有所提升。

2020年度，本团队能够根据需求积极组织参加观摩交流会议和参加相关技术活动，其中共开展调研78次、307人次；组织农民活动日107次，培训学员232人、2299人次；举办培训34次、1168人次，开展观摩20次，参加552人次。宣传报道40次，其中电视台6

次，电台 4 次，报纸 24 次，网络 6 次。针对新冠肺炎疫情，发布应对疫情技术意见 3 期，复工复产技术意见 7 期。

二、技术研发与主推技术

（一）团队技术研发情况

1. 资源收集与保育

采集野生种质资源 1800 余份，完成了 1000 余份的 DNA 提取、内转录间隔区（ITS）扩增，经过鉴定，有包括蘑菇属、侧耳属、田头菇属、长根菇、鳞伞等一批重要的食药用菌，完成野生菌报告 1 份。

2. 开展优质品种选育

（1）选育出耐高温香菇杂交菌株（高 16×扣 46）在 30℃~34℃ 高温环境下能够正常出菇，单袋产量达到 543.47 克，产量极显著高于亲本 25% 以上，子实体单朵重 30.17 克，出菇整齐，形态圆整，且子实体碳水化合物和必需氨基酸含量均高于亲本菌株。

（2）以 35 株野生阿魏侧耳为出发材料，驯化出生育期短且商品性高的 2145 菌株并取得专利授权。

（3）筛选出金顶侧耳 4024，在菇形、颜色方面表现突出，且具有冬季栽培出菇的潜力，为低温品种选育奠定了基础。

（4）筛选出兼具观赏性和保健性的嘉润灵芝，其三萜类物质及多糖含量分别达 1.43%、2.70%。

3. 育种技术研发

（1）育种技术实现了创新，改造质粒载体 pCAMBIA1302，实现与双孢蘑菇热休克蛋白基因（Hsp20）的重组，转化子萌发率由 16.5% 提高到 29%。

（2）构建香菇农杆菌介导的香菇遗传转化体系，为香菇育种奠定了技术基础。

4. 栽培技术研发

（1）获得"奥德京 1 号"初生菌丝核型数据 1 套，完成了丝球小奥德蘑单孢菌株同核体及异核体鉴定。

（2）研发适于"奥德京 1 号"工厂化出菇简便的催蕾方式，子实体数量提高 22.77%。

（3）改进卵孢侧耳工厂化栽培技术，优化栽培配方一种。

（4）研发大球盖菇温室林地的关键技术：配方、菌种、播种时间及产量统计等。

（5）研发了羊肚菌的林地栽培技术。

（6）综合栽培期及病虫害发生情况、外观、产量及有效成分含量指标，筛选出适于林下栽培的优质高产、多糖含量高的灵芝品种黑芝，并集成了地栽栽培技术模式。

（7）首次实现银耳日光温室规模化栽培技术：集成菌种培养、接种方法、配方、菌袋规格和培养技术,改造温室环境,增加新风系统、水冷空调、超声加湿和立体层架栽培系统并集成智能控制。

(二) 团队主推技术情况

1. 品种推广

(1) 香菇优良品种:该品种由北京市农林科学院进行推广,推广范围为房山区、河北省丰宁县、张北县,推广菌种为"七河2号""0912""高温8号",推广50000棒,经济效益为5.5元/棒,并带动贫困户30户。

(2) 平菇品种:平菇4195(京品鉴菌2016007)菇形美观,颜色深,菇韧性好,菌盖大小均一(直径5厘米左右),单朵重,在北京及周边地区推广50亩以上。

2. 栽培技术推广

(1) 温室、林地大球盖菇栽培技术:该技术由北京农学院进行推广,推广范围为大兴、平谷、密云、顺义。覆盖面积75亩,亩纯收入1万元,充分利用了本地的木屑秸秆资源,为废弃物的使用开辟了新的途径。

(2) 免割保水膜光面香菇生产技术:该技术由北京市农业技术推广站进行推广,应用菌种为0912,推广范围为怀柔、通州、房山、大兴。覆盖面积100亩,产生经济效益30000元/亩。

(3) 羊肚菌温室栽培技术:该技术由北京市农业技术推广站进行推广,应用菌种为羊15、G20,推广范围为全市。覆盖面积50亩,产生经济效益20000元/亩。

3. 平菇发酵料+短时高温处理技术

该技术由食用菌团队进行推广,推广范围为房山、大兴、通州、顺义、密云、怀柔、平谷,覆盖面积1000亩,亩增收1923元,节省了能源、人力,污染率低。该技术经过多年的试验示范,基本形成成熟的技术体系,具有很好的应用价值。

4. 木条菌种应用技术

该技术由北京市农业技术推广站进行推广,主要应用于平菇,推广范围为房山、大兴、顺义、密云,覆盖面积1125亩,亩节约菌种费用5000元,接种效率高、节约人工成本。

5. 防虫网阻隔、预防菇蚊蝇技术

该技术由顺义区食用菌综合试验站进行推广,推广范围为顺义区,应用菌种为平菇。覆盖面积300亩,使用防虫网后虫口减退率在73%以上,增产率达66.7%,还可增加1个潮次出菇。

6. 菇蚊蝇生物防治技术

该技术由北京市植物保护站进行推广,应用菌种为茶树菇、平菇、灰树花、双孢菇、秀珍菇和大球盖菇,推广范围为通州、大兴、怀柔、平谷、房山、顺义,覆盖面积340亩,使用生物药剂或昆虫病源线虫,有效减少化学药剂的使用,最高防效可达55.54%~

92.81%，全收获期增产率达 3.94%~9.18%。

7. 菌糠资源化利用技术

利用菌糠育苗或替代化肥和有机肥，该技术由食用菌创新团队进行推广，推广范围为通州、房山、顺义、大兴，覆盖面积 280 亩。菌糠经过无害化处理后用作基肥，西瓜品质明细提升，可以实现亩增收 1 万元；种植南瓜，减轻重茬为害，亩产增产 300 公斤，技术应用到张北，带动当地的贫困户 17 户；种植茼蒿、小白菜和香芹等作物，在产量不降低的情况下，减少化肥使用量，替代量达 50%。

（三）团队研发成果情况

2020 年度，本团队的产品成果硕果累累，自行研发新产品 3 个：食用菌家庭栽培保湿装置（蘑幻太空仓）、节能保湿通风的蘑菇仓、营养添加剂。引进产品 3 个：黑白菌袋、新风系统、制冷系统、超声增湿系统。研发新技术 15 项，分别为林地光面香菇生产技术、日光温室规模化银耳生产技术、林地地栽灵芝技术、桃木屑大球盖菇栽培技术、生物药剂 Bti 粉剂防治菇蚊蝇幼虫技术、昆虫病原线虫防治菇蚊蝇幼虫技术、黑白菌袋不同模式栽培平菇技术、香菇优良品种、菌渣部分替代化肥和有机肥种植叶菜技术、香菇免割保水膜栽培技术、反季节林下黑木耳、林下香菇、日光温室羊肚菌生产技术、露地黑木耳生产技术、食用菌立体栽培架等。集成技术模式 5 项，分别是：林下黑木耳吊袋栽培、平菇高产高效栽培技术集成、生态林下栽培大球盖菇、食用菌家庭栽培模式、林地立体食用菌栽培模式。自主选育新品种 5 项，分别为平菇 4195、秀珍菇、金顶侧耳、阿魏侧耳、卵孢侧耳。筛选新品种 14 项，包括平菇灰美 2 号、平菇科佳 1 号、平菇 4159、平菇特抗 650、香菇 808、香菇 9102、榆黄蘑、赤芝、黑芝、贵芝、羊 15、蟹味菇 6 号、巨鲍菇（杏鲍菇）、羊肚耳。发表文章 11 篇，其中 SCI 3 篇。申请专利 3 项，授权专利 8 项。

三、技术示范推广效益

（一）技术示范推广经济效益

2020 年，本团队积极推进技术和产品（品种）的研发、引进、推广和培训，菌渣部分替代化肥和有机肥种植叶菜技术，利用菌渣种植小白菜单产可提高 600 斤，利用菌渣种植香芹，可有效阻抗多菌灵农药向植物中的迁移，在不减低产量的前提下，可缩短农药的安全间隔期，使香芹提前上市 1 周左右。在河北省张北县宏大家庭农场开展了菌渣蔬菜种植试验示范，利用菌渣种植南瓜 50 亩，亩产增加了 300 斤左右，亩增收 450 元，带动当地的贫困户 17 户。选育香菇优良品种在河北省丰宁县示范 20000 棒，产值 12 万元。利用林下黑木耳吊袋栽培技术，使单位面积土地利用率提高了 3.3 倍，产值 5 万元。

（二）技术示范推广生态效益

本团队积极进行循环利用模式研究，推广循环利用技术，将循环利用技术与农业生产生活技术相结合，开发了菌糠资源化利用的多个方向，利用菌渣部分替代化肥和有机肥种植叶菜技术，实现了菌渣的循环利用，保护了环境，并节约了化肥和有机肥的用量，实现了节肥增效，具有良好的生态效益。春季平菇昆虫病原线虫防治菇蚊蝇幼虫技术，较化学药剂防治棚室增产约5%，减少化学药剂使用1次以上，减少农药残留风险，提高产品质量安全。林下种植食用菌拓展了林地功能，丰富了生态文明内涵，提高了林地综合利用效率和经营效益，转变了林业经济增长方式。

（三）技术示范推广社会效益

2020年，本团队的共获媒体宣传报道40次，其中报纸宣传报道24次，电视、电台宣传报道10次，网络宣传报道6次，并利用2个微信群，有效宣传了团队的工作成果，提升了团队的知名度的同时，通过本团队的积极宣传推广，团队的新技术、新产品对产业的辐射率高达50%以上，为农户带来了良好的效益，稳定了产业发展。通过农民田间学校工作站，组织农民活动日，培训食用菌种植户，涌现出一大批高水平的种植能手，技术水平显著提高，示范和带动周边农户的能力也不断增强，使农民田间学校工作站成为食用菌科技示范的重要支点。团队综合技术示范区成为区域产业集群带动中心，有力推动了当地产业发展。

另外食用菌家庭栽培模式，包括食用菌盆栽、盒栽、专业装置栽培等多种模式，结合了家庭环境的特点，利用不同种类的容器。在第一和第三产业融合发展的园区结合科普活动进行推广宣传，并组织了进社区、进校园活动，扩大了食用菌产业的影响力并且传播了相关科普知识，满足了市民家庭栽培的需求。

（四）团队技术采用及效果情况

根据2020年开展的团队技术成果转化调研数据来看，2020年食用菌技术普及率为59%。40%以上的样本选择了套环定向出菇技术、平菇发酵料加短时高温处理技术、灰美2号和黑色菌袋栽培平菇技术等4项技术。从效果上来看，主要体现在增加产量方面，效果率分别为75%、86%、100%和100%。

四、团队对产业支撑作用

北京市食用菌创新团队对产业的支持作用大致可概括为四个方面：一是首席专家、岗位专家进行品种、技术研发及技术集成，通过在生产中试验、示范，推广服务于食用菌种植户；二是食用菌种植户在生产中出现的问题通过田间学校及综合试验站反馈至首席办及岗位专家，通过体系专家的研讨、试验解决出现的问题，实现了专家成果的快速转化，生产中的问题得到及时解决；三是开展科技帮扶任务；四是加强与其他创新团队及外界的交流，扩大创新团队的影响力。

（一）抗疫服务

开展调研，摸清新冠肺炎疫情对食用菌产业影响。新冠肺炎疫情对食用菌产业冲击影响较大，因原材料运输、工人返工等影响，生产计划受到延迟，生产成本有所上升，部分菇种生产面积缩减；部分菇种出现滞销，销量与价格较同期下降。为此，团队发布新冠肺炎疫情影响生产应对意见3期，发布复工复产技术指导意见7期；为顺义区、房山区种植示范户提供应急母种10个，枝条菌种9万余条，聚乙烯菌袋34万个；为三家食用菌企业提供了《应急物资调拨（转运）证明函》的办理通知；重构了销售渠道，指导3家生产主体对接大型居民社区11个，指导帮助销售4000公斤。

（二）建立食用菌菌株资源库

食用菌创新团队通过全国范围内的菌株收集、野外科考时分离纯化和保存野生食用菌菌株，建立相应的形态库、菌株库及通用条形码基因库。为产业提供菌株及品种创新的材料保障，如通过对菌株的筛选及人工驯化，成功驯化中华美味蘑菇和卵孢侧耳两个食用菌新品种。

（三）品种支持

食用菌创新团队育种与制种岗位专家与房山、大兴综合试验站合作，提供4195、4142、4155、灰美2号等平菇优良品种，通过这些综合试验站示范，4195已经推广至北京及周边地区进行较大规模栽培。2020年，该岗位与房山区北京英淇科技发展有限公司合作，进行阿魏菇的驯化栽培。提供10个阿魏菇菌株，在该公司进行试验，结果表明有2个菌株出菇良好，有进一步推广的可能。

（四）技术支持

在各个试验站，在产前、产中、产后三个环节中为农户提供优良品种、实用技术支持。

草腐菌栽培岗位专家团队提供温室与林地的大球盖菇技术支持，在大兴区做了温室不同来源菌种比较示范，在大兴林地20亩、平谷林地10亩做了林地菌种技术跟踪。

病虫害综合防治岗位专家团队在产中环节提供防治技术支持，调查病虫情况、发布病虫简报、田间实地技术指导服务、绿色防控物资提供。2020年首次在怀柔区北房镇宰相庄村食用菌生产基地开展了昆虫病原线虫防治平菇菇蚊蝇的生物防治技术应用，应用棚室最初商定为3个，在应用过程中昆虫病原线虫的防控效果逐渐被菇农认可，农户要求又增加4个棚室，后菇蚊蝇发生严重，化学药剂无法控制，农户提出化学防治的对照棚也要施用昆虫病原线虫，考虑到生产实际损失和农户需求，岗位及时满足生产需求，基地的8个平菇生产棚室均采用了生防措施。推动了绿色防控技术在生产上的应用。

（五）科技扶低

在2019年发展刺五加黑木耳的基础上，为珍珠泉乡南天门村引进玉木耳2000袋，以丰富品种结构，新发展露地黑木耳3万袋，形成了黑木耳、玉木耳的2个特色产品，实现产值16万元，为村集体经济贡献稳定收入的同时，带动低收入户年收入较帮扶前翻了20倍。

(六)举办第二届金菇榜暨"京菌京秀"线上直播活动

食用菌创新团队举办第二届金菇榜活动,线上累计访问量达到281万人次,有效投票量129万,推介了优质产品与优秀主体,引导了绿色高效优质高产技术体系应用,加强了优质品牌食用菌产品与消费者的对接,扩大了行业内外影响力。

第三节 食用菌产业典型案例分析

一、产业发展新业态案例

以食用菌生产园区、中小学科普教育基地为主体,由食用菌团队提供技术支持和部分菌棒,食用菌园区组织进行观光采摘、家庭栽培培训;科普教育基地开展面向中小学生和社区居民的科普教育活动。

草腐菌栽培岗位专家、育种岗位专家及顺义综合试验站合作,助力两个食用菌主题园规划建设,分别为顺义区龙湾屯镇山里辛庄村巧嫂合作社和顺义区北石槽镇西赵各庄村百菇园。两个园区开展中小学生食用菌科普教育、社会大课堂等活动。2020年创新团队主要为巧嫂合作社设计了初步规划和改造方案,请专家进行研讨,还协助其进行林下食用菌仿生栽培园建设,示范了榆黄菇、平菇、猪肚菇等多个品种;百菇园将筹建食用菌多品种科普展示棚和一个小型菌类博物馆,创新团队在前期给该园区提出了建设意见,提供了用于开展活动的菌种、栽培装置等,实现了科技支持休闲农业发展。

二、典型案例分析

(一)北京科技小院

通州区富各庄村科技小院成立于2020年10月,重点协助村集体发展林下食用菌、庭院食用菌,搭建以食用菌为中心的集农业科技创新、成果示范推广、人才培养及精准帮扶于一体的科技服务平台。通过引导和支持广大科技人员驻地研究、示范,"零距离、零门槛、零时差和零费用"服务农户及生产组织。食用菌创新团队根据村情村况、村民实际需求,开展驻村食用菌技术培训、咨询服务及示范应用,带动了当地村民就业、提高了村民收入,逐步推动当地现代农村农业可持续发展。

(二)生态林下示范栽培大球盖菇

食用菌创新房山区综合试验站在琉璃河镇石村田间学校工作站生态林下进行了大球盖菇示范栽培,原料选取阔叶木屑、麦麸、玉米芯等农林作物废弃物,经过发酵,在2019

年 10 月份左右铺料接种、2020 年 4 月出菇，6 月结束。通过试验示范，筛选出合适的配方和栽培方式组合 1 个，该组合菌丝健壮，无污染，产量较高，折合 5 公斤/平方米，商品菇率高，为 86%。

该示范依托石村田间学校工作站，销售方式为观光采摘和社区配送模式，产品一经上市，受到消费者好评和青睐，一度供不应求，售价 16 元/公斤，纯经济效益 12 元/平方米，生态效益和经济效益明显。

在出菇季节，组织本区农户 20 余人在该田间学校工作站开展了观摩培训活动，2020 年有 3 个从业主体进行了试验栽培，示范带动作用明显。

（三）密云区林下食用菌再添新秀

黑木耳种植项目作为扶持低收入户脱低已在密云区开展了 4 年。4 年来，全区黑木耳种植面积逐年增加，低收入户收入也比较稳定，项目得到认可。针对这种现状，密云区综合试验站继续进行研究，以绿色安全为切入点，区别于主产区黑木耳存在的生产风险，开始摸索食用菌新品种赤松茸种植，为农民增收寻找了又一个新途径。

在不老屯镇大窝铺村试验种植赤松茸品种 15 亩，将玉米秸秆、玉米芯、种植木耳废弃的菌棒进行粉碎、预湿、播种，控制好温度和湿度，在 2020 年 5 月长出无污染、纯天然、营养价值极高的仿野生赤松茸，采摘后的赤松茸经过简单分选后，销往市场。每亩产量可达 4500 斤左右，每亩可日产鲜菇 20~40 斤，最高日产 100 斤，市场价每斤可以卖到 8~10 元，每亩收入 4 万元左右。通过目前试验种植赤松茸已初见成效，下一步准备示范推广，带动当地更多农民就业，增加农民收入，也减少了秸秆焚烧，保护了生态环境。

第四节 食用菌产业发展政策建议

一、产业发展存在的主要问题

（一）菌种技术研发相对滞后

目前，北京市对野生食用菌种质资源的调查、采集、贮藏和开发利用严重不足，缺乏具有自主知识产权的优良菌种。食用菌菌种较混乱，同物异名、同质化竞争较为严重。存在品种退化现象，缺乏适合本地、性状稳定的耐高温型品种。产业化的食用菌品种相对单一，珍稀菌类占比较少，新品种未成规模。专业化菌种较少，新品种开发和优良品种保育、提纯复壮等工作滞后，规模化制种技术体系不完善。

（二）综合生产能力有待提高

全市食用菌生产主体80%来自外省市，小规模农户中外地人员占比更高。外来主体享受不到北京市相关政策支持，难以进行有效监管和引导，不利于实现生产环节的专业化和现代化。此外，食用菌生产主体仍以小规模家庭生产经营为主，各主体之间的联合性较弱，普遍存在"小而散""小而全"的问题，4亩以上生产规模成本利润率是4亩以下的1.54倍。生产经营者生产随意性较大，缺乏标准化生产技术规程指导，导致标准化生产程度较低，综合生产能力也有待提高。

（三）精深加工产品缺乏

随着食用菌保鲜技术的推广应用，初加工产品种类不断丰富，但过度集中在香菇、灵芝、猴头菇等少数种类，同质化问题突出。在加工方式上，仍以干制、腌渍、罐头、速冻等初加工形式为主，基于功能活性因子的精深加工不足，创新水平较低，产业链条较短，外延加工有限。

（四）流通销售体系不完善

食用菌销售主要以田间卖给经纪人的方式为主，总体占比约80%，其次是到批发市场进行自主销售，占比18%。生产与销售相脱节，种植效益无法保障，难以应对市场风险。现代化的交易和流通方式发育不足，统一和及时的市场信息引导较弱，合理的价格机制尚未形成，市场流通效率较低。对于特色平菇种类，如榆黄菇、鲍鱼菇、姬菇（包括小白平）、秀珍菇等均具有较好的市场推广前景，但是受限于销售渠道偏窄，难以实现优质优价，在与传统平菇竞争中无法凸显优势。

（五）生态功能发挥不充分

食用菌产业利用和转换的农业废弃物主要是玉米芯和玉米秸秆，其他农林废弃物较少，大量农林畜产业的副产品和废弃资源尚未充分开发利用。同时，食用菌产业自身产生的菌渣对环境也造成一定的污染，而只有约五分之一的生产者采用回归田园的方式处理菌渣。受组织机制和技术水平两方面因素影响，食用菌在资源利用、环境保护、绿色发展方面的作用尚未充分发挥。

（六）产业融合发展进程缓慢

食用菌产业与休闲观光、科普教育、园艺康养、网络电商等产业的融合度有待提高，形成新产业新业态的案例较少。以食用菌为重要元素的现代农业产业园区建设不足，基于食用菌的产业融合缺少有效载体。食用菌科普课程缺乏标准规范的课程设置、通俗易懂的课件以及形式多样的实操教具、展示产品和适宜的菌棒供应渠道等。

（七）产品效益不突出

随着农业用地、生态环保等政策的出台，食用菌生产相关的设施材料、生产用工、水电能源等成本不断增加。其中，燃料能源费用提升较快，平均每个菌棚高温灭菌成本由原来采用燃煤时的1000元，上升到燃气或用电后的3000元。生产用工费用也呈逐年上升之势,由原来的不足 100 元/日上升到 150～200 元/日。原料投入成本也在升高,玉米芯等原材料的价格已从 1400 元/吨上涨至 1800 元/吨,再加上运输费用的上涨,使得原料成本增加 30% 以上。与此同时,食用菌售价提高不明显,导致整体生产效益不够突出。

二、产业发展趋势

在当前稳产保供的政策导向之下,结合我市当前食用菌产业发展现状,今后一段时期我市食用菌产业发展趋势可能会聚焦在以下几个方面:

一是食用菌生产的适度规模和专业化分工趋势,两者相互促进和支撑。通过制棒、灭菌等环节的专业化,适度提高生产主体的种植规模,进而提高我市食用菌生产的规模程度,形成一定的规模和产量优势。在此基础上通过一定的组织化模式,提高北京市食用菌的市场竞争力。

二是珍稀食用菌品种的差异化发展趋势。通过发挥我市的科研等技术优势,走差异化竞争策略,逐步形成几个质量优、叫得响、卖得好的拳头产品,打造"北京食用菌"品牌。

三是食用菌林下经济与休闲园艺化趋势。近年来我市地栽、草腐食用菌呈现较好的发展势头,依托我市林地资源丰富的优势,顺势引导林下食用菌产业发展,同时与休闲采摘等进行有机结合,推动食用菌由"买着吃"到"摘着吃",提高北京市民对地产食用菌的认知感。如顺义区巧嫂合作社等针对食用菌科普、园艺化栽培、"自己动手做"(DIY)进行了有益尝试。

三、具体建议

(一)推动食用菌新品种认定办法

食用菌的珍稀品种开发是食用菌产业发展创新的主要内容之一,但自从 2016 年农业部停止了原有的新品种认定方法后,食用菌的新品种无法认定,研究成果没有获得承认的方式方法。目前云南、福建等省的种子服务站等机构已自行制定了相关的地方认定方法,推动当地的品种创新。建议北京相关农业部门也能推动相关的食用菌新品种认定办法,推动北京地区的食用菌种质创新工作。

(二)扶持有资质、有能力的菌种生产企业

北京市常规栽培的平菇、香菇菌种,多数由菇农自行从南方采购。由于供种单位没有对菌种进行提纯复壮,或者扩繁过程和运输过程上出现问题,菇农拿到的菌种质量好坏不同,而菇农本身是没有能力事先对菌种质量进行预判,造成不同菇农家出菇产量和质量高低不一。建议北京市扶持发展一批有资质、有能力的菌种生产企业,为北京食用菌生产主体提供菌种,从源头上解决食用菌发展"卡脖子"问题。

（三）推动食用菌药剂登记

菇蚊蝇是食用菌生产中常见的重要害虫，目前食用菌菇蚊蝇防治中仅登记一种化学药剂，在实际生产中用药需求得不到满足且出现超范围用药现象，存在食品安全风险，建议增加食用菌虫害防治的药剂目录登记。团队多年来主推的 Bti 粉剂和昆虫病原线虫在防治菇蚊蝇中效果较好，应用较为广泛，建议相关部门牵头启动登记手续，纳入北京绿色防控产批补贴名录，提高我市食用菌虫害防治水平、降低生产成本、提高农民收益。

（四）加大林地食用菌的关键技术研究

北京林地资源丰富，但食用菌种植模式、种类还很少，关键技术研发和集成远远不能满足本地需要。建议单独立项，分工协作，试验示范。

第十一章　北京市粮经作物产业发展报告

北京市粮经作物创新团队自2017年以来，工作重点以甘薯、鲜食玉米和草莓（以下将三种作物简称"粮经作物"）为主。本部分简要回顾了粮经作物产业发展现状、团队对产业发展的技术支撑作用及典型案例，并针对产业发展主要问题提出相关政策与经营管理参考建议。

第一节　粮经作物产业发展现状

一、生产现状

（一）2020年北京市粮经作物生产水平及生产区域分布

1. 甘薯

2020年，北京薯类播种面积1187.3公顷，比2019年增加了1.95%。为适应高质量农业发展需求，北京部分甘薯品种由高产型陆续向优质型转变，单产水平较以前稍有降低；种植规模在140公顷以上的主产区由大到小依次是密云、大兴、平谷和房山。上述4个区的薯类播种面积占全市91.08%。其中，种植面积近三分之二的在密云和大兴。这种布局是由土壤、气候等自然禀赋条件以及种植历史和政策导向等因素综合决定的。

2. 鲜食玉米

在粮经作物创新团队的技术支撑和全产业链统筹服务下，北京鲜食玉米生产者种植积极性有所提高。2020年北京市鲜食玉米播种面积2352公顷，比2019年的2197公顷增长了7.1%。2020年鲜食玉米生产规模超过200公顷的产区，由大到小依次是房山、延庆、大兴、平谷和密云。上述5区合计播种面积占全区的74.8%。鲜食玉米产量水平，因品种、播期和种植密度以及管理水平等因素的综合影响而各不相同，多数情况在12000~22500公斤/公顷的范围。

3. 草莓

北京草莓在2019~2020年度（2019年播种，2019年11月到2020年5月期间陆续收获）总播种面积是834.4公顷，总产量达到17889.8吨，平均单产水平21.44吨/公顷；播种面积、总产和单产分别比2018~2019年度增加了8.8%、15.2%和5.8%。顺义和昌平的单产水平高于全市平均水平。

（二）粮经作物生产上的品种应用

北京种植的甘薯品种包括烟薯25、普薯32、龙薯9号和济薯26等，种植区域主要在密云和大兴；鲜食玉米以农科糯及农科玉系列为主，房山种植面积最多；草莓生产中以红颜、章姬、圣诞红和国有自育品种白雪公主等。

（三）粮经作物机械化作业试验示范及生产应用概况

1. 甘薯

北京甘薯的不覆膜种植，从旋耕起垄、移栽、中耕除草、杀秧到收获，已初步形成全程机械化配套技术；甘薯的覆膜种植，仍处于探索适用、高效、配套成熟机具的选择阶段。

2. 鲜食玉米

鲜食玉米生产环节机械化程度相对较高。在耕整地、田间管理等环节，可借助籽粒玉米设备完成机械化作业；2020年重点在播种环节展开试验示范。

3. 草莓

北京草莓受设施生产的面积与结构、种植模式等多因素的影响，在多个生产环节缺乏高效适用机具。京郊草莓种植的机械化生产水平总体较低，属于典型的劳动密集型产业，目前主要在起垄阶段示范机械化作业。

二、产后贮藏及加工流通现状

（一）北京粮经作物产后贮藏及加工概况

北京生产的甘薯和鲜食玉米，多数以销售鲜食初级产品为主，产后储藏和加工的比例相对较低。2020年，甘薯通过半地下贮藏库贮藏400万公斤鲜薯，储藏品因售价提高增加400万元纯收益；薯干加工量达到20万公斤，加工品因售价提高增加85万元纯收益；鲜食玉米冷藏5万公斤鲜穗，因售价提高增加40万元纯收益。草莓冷藏3万公斤鲜果，因售价提高增加5万元纯收益。

（二）北京粮经作物产品流通情况

北京产鲜薯，小规模生产者首先销售给上门收购的中间商，其次是在产地附近集市零售或由所在的合作社统销；中大规模生产者的产品，有条件的则以产后储藏或加工为主，力图从错峰销售或加工品销售中减少损失并获利更多。没有储藏条件或储藏条件无法满足全部产品储藏时，则以批发给中间商为主，部分产品也会在当地农贸市场零售。近年来，以密云主产区为代表的甘薯规模化生产示范区，在北京市粮经作物创新团队成员共同努力下，甘薯贮藏条件和技术有明显改善。目前，产后储藏鲜薯及加工成薯干比例，合计占总产量8%左右。生产者获利水平也相应得到提高。

北京产鲜食玉米，因其不耐储运而对供求快速对接的保质要求较高，其销售渠道类型也相对丰富。小规模生产者主要通过产地周边零售、中间商上门收购为主，部分生产者也会配送给餐馆销售；错期播种的中大规模生产者，销售渠道相对较宽：批发市场批发、给电商或超市供货、向单位食堂或餐馆供货、按订单给团购供货、社区售卖、中间商上门收购等多渠道并用。

北京产草莓，因其上市时间是11月到次年5月，该时段是北京产瓜果的上市淡季，有利于和当地水果的采摘休闲形成错峰竞争，也与外埠草莓形成了采摘销售壁垒，因而在正常年份，草莓以采摘休闲而销售的比例，一般在总产量的三分之一左右。2020年因草莓上市旺季与新冠肺炎疫情严重期重叠，采摘销售锐减，倒逼生产者注重微信订单零售、团体批量订单送货上门、小程序集单销售、电商和直播带货等多种销售渠道的开拓。

三、市场消费现状

本部分以草莓电商市场供求分析为例，通过获取淘宝和京东两大电商平台生鲜草莓的消费者网购数据和相关评论，分析电商平台草莓店铺分布与竞争概况，并研究了草莓消费者网购的感知需求特征。

（一）京东、淘宝平台，草莓电商以辽宁丹东为主，店铺间呈垄断竞争态势

本书在多地草莓处于收获空挡期的9月底进行网购信息收集。结果发现：网上平台的草莓店铺，少数店铺具有较强的品牌效应，坐拥大量消费者，而多数店铺则只能获得少量消费者青睐；淘宝数据显示，草莓产出大市的辽宁丹东是电商发展最为蓬勃的基地；红颜品种是市场上最受消费者欢迎的产品。

1. 草莓电商店铺的地域和销量分布均以辽宁丹东为主

本书通过淘宝平台共筛选到68家草莓店铺。以付款人数表示店铺的受欢迎程度。该平台上来自全国生鲜草莓店铺和销量的分布，都以辽宁丹东的店铺量及其销量遥遥领先，分别占全国店铺数量的41.18%和销量的65.47%。其次是来自上海和山东的草莓店铺，数量和销量合计占全国店铺的25%和21.54%；而其余店铺数量及销量，则分别占全国的33.82%和12.99%。

2. 店铺之间的销量差异总体呈垄断竞争态势

比较淘宝和京东店铺数据发现，少量店铺坐拥大量消费者的情况普遍存在，但在淘宝和京东平台发生的程度有所不同。利用基尼系数指标来刻画这种不平等的程度，采用叠加每个店铺的销量差距与平均销量作比计算基尼系数。计算公式（1）如下：

$$G = \frac{\sum_{i=1}^{n} P(aver\_sum)_i - P(cons\_sum)_i}{\sum_{i=1}^{n} P(aver\_sum)_i} \quad (1)$$

公式（1）中，$P(aver\_sum)_i$ 代表第 i 个店铺平均销量的累积比例，$P(cons\_sum)_i$ 代表第 i 个店铺的实际销量的累积比例。

G 越接近 0 代表店铺之间的销量越平等，G 越接近 1 则越不平等。结果显示，淘宝和京东两个平台上，草莓商户销量的不平等程度分别是 0.82 和 0.89，二者都超过 0.8，表明这种销量的不平等程度都比较大。可见：较少店铺拥有大量客源的现象普遍存在。少量店铺形成了一定的品牌强度，具有一定的消费者粘性，其消费者忠诚度较高。产生这种销量垄断的原因，一方面平台推荐机制会将销量高、信誉较好的商铺，放置在较为靠前的页面，使其显示的信息更容易被消费者选择，这对于一些店铺名气不大的商家会形成一层信息阻断；另一方面，消费者也倾向于主动寻找销量较高、口碑较好的店铺，以降低其购买坏果的风险，这又形成了消费者层面的另一层信息阻断。考虑在这种双向的信息阻断机制下，一些购买量较少或口碑较差的店铺，会因此难以积累客源。

3. 电商平台以红颜草莓和白雪公主草莓为主要的销售品种

两大电商平台都以红颜为主推品种。淘宝数据显示，红颜主要产地为辽宁，而白雪公主产地主要是山东。以店铺量占比（销售某种草莓的店铺占店铺总数的比例）与购买量占比（评论数或付款人数占总评论数或总付款人数的比例）来分别表示供给与需求的特征。以店铺量表示供给是基于供给量越多就会有越多生产者售卖某个品种，以购买量占比表示需求是基于某个品种需求量越大，其消费者欢迎程度越高。研究显示，两大平台主要的草莓品种是红颜草莓和白雪公主（淡雪白草莓），两个品种的供给和需求都占据了总量的95% 以上。其次，淘宝网有一种酸草莓，而京东有店铺售卖章姬草莓和酸甜草莓，京东销售的酸甜草莓也较为欢迎（见表 11 -1）。通过对两大平台的草莓供求对比可见，京东平台的供需匹配度不如淘宝平台。

表 11 -1　　　　　　　　　　淘宝和京东平台草莓品种的供需分布

草莓品种	淘宝平台		京东平台	
	供给占比（%）	需求占比（%）	供给占比（%）	需求占比（%）
红颜草莓	86.76	86.61	80.9	97.73
白雪公主（淡雪白草莓）	11.76	13.13	16.85	0.84
章姬草莓	—	—	1.12	0
酸甜草莓	—	—	1.12	1.43
酸草莓	1.47	0.26	—	—

数据来源：根据 2020 年 9 月淘宝网站和京东网站采集的数据整理。

（二）消费者电商网购草莓时，对草莓味道的感知强度最大，感知态度最积极

消费者感知需求以感知强度与感知态度进行测量：感知强度表示了消费者对草莓某种特征的需求强度。感知态度表示消费者对草莓某种特征的满足程度。当消费者对商品的某种特征需求强烈，就会更加频繁地搜集相关内容；而当消费者对商品的预期满足程度则会反映在其情绪的表达上。

本书聚焦了具有一般意义的店铺和具有代表意义的有限样本，根据评论数量而采用人工筛选关键词方式，提取评论的有效信息。

关键词的筛选中，首先是基于筛选得到的消费者较为欢迎且销量较好的店铺，采集其消费者评论。然后通过阅读消费者评论，提取其关键词组合，为保证关键词的解释能力，删去无意义的评论和未作出明确评价的评论，最终得到912条有效信息。从产品、价格、物流和服务等维度衡量消费者网购草莓的感知强度和态度。

本书将消费者对草莓产品某类特征的感知强度，定义为消费者重复提到的某特征的频率，并通过下面的公式（2）计算。

$$F_i = \frac{Density_i}{Total} \times 100 \tag{2}$$

公式（2）的意义是：在100名消费者进行评论时，涉及相关特征的评论频率。其中F_i代表第i个特征的感知强度，$Density_i$代表第i个关键词在评论中出现的频率，Total代表总评论数。

统计感知特征关键词，得到各个特征的感知强度。将感知强度大于50的关键词视为消费者感知的草莓特征处于"强"等级（100个消费者中有半数以上会提及这种特征）。对处于10到50之间感知强度的关键词，视为消费者感知的草莓某特征处于"中"等级。将感知强度小于10的关键词视为"弱"等级。

消费者对网购草莓某类特征的感知态度，以消费者对该特征的评价是否积极来反映：当消费者对该特征较为积极时，会有相应的正面评价，反之则会给出相对消极的评论。不仅如此，当消费者对于某种关键特征没有得到满足时，会选择性地聚焦于产品特征的消极部分形成差评。分析消费者网购草莓的感知强度与态度，得出的主要结论是：

1. 产品属性中，消费者对味道的感知强度最大、感知态度最积极，其次是产品大小和新鲜程度

草莓的产品属性，包括味道、大小、新鲜程度、香味、颜色、口感、成熟度、果形和分量等内容。其中味道是消费者对草莓感知最强且最为核心的特征。在味道特征评论中，消费者的积极态度占44%，消极态度仅占9%。有的消费者为了追求味道会对红颜草莓产地提出较为严格的要求。其中丹东99便是产于辽宁丹东的红颜草莓，因其味道更符合多数消费者需求，其本地草莓电商销量规模也较大，个别商户月销量可达1万单以上。此外还有作为四川省双流县特产的双流草莓。丹东和双流草莓均是国家地理标志农产品。

草莓外形的大小和本身的新鲜程度，处于消费者感知强度中等偏上的等级，消费者的感知态度也相对积极。消费者对味道中的香味则感知强度不高，感知态度也不算积极。

多数消费者对草莓价格便宜的感知强度最弱。可见，草莓在大部分消费者心中的定位，属于娇贵的高档高价水果。

2. 运输属性中，消费者对包装、物流感知强度中等偏高，态度相对积极，但对无坏果的消极评价相对较多

包装、物流和无坏果这三个特征之间具有一定的影响关系：消费者会通过包装是否适当、物流是否快速和草莓坏果率联系起来；包装较为仔细以及物流速度较快，会明显减少草莓在运输途中的果实破损率。虽然降低成熟度能够使草莓承受较长在途时间并降低坏果率，却会造成草莓味道的下降，使消费者满意度降低。

运输属性中，多数消费者对网购草莓的包装与物流表达了积极态度，而"无坏果"的消极态度则占较高比率，为11%。可见，尽管包装和物流在一定程度上减缓了草莓的坏果率，但损伤问题仍没有得到彻底解决。

3. 店家售后服务质量对消费者的感知强度和态度均有明显影响

商家对草莓销售的服务，售前商家与消费者的信息互动、耐心咨询会增加消费者购买意愿。售后客服对消费者反映问题的处理，会决定消费者评价是否积极。

调研显示，消费者对店家的服务质量以积极态度为主。实际上大部分店家对草莓坏果的售后赔付，能提高消费者满意度，直接增强消费者对商家售后服务质量的感知强度和积极态度。但对于消费者认为草莓味道不如意的质量问题，买卖双方无法有效交流，评判标准难以统一，进而导致店家没有赔付根据，影响了消费者满意度和忠诚度。

（三）提升消费者网购体验的参考建议

1. 逐步以多样化产品来满足消费者的不同需求

草莓的同质化竞争严重，实际上这种现象存在于电商销售的各个领域。虽然消费者对草莓味道的感知强度最大，感知态度最积极，但味道是一种模糊的概念，不同消费者对味道的界定和理解各异，不像果型大小和新鲜度属性这样容易辨识。因此，可以逐步以口味的多样性适应消费者需求的差异性。同时，通过售前与消费者的积极互动，提高消费者对多样化产品需求的满足程度。

2. 采取综合措施有效降低配送过程的破损坏果率，提升消费者满意度

消费者对坏果率的消极态度较明显，是因为草莓作为"水果皇后"，是水果中价格较高、带有一定奢侈特性的娇贵果品。消费者以较高的价格网购，如果遇到破损和坏果，其负向感知和态度会明显上升。因此，线上商家应该在保证产品质量的前提下，从果品成熟度选择、防破损包装应用、遴选物流快捷的合作伙伴等方面努力，降低运输过程的损耗，以此提升产品形象和商家信誉，提升消费者满意度和忠诚度。

3. 积极与消费者沟通，不断改进售后服务质量

在线评论中，商家在对好评积极反馈的同时，更应该对差评进行积极沟通。过度专注于好评，可能对改进产品及服务的力度有限。商家若能耐心从差评中借鉴和反思不足，积

极对消费者的反馈进行售后跟踪服务,对维持与提升店铺形象更有益处。

本书基于在线评论分析消费者网购草莓需求特征,重点针对以草莓味道为核心的产品属性、以运输为核心的物流包装等属性和以服务为核心的买卖双方互动属性来展开,进而探讨了消费者网购草莓不同属性的态度及其形成原因。由于草莓作为一种鲜活农产品,不同消费者对其网购产品不同属性的评价标准有出入,无法像手机等标准化产品那样能够得到一致性较强的态度,尤其是在不同季节或物流时间较长时,消费者对网购到的草莓感知可能会截然不同,这在较大程度上影响了在线评论的有用性,但在评论中所包含的消费者对草莓产品及其运输和售后的主要诉求信息,仍然对线上商家开拓市场具有重要参考意义。

四、成本收益及其产业支持政策实施效果

(一) 北京粮经作物成本收益水平

粮经作物经营的成本和收益水平,受经营主体生产规模、技术管理水平、产品质量、市场开拓能力等多方面的影响,导致其成本收益各不相同。结合粮经团队专家调研结果并参考相关统计资料,得出不同粮经作物的成本及收益水平主要如下。

1. 甘薯

2020年北京甘薯平均单产27840斤/公顷,每公顷产值在3.0万~4.0万元。全市甘薯生产平均用工量约为每公顷100个工日;包括人工、种苗、化肥、农药、水电、机械在内的平均成本费用约为1.35万元/公顷。每公顷产值减除物质与服务费后获得的收益平均2.83万元/公顷,这部分主要是劳动的收益补偿。其中,生产水平和市场开拓能力或产后储藏条件较高的经营者,收益会稍高一些;供给旺季被动等待中间商收购的小规模农户,则纯收益相对低。

2. 鲜食玉米

鲜食玉米的产量水平,主要受品种、播期、种植密度、生产者经营水平和生产区域等因素的影响。2020年北京鲜食玉米平均单产16845公斤/公顷,每公顷产值在3.0万~4.2万元,平均产值3.98万元。全市鲜食玉米生产的平均用工量为每公顷82.5个工日;包括人工、种苗、化肥、农药、水电、机械在内的平均成本费用为1.84万元/公顷。每公顷产值减除物质与服务费后获得的收益多数在2万元左右,这部分大致相当于劳动净产值。

3. 草莓

北京市2020年草莓平均单产是21439公斤/公顷。每公顷产值因生产经营水平不同而多数在30万~80万元。不计大棚租金和劳动费用时,生产者的物质与服务费用投入水平多数在15万~60万元/每公顷,纯收益为20万~60万元/公顷。生产管理水平和生产经营能力(包括销售渠道和售价)的差异是导致不同纯收益水平的主要原因。

（二）产业支持政策及其效果

1. 现有产业支持政策

（1）草莓主产区昌平，对符合条件的草莓生产者，给予产业链多个环节的全方位政策补贴。

①种苗方面。每栋400平方米（50米×8米）标准日光温室按5000株种苗量、每株种苗0.5元标准补贴，每栋标准日光温室最多补贴2500元。

②栽培管理环节。一是草莓立体基质栽培补贴政策；二是温室草莓半基质栽培补贴；三是温室草莓后墙壁挂式管道栽培补贴。

③植保和环境安全绿色生产方面。2020年主要是北京市统一对包括草莓在内的果蔬类产品生产，进行绿色防控产品补贴：对天敌、生物农药类、理化诱控产品、授粉昆虫、高效低毒低残留化学农药等280种产品实施补贴，天敌产品补贴比例90%，生物农药、理化诱控、授粉昆虫补贴比例50%，高效低毒低残留化学农药补贴比例30%。

④试验示范及推广补贴。一是温室高架草莓套种食用菌补贴；二是温室葡萄与草莓立体栽培补贴。

（2）甘薯主产区以薯苗补贴为主。

密云区：低收入村薯苗100%补贴；低收入村以外的其他甘薯种植户政策补贴80%，自付20%。密云薯苗补贴约占全区种植面积的80%以上；大兴区甘薯种植每公顷补贴3000元。

2. 现有产业支持政策实施效果

（1）经济效果。草莓机械化起垄环节劳动生产率提高9倍以上，每亩作业成本节省340元以上。用户购买机具可减少一半费用。草莓及甘薯的种苗补贴，以及草莓生产中的栽培、植保和试验示范等补贴，有利于生产者应用高质量种苗和采用优质投入品，促进了产品质量提高和农户增收。例如，昌平草莓各种补贴，直接使农户每栋大棚投入节约2500元以上，提高了农户种植意愿和采用优质投入品的意愿，在获得理想收益的同时，促进了产业的持续发展。甘薯种苗补贴促进了优新品种及良种（苗）的推广应用，使得生产者每公顷节约成本5400~7200元，每公顷增收在1.5万元左右。

（2）生态效果。良种（苗）和安全绿色植保用品的补贴和推广，首先是鼓励农户使用正规低毒、安全农药，既能减轻药害，也能提高产品安全性，更有利于环境保护。其次是鼓励农户应用抗性强的高质量健壮种（苗），达到节药和节水效果。调查显示，草莓农户使用物理和生物方法进行综合防治，减少了农药的使用。草莓用授粉蜜蜂补贴，提高了产品的产量和品质以及农户生产安全农产品的积极性。

（3）社会效果。草莓机械化起垄技术，不仅提高机械化生产水平，降低人工劳动强度，还解决了农忙用工难问题；草莓起垄环节机械化生产解决方案，由合作社和园区先行示范和逐步完善，建立面向其他草莓种植地区的示范推广样板，扩大了机械化示范推广工作的影响力,在北京乃至全国草莓产业发挥了良好带动作用。鼓励甘薯集约化、规模化育苗,在增加农村劳动就业机会的同时,有利于培育甘薯专业村。例如密云车道峪,在甘薯规模化育苗环节实现人均增收 1000 元,提高经济效益的同时又给村里提供劳动力就业机会。

农药、生物菌剂和土壤消毒等植保投入品的补贴,有利于提高农户安全用药意识,推进生物防治措施的推广,提高农产品安全质量和社会认可度。

第二节 粮经作物产业发展中创新团队的技术支撑作用

一、2020 年团队技术研发现状及主要成果

（一）品种与种苗技术研究

1. 技术研发现状

（1）甘薯:

①研发目标：根据市场消费需求,培育适于鲜食烘烤、全粉加工、色素提取等专门用途的新品种;甘薯指标要求薯形好、薯皮光滑、耐贮存、抗病性强和利于机收。

②甘薯新品种选育和创新取得阶段性进展。

③甘薯脱毒技术进一步完善：继续开展茎尖脱毒、化学药剂脱毒等脱毒方法的比较。

（2）鲜食玉米:

一方面引进并创新利用几十份糯玉米种质资源,形成"甜味糯""香味糯"等不同类型自交系,例如 CQ56、ZN3、HN2 等,具有含糖量更高,香味更浓等优点。另一方面筛选高品质鲜食玉米新品种。

（3）草莓:

培育适合栽培、品质优、抗性强的新品系。储备重点观察的草莓新品系 3 个："通州公主""承德公主"和"香杉"。

2. 技术研发成果

（1）甘薯:

①在总结以前经验基础上,多种脱毒方法联合使用,提高了茎尖成活率和脱毒率。

②初步筛选出能促进"心香"与"济薯 26"组培苗增殖的 GA3 浓度。

（2）鲜食玉米:

①在研究现状基础上,选育出"京科甜 608"并通过北京市审定。品质、抗性和适应

性明显优于国外进口品种，是目前我国多个速冻甜玉米加工企业的主栽品种。以加工龙头企业河北鼎晨食品有限公司为例：过去每年购买几百万元的进口种子，通过试验种植后，全部改为种植"京科甜608"，节约了种子成本，加工产品还出口到国外。

②选育出优质白糯玉米品种"京科糯2000E"并通过北京市审定。由于保留了"京科糯"2000大部分果穗优良性状，增加了抗倒性与熟期更早等优点，每亩可比"京科糯2000"增收500元左右。已经成为"京科糯2000"之后的主要推广品种，继续引领我国鲜食糯玉米产业发展新方向。

③筛选出9个高品质鲜食玉米新品种："BM380""京白甜456""墨瞳""京科甜608""中农甜414""农科玉368""农科玉336""京紫糯219""京科糯768"。

（3）草莓：

筛选出5个草莓新品种："香野""红玉""圣诞红""小白草莓"和"越心"；构建草莓品种DNA指纹图谱。

(二) 资源利用与节约技术

1. 技术研发现状

（1）甘薯：

①甘薯日光温室电热育苗床育苗：绿色环保，温度易控，育苗时间缩短3~4天，繁殖系数提高5%以上。采用倒挂微喷灌水，节水三分之一。

②开展甘薯机械化中耕技术。可一次性实现垄沟除草、覆土等作业，采用悬挂式作业，能够有效解决田间管理过程中土垄塌陷的问题。建议中耕环节在移栽后30天开展作业，在杂草早期（两叶一心）适时多次作业，能够有效控制垄两侧杂草生长，防止土垄塌陷、土壤板结等问题，机械中耕除草较人工中耕除草提升效率32倍，每亩节约成本100元以上。

③甘薯机械化移栽+喷灌方式种植，从缓苗情况和中期长势情况到后期产量情况测定该模式种植的可行性分析。经过测产，甘薯机械化移栽+喷灌方式种植亩产产量为2164.17公斤，甘薯机械化移栽+喷灌方式种植比滴灌带种植亩产高近100公斤，可以进行示范推广。

④甘薯连作障碍的治理工作：上茬口种植春油菜和小黑麦的轮作基础上，开展了甘薯土壤连作障碍治理工作，选择不同类型制剂，在添加有机肥的基础上，根据各自的抗重茬的原理（抗病菌、应激产物和抗线虫）对有连作障碍的甘薯土壤进行处理。

（2）鲜食玉米：

继续开展密度与产量关系研究；继续研发不同新型缓释肥对鲜食玉米产量、品质和肥料利用效率的影响。继续研究适宜节水灌溉方式及其配套灌溉施肥设备和灌溉施肥技术。

（3）草莓：

草莓土壤养生与培肥。前期阻控方面，采用具有生物活性的物料配合不同有机肥（高碳有机物），利用可分泌异硫氰酸酯类物质十字花芸薹属作物（甘蓝叶片）和生物活性物质开展土壤消毒与生物群落重建工作。

2. 技术研发成果

（1）甘薯：

①获得甘薯日光温室电热育苗床育苗的发明专利。

②甘薯中耕机已在密云区示范应用600亩。

③在密云区开展甘薯机械化移栽+喷灌方式种植已在密云区进行示范200亩。

④不同轮作体系下生物菌剂对不同品种甘薯连作障碍的影响。对两种轮作体系下，主要对甘薯茎线虫和黑斑病进行试验，发现不同品种表现不一样，商19对茎线虫和黑斑病抗病性要好，发病率在3%~4%，而黄玫瑰的抗性相对差，发病率12%~17%，本茬口中，仅在春油菜-商薯19的T1、T4处理上发现有线虫，但没有发现黑斑病，而在小黑麦-黄玫瑰组合中，各处理均未检测到茎线虫，而黑斑病发生相对严重。一方面可能是品种对病虫害的抵抗能力有限的原因，也可能两种作物的轮作对不同病虫害有不同的影响。

（2）鲜食玉米：

一是优化关键栽培技术，明确了高品质甜玉米最佳种植密度是45000~49500株/公顷，最佳密度下一等穗产量可达15750~17250公斤/公顷；二是施肥策略，探明不同新型缓释肥对提升籽粒维生素C、可溶性糖及可溶性蛋白质含量的作用：减施25%缓释肥可达到减施稳产增效目的；三是集成了育苗移栽+微喷、直播+半固定式喷灌（高架喷灌）等节水灌溉组合，并获得节水节肥效果；四是筛选出高效防治药剂：将筛选出生物药剂白僵菌和高效低毒化学农药福戈分别和矿物油混合施用，防治后蛀穗率降低10%~15%。

（3）草莓：

添加"粗"（桃树枝有机肥）或"细"有机物料（牛粪有机肥）配合其他材料可以有效改善土壤的电导率（EC）值，对土壤质量起到提升作用。同时添加十字花科蔬菜发酵物和含氨基酸的沼液可以提高草莓的长势和品质及果实中的风味物质。PB处理（树枝发酵物）效果依然更加明显，可溶性固形物达到14.6%，从草莓长势来看，草莓的单果重都是最高；从草莓品质方面，果实的可溶性固形物酸含量均是较高。

（三）草莓轻简装备与技术研发现状与成果

继续改善便携移动作业椅和草莓温室省力车实物：在昌平园区使用，达到有效降低劳动强度、提高劳动效率的效果。

（四）产后储藏、加工与销售技术研发现状与成果

（1）开展甘薯糖化技术研究，以促进甘薯采后贮藏前期的糖分转化，解决甘薯采后短期内口感不佳的问题。提出了7℃~9℃甘薯贮藏前期的可溶性总糖含量较高，在第20天时达到峰值12.31%，比12℃的甘薯提高了2个百分点。即适当低温可以刺激淀粉加速转化为糖，使糖分峰值前移。

（2）申请了一种智能型保鲜库的发明和实用新型专利。发表论文《甘薯智能保鲜库的设计与实现》和《基于农业冷链物流的智能监测系统的设计与实现》。

（3）开展草莓适期适温保鲜技术研究，以明确不同温度条件下草莓的适宜货架期。提出了在0℃~20℃的配送温度范围内，温度越高越不利于草莓保鲜。其中在0℃、5℃、10℃、15℃和20℃条件下的适宜保鲜时间分别为20天、8天、4天、2天和1天。

（4）开展鲜食玉米适期适温保鲜技术研究，以明确不同温度条件下鲜食玉米的适宜货架期。提出了在0℃~25℃的温度范围内，温度越高玉米可溶性固形物下降越快、玉米特有的风味消失越快。其中甜加糯玉米在0℃、5℃、10℃、15℃、20℃和2℃条件下的适宜保鲜时间分别为40天、25天、10天、4天、2天和1天。可以说温度是鲜食玉米保鲜的关键性因素，其中0度条件下，贮藏30天的可溶性固形物含量仅下降了15%，而10度条件下贮藏5天的可溶性固形物含量下降了50%。

（五）2020年度粮经团队技术研发总体成果

审定登记优新品种6个，筛选出优质新品种16个，获得软件著作权3个，获得4项专利；出版专著13部，发表论文46篇；参与制定地方标准2项。草莓、甘薯和鲜食玉米相关研发推广，分别获得北京市农业技术推广奖（一等奖、二等奖和三等奖）总计6项。提出相关政策建议1份；提交技术经济分析报告8篇。

二、2020年粮经团队主推技术及其效益

（一）品种与种苗技术及其效益

1. 甘薯及草莓健康、脱毒种苗繁育及推广应用，推动优质种苗覆盖率提升

一是甘薯基质苗和脱毒种苗覆盖率达到57%，较去年提高1个百分点。二是品种权转让方面，通过对"京藏香""京泉香""京桃香""通州公主""白雪公主"等草莓品种（系）的繁殖权进行授权转让，获得转让费100万元。三是草莓基质苗和脱毒种苗覆盖率达到52%，较去年提高2个百分点。

取得的效益：经济效益方面，在草莓示范点，平均每公顷繁育优质种苗75万株，效益69万元/公顷，产量和纯收益较非示范点分别提高7.1%和8.2%。同时提高了土地利用率；社会效益方面，提高了草莓种苗质量和定植成活率，对保障安全生产、提高果品质量和促进产业发展具有重要意义。

2. 自育品种在全国的应用面积不断扩大，并开始走向世界

鲜食玉米：主推"农科糯336""京科甜608"等品种，示范推广面积450亩。鲜食玉米的自育"京科系列"，在房山琉璃河、窦店，密云河南寨，通州漷县，顺义赵全营等北京地区，示范推广333.33公顷，在全国的应用面积占比达30%以上，京津冀占比30%以上。通过运用优新品种、抢早播种、病虫害防控、水肥一体化、贮藏保鲜等技术，达到亩产1166.3千克，亩效益1905.7元，亩产和亩效益分别较北京市平均水平提高4.5%和

47.9%；单方水产出、纯养分产出、劳动生产率分别提高 10.6%、6.6%、27.7%。

草莓自育"京香"和"公主"系列草莓：种植面积京津冀占比 8.3%，全国共 13 万亩，占比 5.1%，在国产品种中推广面积占比达 36.6%。"白雪公主""京藏香"进入全国前十种植品种，改变了全国草莓品种种植结构，同时"京香"系列也开始出口俄罗斯，并向"一带一路"国家辐射推广。

取得的效益：

（1）经济效益：减少成本，鲜食玉米每亩纯收入平均增加 3000 元。

（2）生态效益：与普通玉米相比，具有节水节肥节药等优点；鲜果穗采摘后秸秆可用作青贮饲料，避免焚烧，生态效益显著。

（3）社会效益：鲜食玉米带动种植户脱贫增收奔小康，推动产业进步。

（二）资源利用与节约技术及其效益

1. 甘薯配套栽培技术及效益

（1）主推技术体系：机械化起垄，保墒抗旱、省工节本；适时移栽定植，抗旱保苗；病虫害绿色综合防病；机械化适时收获等高产、高效技术措施。

（2）取得的效益：

①经济效益：2020 年示范推广 3780 亩，较全市常规种植增收 449 元/亩。

②生态效益：每亩节水 2 方。

③社会效益：带动全市 1.78 万亩甘薯生产，较往年亩增收 148 元。

2. 鲜食玉米配套栽培技术及效益

（1）主推技术体系：北京市鲜食玉米"抢早延后"高效种植技术模式。核心技术：高品质鲜食玉米品种选择、3~8 月错期播种。配套技术：种植隔离、绿色防控和适期采收。

（2）取得的经济效益：示范推广面积 5600 亩，节约生产成本，每公顷纯收入平均增加 5811 元，示范区产值和效益分别比 2019 年增加 9.5% 和 7.1%。

3. 绿色配套技术及效益

（1）病虫害防治技术，提升安全生产水平。

①甘薯绿色防控技术：提出杂草"一封一杀"技术模式，土壤封闭（二甲戊乐灵），防效 92%；茎叶处理（精喹禾灵+助剂）除草效果达到 90%。筛选出黑斑病防治药剂：苯醚甲环唑水分散粒剂、氟硅唑乳油和乙蒜素乳油。编制甘薯病虫害全程绿色防控技术规程，包括使用范围、防治对象、防治原则、防治措施。

②鲜食玉米病虫害防治技术：明确了温室鲜食玉米主要病虫害：玉米蚜、蓟马、红蜘蛛、叶斑病。筛选出防治玉米蚜药剂：吡蚜酮和隆施（氟啶虫酰胺），防效 99%。明确了安全用药间隔期：7~9 天。

③草莓绿色防控技术：首次将小 RNA 深度测序技术应用到草莓种苗生产病毒检测，

实现一次检测出所有可能侵染草莓的病毒种类；通过实时荧光定量 PCR 实现草莓病毒的定量测定，提升草莓病毒检测的灵敏度和准确性，病毒检测水平大幅度提升。

④综合效益。

草莓、鲜食玉米和甘薯绿色防控技术应用 680 亩。经济效益：甘薯病害绿色防控技术示范田产量提高 5%。鲜食玉米虫害防控示范田产量提高 5%。草莓生育期减少农药施用量 10%。生态效益：绿色防控技术的应用，压低虫口数目，减少了化学农药用量，保护环境和提高产品安全性。社会效益：促使生产者进一步认识病虫害的危害，学习和应用病虫害绿色防控技术，提升生产者病虫害绿色防控能力、提高产量水平及农产品质量安全。

（2）节水节肥管理技术，贯彻生态理念。

建立草莓、甘薯和鲜食玉米节水技术示范基地 920 亩，技术应用率 100%，每亩节水 45%~50%。

（三）轻简装备/技术及其效益

1. 甘薯

甘薯不覆膜全程机械化作业技术体系：

①经济效益：比人工作业提高效率 5 倍以上，全程作业成本至少减少 12000 元/公顷。降低人工劳动强度，解决农忙用工难问题。

②社会效益：示范社会化服务方式，培育河南寨农机合作社等，提高农机作业总体效果和服务农户的效率。

2. 鲜食玉米

气吸式播种机械化技术：示范推广面积 660 亩。

①经济效益：作业成本至少减少 1350 元/公顷以上；

②社会效益：提高机械化生产水平，降低人工劳动强度，解决农忙用工难问题。

3. 草莓

（1）示范草莓起垄机作业技术：

①示范推广面积 1293 亩，东西向起垄 1~1.5 小时/日光温室，比人工起垄（16~20 个小时）提高效率 10 倍以上，节约人工成本 4500 元/公顷（节省 45 个工日），作业总成本减少 10500 元/公顷以上；

②提高机械化生产水平，降低人工劳动强度，解决农忙用工难问题；

③带动农户应用草莓机械化起垄作业面积较上年增长 3 倍。

（2）推广草莓省力车和便携移动作业椅：田间作业辅助设备，减少弯腰、跨垄作业次数，降低劳动强度。

（四）产后储藏与销售及效益

1. 鲜食甘薯贮藏设施性能提升

密云区石匣村冷库改造，示范推广面积 3000~5000 亩。

综合效益：甘薯贮藏保险技术规范的示范规模达 200 万公斤，贮藏损耗率降至 10% 以下，贮藏期延长至 180 天以上，好薯率提高到 90% 以上，总经济效益 100 万元。既增加甘薯错峰销售的经济收益，也在储藏中杜绝了有害药剂的使用，保证产品质量和安全。减少了甘薯采后流通损耗，从源头减少了由此产生的生产垃圾对环境的污染。为社会提供商品性优良的甘薯产品。

2. 鲜食玉米产地商品化处理技术

示范推广规模 3 万公斤，配送腐烂率 7% 以下，货架期 30 天以上，延长了供应期，总经济效益 10 万元。在产地进行商品化处理，从源头减少了由此产生的生产垃圾对环境的污染。减少了鲜食玉米流通损耗，提高了产品品质，为社会提供高品质农产品。

3. 草莓高效配送保鲜技术

示范推广规模 5 万公斤，配送腐烂率 8% 以下，配送半径达 2000 公里以上，推动草莓电商发展，总经济效益 50 万元。减少了草莓采后流通损耗，从源头减少了由此产生的生产垃圾对环境的污染。

4. 产后销售，开展三大主题推介，搭建产销平台

团队在搭建产销平台、开展甘薯、鲜食玉米和草莓等优新产品的宣传推介活动中，取得良好的传播效果。

（1）甘薯：与种植和销售企业合作，成功举办"2020 年北京市优质甘薯采收节活动"。进行了品种展示、科普宣传、现场品鉴、市民互动等活动，展示并品鉴了 16 个优质甘薯品种，评选出烘烤型品种"普薯 32""齐宁 20""齐宁 21""运 655"等优质甘薯新品种。展示宣传了甘薯起源、文化、营养等知识，促进了企业甘薯及其他农产品销售。

（2）鲜食玉米：支撑市局主办"2020 中国北京鲜食玉米大会及第五届北京鲜食玉米节"。承接该大会的 200 个品种田间展示，得到中国种子协会高度评价。推介优质品种 6 个、优秀生产基地 5 个、优新产品 2 个和优势销售方式 2 种。线上介绍"北京鲜食玉米产业情况，受众达 230 万人。策划、组织 4 个分会场，累计接待游客 4000 余人。抖音、快手等平台观看人数超 5000 人。

（3）草莓：首次与昌平区政府共同主办"第八届北京农业嘉年华昌平区草莓节暨第六届'北京草莓之星'评选活动"，这是历届评选活动规模最大的一次，30 余家媒体宣传百余次，扩大了活动影响力。

（五）主推技术的综合示范及成果落地转化效果显著

2020 年，粮经团队脱毒苗 5.5 繁育万株，其中甘薯 3.5 万株，草莓 2.0 万株。新品种繁育与示范 1045 亩，其中草莓 395 亩，鲜食玉米 450 亩，甘薯 200 亩。繁育优质抗病黄香蕉脱毒、黄玫瑰种薯 1.5 万公斤。示范点辐射带动全市节本增收 1500 万元以上（见表 11-2）。

表 11-2　　2020 年粮经团队主推技术的综合示范推广成效

作物	类型	亩产（公斤）	亩效益（元）	亩灌水（立方米）	亩纯施养分（公斤）	亩用工（个）	单方水产出（公斤/立方米）	纯养分产出（公斤/公斤）	劳动生产率（公斤/工日）
草莓	示范田	2225.8	72600	192	135.3	133	11.6	16.45	16.7
	全市	1941.3	68300	256	175.8	138	8.1	11	14.1
	较全市	14.70%	0.20%	-33.30%	-29.90%	-3.60%	43.20%	49.50%	18.40%
甘薯	示范田	2369	1644	27.5	27.1	7.5	6.7	87.4	316
	全市	1906	1269	29.5	28.5	8.5	5.7	66.8	224
	较全市	24%	29%	-6.70%	-4.90%	-11%	17.70%	30.70%	41.10%
鲜食玉米	示范田	1131.9	2042.4	45	29	5	25.2	39	226.4
	全市	1123	1422.6	61.5	34.6	5.5	18.3	32.5	204.2
	较全市	0.80%	43.50%	-26.80%	-16.20%	-9.10%	37.70%	20.00%	10.90%

第三节　粮经作物产业典型案例分析

一、甘薯："三环相扣"精准增收带动京郊塔沟低收入村致富增收

2012 年以来全村重点发展优质绿色甘薯种植，收获后合作社统一收购，进行优质薯外销，剩余的由合作社深加工。北京市创新团队及专家重点提供生产和就业技能培训等技术与技能支持，帮助有劳动能力的生产者提高农业产业收入。

产前：2020 年引进深受市场欢迎的优质甘薯品种普薯 32 等 6 个新品种，全村种植优质甘薯近 110 余亩。提供土壤改良剂 32 吨、缓控释肥 4 吨，价值 4.8 万元。

产中：应用节水、抗旱、轻简、高效 5 项关键栽培技术。

产后：建成 1 个 332 平方米高标准甘薯贮藏窖基础，上半年试运行期间共储藏 7 万公斤甘薯，销售期较以往延长了 4 个月，单价提高了 1.5 元/公斤。

帮扶低收入 27 户，创建就业岗位 63 个，带动全村 112 户致富增收。2018 年全村人均收入 3000 元，2020 年增至 5000 元，其中低收入户收入由 4000 元增至 6000 元。2020 全村种植面积甘薯面积 110 亩，亩产 4000 斤，亩成本 1500 元，亩效益 900 元。2020 年鲜食甘薯销售纯效益 5.94 万元，贮藏加工甘薯销售纯效益 30.8 万元。

二、鲜食玉米：扶低与对口支援并进，扩大产业辐射带动力

创新团队在鲜食玉米新品种、新技术等成果的综合推广中，提高了低收入村收益，助力乡村旅游方面扩大了产业辐射带动力。

1. 提高低收入村收益

我市延庆区香营乡、房山区浦洼乡、密云区新城子镇、不老屯镇等乡镇的 16 个低收入村新发展鲜食玉米种植 430 亩。以密云区新城子镇大树洼村为例，每年鲜食玉米种植面积 60 亩，涉及全村 80% 的农户，产品由合作社组织电商销售，销售价格 1.2 元/穗，亩收益 1600 元，与传统籽粒玉米 500 元种植收益相比，鲜食玉米亩增收 3.2 倍。

2. 助力乡村旅游

鲜食玉米在北京采收期 6~10 月正是全市旅游旺季，可以丰富京郊乡村旅游资源，又可以借助游客带动鲜食玉米消费。房山区周口店镇黄山店村临近坡峰岭景区，每年种植鲜食玉米用于 10 月旅游高峰期采收销售，销售价格 2~3 元/穗；周口店镇娄子水村种植鲜食玉米 50 亩，每年 5~6 月和 9~10 月采收，结合旅游采摘，种植收益明显提高。

第四节 粮经作物产业发展政策建议

一、产业发展亟待解决的主要问题

（一）草莓产业存在的主要问题

1. 种苗质量不稳定，主栽品种相对单一，具有潜在环境和种苗安全问题

原因在于：

（1）正宗纯种资源不足，存在品种退化问题：原原种组培方面，因目前主栽品种是日系品种，一般企业较难拿到正宗纯种，多选择田间表现好的植株组培，但长时间多次组培后存在品种退化问题。

（2）原种与商品苗繁育方面的过程管理不严格。原种与商品苗繁育时缺乏区分与隔离，缺乏相应试种和繁育记录，仅靠常规经验判断，代际区别不够严格；

（3）病毒检测不够严谨严格：虽在原原种生产中进行了检测，但只是抽检，没有按原原种阶段每种均检测的严格要求来做；繁育过程随机检测，没有定期定量检测；对检测结果，可能仅证明检测株是否有问题，无法做到溯源追踪销毁。

2. 市场监管力度不足，阻碍正规种苗企业良性发展

无序竞争出现劣币驱除良币现象。调研发现，规范化园区生产模式下的每株苗成本约

0.8元,由于大量无证照经营者存在低价竞争,园区1株苗售价仅1元左右,增加质量控制措施后增加成本,种苗低价无序竞争挤压了正规生产商发展空间。

3. 技术人才和产业工人稀缺,制约产业技术的可持续进步

出身于生产一线、眼界和知识结构满足行业发展需要的人才明显缺乏。懂专业、懂技术的大专院校毕业生,不愿意在一线从事较辛苦的农业,现实难以满足技术人才对工资和劳动强度的期望,存在科技人才和一线工人的用工荒和雇工难问题。

4. 机械化应用率和智能化管理技术不足

产业人才荒和雇工难,对劳动密集型特征明显的草莓产业发展,制约效果会越来越明显。提高机械化应用程度和智能化管理水平,对产业发展的促进会愈发重要。

(二)甘薯产业存在的主要问题

1. 品种单一化趋势加剧,存在生产风险和市场风险

一是遗传资源贫乏导致突破性品种数量不多;二是甘薯组织培养的成苗率和试管苗的快繁结果受品种、操作熟练程度等因素影响而质量参差不齐;三是北京甘薯生产上的主栽品种相对单一且严重退化;四是北京脱毒种薯(苗)的普及率与江苏等先进地区仍有差距。

2. 甘薯机械化技术标准和评价指标不统一,影响机械生产及应用的规模化推广

我国甘薯在生产各环节的机械与生产实践需求都存在一定差距。我国不同区域因甘薯生产方式和规模、地理和气候等情况不同,对甘薯机械的大小、作业性能和机型等需求各异,因而技术标准和质量评价指标难以统一,不利于推动机械的标准化和规模化推广。北京市场的甘薯节水灌溉设备的灌溉效率及节水效果与先进地区也存在一定差距。

3. 产后贮藏与保鲜技术一直是科研重点和难点

因甘薯自身水分较大,贮藏生理反应较活跃,不同品种间的含水量差别也很大,储藏质量受温湿度、外界环境和人为管理因素影响较大。因而,国内商业化、规模化、安全化贮藏甘薯的研究一直是科研重点和难点。

(三)鲜食玉米产业存在的主要问题

1. 优质种质资源不足,影响多样化育种目标的实现

随着种质资源保护意识的强化,国内育种者得到国外优质种质资源的难度提高,制约了育种技术创新空间。甜玉米好品种70%~80%属于国外品种(品系),国内甜玉米育种与国外仍有一定差距。

2. 产后储藏及保鲜技术与市场均衡供给需求存在一定差距

采收后的鲜食玉米货架期较短,销售上对冷藏和保鲜技术的需求较大。在应用甜玉米采后速冷技术保持产品原始风味方面,国内尚需在冷链支持和产后储藏保鲜技术上进一步突破,才能适应流通销售和消费市场的需求。

二、产业发展的政策建议

从制约产业发展的主要问题出发,提出的重点参考建议,一是很抓产前种业和产后储

运销售的产业链两端,二是重视人才吸引和培养,三是优化市场竞争的制度及管理环境。

(一) 促进国外优质遗传育种资源规范引进,挖掘种/苗新技术对产业的支撑潜力

粮经作物存在的优质育种(苗)资源匮乏问题,已成为制约产品提质增效的重要瓶颈之一。急需从政策导向上探索优质育种(苗)资源引进支持政策。

(二) 注重支持产后储藏保鲜技术研发与推广,促进产业提质增效

过硬的产后储藏保鲜技术对降低鲜食农产品销售风险、对错季销售调节供求和增加收益,具有重要的支撑作用。

(三) 全方位吸引和培育人力资源,保障产业发展的内生动力

一是提高典型专业村、典型集体经济、企业及生产经营大户的示范带动和辐射作用;二是持续优化农民培训和吸引有文化的新型农民投身农业等政策;三是从制度上探索北京专家资源服务京郊农业的智力支持机制,促进技术供求的及时顺畅对接。

(四) 强化育种(苗)市场监管力度,营造公平竞争市场环境

合法正规育种(苗)企业,在资质获得及高质量种苗生产方面成本较高,在低价无序竞争中处于劣势。提高对无证照经营处罚力度和违法成本,强化市场监管,能够为促进种业市场良性竞争提供保障。具体建议:

一是推进品种审定/备案进程,加强保护力度。二是完善种苗脱毒技术体系。严格执行种苗生产经营许可、检验检疫、标签、档案等管理制度。三是加强质量监管,及时发布种苗质量检验信息,依法打击制售假、劣种苗和植物新品种侵权等行为,健全种苗行政执法和质量监督体系。四是完善品种鉴定和保护体系。支持品种鉴定、区分工作,成立品种DUS(Distinctness、Uniformity、Stability,特异性、一致性、稳定性)测试和分子检测机构。支持品种分子身份证建立工作,提供品种鉴定依据,依法解决种苗纠纷,保障种业健康发展。

(五) 适度推进规模化经营

适度的规模经营能够吸引优质生产资源进入产业链各环节,并带来优质产品在市场交易中的品牌效应和话语权,降低交易成本。如果整体产业规模不足,产前的生产资料市场不易找到生产者所需的优质资源供应商,也影响产中和产后相关节点的社会化服务和产销对接。

第十二章　北京市西甜瓜产业发展报告

西甜瓜产业是我国现代农业发展的支柱产业之一,在优化农业结构、增加农民收入、改善生活质量、促进社会经济发展等方面发挥着重要作用。作为北京市传统的优势农作物,西甜瓜具有品种引领作用突出、技术应用范围广泛、区域化种植特色明显、休闲及采摘功能突出和品牌全国知名等特点,以其特有的生物、生态、经济和社会属性成为北京都市农业的重要组成部分。

2020年北京市西甜瓜产业实现平稳发展。本部分从2020年北京市西甜瓜产业发展现状、产业发展中创新团队的技术支撑作用、产业典型案例分析、产业发展政策建议四个方面进行了描述和分析。

第一节　西甜瓜产业发展现况

一、生产现状

北京市西甜瓜主产地位于延庆区、顺义区、大兴区和昌平区等,2020年受新冠肺炎疫情影响,西甜瓜总体种植面积略有下降,总产量稍有减少。

2020年顺义西甜瓜总种植面积1141.7公顷,同比减少4.1%;总产量6672万公斤,同比减少7.85%;总收入17975万元,同比增加17.15%。其中西瓜种植总面积981.5公顷,总产5916万公斤,总收入14184万元,较2019年同比减少10.78%、减少13.34%、增加6.76%;全区甜瓜种植总面积160.3公顷,总产755万公斤,总收入3790万元,较2019年同比增加76.76%、增加81.49%、增加84.16%。

2020年延庆区西甜瓜种植总面积为66公顷,其中西瓜面积59.1公顷,甜瓜面积6.87公顷。2020年西甜瓜总面积较去年持平,略有下降。2020年延庆西瓜上市时间从5月初温室西瓜陆续开始上市,6月中下旬春秋棚中小型西瓜大量上市,一直可持续到9月中下旬。通过采摘、线上及农超对接方式销售的西瓜价格稳定，与去年持平，为 8.4 元/公斤；通过批发销售的西瓜价格受新冠肺炎疫情影响，前低后逐渐回升，但整体平均价格仍低于去年，平均在 4.4 元/公斤。2020 年甜瓜上市时间从 6 月中下旬至 8 月中旬。通过采摘、线上及农超对接销售方式的甜瓜价格稳定，与去年持平，为 12 元/公斤；通过批发销售的甜瓜受新冠肺炎疫情影响，用工紧张，管理滞后，品质受影响，价格偏低。

二、加工流通现状

北京市西甜瓜流通渠道多样，主要流通方式包括瓜贩销售、批发市场、超市、网络电商、休闲采摘等。通过对西甜瓜生产者进行调研，深入了解北京市农户、合作社以及企业对西甜瓜流通渠道的选择情况。

（一）农户的销售渠道选择现状

通过调研发现，超过半数的农户选择瓜贩销售，占比 51.9%；有近一半的农户选择批发市场，占比 43.8%；2.4% 的农户选择通过休闲采摘方式进行销售；还有 1.9% 的农户选择其他流通方式进行西甜瓜销售。农户选择的销售渠道以本地批发市场及瓜贩收购为主。

（二）合作社的销售渠道选择现状

合作社的销售渠道选择呈现多样化。合作社大多与超市、批发市场、政府企事业单位建立稳定产销关系，作为稳定的西甜瓜销售渠道，也有合作社选择电商网络商城。超过半数的合作社选择多种销售渠道相结合的方式进行西甜瓜流通。

（三）种植大户的销售渠道选择现状

种植大户销售西瓜的途径比较多样。其中，瓜贩收购占比最多，达到 78%；其次是批发市场，占比 18%；休闲采摘模式占比 4%。

（四）企业的销售渠道选择现状

企业的销售渠道主要是便利店销售和集团收购，两种渠道合计占比超过 50%。其次，西瓜会销往批发市场、超市以及通过休闲采摘销售。

三、市场消费现状

通过对消费者进行调研，发现西瓜型号、西瓜品质、购买场所、购买季节等因素影响购买行为。

根据调查数据，消费者购买小型西瓜（1~3.5 公斤）占比最高 45.2%，购买中型西瓜（3.5~6 公斤）占比 27.8%，购买大型西瓜（6 公斤以上）占比 16.7%。总体可以看出西瓜消费者对于购买西瓜仍然朝着小型瓜的方向发展。

消费者在购买西瓜过程中重视西瓜品质，其中消费者最重视的是口感，占比接近 70%，其余的包括西瓜产地、价格、品种、外观，消费者均有重视，但绝大多数消费者首先考虑的是西瓜的口感。通过数据，西瓜消费者对于西瓜品质的偏好比较明确，偏好于甜度高、汁液多的西瓜。

对于购买场所而言，北京市居民购买西瓜的主要场所是农贸市场和超市，分别占比为22.7%和50.7%，其次为流动摊贩和社区便利店，占比为13.5%和10.8%。因为西瓜的体积以及运输中易发生损坏以及成本的因素，所以网上购买的消费者仍占较小比例。

对于购买季节，受访的西瓜消费者购买西瓜主要集中在夏秋季，比例高达74.2%，春冬季购买者比例仅为0.3%，另外，四季均购买西瓜的人群比例为25.5%。在主要消费季节西瓜的购买频次多为一周2～4次，占比达到了59.8%，一周5次及以上的占比也达到了17.3%，在非主要消费季节，四周一次及以下占比高达64.0%。可见，西瓜消费仍然以夏秋季为主。

四、新型经营主体现状

北京市新型农业经营主体主要由合作社、企业和种植大户构成。

（一）合作社

随着农业现代化发展，有效连接"市场"与"农民"的合作社对新农村建设起了很大的作用。作为销售农产品最佳载体，合作社的销售渠道选择呈现多样化，提升了农民收入，是现代化农业快速发展的主要推动力。

农民专业合作社把农民散户集中起来，为农户提供社会化服务，利用集体优势统一采购或者销售，以此来降低生产销售成本，获得更高收益。随着农户需求的多样化发展，农民专业合作社不断壮大且呈现多元化的特征以满足农户需求。

合作社与农户建立密切稳定的关系，时刻关注农户收益，让农户从合作社的社会化服务中受益，以服务农户为出发点，保障农户采购与销售渠道畅通，规避农产品种植中部分风险。因此在提供社会化服务中，更能得到农户的认可，也更能提供符合农民需求的服务。

（二）企业发展

农业企业是构建现代农业产业体系的重要载体，是推进农业产业化发展的主要动力。随着进一步推进农业供给侧结构性改革，企业对农业的带动作用越来越显著，促进了农业现代化的方向发展。北京市具有代表性的西甜瓜农业企业有老宋瓜王、地源遂航、乐平等，在经营规模、生产效益及监督管理等方面尤为突出。

（三）种植大户

种植大户作为一种新型农业经营主体一方面在乡村振兴中具有生力军作用，另一方面对巩固已有的扶贫成果能够产生示范带动效应。种植大户集中表现为以家庭农场为经营主体模式，家庭农场一般家里有足够的劳动力且综合素质较高，既有家庭经营优势，可以有效解决农业生产活动周期长、难管理、空间大等问题，也具备规模经营的优势，规模经济和规模效益都比较明显。

五、成本收益及其产业支持政策实施效果

（一）现行产业支持政策

1. 推广节肥技术，提高整体效益

底肥使用有机肥且定植后采取膜下滴灌方式的"有机肥+膜下滴灌"的节肥技术可以使北京市西瓜生产综合效益达到最佳。大力推广高效节肥技术，增加生态、经济、社会整体效益。

2. 利用育种平台开展分子育种，提升品质质量

在之前定位了11个控制基因的基础上，2020年定位了果实果型控制基因，完成竞争性等位基因特异性PCR（KASP）引物设计和标记验证，准确率达到99.9%；利用分子辅助育种技术，育种岗联合植保岗，筛选出高抗枯萎病、白粉病优良、"根腐病"、病毒病优良葫芦砧木材料。

3. 应用立体防控技术，推动绿色发展

对农业技术推广站进行补贴，鼓励在农业生产中积极应用立体防控技术，有效减少化学农药使用量，推动绿色农业可持续发展。

4. 品质提升技术试验

筛选出了一种提质肥料鱼蛋白，小型西瓜中心糖、甜瓜果实心糖都有所提高；明确了基施硅肥用量；筛选出单质提质氨基酸；初步探索了不同类型甜瓜的需氮水平。

5. 提供技术支撑平台

2020年5月28日，第32届北京大兴西瓜节"保利建工杯"全国西甜瓜擂台赛在大兴区庞各庄镇西瓜小镇召开。大兴综合试验站技术人员对所有参赛西瓜、甜瓜品种的含糖量进行了测定，并邀请西甜瓜创新团队首席专家朱莉及岗位专家担任比赛评委，为西瓜节擂台赛的举办奠定了技术基础。

6. 争取财政资金对商品苗和苗场用工进行补贴

为了促进西甜瓜集约化育苗技术发展，争取政府资金1500万元，为大兴庞各庄镇、魏善庄镇内的集约化育苗场进行西瓜育苗成本补贴，标准为1元/株。

受新冠肺炎疫情影响，大兴庞各庄镇西瓜育苗企业嫁接工人缺口严重，每株嫁接苗人工费用由0.09~0.1元增至0.14~0.16元，为缓解企业用工压力，最大限度降低新冠肺炎疫情影响，给予0.05元/株用工补贴，共计补贴71万余元。

（二）产业支持政策效果评价

在一系列的产业政策的支持和指导下，2020年北京市西甜瓜产业持续稳定发展。种植面积稳中有降，区域分布略有微调，西甜瓜品质不断上升，社会认可度高，品牌效益日益显著，消费需求多样，有向中高端发展趋势。

1. 团队品种和技术覆盖率逐年提升

自育系列品种在北京地区推广面积覆盖率达90%，且部分品种已覆盖到11个省市；节水节肥及绿色防控技术覆盖率超过44.3%；西瓜蜜蜂授粉技术占西瓜种植面积的68.1%，每公顷节约劳动力及农药成本7164.2元；天敌防控三种主要小型害虫技术覆盖率从2017年的0.64%到2020年增加到40.2%。

2. 品种结构进一步优化

"京彩"系列功能性西瓜品种、"冰激凌"系列特色品种、深网类型网纹甜瓜等栽培面积达到100公顷，增加了品种类型；小型西瓜栽培面积占比由33%提高到50%，品种结构优化；与早春红玉相比，西瓜果皮硬度提高28.2%至108.0%，解决西瓜裂瓜问题。

3. 单产水平领先全国

西瓜平均单产57800公斤/公顷，高于全国平均水平56.3%；"优品率"达到95%，和2016年相比，提高3个百分点。

4. 资源利用效率持续提高，取得良好的生态效益

五年来推广水肥一体化技术、膜下微喷灌溉技术、西瓜专用肥等新技术，总节水726.02万立方米，总节省化肥188.5吨，减少农药使用38.22吨，用工节省人工约40.7万个。

5. 推动供应水平逐年提高，社会经济效益良好

提高了产品品质和商品率，开发了"京彩1号"西瓜、"维密"网纹甜瓜等高端产品，提高了产品形象；延庆等冷凉地区扩大生产到133.3公顷，建设了瓜类主题观光采摘景观，促进第一和第三产业融合发展，提供了休闲产品；产生直接经济效益达到18490.22万元。

第二节 西甜瓜产业发展中创新团队的技术支撑作用

一、团队基本情况

（一）创新团队功能定位及其建设任务

创新团队的主要功能是为西甜瓜产业发展提供全方位支撑，不断满足首都对西甜瓜的需求和供给。西甜瓜创新团队对北京市西甜瓜产业的发展发挥起到带动、组织、推动、督导作用，做到微观操作与宏观视野、理论与实践、创新与转化的结合，"把论文写在大地上，把成果用在农民家"，达到"质优、境佳、效高、标清"的总体工作目标，与国家产业技术体系顺利对接。

2020年作为"十三五"规划的收官之年,团队岗位专家在农业供给侧结构性改革的总体思想下,做到了北京西甜瓜产业提质高效争优创收。创新团队建设的任务是根据西甜瓜产业发展的需要解决发展中的经营、管理、生产、技术等各方面问题,并进行农业产业技术创新,实现创新成果转化,建立创新团队人才培养机制,制定标准技术规程等,实现西甜瓜产业健康发展。将继续围绕西瓜产业"四化"(生态化、安全化、简约化、融合化)内在发展需求,筛选与选育优质品种,改良集约化育苗技术,提高育苗效率和质量,进行品质提升技术试验;开展技术示范,扩大节水节肥技术应用,构建绿色防控技术,减少化学农药使用;研究示范景观技术,创造优美良好园区环境;开展病毒遗传筛选试验,提高育苗成活率;推广栽培技术,实现节本增收,研发新型农机,提高生产效率;集成了标准化技术模式,形成过程管理体系,开展全产业链服务;调整中果型西瓜品种结构,加快新品种换代,打造地方特色产品;开展关键技术研究,加大品牌建设力度,探索多渠道优质优价销售。

(二)创新团队组成架构

2020年创新团队的组成架构继续沿用2019年的设置,建立以首席专家为主的各岗位专家协同的组织架构,再设置各试验场所和农民田间学校工作站。即创新团队由产业技术研发中心、综合试验站和农民田间学校工作站三个层级构成。团队成员自成立以来根据产业实际略有调整,如表12-1所示。

表12-1 团队组织人员数量

	2013年	2014年	2015年	2016年	2017年	2018年	2019年	2020年
产业技术首席专家(人)	1	1	1	1	1	1	1	1
研发中心岗位专家(人)	6	9	9	9	9	11	11	11
综合试验站(人)	2	3	3	3	3	3	3	3
农民田间学校工作站(人)	16	18	18	18	18	12	12	12

西甜瓜创新团队设置4个功能实验室,聘任首席专家1名、岗位专家11名、综合试验站站长3名、田间学校工作站站长12名。为加强组织化管理,创新团队设置功能研究室、综合试验站与农民田间学校工作站三个管理层级,其中功能研究室包括育种功能研究室、栽培功能研究室、植保功能研究室和产业经济研究室。育种功能研究室有西瓜、甜瓜育苗研究两个方向;栽培功能研究室下设西瓜和甜瓜栽培岗、景观岗、农机岗、育苗和蜜蜂授粉岗;植保功能研究室主要研究虫害防治、真菌病害防治、细菌病害防治;产业经济研究室主要研究西甜瓜产业经济发展。综合试验站以大兴区、顺义区、延庆县三个区的种植业服务中心与农技推广中心为依托,农民田间学校工作站由12个工作站组成,涉及大兴区、顺义区、延庆县、通州区、房山区、昌平区共6个区,形成由首席专家领导,各部门分工明确的组织化程度高且统一协调的团队。

(三) 创新团队作用与交流机制

创新团队机构健全，分工明确，制定了健全的团队管理办法，制定考核奖惩制度以及考评测评机制，具备良好的组织领导，建立了统筹协调机制，首席专家组织建立了岗位专家与农民田间学校工作站对接点；发展定位明确，根据目标管理工作，建立课题研究制度；开展进行科技督导，团队技术水平不断提升；执行科学规范的科研项目资金管理办法，保障科研项目顺利执行；具备应对紧急状况的能力，深化产业服务水平。在完整的团队理念指导下，团队成员之间密切合作、配合默契，提高了整个团队的工作效率，并且主办多次观摩交流会，多次组织或参加相关技术活动，报送相关信息材料，发表相关学术论文。

二、技术研发与主推技术

(一) 团队技术研发情况

2020年，创新团队研发情况如下。

育种团队：西瓜果型相关基因标记开发，筛选出80份高抗白粉病优良西瓜材料和30份高抗白粉病的葫芦砧木材料，通过利用显性抗病基因的紧密连锁的标记，实现了快速有效的抗白粉病标记辅助育种，6种西瓜品种获得植物新品种权证书；筛选甜瓜品种或组合2~4个。

栽培、景观团队：开展中、小果型西瓜新品种试验研究及育苗营养纸钵试验研究。改进旋耕起垄一体机，研发了西瓜专用双行移栽机、西瓜残秧在田处理设备。筛选特色高端甜瓜品种试验；筛选使用生物刺激素，提升产品品质；研发加湿喷雾设备，提升外观品质；筛选基质栽培新品种；扩增安第斯类型甜瓜，研究省工技术；研究特色风味甜瓜增产。

植保团队：开展西瓜的主要小型害虫发生规律监测，探明主要小型害虫发生规律，鉴定与识别疑难病虫害，研究西瓜根结线虫生物防治技术。鉴定西瓜苗期病害的丝核菌融合群、西瓜黑斑病的链格孢菌种类，测定149株丝核菌对氟酰胺、噻呋酰胺和戊菌隆的敏感性，高通量测序分析丝核菌携带真菌病毒的多样性，从菌株中发现新的病毒。试验防控西瓜苗期褐斑病、西甜瓜蔓枯病药。

(二) 团队主推技术情况

团队2020年主推技术具体情况如表12-2所示。

表12-2　　　　　　　　　　主推技术应用一览表

主推技术	区域和对象	目标	责任主体
西瓜果肉硬度标记辅助育种技术	园区、合作社、农户	通过群体定位了西瓜果型基因，开发了果型相关基因KASP标记，有效地运用于西瓜果型分子辅助育种。	育种岗
对西瓜材料进行苗期抗病筛选	园区、合作社、农户	鉴定获得抗白粉病80份的西瓜优良种质资源和30份葫芦抗病砧木材料，其中10份西瓜和8份葫芦砧木高抗白粉病	育种岗

续表

主推技术	区域和对象	目标	责任主体
集约化育苗技术	园区、合作社	建设大、中型集约化育苗场、育苗大户22个，集约化育苗数量达到2300余万株，形成集约化育苗技术。	栽培岗
小果型西瓜提质栽培技术	园区、合作社、农户	筛选出了一种提质肥料鱼蛋白，小型西瓜中心糖较对照提高0.90%、甜瓜果实心糖提高13.9%，边糖较对照提高19.9%。	栽培岗
病虫害绿色防控技术	园区、合作社、农户	通过施用防线虫微生态制剂和抗重茬微生态制剂，根结线虫防治效果可达67.33%，西瓜成熟期提前5天左右，可溶性固形物含量提高1.5度以上，增产37.86%。	植保岗

数据来源：团队数据整理。

三、团队研发成果情况

团队在2020年共发表论文31篇，著作7部，其中SCI文章4篇（其中一篇影响因子为11.33）；形成和申报专利9项，地方标准2项。获得5个品种新品种权证书（"京美4K""京美6K""京美8K""京美10K""京嘉2号"）；定位了果实果型控制基因，完成KASP引物设计和标记验证；利用分子辅助育种技术，育种岗联合植保岗，筛选出高抗枯萎病、白粉病优良西瓜材料；筛选出高抗"根腐病"、病毒病优良葫芦砧木材料；获发明专利共4项：检测西瓜京美杂交种子纯度的方法，西瓜品种"京美"的特异性鉴定方法等。获得北京市农业技术推广一等奖一项。

四、技术示范推广效益

（一）技术示范推广经济效益

在品种育种方面，2021年已推广小型西瓜品种（"京美1K""京美2K""京美3K"和"京彩1号"）面积280公顷以上；中大果型西瓜品种（"京美8K""京美10K"）面积280公顷以上；无籽小西瓜品种（"京玲""京珑""京雅"）面积7.3公顷以上，亩增产200公斤，亩增加经济效益500元；"京欣砧9号"示范面积103.4公顷以上，亩增产100~110公斤左右。开展甜瓜优新品种及砧木品种示范4公顷。其中优良甜瓜新品种2.8公顷，砧木品种1.2公顷。

在栽培技术方面，使用小型西瓜基质栽培技术，亩产量较常规生产增加9.8%；亩用水量降低25.6%，亩用工降低3个。草莓套种西甜瓜技术推广，增加收入6.3万元，瓜垫增收25万元，小西瓜高密度吊蔓栽培总共增收945万元，小型西瓜长季节栽培总增收497.3万元，精品网纹甜瓜高商品率栽培技术累计示范推广20.2公顷，平均商品率提高至

75%，平均亩收入7.5万元，总增收110万元。吊蔓+地爬立体栽培，亩增产429公斤/棚，以4.4元/公斤计，每棚增收787.6元，总增产5.148万公斤，增收9.45万元；360亩吊蔓示范基地平均亩增产按123.98公斤，平均总增产4.46万公斤，以5.0元/公斤计，增收21.1万元，总增收30.55万元。蜜蜂授粉技术授粉约1639.8公顷，共节省成本1180万元，顶部天窗放风共节省人工成本1.8万元，总共节本1181.8万元。

在植保方面，2020年病虫害综合防治技术示范区病虫害平均防治效果在80%以上。西瓜瓜蚜虫绿色防控技术示范，目前3个主产区共建立示范点8个，示范面积14.3公顷，示范区内防治效果为77.6%；智利小植绥螨防治西瓜红蜘蛛技术示范，示范面积达18.7公顷，防治效果可达85%以上；年东亚小花蝽防治西瓜蓟马技术示范，两个区共建立示范点7个，示范面积增加97.3%，为9.9公顷，防治效果可达73.6%；白粉病生物防治技术示范，应用微生物菌剂和植物源生物农药防治白粉病，建立示范点4个，目前示范面积为10公顷，平均防治效果在70%以上；麒麟瓜抗重茬技术试验，试验示范面积2公顷，麒麟瓜已全部上市，棚内枯萎病发病率低于5%，防治效果可达90%以上，增产20%以上，平均减少化学杀菌剂用量减少385克/亩。

（二）技术示范推广生态效益

西瓜创新团队在节水灌溉技术上扩大应用。节水技术示范区面积1066.7公顷，累计节水139.2立方米；分别示范滴灌、膜下微喷及膜下沟灌三种节水灌溉方式，平均用水量133.0立方米；减肥技术示范面积166.7公顷，亩化肥用量70公斤，累计节约化肥73000公斤；绿色防控技术应用1206万公顷，减少化学农药使用23400公斤；化肥减量技术，辐射带动166.7公顷，亩化肥用量70公斤。5年来团队推广水肥一体化技术、膜下微喷灌溉技术、西瓜专用肥等新技术，总节水7260200立方米，总节省化肥188.5吨，减少农药使用38220千克。用工节省人工约40.7万个。通过西瓜集约化育苗基地建设，西瓜育苗设施、设备得到了提升，加温设施、育苗室、补光灯等提升了育苗基础，同时大大改善了环境，煤改电，节约燃煤1.17吨/万株，2020年销售2300万株商品苗，节约燃煤2691000千克，减轻了环境污染、改善了空气质量，降低了对动植物生长及人类健康的危害。

（三）技术示范推广社会效益

西瓜创新团队采用分子标记辅助育种技术培育的功能性西瓜新品种"京彩1号"获得了"2020年北京大兴西瓜节全国西甜瓜擂台赛小型西瓜综合瓜王奖"冠军。培育的高产、抗病的大型西瓜品种"京欣8号"以单瓜重86.3公斤的成绩再次获得西瓜重量组的冠军，同时"京欣8号"也囊括了该组的所有奖项，捍卫了连续多年单瓜重瓜王的地位。"京美系列西瓜新品种品比观摩会"现场考评了"京彩1号""京彩3号""京美1K"到"京美12K"系列、"京雅""京珑"系列等22个有籽和无籽西瓜新品种的特征特性，并讲解了国内市场的新变化及西瓜新品种的发展趋势，获得了一致好评。这些获奖好评品种进一步丰富了市民的果篮子，为北京都市型现代农业的发展提供技术支撑。

西瓜创新团队在抗击新冠肺炎疫情期间积极开展新冠肺炎疫情防控与技术指导工作，新冠肺炎疫情期间帮助合作社和种植户加大西瓜品牌宣传，促进西瓜销售，开展了爱心助农工作，通过爱心助农活动促进西甜瓜销售1.5万公斤，在销售低迷期，加大了对西瓜种植合作社的宣传，带动了西瓜销量的上升，同时加强了大兴西瓜的品牌影响力。确保及时掌握生产信息，"线上+线下"开展技术指导，通过建立网络微信群、打电话等方式，与育苗场和农户进行生产信息交流。把握关键农事节点，及时撰写生产管理措施与指导意见并为育苗场与种植户发送，提醒农户注意防范气候变化，确保西瓜安全生产、种苗均衡供应。西甜瓜技术人员对大兴区15家西瓜集约化育苗场进行了生产情况调研，掌握生产情况与出现的问题，并及时与主产瓜镇进行生产协调、沟通，解决生产困难。获得政府用工补贴71余万元，大大缓解企业用工压力，最大限度降低新冠肺炎疫情影响。团队积极开展西甜瓜安全生产指导服务，发布西瓜生产技术指导方案6项；京科惠农大讲堂开展《西瓜主要病害与绿色防控技术》直播培训一次，受众规模2800余人次，为京郊西瓜生产提供了强有力技术支持。

助力打赢脱贫攻坚战。开展2020年北京市低收入村帮扶工作，继续支持6.7公顷蔬菜生产。开展新品种示范，提供6.7公顷瓜菜种子种苗；制订了2020年生产计划，（远程）指导16次；补贴地膜500千克。效益总产值达到200万元，为村集体增收100万元。为北京在脱贫攻坚战上提供稳固保障。

"集约化育苗技术"以及"集成示范蜜蜂授粉技术"等生态栽培技术的深化研究和广泛推广，缓解了瓜农的工作强度，为首都西甜瓜产品提供质量保证。示范顶部天窗放风、瓜垫、集成集约化育苗技术，进行新型农机研发，推广小西瓜高密度吊蔓栽培、西甜瓜基质栽培技术、小型西瓜长季节栽培及精品网纹甜瓜高商品率栽培技术，提高了组织化和规模化生产能力及效率，亩产量较常规生产增加9.8%；亩用水量降低25.6%，亩用工降低3个。

技术模式集成和新型渠道的探索，建立了庞各庄社区团购中心，实现"五统一"：统一品种、统一包装、统一标准、须一品牌、统一销售。针对不同渠道，优化分级与包装标准，提高商品性；组织大兴-延庆联合生产，延长供应时间；服务外埠生产基地，增加了淡季供应。对市民宣传北京西瓜采摘、优质形象；新品种展示大兴区长现场带货并连线北京市委书记蔡奇，进行CCTV现场直播，众多媒体跟进，有力促进了本地西甜瓜销售；直播带货"老宋京彩一号"西瓜，增加了品牌认可度。

团队打造观光休闲和精品采摘，通过景观技术针对油菜花形成了油蔬两用油菜栽培技术规程；形成了三套廊架符合景观模式，打造了创意景观3个，吸引市民前来观光休闲；获得观赏瓜类材料140份，丰富了瓜类作物景观栽培资源。建立7个景观提升示范点，提升整体色彩搭配，提高园区边角地生态覆盖比例。建设了瓜类主题观光采摘景观，促进第一和第二产业融合发展，提供了休闲产品，产生直接经济效益达18490.22万元。

第三节　西甜瓜产业典型案例分析

我国是世界上重要的西瓜甜瓜种植国和消费国，改革开放以来，我国西瓜甜瓜产业发展迅速，面积、产量均位居全球第一。从 2021 年开始，农业农村部为深入贯彻"中央一号文件"精神，落实"十四五"时期农业总体规划，对全国农业农村进行了重要部署。北京市西甜瓜产业正处于提质增效的新时期，西甜瓜创新团队在新品种研发与推广以及新技术研发与应用方面持续发力，进一步提高了北京市西甜瓜产业的质量和效益，不仅保障了北京市西甜瓜高质量和有效安全地供给，也促使瓜农增产增收。

一、产业发展新业态

（一）都市休闲农业

都市休闲农业是北京都市型现代农业发展的重点方向之一，在城市郊区发展休闲观光农业不仅能够给消费者带来精神和物质上的双重享受，而且也能延伸农业产业链条，带动农产品加工、服务、运输、文化等相关产业的发展，同时也能促进本地西瓜产业的发展。当前，北京市西甜瓜产业大力推广休闲农业，且逐渐成为西甜瓜产业的重要组成部分。市民在休闲时可以就近前往西瓜采摘园，不仅可以感受乡村旅游的魅力，还可以体验采摘西瓜的愉快，同时也能了解到不同西甜瓜的生产活动和口感特点，提升本区域的知名度。

以北京市大兴区为例，为筑造庞各庄特色的西瓜产业链条，庞各庄镇建立了全国著名的西瓜博物馆，用来介绍西瓜的品种以及过往庞各庄地区种植西瓜的历史，与此同时每年会举办西瓜文化节等节日来吸引消费者。作为北京西瓜种植的集中区域，庞各庄镇为北京市西瓜产业的发展提供了重要的数据参考，同时推动了北京市都市休闲农业的发展。

（二）乡村电商

乡村电商是通过电子数据传输技术开展的商务活动，能够消除传统商务活动中信息传递与交流的时空障碍。发展乡村电商，将有效推动农业产业化的步伐，促进农村经济发展。

受新冠肺炎疫情影响，随着 2020 年新型冠状病毒在世界范围内的快速传播，农作物的线上销售成为国内农作物消费的主要形式之一。国家在新冠肺炎疫情期间出台互联网平台的助农护农政策，其中北京市的西瓜也受政策照顾，在"每日优鲜""本来生活""淘宝"等大平台进行了销售，效益良好。随着农产品电子商务的迅速发展，越来越多的农产品尝试网上销售，西瓜电子商务的发展，不仅增加了生产者的收入，也提高了北京市西甜瓜品牌知名度，让更多的消费者能够品尝到北京的西甜瓜。电商对生产者来说相较于传统的销售方式（批发、采摘）是一种新趋势，也是一种销售渠道，其特点是交易成本低、运营效率高、服务时间受地域限制小和供应链短等特点，对消费者来说，线上购买不仅能够节省自己的时间，而且也可以参加店家的活动和预售模式领取优惠券，同时使消费者通过电商平台从源头了解西瓜的品种和质量安全。电子商务缩短了生产与消费的距离，现如今已被很多生产者和消费者所青睐。

（三）新技术使用成果与产业成果

节水技术、减肥技术、绿色防控技术应用趋于成熟，达到减少成本减少污染的效果。研发了抗重茬土壤拮抗菌剂、西瓜专用生根剂、天敌新产品、种子甜瓜细菌性果斑病（BFB）处理剂及种子包衣剂等新产品应用于西甜瓜种植。

制定了地方标准1套（设施西瓜栽培技术规范）；集成西甜瓜栽培技术模式2套；构建小型西瓜"种植过程管理"体系1套；成立全产业链服务合作社和企业10个，辐射带动4000亩。

形成过程管理体系，制定了西瓜、甜瓜技术服务团队的人员管理体系，构建了小型西瓜"种植过程管理"体系。

二、典型案例分析

（一）体制健全，管理得当，商业化运营推动发展——北京地源遂航农庄

1. 公司发展现状

北京地缘遂航农庄位于北京市顺义区李遂镇后营村，是北京地界投资集团旗下的农业公司。北京地源遂航农庄是北京地界投资集团专为自身开发的住宅项目"地之源"的农业服务公司。而地源遂航农庄也以会员制为基础，以订单销售为主要销售方式，为会员提供绿色农产品。其中地源遂航农庄成立了3个生产基地，总占地3000余亩，全年不间断供应60余种绿色果蔬及肉、禽、蛋、鱼等农副产品。其中西甜瓜是地缘遂航农庄的重要农产品，为达到最大效益，地源遂航农庄不断尝试新品种西瓜推动了西瓜新品种的研发，根据消费者意见进行品种改良，育苗效率得到了极大的提升，为顺义西瓜的标准化生产奠定了坚实基础，带动周边瓜农共同发展。

2. 优点

北京市地源遂航农庄严格执行国家绿色食品标准对农作物进行种植，农产品质量有保障。肥料只施用农家肥、有机肥、微生物肥，其中不包括污染性较强的化肥。

病虫害防治方面以农产品预防为主，选用抗病品种、轮作倒茬、防虫网隔离、棚室消毒；优先物理、生物手段治理，色彩诱杀、灯光诱杀、天敌昆虫；优先使用生物源、矿物质提取的生物药剂。

不使用任何转基因种子及加工品，农产品不使用一切激素、生长调节剂及除草剂。

3. 缺点

产品销售渠道狭窄。地源遂航的西瓜有皮薄多汁易脆的特点，这就面临着运输西瓜的包装技术、包装成本、物流费用的昂贵。地源遂航的西瓜在电商平台上进行了商品售卖，但都没有取得良好的效果和收益。

地源遂航农庄仅支持会员制消费，因此消费者覆盖面小，无法通过数据获得不同工资水平及不同生活方式下的消费者消费细节，不易对未来的西甜瓜产业改善进行数据支撑。

缺乏高技术人才。由于农村地区老龄化特别严重，而且种植区域离市区较远，也没有很好的人才引进的福利条件，使松各庄很难招募到适合其自身发展的技术人才。

机械化程度低。受目前技术水平限制，嫁接、定植、授粉等高强度、重复性工作难以实现机械化，专用机械应用效果欠佳。且受保护地结构和面积限制，大型农机具难以应用，进一步阻碍了西甜瓜机械化栽培模式的发展。

（二）社企合作、瓜菜交错，大力发展都市休闲农业——北京顺沿特种蔬菜基地

1. 基本情况

北京顺沿特种蔬菜基地始建于 1985 年，位于顺义区城南 10 公里，占地面积约 20 公顷。拥有一座 3000 平方米的连栋温室，一栋 1000 平方米育苗温室，66 栋日光温室，42 栋塑料大棚，冷库 300 平方米，蔬菜加工车间 500 平方米。

北京顺沿特种蔬菜基地以种植甜瓜和特种蔬菜为主，在市场销售方面，基地主要保证北京市政府、北京市海关食堂、李桥镇政府食堂的蔬菜供给。所有作物完全按照绿色食品要求严格执行，并在 2016 取得绿色食品认证证书。技术上依托北京市农林科学院、北京市农业技术推广站、北京市植保站、顺义区种植中心等单位，常年聘请专家致力于前沿现代农业技术的引进和推广，试验农作物品种涉及孢子甘蓝、球茎茴香、番茄椒、紫菊苣、四棱豆、番杏、西班牙番茄、袖珍西瓜、京玉系列甜瓜等上百种甜瓜、特菜。自"互联网+"农业提出以来，利用互联网思维积极拓展多种销路，大力发展都市型休闲观光农业，积极顺应北京特色农业的发展趋势，开发农业多种功能，挖掘乡村农业科技创新、生态休闲、旅游观光和文化教育等价值。

2. 现代休闲观光农业

北京顺沿特种蔬菜基地基地积极开展以"吃农家饭，品农家菜，住农家屋，干农家活，娱农家乐，购农家品"的休闲农业活动。与北京外交公寓、江苏银行、和诺宝等多个教育机构合作，通过组织公司团建、客户反馈、幼儿教育等方式，开展"农耕体验、蔬菜采摘、书法展览、农业知识讲座"的活动，发展集观光、采摘、旅游和餐饮为一体的农业运营方式，并利用蔬菜品种、栽培模式等优势打造新的亮点。

改善园区景观环境提高服务水平，用银杏树、桃树、榆树等对园区周围进行绿化，利用多肉及多种观赏性蔬菜对环境进行美化。结合书法摄影展览、小动物喂养、足球体能培

训、农耕教育讲堂等活动吸引游客来基地参观游玩、采摘。

北京顺沿特种蔬菜基地对工作人员进行服务培训，提高员工的服务意识，改善基地的服务水平。带动提升周边广大菜农的休闲农业意识，加快李桥镇农业产业休闲化推广步伐。

3. 优点

发展历史悠久，经验丰富。作为北京市最早的一批设施温室蔬菜基地，北京顺沿特种蔬菜基地一直努力发展经营，不断学习，吸收新的农业种植技术。与北京市农业技术推广站、北京市农林科学院等单位达成长期合作，进行新技术新品种试验、实验。研究项目包括北运河农业废弃物循环再利用项目、蔬菜水肥一体化高效节水技术实验研究、蔬菜病害农药试验、西甜瓜品种展示、白籽南瓜制种、西瓜品种组合试验、太阳能温室早期栽培试验等，试验农作物品种涉及孢子甘蓝、球茎茴香、番茄椒、紫菊苣、四棱豆、番杏、西班牙番茄、袖珍西瓜、京玉系列甜瓜等上千种名优特品种蔬菜。在实践中不断摸索，探寻一条适合本园区的农业发展方向，实践中渐渐从传统种植向特色种植方式转变，发展盆栽水培、基质栽培、无土立体化栽培、水肥一体化栽培、反季节多品种栽培等多种观光生产栽培模式，努力挖掘蔬菜工厂化模运营模式。

科技水平高，从业人员水平高。2017 年，基地与北京紫藤连线科技有限公司、北京市农林科学院、北京市农业技术推广站等多家主流农业权威机构、科研院所和公司合作，邀请来自中国农业科学院、中国农业大学、北京农技推广部门资深教授和专家开展培训。以北京顺沿特菜基地、北河村、南庄头村以及种养大户的骨干农民为重点培训对象，为区域都市型现代农业发展提供人才支撑。基地多次组织蔬菜生产技术示范活动，邀请各级政府、科研机构的农业专家、生产农户 800 多人次，介绍先进生产技术、分享生产经验，获得各位专家和观摩农户的一致好评，促进了农业新技术、新经验的广泛推广。基地与北京农林科学院、北京派得伟业科技发展有限公司等公司合作，为园区温室安装物联网设备。利用物联网智慧农业推动农业走向信息化；通过传感器和传输设备使用，实现了管理者和种植现场的快速连接。同时通过软硬件系统和手机客户端还能够实现自然灾害监测及预警，方便作物生长现场管理，实现高度的信息共享和农业自动化。

社企合作，挖掘农业"互联网＋"农业。北京顺沿特种蔬菜基地是新型合作经营方式："合作社＋企业"的合作经营模式，这一合作经营方式的好处就是既保证了劳动力的稳定，也可以享受公司的分红和合作社的政策辅助，从而变相降低成本。北京顺沿特种蔬菜基地利用物联网技术在现代农业中的应用，提高传统农业的生产管理水平。智慧农业不仅为作物生长创造了最佳条件，提高了作物产量和质量，而且可以提高水、化肥等作物消耗品的利用率，提高农业生产管理水平。

4. 不足

品牌意识有待提升。北京顺沿特种蔬菜基地在营销方式上比较传统，虽然有利用互联网进行农产品销售，但是在提高知名度、投入媒体广告的方面几乎是空白，这直接影响了公司的品牌知名度。

西瓜标准化生产有待完善。北京顺沿特种蔬菜基地在瓜熟期，积极为农户寻找高于市场收购价的销售渠道。但由于种植西瓜的农户较多，西瓜品种多、杂、乱，且生产种植过程中无法采用统一的种植方法、栽培方式、施肥施药标准，因此各种植农户种植出的西瓜品种质量不均等，导致公司无法大规模进行收购并出售，影响精品西瓜的发展道路。

劳动力成本增加。由于园区内机械化程度较低，大部分的种植采摘仍然需要依赖人工进行操作，且社员大部分是老年人及妇女，青壮年劳动力流失严重，这就需要在农忙季节雇佣劳动力去干农活，导致人工成本不断上升，人工成本为合作社的发展增加了压力。同时受新冠肺炎疫情影响劳动力成本不断升高，也导致了企业利润下降的问题。

第四节 西甜瓜产业发展政策建议

一、产业发展问题及其技术需求

（一）产业发展存在的问题

1. 技术和设备推广应用速度缓慢

西甜瓜种植户对新事物接受时间长，新技术、新设备推广普及速度慢，科技成果转化不够充分，造成生产资料成本提高。新技术使用推广慢，简化栽培等新技术得不到快速推广应用，造成劳动力成本过高；新设备更新慢，种植户重视当前的利益和投入，忽视长远的收益，不愿过多投入，造成劳动力成本增加。新技术、新装备不能快速应用到生产一线，科技成果转化较慢，无法满足西甜瓜产业的发展需求。

2. 采后处理与加工方面的技术水平有待提高

西甜瓜采后处理与加工技术研究与应用还比较滞后，保鲜、加工、储藏、运输等方面的成本较高，造成技术应用效果缓慢，在运输过程中易产生损耗，影响了西甜瓜的品质和市场价值。

3. 区域品牌维护积极性不高，搭便车现象经常发生

西甜瓜经营主体使用区域品牌的目的就是获得更高的收益，但很多经营者对品牌的认识不足，只看中眼前的利益，不按规定使用农药、不按标准种植、搭便车等行为导致品牌被假冒和破坏，这些行为对区域品牌形象产生了很大的影响，不利于在市场竞争中占据有利地位。

4. 季节性消费降低，周期供应难以保证

西瓜消费仍以夏季为主，但季节性特征有减弱趋势，西瓜消费已由传统的夏季消费逐步转变为全年消费，反季节西瓜消费量逐年增加，周期性供应逐渐成为新问题。为满足周期性供应，合作社在外埠地区建立基地，来保障西甜瓜的全年供应。但是，受自然条件及技术水平应用的影响，各个基地产出的西瓜甜度、口感相差太多，使消费者重复购买率降低，影响种植户的经营效益。

（二）产业发展的技术需求

1. 栽培技术

栽培技术包括蜜蜂授粉技术、无土栽培、网纹瓜栽培、精品网纹甜瓜高商品率栽培技术、小型西瓜基质栽培技术、中果型西瓜简约化栽培等技术。

2. 育苗技术

育苗技术集约化育苗技术、包括外遮阳设备、专用基质、穴盘育苗、补光灯、催芽室、空气源热泵等。

3. 资源节约及病虫害防控技术

病虫害防控技术包括防虫网、药剂熏棚、天敌控虫技术、土壤消毒等。

4. 绿色防控技术

绿色防控技术主要包括西甜瓜苗期褐斑病防控技术、西甜瓜蔓枯病种子带菌情况的检测及其防控技术、一种引起西瓜苗期新发症状的种传病害的鉴定及其防控技术等技术。

二、产业发展趋势及其亟待解决的技术问题

（一）产业发展趋势

1. 标准化、集约化生产

当前加强西甜瓜品牌建设的力度越来越大，消费者对西甜瓜的需求已从对"量"的满足转变为对"质"的追求，势必要使产品与品牌紧密结合。形成优质的西甜瓜品牌对产品的质量要求很高，因此必须统一生产标准来维护区域品牌。西瓜种植面积近年来呈下降趋势，为了使西瓜产业继续发展，必须提高单产水平，以集中育苗、产销一体等方式提升西瓜生产流通效率。

2. 品牌化越来越深刻

随着消费水平的提高，对西瓜甜瓜的需求也有了差异化，许多西甜瓜种植区域已经产生了独有的品牌，农产品与品牌结合可以实现溢价，保障瓜农的收入，结合各地实际，因地制宜，实现一地一品。在推广优良西甜瓜品种的同时，配套推广先进的标准化优质高效栽培技术，整个生产过程各环节按标准程序化控制，无公害生产，精品化包装，分级别销售，并且种植户也有了品牌维护意识，西甜瓜品牌会越来越多。

3. 流通销售与电子商务结合越来越紧密

随着电子商务的迅速发展，网络购物行业也日益成熟，网络购物对经济的贡献越来越大。许多农产品已经加入"互联网+"的浪潮中，现在的电商不仅指"淘宝"和"京东"，还有"拼多多""美团""买菜"等平台，西甜瓜流通和销售与网络平台结合，可以扩大销售渠道，避免存货积压，还可以通过市场细分和产品分级等做到真正的优质优价。

（二）亟待解决的技术问题

1. 种苗集约化有待提高

市场监管不到位，常常出现假冒伪劣种子，种苗集约化生产由于受种子促萌引发技术及健康育苗技术的限制，水平不高，规模不大。

2. 生产标准制定与实施有待加强

要进行集约生产、标准化生产必须要有规范的生产标准，这包含生产流程规范、生产工具使用规范、农药化肥等使用剂量的规范。现阶段，生产标准制定模糊，农户也有不遵守要求生产的现象，需要进行培训和监督。

3. 商品采后处理技术有待提高

加强瓜农的采后商品化处理技术，培训瓜农进行冷链保存、人工分级、包装等标准化处理，然后再进入市场，以保证产品质量，维护好西甜瓜品牌，从而增加产品附加值。

4. 对品牌的维护和监管力度有待加强

以西瓜为例，京郊批发市场中存在打着产自大兴庞各庄镇旗号进行售卖的西瓜，品质参差不齐，品种五花八门。反映出有关部门的监管缺位，致使仿冒品、残次品盛行，长此以往，将会对区域品牌造成不良影响。

三、具体建议

1. 大力推广新技术和新设备，加快应用成果转化

对于适合中小棚西甜瓜栽培模式的小型农机具、补温补光设备等设备设施，以及西甜瓜栽培的新技术如无土栽培、膜下滴灌等应在西甜瓜主产区选择示范点进行大力示范推广，以点带面，促进新技术新设备大面积应用，同时做好对农户和种植大户的技术培训，使新技术新设备快速推广，提高生产率与产品质量。

2. 建立完善的流通、销售渠道，促进产销平衡

在市场导向下，加强对西甜瓜种植面积、主要品种、上市时间、预计产量以及当期价格等信息的监测统计，掌握北京市西甜瓜的生产销售信息，及时在官方的信息服务平台发布；发展订单农业，瓜农可以与龙头企业、合作社或通过农产品经纪人签订合同，发展订单西甜瓜产业；依靠电子商务平台、物联网、云计算等技术拉近生产者与消费者的联系；建立微商营销、APP营销等多种形式的营销渠道，完善线上销售和线下的物流配送体系，改变消费者传统购买习惯，形成一定用户忠诚度，创新和扩大西瓜销售渠道。

3. 对农户采后商品化处理技术进行培训，培养农户品牌建设和维护意识

在对农户进行生产技术培训的同时，还要传授他们产品分级、包装、品牌建设的知识，当前西甜瓜销路主要还是地头收购和批发市场销售，面向高消费群体的销售能力还有所欠缺，培养瓜农分级销售的意识，使他们的产品与区域品牌结合，传授他们网络知识，通过网络 APP 扩大销路，从而提升收入。

4. 加大政策扶持力度，减轻企业压力

各级政府和金融机构要积极探索瓜农融资的新渠道，了解资金需求情况，设立信贷绿色通道，采取简化手续、提高授信额度等有效措施，重点对西甜瓜种植进行全方位的资金支持，从土地流转、设施建设、新优技术推广、品牌建立到宣传、产销衔接、产品质量安全追溯体系建设等方面给予扶持。

5. 加强技术培训，提高职业农民技能

加大对技术农民的科技培训，提高科学管理能力，提升种植科技水平，向他们宣传新型营销模式。进一步完善职业农民培育的教育培训、扶持措施等相关制度，细化管理制度和完善公平竞争、人才培养等机制，培育更多的职业农民。

第十三章　北京市生猪产业发展报告

《全国生猪生产发展规划（2016—2020年）》《北京市"十三五"时期都市现代农业发展规划》《京津冀畜牧业协同发展合作框架协议》《北京市乡村振兴战略规划（2018—2022年）》《北京市生猪产业优化提升发展和保障猪肉市场稳定供应工作方案》《北京市生猪产业优化提升发展项目实施意见》等政策密集出台显示，北京市畜牧业发展的内外部环境面临更加深刻的结构调整，着重突出发展的质量和效益。北京市生猪产业发展处于转型升级关键期，受到猪肉供给保障、资源约束趋紧、环境保护高压、养殖效率有待提升、质量安全隐患凸显、非洲猪瘟疫病防控风险加剧等多方因素的综合影响。为进一步摸清北京市生猪产业2020年发展状况、探索都市型生猪产业稳定发展途径，特编写本章《北京市生猪产业发展报告（2020）》。

本报告主要依据《中国畜牧兽医年鉴》《全国农产品成本收益资料汇编》《北京统计年鉴》以及北京市农业农村局和生猪产业技术体系北京市创新团队的内部资料，分析北京市生猪产业发展现状与成效，剖析面临的形势与挑战，以高产高效、生态环保、优质安全为目标，探索北京生猪产业可持续发展路径，加快推进生猪养殖业恢复产能与转型升级，提高首都猪肉自给率。

第一节　生猪产业发展现状

一、生产现状

（一）基本情况

1. 全市总体情况

2020年，北京市生猪出栏17.55万头，比2019年、2011年分别下降38.12%和94.38%；2020年，全市生猪年末存栏32.18万头，比2019年增长了143.97%，较2011年下降

82.06%，其中，能繁母猪存栏3万头，达到上年同期的2倍以上，生猪自繁能力将明显提升，为2021年稳产保供打下良好基础。2020年，北京市猪肉产量为1.65万吨，比2019年、2011年分别下降27.95%和93.18%（见图13-1）。

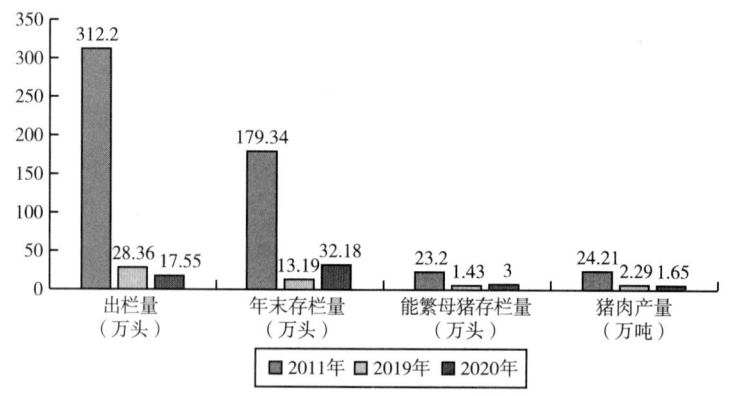

图13-1　2020年北京市生猪生产情况

数据来源：北京市农业农村局和《北京统计年鉴》。

畜牧业产业化经营持续推进，引进和培育了一批龙头企业，生猪生产规模化程度达98%以上，生猪养殖行业从传统分散型逐步向技术集约型、资源高效利用型、生态环保型转变。从规模以上养殖场（户）情况看，生猪存栏的大幅增长主要源于三个方面：一是新建大型规模化猪场投产，截至调查期末，全市有10家新建大型猪场投产运行，引进生猪13.1万头，占全市存栏量的40.7%，是生猪产能恢复的主要动力；二是改扩建猪场完工，截至调查期末，全市7家改扩建猪场增加生猪存栏1.8万头；三是大型企业增容扩产，全市原有规模以上猪场共增加生猪存栏4.3万头，主要是顺鑫农业股份有限公司、北京中育种猪育种有限公司等大型养殖企业加大仔猪繁育和猪源引进力度，如顺鑫农业通过收购或租赁养殖场地、增加存栏密度和加快优质母猪选育等方式扩大生产规模，存栏规模达到上年同期2倍以上，生产规模大幅提高。

2. 主产区情况

从全市生猪生产分布看，平谷、顺义、密云、怀柔4个区为生猪主产区，这些地区2020年生猪出栏量、年末存栏量分别占全市的74.25%和77.87%，比2019年分别降低11.85%和7.91%。其中，顺义产能最大，生猪出栏量和年末存栏量分别占全市的61.08%和27.64%，平谷次之，密云紧随其后（见图13-2）。值得注意的是，2020年年末，朝阳、海淀、丰台和门头沟4个区生猪存栏量为0，房山和通州生猪存栏量分别仅有1.18万头和0.3万头，出栏量为0。与2019年相比，随着生猪复养的推进，生猪存栏规模不断提升，而达到持续稳定的产能尚需时日。

（二）产业布局

一是优化生猪养殖业布局。着力建设京内"935"生猪产业区。吸引国内大型养殖集

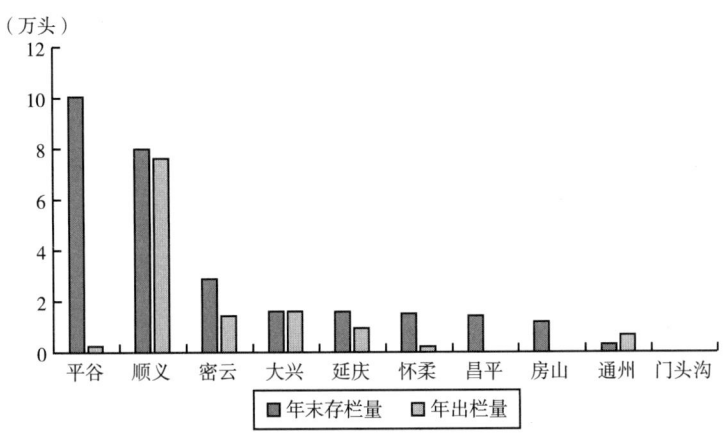

图 13-2　2020 年北京市各区生猪生产情况

数据来源：北京市农业农村局畜牧渔业处。

团投资建设生猪产业体系，与北京市规模化养殖场共同在平谷、顺义、密云、怀柔、昌平、延庆、房山、大兴、通州 9 个区，打造京东北、京西北、京南 3 个生猪产业片区，配套与生猪养殖规模相应的饲料、兽药、屠宰加工、有机肥生产、有机种植园 5 类企业，完善从养殖到屠宰全程全产业链追溯体系，实现全产业链闭环式发展。确保到 2022 年，实现生猪存栏 50 万头，年提供商品猪 89 万头，猪肉市域供给率 10% 的目标。京东北产业片区包括平谷区、顺义区、密云区、怀柔区，定位应急保障供应主产区。京西北产业片区包括昌平区、延庆区，突出生态循环发展，定位生猪产业种源基地。京南产业片区包括房山区、大兴区、通州区，定位京南猪肉供应和北京城市副中心食品安全应急保障基地。截至 2020 年底，全市登记备案的规模猪场 45 个，其中，顺义 19 个、平谷 7 个、密云 6 个、延庆 4 个、昌平 4 个、通州 1 个、大兴 1 个、房山 1 个、怀柔 1 个和门头沟 1 个[①]，登记备案的规模猪场数量比 2019 年增加 7 个，比 2011 年减少 1093 个。

二是积极推进生猪产业基地建设。充分发挥首都市场优势和北京市龙头企业主体作用，在外埠建立生猪和猪肉"点对点"供应基地。以"自主、安全、可控"为前提，与北京市企业投资自建、合资（合作）经营的外埠生猪养殖和屠宰加工基地建立"点对点"供应模式，推进环京生猪全产业链联动、互补式发展。农业农村部门会同商务、市场等部门，依据相关标准，确定养殖基地 50 家和屠宰加工基地 10 家，确保到 2022 年，实现年供京猪肉 53.7 万吨（折合商品猪 569.6 万头），猪肉区域可控供给率 64% 的目标[②]。

三是大力推进生猪养殖结构调整。2020 年底，全市登记备案的 45 个生猪规模养殖场平均养殖规模为 6337 头，比 2019 年增加 85.94%。2019 年养殖规模在 1000 头以下的养殖

---

① 根据北京市农业农村局提供的 2011 年、2019 年和 2020 年北京市规模猪场登记备案表整理。
② 根据《北京市生猪产业优化提升发展和保障猪肉市场稳定供应工作方案》整理。

场占 26.32%，养殖规模在 1000~5000 头的养殖场占 47.36%，养殖规模在 5000 头以上的养殖场占 26.32%，分别比 2018 年降低 4.56%、-5.58% 和提高 10.14%，大型规模养殖场比例明显提高[①]。

（三）良种繁育

一是种猪基因组选择技术推广顺利。2020 年，全市种猪参考群体规模达到 6364 头，新增 1131 头种猪的生产性能和基因组数据，基因组选择示范点达到 10 个，新增 2 个。累计评估种猪达 9531 头，其中 2020 年评估种猪 5408 头；累计开展基因组遗传评估 38 次，其中 2020 年评估 12 次。基因组选择技术落地，为做"精"做"强"种猪产业提供了技术支撑[②]。

二是母猪繁殖生产水平总体略有上升。2020 年共监测 5 个区 8 家规模养殖场 1201 头适繁母猪全年繁殖数据，新增记录 25000 余条。母猪窝平均产仔数为 11.58 头，同比上升 5.4%；窝平均产活仔数为 10.77 头，同比上升 5.5%；平均断奶仔猪头数为 9.86 头，同比上升 9%；仔猪成活率为 91.5%，同比下降 0.4%；年提供断奶仔猪数（PSY）19.67 头，较 2019 年的 19.26 头有所上升；母猪非生产天数（NPD）为 46.84 天，同比有所减少；2020 年监测母猪年平均胎次为 2.16 窝，同比下降 2.3%[③]。

三是构建了生猪良种繁育体系。国家级生猪核心育种场 3 家，培育壮大了顺鑫农业等一批有影响力的龙头企业，品种创新能力不断增强。生猪上培育出"中育""中顺""华都""顺鑫""六马"等种猪品牌和种猪配套系。

四是启动了国家畜禽种业产业园建设。在平谷区启动创建国家现代农业（畜禽种业）产业园，到 2022 年通过实施生猪种业工程和畜禽种业科技创新园建设工程，基本建成猪种业的国家现代农业产业园。构建起"产学研"相结合，具有国际领先水平的生猪国家级种业研发平台、北京市种业科技创新平台及"中荷""京瓦"等国际种业合作平台，拟建成全国畜禽种业科技创新中心和国际畜禽种业（中国）科技合作中心。

（四）粪污处理和利用

2020 年，全市 45 个登记和备案的生猪养殖场（小区）中，配备雨污分流、干湿分离设施的有 41 个，资源化利用的有 45 个，参与政府和自筹建设项目的有 38 个[④]。

（五）外埠基地建设

一是引导龙头企业在周边省市建设自控外埠基地，实现猪肉区域可控供给率 64% 的目标；通过产销对接，与主产区形成契约化、常态化供应机制，实现供给率 26% 的目标[⑤]。二是强化外埠基地保障能力，鼓励北京市龙头企业在北京周边建设稳定、可控的生猪养殖

---

① 根据北京市农业农村局提供的 2018 年和 2019 年北京市规模猪场登记备案表整理。
② 根据北京市畜牧总站信息整理。
③ 根据北京市农业农村局信息整理。
④ 根据北京市畜牧总站提供的《2019 年下半年北京市畜禽养殖场（小区）登记备案情况报告》整理。
⑤ 根据《北京市生猪产业优化提升发展和保障猪肉市场稳定供应工作方案》整理。

和屠宰加工基地,配备现代化生产设施和检测设备,做到产品"批批检",不断强化外埠基地的供应保障能力[1]。

(六)质量安全保障

督促综合防疫措施落实。一是开展违规调运百日专项打击行动。会同交通、公安等部门联合开展了北京市违法违规调运生猪百日专项打击行动,共检查畜禽运输车辆9818辆次,检查调运生猪19865头,生猪产品91829吨,查处3起违法违规调运调出生猪行为。二是开展违法违规调运生猪专项整治。制定印发了《北京市违法违规调运生猪专项整治行动方案》,严把"六关"强化生猪跨省调运监管,对专项整治工作进行了全面部署。检查畜禽运输车辆6288辆次,通过"牧运通"完成车辆备案51辆。进行生猪产地检疫20078头、生猪屠宰检疫12439头、生猪落地查验2472头,进行非洲猪瘟全链条监测27348份,检测结果均为阴性。三是开展非洲猪瘟全链条监测。按照"关口前移、扩大防线"的原则,及时发现和清除非洲猪瘟病毒污染,以全市范围大区域环境安全保护生猪养殖安全为目标,在对养殖生猪、屠宰生猪及调入白条肉、饲料进行检测基础上,扩大到对屠宰厂和无害化处理厂的环境及相关运输车辆开展检测。截至2020年12月,共监测样品217143份,结果均为阴性,其中市级监测7752份,区级监测209391份。四是开展生物安全评估指导。制定印发了《生猪养殖场所生物安全评估办法》及配套81项评估标准,组成了市级评估指导组,全程指导各区第一家新建、改建、扩建生猪养殖场项目评估与验收。针对部分区拟启用应急保供场的问题,组织编制了《阶段性保供猪场建设指引》及26项评估标准,指导各区复养生猪养殖场进行必要的生物安全改造后方可投产。五是做好非洲猪瘟专项指导,督促落实综合防疫措施。组织公安、城市管理、交通、商务、市场监督管理、海关等部门单位开展非洲猪瘟联防联控,形成防控合力,确保北京市非洲猪瘟疫情零发生。六是继续做好非洲猪瘟防控各种数据统计、信息收集、"12345""12316"舆情反馈落实。

加强屠宰行业管理。一是组织鹏程食品、二商肉食、房山卓辰、朝阳水科园公司,保质保量完成两会期间肉类供应保障任务;二是开展私屠滥宰专项行动,累计出动执法人员3000余人次,开展网格式巡查,形成严查私屠滥宰违法行为的高压态势,组织、参与联合执法20余次;三是做好屠宰环节无害化处理补贴发放工作,发放屠宰环节病害猪无害化处理补贴资金合计52.5688万元;四是开展9家生猪屠宰企业例行检查和非洲猪瘟采样工作[2]。

二、加工流通现状

(一)屠宰加工现状

一是屠宰企业集中度和数量保持稳定。随着首都发展定位确立、禁限目录出台、屠宰

---

[1] 根据《北京市生猪产业优化提升发展和保障猪肉市场稳定供应工作方案》整理。
[2] 北京市农业农村局畜牧渔业处《2020年工作总结》及《2021年工作安排》。

企业分布调整，截至 2020 年年底北京市生猪定点屠宰企业 9 家，与 2019 年持平。二是实际屠宰量大幅下降。2013~2016 年全市实际屠宰量连年下降，2017 年小幅回升，2018 年再次下降，为 625.13 万头，2019 年大幅下降，为 21.00 万头（见图 13 - 3）。据粗略统计 2020 年，主要由北京顺鑫农业股份有限公司鹏程食品分公司开展了屠宰业务，其余屠宰企业屠宰业务基本处于停滞状态。

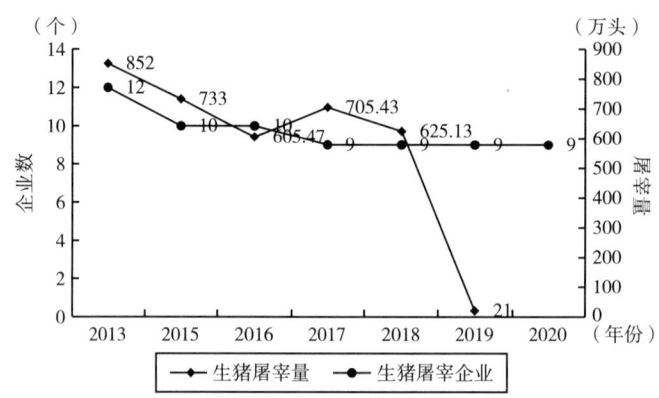

图 13 - 3　2013~2020 年北京市生猪屠宰企业及屠宰量情况

数据来源：北京市农业农村局畜牧渔业处。

（二）流通格局

北京市生猪和猪肉流通主要涉及生猪养殖、生猪购销、屠宰加工和猪肉销售四个环节，各环节参与主体的特征如下①：

1. 生猪养殖

非洲猪瘟疫情发生后，北京市生猪产能明显下滑，猪肉市场稳定供给和服务首都功能受到严重冲击②。2020 年，北京市生猪存栏 32.18 万头，较 2019 年增长了 143.97%；生猪出栏 17.55 万头，较 2019 年下降 38.12%。

2. 生猪购销

受非洲猪瘟疫情防控禁止商品猪跨省流通的限制和北京市生猪出栏量锐减的影响，北京市猪肉日常供给保障提到重要日程。北京市 9 家生猪定点屠宰加工企业承担起在外埠采购猪肉供应北京市场的任务。9 家生猪屠宰加工企业主要采取外埠生猪屠宰基地供货、稳定合作商供货和临时供货商供货等三种生猪采购方式。充分发挥"京津冀"协同发展效能，积极强化龙头企业外埠基地和屠宰加工企业的"点对点"供应以及与主产区产销对接机制，2020 年，北京市 9 家生猪屠宰企业共从外埠调入白条猪肉 34.2 万吨，为北京市猪肉市场供应充足、价格稳定作出了积极贡献。

---

① 根据《基于质量安全的猪肉流通主体行为与监管体系研究》和相关数据整理。
② 根据《北京市生猪产业优化提升发展和保障猪肉市场稳定供应工作方案》整理。

3. 猪肉进口

依据海关总署发布的北京市猪肉进口数据，2020年1~9月北京市猪肉及杂碎进口量为25.71吨，其中猪肉进口量18.92万吨，分别较2019年同期增长了30.37%和39.45%，约为北京市居民猪肉全年消费量的41.94%。受北京市猪肉产量持续下降和新冠肺炎疫情防控形势趋于缓和及猪肉消费需求回归常态影响，猪肉进口量增长迅速。

4. 生猪屠宰

受生猪出栏量锐减等因素影响，2020年北京市生猪定点屠宰加工企业中主要有北京顺鑫农业股份有限公司鹏程食品分公司开展了屠宰业务，其他公司生猪屠宰业务基本处于停滞状态。按照党中央、国务院非洲猪瘟防控工作要求以及北京市关于防疫工作的规定，自2019年以来北京市生猪屠宰企业只能屠宰北京市出栏的商品猪，养殖场户出栏生猪需要与屠宰企业提前沟通申报，且价格基本由屠宰企业确定。

非洲猪瘟疫情发生后，全国活猪流通受到严格限制，北京市屠宰加工企业的商品猪源减少，屠宰量和猪肉上市量大幅下降，并远低于北京市场的猪肉需求量。为保障市场供应，生猪定点屠宰加工企业承担起在外埠寻找商品猪源和通过外埠屠宰加工企业代宰后运回猪肉的任务。因此，在非洲猪瘟疫情影响下，北京市生猪定点屠宰加工企业的开工率极低，生猪屠宰企业面临无猪可宰的现状，部分企业面临经营转型的压力。

5. 猪肉销售

北京市生鲜猪肉的销售主体主要有生猪屠宰加工企业、批发市场、大型连锁超市、商场专柜、猪肉专营店、小型超市、农贸市场的小摊贩和社区便利店。其中，批发市场分为猪肉一级批发大厅和猪肉批发零售大厅。屠宰加工企业每天凌晨将自己屠宰和外埠采购的猪肉（除少量分割后配送团体客户和深加工外）配送至各批发市场的猪肉一级批发大厅，一级批发大厅的猪肉经营者为一级批发商，一级批发商又分为经销商和代理商，一级批发商主要从事批发业务，客户群体是本市场猪肉零售大厅的二级猪肉批发零售商和大型集团客户。批发市场批发零售大厅的二级猪肉批发零售商直接从所在批发市场的猪肉一级批发大厅进货，并在批发零售大厅内销售。二级猪肉批发零售商从事批发和零售业务，主要客户群体是下游的农贸市场以及单位、工地、学校和普通消费者。大型连锁超市、猪肉专营店、商场专柜、农贸市场小摊贩、社区便利店主要从事猪肉的零售业务，直接面对家庭和普通消费者。

三、市场消费现状

北京市"菜篮子"工程建设建立了较为稳固的生活必需品货源供应基地和渠道，有效保障了市场稳定供应。但受非洲猪瘟疫情、畜禽养殖业布局优化和结构调整等因素影响，北京市生猪供给量急剧下降，猪肉自给率不断下滑。一是猪肉需求量由增到减。2011~2016年全市猪肉需求量逐年递增，2017~2019年受常住人口负增长影响，猪肉需求量开始下降,2020年猪肉需求量为61.3万吨,较上年度有所回升①。二是猪肉自给率不断下滑。受畜禽养殖业布局优化和结构调整影响,2020年北京市猪肉生产量为1.65万吨,较2019年下降27.95%。北京市猪肉自给率由2011年的43%下降到2020年的2.69%,年均下降4.48个百分点(见表13-1)。

表13-1　　　　　　　2011~2020年北京市猪肉需求量及自给率

年份	2011	2012	2013	2014	2015	2016	2017	2018	2019	2020
年消费量(万吨)	56.53	57.93	59.22	60.26	60.79	60.84	60.78	60.32	60.30	61.3
年生产量(万吨)	24.21	23.94	24.63	24.01	22.48	21.84	19.22	13.53	2.29	1.65
自给率(%)	43	41	42	40	37	36	32	22	4	2.69

注:"自给率"指北京市生产的"菜篮子"产品在市场上的供应量占日常消费需求总量的百分数。年消费量根据北京市农业农村局提供数据(人均消费28公斤/年)和北京市2020年人口普查中的常住人口数计算。

四、新型农业经营主体现状

(一)养殖企业(公司)

2020年登记备案的45个生猪养殖场中,养殖企业(公司)31个,比2019年增加13个,养殖企业(公司)占登记备案的生猪规模场的比重为68.9%,比2019年增加21个百分点,养殖企业(公司)平均养殖规模为7950头,比2019年增加85.88%。其中,养殖规模1000~5000头和5000头以上的企业分别占比为40%和40.44%,分别比2019年提高1.11个百分点和降低4个百分点②,大型规模养殖企业(公司)由于实际存栏不足导致其占比略有降低。

(二)合作社

2020年登记备案的45个生猪养殖场中,养殖合作社仅有1个,与2019年持平,养殖合作社占登记备案生猪规模场的比重为2.2%③。

五、成本收益及产业支持政策

(一)成本收益

2020年监测数据显示生猪养殖成本平均摊销为2132.27元/头,较上季度增加35.81元/头,其中仔猪费用平均为884.01元/头,消耗饲料费用平均为1077.91元/头,两项合计占生猪总成本的92.01%,水电费、人工费、防疫费和其他开销共计170.35元,占总成本7.97%,季度平均收购价为28元/千克,养殖处于盈利状态。据现代农业产业技术体系

---

① 年消费量根据北京市农业农村局提供数据(人均消费28公斤/年)和北京市2020年人口普查中常住人口数计算。
② 根据2019年和2020年北京市生猪规模场登记备案表整理。
③ 根据2018年和2019年北京市生猪规模场登记备案表整理。

北京市创新团队生猪团队监测,2020年全市中规模生猪养殖饲料转化率为2.64,较2018年、2011年分别下降了0.06和0.67。

(二)重点产业政策

截至2020年底,北京市发布的生猪产业政策大体可以分为支持性政策和限制或约束性政策,包括相关法律和法规、文件、规划、措施和手段等。由于产业政策的颁布实施从国家、部门、市局到各区乃至行业都有涉及,政策类型多样,有效期限不等,一一列举也难全面。因此本报告结合目前生猪产业发展实际,从综合、资源环境、效率效益、质量安全等四个方面进行总结,主要就2017~2020年国家和北京市层级比较重要的现行生猪产业代表性政策进行梳理(见表13-2)。

表13-2 代表性生猪产业政策

类别	名称	颁布/实施单位(时间)
综合	《关于创新体制机制推进农业绿色发展的意见》	国务院(2017)
	《乡村振兴战略规划(2018—2022)》	国务院(2018)
	《关于实施乡村振兴战略的意见》	国务院(2018)
	《畜牧业统计调查制度》	农业农村部(2018)
	《种养结合循环农业示范工程建设规划(2017—2020年)》	农业农村部(2018)
	《国务院办公厅关于稳定生猪生产促进转型升级的意见》	国务院(2019)
	《国务院办公厅关于促进畜牧业高质量发展的意见》	国务院(2020)
	《北京市生猪产业优化提升发展和保障猪肉市场稳定供应工作方案》	北京市(2019)
	《北京市生猪产业优化提升发展项目实施意见》	北京市(2020)
资源环境	《关于深化环境监测改革提高环境监测数据质量的意见》	国务院(2017)
	《关于建立资源环境承载能力监测预警长效机制的若干意见》	国务院(2017)
	《关于加快推进畜禽养殖废弃物资源化利用的意见》	国务院(2017)
	《关于划定并严守生态保护红线的若干意见》	国务院(2017)
	《关于全面加强生态环境保护坚决打好污染防治攻坚战的意见》	国务院(2018)
	《关于做好畜禽养殖场粪污治理工作的指导意见》	北京市(2017)
	《关于进一步加强畜禽养殖污染防治工作的通知》	北京市(2017)
	《北京市推进畜禽养殖废弃物资源化利用工作方案》	北京市(2018)
	《北京市开展"疏解整治促提升推进畜禽生态养殖"实施方案》	北京市(2018)
	《关于进一步加强中央财政畜禽粪污资源化利用项目管理的通知》	北京市(2019)
	《关于进一步加强畜禽养殖大户污染防治工作的通知》	北京市(2019)
效率效益	《非洲猪瘟疫情应急预案》	农业部(2017)
	《畜禽养殖标准化示范创建活动工作方案(2018—2025年)》	农业农村部(2018)
	《生猪产地检疫规程》	农业农村部(2018)
	《生猪屠宰检疫规程》	农业农村部(2018)

续表

类别	名称	颁布/实施单位（时间）
效率效益	《无规定动物疫病区评估管理办法》	农业部（2017）
	《动物防疫等补助经费管理办法》	财政部（2017）
	《无规定动物疫病区管理技术规范》	农业部（2017）
	《生态环境损害赔偿制度改革方案》	国务院（2018）
	《北京市生猪屠宰企业非洲猪瘟应急处置预案》	北京市（2019）
	《北京市屠宰环节病害猪无害化处理补贴申报程序》	北京市（2019）
质量安全	《关于进一步加强农药兽药管理保障食品安全的通知》	国务院（2017）
	《关于加快发展冷链物流保障食品安全促进消费升级的意见》	国务院（2017）
	《"十三五"国家食品安全规划》	国务院（2017）
	《北京市农业局关于下达2017年北京市动物及动物产品兽药残留监控计划的通知》	北京市（2017）
	《北京市农业局关于下达2017年北京市兽药质量监督抽检计划的通知》	北京市（2017）
	《北京市创建"国家农产品质量安全市"实施方案》	北京市（2017）
	《国务院办公厅关于加强非洲猪瘟防控工作的意见》	国务院（2019）
	《农业农村部关于加强屠宰环节非洲猪瘟检测工作的通知》	农业农村部（2019）
	《农业农村部关于印发〈2019年农产品质量安全专项整治方案〉的通知》	农业农村部（2019）
	《北京市农业农村局关于开展落实生猪屠宰环节非洲猪瘟自检和官方兽医派驻制度专项行动的通知》	北京市（2019）
	《北京市农业农村局关于落实屠宰环节非洲猪瘟检测工作的通知》	北京市（2019）

数据来源：相关政府部门网站。

第二节 生猪产业发展中创新团队的技术支撑作用

一、团队基本情况

（一）创新团队功能定位及其建设任务

1. 功能定位

生猪产业技术体系北京市创新团队克服非洲猪瘟疫情带来的重重困难，依据党的十九大作出的重大决策部署，贯彻落实乡村振兴战略，根据北京市农业"调、转、节"有关精神及生猪产业形势和产业需求，按照《现代农业产业技术体系北京市生猪创新团队五年规划（2016—2020年）》，建立可持续促进生猪产业实现环保、高效和安全的技术支撑体系，发挥科技创新和示范推广的辐射带动作用，分阶段、分层次实现生态环境友好、生产效率较高、产品优质安全的北京生猪生产模式，以种猪生产为创新领域，以环保、高效、安全为目标，开展各项技术研发和示范推广工作。

2. 建设任务

团队"十三五"规划纲要的主要目标是初步建立可持续促进生猪产业实现环保、高效和安全发展模式的技术支撑体系。团队采取项目型复合组织管理模式，组建环保、高效、安全3个攻关协作组，进一步整合团队力量，目标更加明确。第一，环保组。任务重点是污水治理、粪便及病死猪无害化处理和资源化利用，污水治理包括有机物、重金属、有害微生物的无害化处理和资源化利用，其他任务还有低碳排放、循环经济（种养结合）。第二，高效组。任务包括生产效率（母猪生产力、饲料转化率、劳动生产率-机械化水平）、经济效益、社会效益。第三，安全组。任务包括生物安全（疫病防控）、产品安全（饲料、用药、屠宰加工）。

2020年度团队研发推广新技术21项、新产品26项，基本达到全市全覆盖，经济效益7860万余元，社会效益和生态效益显著，充分发挥了生猪团队对北京市生猪产业的引领和支撑作用。2020年开展各种线上（线下）培训、观摩等活动72次，累计达311093人次；国内外线上（线下）交流活动55次；通过电视台、电台、报纸、网络、自媒体、简报等宣传达78次。团队本年度发表论文69篇，其中SCI 17篇，国家二类新兽药2项；参与制定国家标准3项、地方标准1项，发表著作7部；获得专利授权21项、软件著作权1项，申请12项。整体上，完成或超额完成本年度任务书中规定的任务指标。充分发挥了生猪团队对北京市生猪产业的引领和支撑作用。在生猪养殖行业深刻变化的大背景下，完成《北京市生猪产业发展报告》，编制《现代农业产业技术体系北京市生猪创新团队五年任务规划（2021—2026年）》，为相关部门科学决策提供了基础资料和技术支持。

（二）创新团队组成架构

2020年，共聘任团队成员26名，其中，首席专家1名，岗位专家18名，综合试验站站长7名。团队现有正高级专家14名（院士1名），以及副高级专家15名，岗位设置和职称比例得到进一步优化。

生猪产业技术体系北京市创新团队组建于2009年4月。团队由3个层级构成，设置功能研究室、综合试验站、农民田间学校工作站，专业涵盖生猪产业链的各个环节。团队采取项目型复合组织管理模式，推行用制度"管人""管事""管钱"。经过团队的协同攻关，圆满完成了任务书规定的各项工作任务，形成了强有力的团队协作精神、优良的团队作风、高效的工作方式。

(三) 创新团队运行机制

团队机构健全、分工明确、管理规范,形成一套完整的团队理念。团队研发设计一系列物化产品,如专业著作、科普读物、技术产品、宣传材料、示范场牌匾等,凭借LOGO基础,彰显团队元素,提升团队形象。团队坚持项目绩效管理理念,引进美国项目管理协会(PMI)项目管理办法理念,参照项目管理知识体系指南(ANSI/PMI),标准对团队工作任务的范围、进度、成本、质量、人员、沟通、风险、采购8个方面进行标准化管理。团队全面推开成本绩效指数(CPI)、进度绩效指数(SPI)和质量评价指数(QPI)评价,显著提升团队绩效管理水平。

各级团队成员根据团队"十三五"规划任务目标和具体任务,以及产业发展实际需求,举办多层次技术观摩会,与养殖场户和产业链相关企业进行技术交流,相关基层和养殖场户等的技术人员通过观摩交流学习,在不断提高对新技术的认知的同时,也提高了主动学习和采用新技术的动力及行动力。首席办和各级团队成员不仅能积极组织环保、安全和高效等相关技术培训交流等活动,也能积极参加团队以及相关机构组织的相关技术活动,团队成员组织和参加的相关技术活动丰富多彩且实用性强;团队各级成员通过管理平台完成信息报送和工作日志填报工作,超额完成年度材料报送的规定数量。

二、技术研发与主推技术

(一) 团队技术研发情况

第一,聚焦生态环保,开展技术攻关研发。主要包括污水处理效率提升与肥水资源化利用技术示范与推广、粪污的处理与利用技术示范与推广、节能节水减排降耗技术研发与推广。第二,围绕高产高效,开展技术攻关研发。主要包括母猪繁殖力遗传改良技术研究、种猪自动化测定系统称重系统完善、进一步优化与升级猪遗传缺陷检测芯片、排卵定时输精技术研究、低剂量深部输精联合缩宫素技术研究、猪丁型冠状病毒、猪流行性腹泻二联灭活疫苗研究、短中链脂肪酸提高仔猪成活及生长速度研究、复合微生物绿色增产增效技术研发、猪繁殖与呼吸综合征、猪圆环病毒2型核酸检测用标准物质研发等。第三,紧盯优质安全,开展技术攻关研发。主要包括25~50公斤、50~90公斤、90~110公斤三个阶段开展猪无抗生素饲料技术集成并示范推广,抗菌肽研究与开发,生物防腐剂研究中筛选产黄酮银杏内生菌菌株4株,建立了乳化肠生产过程HACCP控制系统,低温乳化肉制品开发研究等。

(二) 团队主推技术

第一,聚焦生态环保,开展技术示范推广。创新研制的携氧材料的应用,使猪场污水处理COD降到60毫克/升,湿地水质达到《城镇废水处理厂水污染物排放标准》(GB 18918—2002)一级B标准。猪舍小通风量节能技术和生长育肥猪低蛋白日粮配制技术。第二,围绕高产高效,开展技术示范推广。进一步对猪遗传缺陷检测芯片优化与升级,提高检测准确性,降低检测成本;加速推广母猪扩繁定时输精技术,低剂量深部输精联合缩宫素技术,减少精液用量60%,节省配种成本40%。第三,紧盯优质安全,开展技术示范推广。开展猪无抗生素饲料技术集成并示范推广。低温乳化肉制品稳定体系建立,通过乳化肠生产过程HACCP控制系统的建立,使乳化肠细菌总数降低92.10%。

(三)团队研发成果情况

1. 环保技术

在粪污的处理与利用方面,首先成功将携氧材料与玻璃纤维、聚乙烯(PE)进行了有效结合,模拟血红蛋白携带、储存、释放,研制成仿生携氧纳米悬液,该纳米悬液进一步提高曝气效果,在保证养殖肥水处理效果的基础上,降低了曝气费用50%以上,使COD降到60毫克/升,并且处理成本降到3.0元/吨以下;养殖肥水资源化利用技术研究,在条件允许前提下尽可能延长存贮时间,至少2个月以上,有利于大分子有机物质分解。按照作物养分需求量在1~2倍范围内施肥,完全能够满足作物对主要养分的需求。猪粪资源化利用方面,应用基于经济与生态耦合的畜禽粪肥资源化利用模式研究中,示范场猪粪资源化利用率达到100%。

2. 高效技术

高效一直是养殖场生产效益的核心,是养殖场产生效益的关键所在。持续对母猪繁殖力进行遗传改良,实现示范场母猪年产窝数2.22窝以上。数据测量的准确性是育种工作的基础,研发的种猪自动化测定系统绝对误差0.225%,计料系统绝对误差2.26%,与国际主流产品相比,计量准确性提高50%以上。种猪基因组选择已经来临,团队适时举办种猪遗传评估技术培训班,参加学员鉴定合格92.5%以上,提升了从业人员的技术水平。进一步对猪遗传缺陷检测芯片优化与升级,提高检测准确性,降低检测成本,初步预估为30元/样本。在同期排卵定时输精技术研究中,示范母猪配种24天妊娠率达89%。重组猪促卵泡素和重组绒促性素可以提高后备母猪和经产母猪的发情和受胎效果,后备母猪发情率78.7%,提高了61个百分点,受胎率62.6%,提高了47个百分点;经产母猪的发情率94.1%,提高了6个百分点,受胎率85.3%,提高了5个百分点。猪丁型冠状病毒、猪流行性腹泻二联灭活疫苗,中和抗体均不低于1∶32,免疫保护率100%,免疫持续期6个月以上。在猪伪狂犬病净化示范中,新增一家示范场的猪伪狂犬阳性率维持为0;研发的猪流行性腹泻、猪轮状病毒、猪传染性胃肠炎血清抗体荧光微球鉴别检测试纸,在试验中检测准确率为70%以上;猪场应用猪细菌病精准防治技术,成活率达到90%以上。

3. 安全生产加工技术

第一,在养殖生产上。在25~50公斤、50~90公斤、90~110公斤三个阶段开展猪无抗生素饲料技术集成并示范推广,在不影响生长性能的前提下,与同类技术相比每头猪饲养成本减少15元;在抗菌肽研究与开发中,诱变后的新抗菌肽拟孢菌素的摇瓶表达量达到 3.2 毫克/毫升，提高了抗菌肽表达量。

第二，肉制品加工上。在生物防腐剂研究中，筛选产黄酮银杏内生菌菌株 4 株，菌株产黄酮量 20 毫克/升以上，将黄酮类生物防腐剂添加到肉中，可延长货架期 5 天；在 ε-聚赖氨酸对低温肉制品应用中，酱猪头肉添加 0.2 克/千克的 ε-PL 后，延长了 7 天的货架期；低温乳化肉制品稳定体系建立——猪肉肌球蛋白凝胶特性的研究中，凝胶形成时间缩短 15%，凝胶聚集体粒径增加值 500~700；乳酸菌产细菌素在冷却肉防腐中的应用研究中，冷却肉细菌总数降低 61.4%，挥发性盐基氮量降低 39.2%；通过乳化肠生产过程 HACCP 控制系统的建立，使乳化肠细菌总数降低 92.10%；共开发了酱卤烧鸡（烟熏风味），京味肉肠（原味）和京味肉肠（黑胡椒味）、酱猪肘和酱猪头肉 5 个新产品，产品全部合格。

三、技术示范推广效益

（一）技术示范推广经济效益

2020 年，团队聚焦生态环保、围绕高产高效、紧盯优质安全，开展各类技术示范与推广工作，包括粪污的处理与利用技术、节能节水减排降耗技术、提质增效生产技术，饲料无抗、替抗技术等。其中推广新技术 21 项、新产品 26 项，基本达到全市全覆盖，经济效益 7860 万余元。

（二）技术示范推广生态效益

创新研制的携氧材料的应用，使猪场污水处理 COD 降到 60 毫克/升，湿地水质达到《城镇废水处理厂水污染物排放标准》（GB 18918—2002）一级 B 标准。通过研发节能节水减排降耗技术，降低养殖场新鲜粪便中氨氮浓度，团队自主研发的碗式自动控制节水饮水器，较养殖场普遍采用的鸭嘴式饮水器节约用水 63.7%；应用猪低蛋白质日粮配制技术，使 80~120 公斤育肥猪的料重比可达 2.85∶1；减排饲粮技术在育肥猪应用的示范中，粪尿中氮和磷各减排 23%。

该纳米悬液进一步提高曝气效果，在保证养殖肥水处理效果的基础上，降低了曝气费用 50% 以上；新建节能示范猪舍采用小通风量参数时和旧式砖混结构猪舍采用大通风量参数时的热负荷分别为 36.6 瓦/平方米和 97.0 瓦/平方米，通过围护结构和通风参数的调整将可节约热负荷 60.4 瓦/平方米，节能幅度可达 62%；在生长育肥猪日粮正常蛋白质水平上降低 2 个百分点的蛋白水平，同时补充添加氨基酸和植酸酶，不仅可以提高生长育肥猪的生产性能，而且也使氮排放减少 25.3%，磷排放减少 30.7%。

（三）技术示范推广社会效益

1. 扩大团队影响力，积极开展培训、交流与宣传工作

通过科技培训、观摩、国内外交流及优秀成果的大力宣传来提升和扩大团队的影响力。2020 年开展各种线上（线下）培训、观摩等活动 72 次，累计达 311093 人次；国内外

线上（线下）交流活动 55 次；通过电视台、电台、报纸、网络、自媒体、简报等宣传达 78 次。全年成果重点宣传：一是组织"母猪批次管理与非洲猪瘟防控论坛暨第十四届全国猪人工授精大会"，参会 600 余人就在推广母猪批次化管理存在一些亟待解决的问题展开讨论，促进了母猪批次化生产管理深入推进；二是分别在都江堰、合肥和北戴河组织召开"猪场之旅"2020 行活动 3 次，累计 700 余人参加，讨论养猪重点技术、新思路、新方法等为生猪产能恢复提供支持；三是应中央人民广播电台《中国乡村之声》节目邀请，在线解答了全国听众关心的养猪形势和养殖技术问题；四是自主研发的种猪性能测定装置参加"第十八届中国畜牧业博览会暨 2020 中国国际畜牧业博览会"；五是政策建议《构建生物安全应急管理体系助力畜牧业健康发展》被《经济日报》内参刊用；六是就"母猪批次化生产的全进全出模式推动生猪复产"内容接受了《农民日报》的记者采访，对母猪批次化生产技术产生的背景、要点等方面做了详细的解答；七是重点参与京津冀联合主办的"2020 第二届雄安猪业高峰论坛"，600 余人积极探讨"防非替抗"背景下的养猪生产可行性解决方案，为生猪恢复生产助力。

科研成果丰富，团队影响力提高。2020 年团队成员共获奖 4 项，获得全国创新争先奖 1 人，全国哲学社会科学最具影响力学者 1 人，2020 消费市场年度影响力品牌（产品）1 项，2020 中国肉类食品行业猪业六十强企业一项；发表论文 69 篇，其中 SCI 17 篇，国家二类新兽药 2 项；参与制定国家标准 3 项、地方标准 1 项，发表著作 7 部；获得专利授权 21 项、软件著作权 1 项，申请 12 项。

2. 加强京津冀协同发展

在京津冀合作上取得了实质的进展，主要表现在：一是起草并定稿《京津冀种猪基因组联合育种技术方案》，为开展联合育种提供了指导性文件，并完成京津冀基因组联合评估平台构建；二是协同推进母猪同期发情与定时输精技术示范推广；三是转让益生菌饲料生产技术，带动养殖业的绿色发展；四是在河北建立推广猪低蛋白日粮配制技术示范点，累计销售 105.8 万吨；五是持续对北京与河北生猪创新团队在河北涞水协同合作共建的一个示范点——涞水京牧农业科技有限公司进行技术输入，打造合作典范。

3. 有效开展应急保障性工作

保障性工作主要在四个方面，

一是做好新冠肺炎防控期间的生产保障工作：

（1）完成《关于新型冠状病毒感染肺炎疫情防控期间畜禽养殖场安全生产技术指导意见的通知》，指导畜禽养殖场新冠肺炎疫情期间安全生产。

（2）完成平谷、密云和怀柔三区《食用农产品生产企业新冠肺炎疫情防控工作实施方案》落实工作的督查工作。

二是积极参与非洲猪瘟疫情防控工作：

（1）参与北京市地方标准《生猪养殖场所生物安全规范》征求意见修订工作、参与非洲猪瘟防控，对区县进行现场督导9次、电话指导30余次。

（2）参与研制非洲猪瘟标准物质，通过全国标准物质评审，制定非洲猪瘟病毒实时荧光PCR检测方法，通过中国兽医协会审定，现已发布。自主研发非洲猪瘟病毒荧光PCR检测试剂盒，获二类新兽药证书。联合研发非洲猪瘟病毒荧光等温扩增试剂盒，获三类新兽药证书。

（3）参与北京市18个生猪新改扩建养殖场的生物安全评估和部分场的验收工作。

三是积极参与北京市生猪恢复生产工作：

（1）参与北京市18家生猪养殖场新改扩建养殖技术验收工作。

（2）参与组织畜牧业农机需求调查工作，收集14家生猪养殖企业农机需求281条，并参与北京市生猪养殖和粪污资源化利用农机装备现代化实施工作。

（3）参与制定北京地方标准《生猪养殖场建设规范》，已通过预审会。

四是圆满完成2020年全国两会驻地肉品供应保障任务，产品的高标准、高质量、高效的团队协作得到了全国两会驻地单位的认可和各级监管部门的赞扬。

4. 生猪产业经济及政策研究与调研工作

在生猪产业发展进行研究与开展调研工作，全年提交的政策建议与报告得到领导和专家的认可率达到60%，其中，政策建议《构建生物安全应急管理体系助力畜牧业健康发展》被《经济日报》内参刊用；政协提案《关于强化冷链进口动物产品非洲猪瘟等重大动物疫病病原检测的建议》被全国政协采用。全年共开展生猪产业各类调研47次，调研对象2150人次。

5. 低收入村科技帮扶工作

团队联系的延庆区珍珠泉乡小铺村现已脱低。团队按照委局工作要求，加强党建引领，派出以党员为主的科技帮扶队伍，与帮扶村党支部密切联系，共同研究确定了以产业扶贫为核心，因地制宜，开展苦杏仁油生产的工作路线，2020年生产初级加工产品3批，创收2万元。

在工作机制上，团队将科技帮扶工作写入团队任务书，通过建立合作社发展模式，充分利用当地资源禀赋条件，持续提供免费检测服务，不断指导完善生产工艺和设施条件，现已具备小规模生产苦杏仁油的能力。现阶段，正在协助推进"传统手工艺生产热榨杏仁油"的申遗工作，以提高产品附加值。

四、团队对产业支撑作用

团队以产业生态环保、高产高效、优质安全为目标，从以下几个方面对产业发展起到支撑作用：

（一）以需求调研为基础，明确产业发展问题和攻关方向

团队通过调研策划、工作准备、人员培训、产业调查、产业分析汇总等一系列过程，

全面调研北京市生猪产业发展需求,发现产业发展的问题,探讨解决问题的方案。

(二) 多渠道、多形式开展培训工作,推动科技进步,实现科技兴农

团队统筹部署,开展针对主推技术、新技术和职业技能等多种形式的培训,各级成员根据产业需求,采用专题座谈、技术观摩、入户指导等多种方式多层面多角度与养殖场户进行技术交流。通过各种类型技术培训,养殖场及从业者的生产经营理念和职业技能都得到提升。

(三) 扩大团队影响力,积极开展对外宣传和国内外交流工作

团队积极参加各领域论坛,在大会上作专题报告并得到业内外人士的高度认可,扩大团队影响力。团队还以灵活多样的方式开展全方位、多角度、深层次的宣传工作,广泛报道团队试验示范和服务农民的成果。密切关注国内外发展动态,不断加强与国内外沟通交流。

(四) 以环保、安全和高效为目标,推进规模化养殖场绿色可持续发展

团队以环保、安全和高效为目标,推进产业品牌化、养殖规模化发展,从饲料营养、饲养环境等方面,使养殖场向节水、节能、节饲料、高效能、低排放的绿色养殖模式转变,减少能源消耗和环境污染,整体提高经济、社会、生态效益。

第三节 生猪产业典型案例分析

产业发展新业态案例:猪低蛋白质日粮技术优化与推广通过多年研究,提出了各种生理阶段猪低蛋白质日粮主要限制性氨基酸平衡模式和完整的各生理阶段猪低蛋白质日粮营养参数(见表13-3)。

表13-3　　各生理阶段猪低蛋白饲料营养需要技术参数

生理阶段		粗蛋白质,%	净能,kcal/kg	标准回肠可消化氨基酸,%						
				赖氨酸	苏氨酸	色氨酸	含硫氨基酸	缬氨酸	异亮氨酸	亮氨酸
仔猪、生长育肥猪,kg	7~20	18	2500	1.30	0.83	0.24	0.73	0.81	0.72	1.30
	20~50	15	2420	1.01	0.63	0.18	0.58	0.63	0.57	1.03
	50~75	13	2420	0.86	0.54	0.15	0.49	0.54	0.48	0.89
	75~100	12	2450	0.75	0.48	0.13	0.42	0.48	0.42	0.77
	100~120	11	2450	0.70	0.45	0.12	0.40	0.45	0.39	0.69
妊娠母猪		12.5	2435	0.58	0.38	0.10	0.34	0.39	—	—
哺乳母猪		16.5	2600	0.85	0.55	0.16	0.47	0.72	—	—

此外,开展了猪低蛋白质日粮技术的示范推广工作,与农业农村部10大引领性农业技术项目"猪禽低蛋白低磷饲料应用技术"相结合,在京津冀地区及全国范围内开展猪低蛋白饲料的推广、示范和展示。

以中国农业大学、四川铁骑力士、广东温氏、新希望六和、禾丰集团等为示范展示单位,建立了南方、西部和北方低蛋白低磷饲料技术示范展示区,分别在广东、四川、山东和河北各建立了猪示范展示点各1个。取得的成效如下:

一、经济效益

在西部低蛋白低磷饲料技术示范展示区方面:开发了低蛋白低磷猪饲料产品系列2个(M58系列、31系列),累计销售相关猪饲料产品70.2万吨。将猪低蛋白低磷饲料配制技术率先推广应用于在四川、贵州、重庆、云南、陕西等省市,通过"1211"生猪代养模式示范带动出栏商品猪82.5万头。

在南方低蛋白低磷饲料技术示范展示区方面:累计生产低蛋白低磷猪饲料产品45.3万吨,在广东范围内示范推广生猪63.2万头。

在北方低蛋白低磷饲料技术示范展示区方面:在山东(青岛、潍坊、烟台、临沂等地)和河北推广猪低蛋白低磷日粮配制技术,累计销售猪低蛋白低磷饲料105.8万吨,辐射示范推广生猪86.9万头。

综上所述,在四川、广东、山东和河北建立了猪低蛋白日粮技术4个示范展示点,累计示范推广猪低蛋白质饲料221.3万吨,平均每吨饲料节约成本10元,取得经济效益为2113万元,辐射示范推广生猪规模达232.6万头(见图13-4)。

图13-4 猪低蛋白质日粮应用技术示范推广现场

二、社会效益方面

通过技术的实施，饲料中豆粕使用量降低20%~22%，可大幅降低我国对进口大豆的高度依赖；提高了生猪生产水平和效益，提供了优质、安全放心的猪肉；实现种养循环，开发粪污资源化利用，减少养殖粪污重金属污染，带动农产品种植以及饲料、兽药、肉品加工、副产品加工等相关产业的发展；创造就业机会，吸收剩余劳动力，带动农民增收4亿元以上，人均年增收3000元以上。

在四川示范点利用示范单位的产业链优势和"1211生猪高效养殖模式"的成功推广经验，探索出独特、可复制的"1+8"生猪产业扶贫模式，已推广到四川省绵阳市三台县、广元市昭化区、剑阁县、凉山州喜德县以及贵州省铜仁市碧江区等共5区县的8个贫困村，共培育10个生猪养殖大户，带动贫困户80余户，贫困人口通过股金分红、务工、种植饲料人均增收5000元，扶贫成效显著。

三、生态效益方面

氮排放和猪舍氨气浓度分别减少25%~35%和20%~0%，有效缓解养猪业排泄物氮磷的污染。猪舍中氨气浓度的大幅降低，既可减少氨气等对猪和养猪生产一线工人的危害，也可减少对猪场周边空气的污染。

第四节 生猪产业发展政策建议

一、产业发展问题

（一）环境污染治理与产业发展矛盾突出

自2016年以来相继颁布实施的北京市"十三五"规划、《畜禽养殖禁养区划定工作方案》、"土十条""水十条"以及污染防治攻坚战均不同程度对生猪养殖业的规模、分布范围造成深刻影响，尤其对养殖场粪污治理与资源化利用提出高标准、严要求。环保高压下，养殖场户配套建设粪污处理设施需要大量资金投入，也缺乏技术工艺完备、运行成本低廉的成熟处理模式，加之实际生产中种养结合不紧密，畜禽养殖与种植相互独立、割裂，粪污还田利用途径不畅，导致养殖场生产运营成本增加。同时，由于环保清退、禁养效应叠加，导致环保成本提高，大量养殖场户退出。生猪产能明显下滑，猪肉市场稳定供给和服务首都功能受到严重冲击。随着消费者对安全、健康、优质、特色生猪产品需求不断加大,对北京市养殖业也提出了更高要求。而发展受阻的生猪产业无法完成"菜篮子"工程和消费升级要求。北京市生猪产业面临着环境规制带来的供给减少与经济社会发展引致的需求扩大的尖锐矛盾。

(二) 生猪生产效率亟待提高

北京市生猪养殖效率高于全国平均水平,但与国际先进水平还有较大差距,与全国科技创新中心的地位不符,不能充分发挥引领和示范功能。世界领先的丹育公司(DANBRED),有7500头核心群,其PSY(每头能繁母猪年提供断奶仔猪数)33头以上(33.57),育肥期饲料转化率2.2∶1,达120kg体重日龄为160天;同样优秀的PIC(种猪改良国际集团),其核心群20000头,占比10%,PSY30头,育肥期饲料转化率1.99∶1;加裕公司(GENESUS)的排名前50%的猪群规模约18000头,PSY30头,育肥期饲料转化率2.44∶1。国际上的平均水平来看,欧盟的平均水平是27.77,美国是26.80。国内方面,89家国家级核心育种场的10万头种猪群的PSY仅为24头,育肥期饲料转化率2.65∶1,即使排名前30%的猪群(3万头),PSY也仅为27头,育肥期饲料转化率2.6∶1。对北京来讲,规模养殖场平均的PSY仅为21.3(北京生猪创新团队示范场平均的PSY为21.5,最高为23.48)。此外,每头母猪年提供出栏生猪数量(MSY)方面也存在较大差距,例如,丹麦和荷兰的MSY分别达到31.42和29.01头,美国24.54头,我国全国平均水平仅为18头左右,北京也在这个水平上下。同时,受资源环境双重约束和非洲猪瘟疫情影响,北京市生猪养殖成本快速上涨,很多从事养殖的外埠农民离开,北京本地农民大多又不愿意从事生猪产业,劳动力缺乏,用工成本上涨过快,养殖效益比较劣势明显。

(三) 猪肉质量安全隐患多,监管难度大

北京市猪肉质量安全监管水平在全国一直处于领先地位,但猪肉质量安全隐患仍然客观存在。主要原因是,多数养猪场户自配饲料且缺乏饲料质量安全检测,饲料原料质量无法有效控制,容易诱发疾病而过量用药;养猪场户不规范使用饲料添加剂和抗生素的情况仍然客观存在;生猪流通环节参与主体多,生猪产业包括饲料、兽药、养殖、收购贩运、屠宰等多个环节,一体化发展程度不高,每个环节都面临着生产经营主体多、管理水平参差不齐的问题,投入品采购把关和合规使用制度执行不到位,对生猪购销和运输过程的有效监管难度较大,存在生猪疫病防控和质量安全隐患;生猪屠宰加工企业尚未全部建立或者严格执行安全猪肉生产HACCP体系,猪肉及猪肉加工品存在质量安全隐患;猪肉终端市场优质优价体现不足和生猪产业链各环节利益分配机制不完善,难以正向激励养猪场户的安全和规范养殖行为。

(四) 人猪两疫防控压力大

受非洲猪瘟疫情和新冠肺炎疫情影响,人猪两疫防控成为制约生猪生产恢复发展的最大风险因素。目前,针对尚无有效药物治疗非洲猪瘟的严峻形势,疫病防控成为一场持久

战，养殖场户生存压力和政府社会压力增大。防控非洲猪瘟需要养殖场提高生物安全水平和加强养殖管理，这将使生猪养殖总成本上升，无法同步提升生物安全水平和养殖管理水平的中小养殖户会最先被淘汰。新冠肺炎疫情在未来一段时间还将持续，疫情防控常态化，对猪场物资储备和流通都带来了不便。

二、产业发展趋势及其亟待解决的技术问题

（一）产业发展趋势

根据北京市农业"调转节"有关政策、北京"十三五"规划纲要、《北京市"十三五"时期都市现代农业发展规划》《北京市生猪产业优化提升发展和保障猪肉市场稳定供应工作方案》《全国生猪生产发展规划（2016—2020年）》部署，坚持创新、绿色、协调发展理念，以种猪生产为主要创新领域，以生态、高效、安全、可持续为目标，筛选、研发、集成、示范、推广节水减排技术、循环低碳技术、提质增效技术、生物安全技术，最终构建可促进生猪产业素质提升的技术支撑体系。

（二）亟待解决的技术问题

1. 聚焦生态环保，开展技术攻关研发

按照减量化、资源化和无害化原则，从过程减排、末端治理和循环利用三阶段开展技术研究，先突破单个节点技术，再实现全过程粪污治理技术贯通，粪污废水达到有效治理并实现综合利用，猪舍节能降耗。具体包括：种养结合与循环经济节点技术、废弃物资源化利用技术、节能节水技术、清洁能源应用技术、微生物系统工程技术等。

2. 围绕高产高效，开展技术攻关研发

以提高生产效率、经济效益为目标，开展提高生物安全水平、母猪年生产力、劳动生产率和饲料转化率等节本增效技术的筛选、研发、集成、示范、推广。

3. 紧盯优质安全，开展技术攻关研发

以畜产品安全为目标，开展从农场到餐桌的一系列生产与产品安全保障技术的筛选、研发、集成、示范和推广。具体包括生产过程安全控制技术和猪肉产品安全控制技术。

三、政策建议

（一）适应资源环境约束，推动生猪产业可持续发展

面临日益趋紧的资源和环境约束，应主动适应、积极应对，争取环境治理与产业发展的最大主动权。研究制定适合北京市的土地承载力测算方法、粪肥还田利用规范、污染物减排核算制度等，解决生猪粪污综合利用相关标准和技术规范缺乏问题。根据各区或区域种养品种和环境可承载能力优化种养业结构和布局，推动养殖废弃物收集、转化、利用的种养循环发展体系；梳理制约种养结合和粪污还田利用的因素和节点，进行针对性的疏导；鼓励不能直接实现种养循环发展的养殖密集区域建立废弃物集中处理中心，形成商品

供应区域市场；完善畜禽粪污资源化利用产品补贴政策，对种养一体化模式治理畜禽粪污的家庭农场或养殖企业，应给予有机肥生产设施及施用补贴奖励；探索市场化粪污治理模式，培育壮大畜禽粪污处理、施用等多类型社会化服务组织，通过政府购买服务、粪污还田机械纳入农机补贴等支持规模化畜禽粪污处理企业或施用服务组织，为家庭农场或农牧企业提供有机肥施用服务。规范使用养殖投入品，开展兽用抗菌药使用减量化行动，推广绿色发展配套技术。

（二）提高养猪生产效率和效益

鼓励种猪企业根据自身资源和优势，在种猪生产的选育和扩繁环节通过专业分工和紧密纵向协作，积极参与联合育种，提升北京市种猪产业的整体竞争优势。全面推进集约化、规模化、标准化养殖，促进养殖要素的合理流动，推动第一产业向第二和第三产业延伸，提高劳动的附加价值和劳动生产率。提高水资源和土地资源的利用效率，鼓励和支持科研部门和科技企业加强饲料的研究，提高饲料转化率和利用率。提高单产，大力推广高层楼房养猪模式，提高养殖占用土地的综合利用效率。

（三）切实保障猪肉质量安全和稳定首都"菜篮子"供应

规范使用养殖投入品，开展兽用抗菌药使用减量化行动，推广绿色发展配套技术。完善现代畜禽产品市场流通体系，推行"规模养殖、集中屠宰、冷链运输、冰鲜上市"模式，鼓励屠宰加工企业、物流配送企业完善冷链物流配送体系，实行"点对点、场对场"指定通道运输、定点屠宰，减少动物疫病传播风险。加强京津冀三地以及其他猪肉产品来源地区质量安全监管、动物疫情防控等方面的互联互通与合作，建立质量安全预警预报合作机制与安全风险预警会商制度。

针对生产规模缩减，猪肉产品流通量增加的趋势，加强流通环节生物安全保障技术的研究。特别加强京津冀猪业团队协同，联合开展"跨区"技术研究、应用和推广，尽快形成新的工作模式以适应北京生猪产业新的形势和发展方向。加强畜产品冷链物流建设，完善冷鲜肉品流通和配送体系，实现产销有效对接，进而保障首都猪肉产品的应急供给和质量安全水平，稳定首都"菜篮子"供应。

（四）构建非洲猪瘟防控工作长效机制，加强生物安全防控

建立非洲猪瘟防控京津冀区域联防联控工作长效机制，进一步明确疫情排查监测、消毒灭源、生猪调运监管、屠宰监督执法、餐厨剩余物监管、疫情应急准备、开展宣传引导等方面的主体职责和任务。聚焦非洲猪瘟快速诊断、疫苗研发、综合防治等关键技术，加大科研投入和攻关力度。

在生猪产业优化提升发展工作中，建成高水平生物安全防控的现代化养殖新模式，加强智能化、信息化猪场生物安全防控中的应用，推进猪场智能监控系统的建设，为畜牧兽医主管部门防范风险提供信息和技术支持。

（五）提升设施设备自动化和智能化水平

通过示范创建支持引导养殖场建设自动化饲喂、环境控制、饲草料加工、防疫和环保等设施设备，提升自动化水平，实现养殖设施设备自动化，提升设施设备机械化水平。充分发挥大数据、人工智能、云计算、物联网、移动互联网等技术在生猪养殖中的应用，提高圈舍环境调控、精准饲喂、疫病监测、畜禽产品质量追溯等智能化水平，实现全产业链信息化闭环管理。

第十四章 北京市家禽产业发展报告

第一节 家禽产业发展现况

一、生产现状

(一) 基本情况

1. 家禽存栏和出栏量继续减少

2020年年底,全市家禽存栏量832.2万只,同比减少14.63%;出栏方面受存栏总体减少影响,呈现大幅减少态势,家禽累计出栏只有936.44万只,同比减少15.87%(见图14-1)。

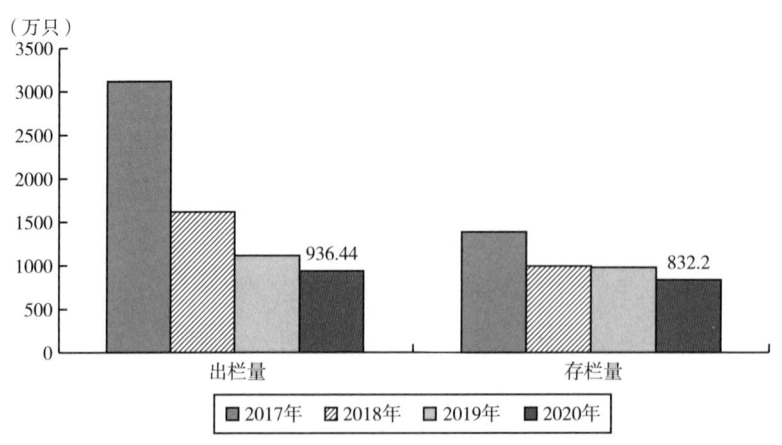

图14-1 北京市家禽养殖数量情况

数据来源:《北京统计年鉴》《中国畜牧兽医年鉴》;2020年数据来自北京市畜牧总站。

2. 家禽养殖场数量继续减少

截至2020年年底，全市满足条件的规模养殖场共有228个，较2019年的250个减少了8.80%。其中，家禽规模养殖场（存栏蛋鸡3000只、肉鸡肉鸭5000只以上）为110个，较2019年的119个减少了7.56%。

2020年登记并备案的家禽养殖场（小区）有77个，比2019年的83个减少了7.23%。与2019年相比，2020年蛋鸡场（小区）减少了15%，肉鸡场（小区）增加了26.67%，蛋鸭场（小区）减少了33.33%，肉鸭场（小区）没有变化（见表14-1）。

表14-1　　　　　　　　2018~2020年北京市家禽养殖场数量

品种	登记场数（个）				备案场数（个）			
	2020年	2019年	2018年	2020年与2019年相比（%）	2020年	2019年	2018年	2020年与2019年相比（%）
蛋鸡	83	94	96	-11.70	51	60	60	-15.00
肉鸡	19	17	27	+11.76	19	15	24	+26.67
蛋鸭	3	3	3	0	2	3	3	-33.33
肉鸭	5	5	6	0	5	5	6	0
小计	110	119	132	-7.56	77	83	93	-7.23

资料来源：北京市畜牧总站。

3. 蛋鸡仍然是北京市主要家禽品种

北京市家禽饲养种类主要包括蛋鸡、肉鸡、鸭和肉鸽等，其中蛋鸡养殖数量最多、规模最大，在北京市家禽养殖中占有绝对优势。

2020年北京市规模养殖场蛋鸡存栏总量为802.56万只，肉鸡7.74万只、鸭20.96万只、肉鸽0.94万只。蛋鸡存栏量分别比2019年、2018年减少了74.94万只、85.33万只，肉鸡存栏数量与2019年、2018年相比分别减少了57.44、50.89万只，肉鸽存栏数量相比2019年、2018年分别减少了29.74、26.67万只，鸭存数量相比2019年、2018年相比分别减少了10.23万只、22.05万只。

从禽种相对比重来看，蛋鸡占家禽存栏总量的96.44%，比2019年、2018年相比分别上升了11.96%和14.08%；肉鸡7.74万只、鸭20.96万只、肉鸽0.94万只，分别占家禽存栏总量的0.93%、2.52%、0.11%，与2019年相比分别下降了7.01%、1.71%和3.24%，与2018年相比分别下降了10.55%、0.6%和2.93%（见图14-2）。

4. 禽产品产量变化情况

禽肉产量继续下降。2020年禽肉产量只有1.4万吨，比2019年的1.68万吨又减少了16.67%（见表14-2）。

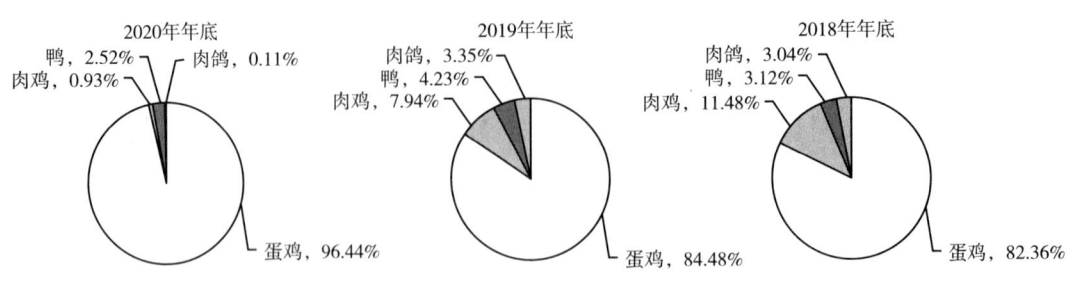

图 14-2 北京市家禽规模养殖品种构成

数据来源：北京市畜牧总站。

禽蛋产量有所上升。2020 年禽蛋产量 9.74 万吨，比 2019 年增长 1.25%，其中，鸡蛋产量上升明显，2020 全年鸡蛋产量为 9.56 万吨，比 2019 年增加 17.16%（见表 14-2）。

表 14-2　　　　　　　　　　北京市畜牧生产总体状况

项目	2020 全年	2019 全年	增长率（%）
家禽存栏（万只）	832.2	974.8	-14.63
禽蛋产量（万吨）	9.74	9.62	1.25
鸡蛋产量（万吨）	9.56	8.16	17.16
禽肉产量（万吨）	1.4	1.68	-16.67

资料来源：北京市统计局、北京市畜牧总站。

（二）区域分布情况

与 2019 年相比，2020 年北京市产蛋鸡存栏分布情况变化不大。蛋鸡养殖主要在平谷、密云、延庆、顺义、房山和大兴区，2020 年其各自的存栏量分别为 513.9 万只、88.7 万只、57.2 万只、43.5 万只、42.0 万只、29.3 万只，分别占总存栏量的 64.03%、11.05%、7.12%、5.41%、5.23% 和 3.65%。除上述六区外，其他各区的蛋鸡存栏量相对比较少，可见，北京市的蛋禽养殖业的集中程度相对较高。

其他家禽养殖则主要分布在北京市西南和东部地区，肉鸡养殖主要分布在密云区，鸭养殖主要分布在通州和昌平区。

（三）家禽种业发展情况

北京市是名副其实的全国种禽之都，尤其是北京蛋鸡种业取得了非凡的成就和创新能力：首先，全国 5 个国家蛋鸡核心育种场中，北京有 2 个，分别为北京市华都峪口禽业有限责任公司和北京中农榜样蛋鸡育种有限责任公司；第二，根据农业农村部和财政部于 2020 年 4 月 27 日共同发布的《关于公布 2020 年国家现代农业产业园创建名单的通知》（农规发〔2020〕8 号），北京市平谷区获得国家现代农业（畜禽种业）产业园创建资格，是北京市第 1 个以种业为主导产业的国家现代农业产业园，也是国家布局的第 2 个畜禽种业产业园；第三，"京字号"和"农大系列"是具有我国国家自主知识产权的蛋种业品牌。其中，北京市华都峪口禽业有限责任公司已成功培育5个蛋鸡新品种，按照我国蛋鸡存栏占世界总量的20%，国内市场上每两枚鸡蛋中，就有一枚鸡蛋来自国产的"京系列"来估算，世界上10%的蛋鸡是北京市培育的蛋鸡品种。此外，在耕地和种业成为我国农业发展的两大制约因素的新发展阶段，"农大3号"和"农大5号"节粮型蛋鸡的优势越加凸显。北京蛋鸡种业优势和创新能力对于加强我国畜禽遗传资源保护、统筹整合资源开发利用、提升畜禽种业自主创新力、核心种源自给率和种业市场竞争力等方面具有重要的战略意义。

（四）废弃物处理与资源化利用情况

2020年北京市登记并备案的家禽养殖场中，配备雨污分流、干湿分离设施的比例在89.6%以上，其中，2个蛋鸭场配备雨污分流、干湿分离设施；蛋鸡和肉鸡养殖场的设施配备比例较高，在90%左右；5个肉鸭场有1个没有配备雨污分流、干湿分离设施。与2019年相比，蛋鸡、肉鸡、肉鸭养殖场的设施配备比例，分别有不同程度的提升。

2020年北京市登记并备案的家禽养殖场中，资源化利用率接近90%，其中，2个蛋鸭场都实现了资源化利用，蛋鸡的资源化利用率达96.7%，肉鸭和肉鸡养殖场的资源化利用率相对较低（见表14-3）。

表14-3　2019年、2020年北京市家禽养殖场污染治理与资源化利用情况

品种	2020年					2019年				
	养殖场数	配备雨污分流、干湿分离设施		资源化利用		养殖场数	配备雨污分流、干湿分离设施		资源化利用	
		数量	比例（%）	数量	比例（%）		数量	比例（%）	数量	比例（%）
蛋鸡	51	46	90.2	50	98.0	60	48	80.0	58	96.6
肉鸡	19	17	89.5	17	89.5	15	12	80.0	10	66.6
蛋鸭	2	2	100.0	2	100.0	3	1	33.3	2	66.6
肉鸭	5	4	80.0	4	80.0	5	5	100.0	4	80.0
合计	77	69	89.6	73	94.8	83	66	79.5	74	89.2

资料来源：北京市畜牧总站。

二、加工流通现状

（一）加工

2020年，北京市有8家企业和合作社从事蛋制品加工、1个液态蛋加工企业和2个屠宰加工企业，共创造产值24.72亿元。

北京市禽产品供应由本地和外埠两部分组成。随着北京市家禽产业的不断萎缩，北京市场对外埠禽产品的依赖越来越大，以蛋鸡产业和鸡蛋为例，2014年，蛋鸡存栏量和鸡蛋

产量分别达到最高峰值1678.4万只和19.3万吨后,蛋鸡存栏量和鸡蛋产量持续下降,到2020全年鸡蛋产量只有9.56万吨。

北京市的外埠鸡蛋供应量逐渐增加。作为一个拥有2189.3万常住人口和每年有大量旅游、商务、探亲、就医等流动人口的超大城市,北京市对鸡蛋的日常需求量巨大的,据估算,北京市每年鸡蛋消费总量达到了50多万吨,对外埠鸡蛋的依赖越来越大。

外埠鸡蛋进入北京市场的渠道主要有三种:由北京市一级批发市场进入二级批发市场或农贸市场、社区菜市场、餐饮酒店等销售终端;直接进入北京市商超系统和各级零售商店,或直接配送至单位食堂和餐饮酒店;由消费者直接向鸡蛋产地或电商平台购买(见图14-3)。

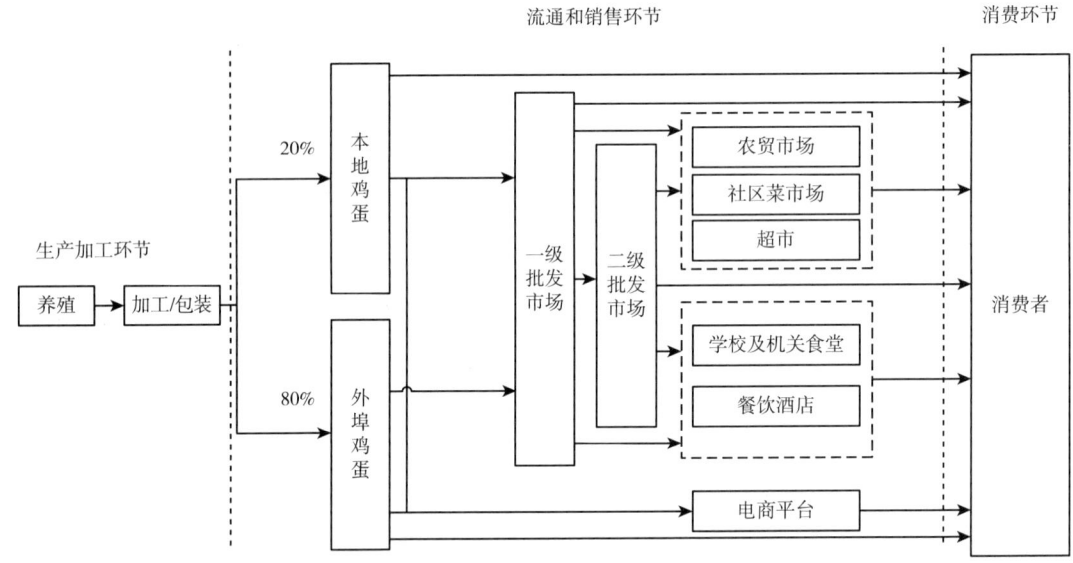

图14-3 北京外埠鸡蛋供应渠道

三、市场消费现状

2020年北京市农产品生产者价格指数为110.87,同比上升0.86%。畜牧业产品生产者价格指数为124.60。其中,生猪价格同比上升8.75%,上涨幅度有所回落,但仍是拉动畜牧业生产者价格指数上涨的主要因素,活鸡和鸡蛋价格同比分别上升3.88%和下降20.47%。其中,禽产品价格指数与上年同期相比均有不同程度的下降,活家禽的价格指数为98.93,禽蛋为81.39(见表14-4)。

表14-4　　2019年、2020年北京市农产品生产者价格指数

指标名称	2019全年	2020全年
农产品生产者价格指数	109.93	110.87
畜牧业产品	123.34	124.60
活牲畜	139.70	149.62

续表

指标名称	2019 全年	2020 全年
其中：猪	149.78	162.88
活家禽	101.36	98.93
其中：活鸡	101.67	97.73
畜禽产品	103.02	90.83
禽蛋	102.34	81.39

资料来源：北京市统计局。

2020 年北京市居民消费价格指数为 101.7，同比上升 1.40%。畜肉类的消费价格指数为 127.4，同比增加 24.29%，其中猪肉消费价格指数为 146.1，同比增加 39.14%。蛋类消费价格指数为 89.9，同比下降 10.90%。（见表 14-5）

表 14-5　　　　2019 年、2020 年北京市居民消费价格指数

指标名称	2019 全年	2020 全年
居民消费价格总指数	102.3	101.7
畜肉类	120.9	127.4
其中：猪肉	141.2	146.1
蛋类	103.8	89.9

资料来源：北京市统计局。

四、新型经营主体现状

北京市蛋鸡产业链不断延展，三次产业高度融合。蛋鸡产业第一产的调整升级，带动了相关第二产、第三产的发展和提升。从事与蛋鸡产业有关的经营主体涉及蛋鸡养殖、蛋种鸡繁育、饲料生产与加工、蛋品和生产资料的储存、运输和销售以及动保等其他服务型产业，生产经营主体多元化，经营主体队伍日趋稳定。

养殖环节涉及蛋种鸡生产和商品蛋鸡生产，分布在全市 10 个郊区，截至 2020 年年底规模场蛋鸡存栏 802.6 万只，其中蛋种鸡存栏 182.6 万只，商品蛋鸡存栏 620 万只；蛋种鸡生产经营主体有 22 个，北京油鸡种鸡生产经营主体有 4 个，养殖规模 2 万只以上的商品蛋鸡生产经营主体有 44 个；投入品环节涉及饲料、动保等蛋鸡养殖服务相关产品，其中产值在 500 万元以上的饲料生产经营主体有 21 个，动保产品生产经营主体有 27 个，加工流通及销售环节涉及屠宰企业 2 个，营业额在 500 万元以上的批发零售经营主体约 410 个。

五、成本收益及其产业支持政策实施效果

（一）成本收益情况分析

据监测数据显示，2020 年北京市蛋鸡养殖成本呈下降的趋势，从第一季度的 142.675

元/只下降到第四季度的133.46元/只,年平均成本为137.136元/只。其中开产鸡平均费用31.54元/只,饲料费用平均101.46元/只,两项合计占总成本的93.21%。水电、人工、防疫、设备折旧和其他费用共计4.14元/只(见图14-4)。

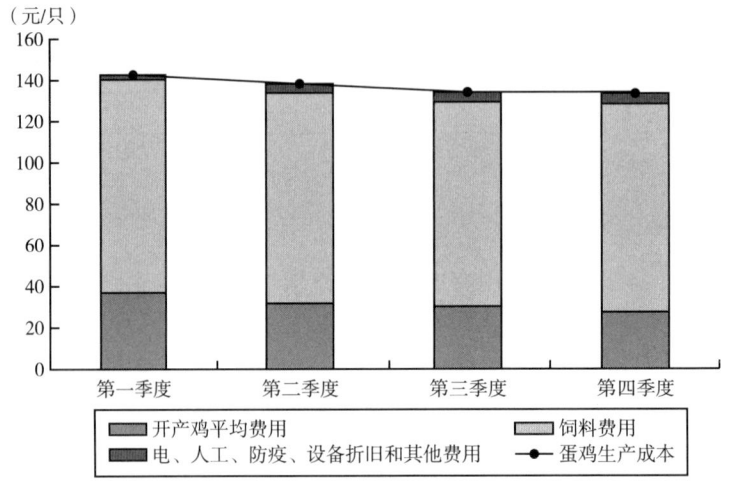

图14-4　2020年各季度蛋鸡养殖生产成本

数据来源:《北京统计年鉴》。

2020年北京市蛋鸡养殖一直处于亏损状态,从第一季度的每只亏损19.319元到第三季度的每只亏损5.966元,亏损程度有所缓和,三个季度平均每只亏损13.625元。鸡蛋价格呈先跌后涨的趋势,平均为6.6元/公斤(见图14-5)。

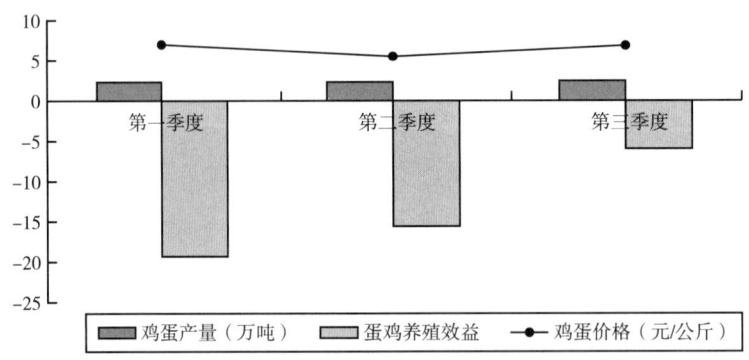

图14-5　蛋鸡养殖收益

数据来源:《北京统计年鉴》。

2020年北京市肉鸡养殖成产成本与鸡苗价格均表现出下降的趋势。生产成本从第一季度的31.08元/只下降到第四季度的27.93元/只,平均成本为29.11元/只;鸡苗价格从第一季度的5.43元/羽跌至第四季度的3.86元/羽,年平均价格为3.86元/羽(见图14-6)。

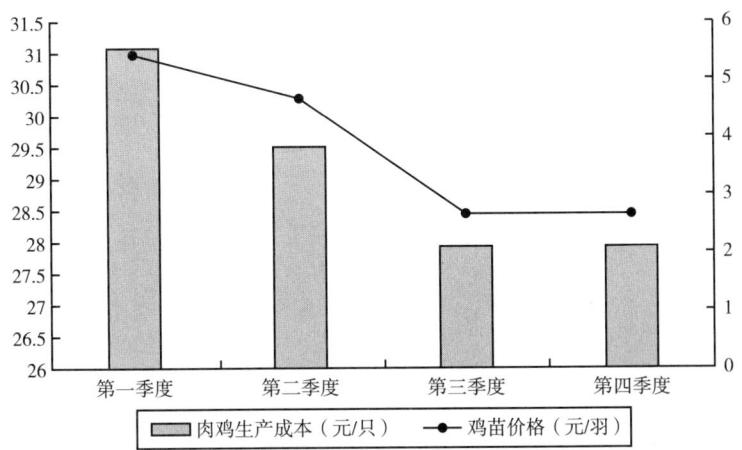

图 14-6　2020 年各季度肉鸡生产成本及鸡苗价格

数据来源：《北京统计年鉴》。

2020 年北京市肉鸡养殖收益与毛鸡收购价格均呈先升后降的态势。肉鸡养殖收益从第一季度的 3.16 元/只降至第四季度的 3.08 元/只，平均收益为 3.08 元/只；毛鸡收购价第一季度为 11.07 元/只，第四季度降为 10.04 云/只，年平均收购价为 10.66 元/只（见图 14-7）。

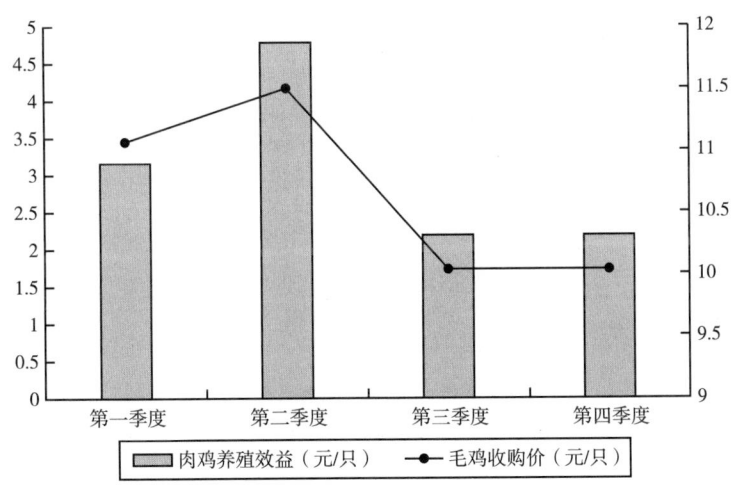

图 14-7　肉鸡养殖收益

数据来源：《北京统计年鉴》。

（二）产业支持政策实施效果

北京不仅是全国农业政策的发源地，而且具有拥有较强财力和支农力度，支农惠农政策具有一定程度的先行性。北京市政府高度重视家禽业，出台了多项扶持与促进畜牧业持续健康发展的农投、农保、农发等财政金融政策，为北京发展蛋鸡特色主导产业提供了有利的政策环境，为投资主体以及畜牧业长足发展提供了有力支撑。

2020年出台的《北京现代种业发展三年行动计划（2020—2022年）》，对蛋鸡种业进行了优化布局和重点扶持；2020年3月正式发布《北京现代种业发展三年行动计划（2020—2022年）》，是市委、市政府贯彻落实习近平总书记关于种业工作指示的实际行动，是建设北京全球有影响力的科技创新中心的重要内容，是推动北京现代种业发展的纲领性文件和重要抓手，对发展现代蛋鸡种业、保障国家粮食安全、实施乡村振兴战略具有深远的战略意义。

第二节 家禽产业发展中创新团队的技术支撑作用

一、团队基本情况

（一）创新团队功能定位及其建设任务

1. 功能定位

针对国内外家禽产业形势新变化，按照北京市建设"政治中心、文化中心、国际交往中心、科技创新中心"的具体要求，把握都市型现代农业建设需求，北京市家禽创新团队"十三五"规划（2016~2020年）以"调转节""供给侧改革"作为团队发展的总体目标，通过"京津冀"协同合作提升团队辐射范围，"打造高精尖，引领京津冀"，实现团队在部分领域引领北京市家禽产业的发展。

2. 建设任务

"十三五"期间以加快转变生产方式为主线，建立以"国产蛋鸡推广""功能性禽产品开发""地理标志保护""生态环保养殖模式建立"和"家禽疫病防控"五大工程为基础的北京家禽产业发展模式，凝聚全团队之力，充分体现多学科、多专业合作的系统优势，以联合攻关为主要工作方式，引进、研发、改进、集成一批切实可行并覆盖全产业链的关键技术与产品，建立一批新时期下新模式的家禽产业示范场，培训一批有科技意识的新时期农民，推广一批行之有效的实用技术，为全面建成北京市现代家禽产业打下具有决定性意义的基础。

（二）创新团队组成架构

按照国家现代农业产业技术体系建设的基本要求和北京都市型现代农业发展重点需求，北京市家禽创新团队建设依托在京的中央和地方两级科研、推广机构，调动现有科技和人才资源存量，家禽团队2020年共聘任岗位38个，其中首席专家1人，岗位专家21

人，综合试验站站长 6 人，农民田间学校工作站站长 10 人，团队成员中正高职称 16 人，副高职称 7 人。

（三）创新团队作用与交流机制

团队实行过程管理，针对家禽团队"十三五"规划的目标和具体任务，首席办对岗位成员的工作进行动态监控。通过会商制度，对项目的实施进行阶段性评估，对发现的问题进行及时的纠偏。北京市家禽创新团队通过会商和阶段性总结的方式，对团队内部的工作进行实时监控，对出现的问题进行及时的纠偏。团队各级成员通过管理平台、微信群、首席办邮箱等渠道完成信息报送、日志报送、总结报告等各种材料的上报及交流，圆满完成各种常规工作。

二、技术研发与主推技术情况

（一）团队技术研发情况

1. 北京鸭北京油鸡地理标志取得突破性进展

在北京市家禽创新团队的技术支撑和专项攻关下，北京鸭、北京油鸡农产品地理标志已全部登记成功。为促进北京鸭、北京油鸡地理标志及产业发展，2020 年北京市家禽创新团队通过以下几方面工作为北京鸭北京油鸡产业发展提速：

（1）适当补充地理标志北京鸭产能。2020 年家禽团队通过调研北京鸭生产现状和地理标志北京鸭生产现状、北京鸭产品质量现状、填饲工艺人才现状，得出地理标志北京鸭是濒危产业的结论。2020 年家禽团队按照地理标志要求的特定品种、特定工艺、特定环境对田间学校工作站（北京三江宏利牧业有限公司）进行全方位提升，生产出原汁原味、品质优良的地理标志北京鸭产品，并授权使用北京鸭地理标志，适当补充了地理标志北京鸭的产能（见图 14 - 8）。

图 14 - 8 授权使用北京鸭地理标志的企业

（2）四方面技术攻关与推广，促进北京油鸡农产品地理标志登记成功。一是通过在京开展北京油鸡的推广工作，在北京油鸡农产品地理标志保护区域提高了郊区养殖场户养殖北京油鸡的积极性，在京郊布局北京油鸡养殖区域。二是通过开展基因鉴别技术，找到北京油鸡特异性分子标记，并扩大五趾群体数量。三是通过对北京油鸡品质及风味研究，明确了北京油鸡的特征品质，为品质控制和贮藏提供理论依据。四是开展北京油鸡健康养殖模式的推广。通过以上四方面工作基础，推动完成北京油鸡的农产品地理标志的申报工作，并于2020年7月正式取得中华人民共和国农产品地理标志登记证书。2020年8月，北京市畜牧总站参与实施的《北京油鸡新品种培育与产业升级关键技术研发与应用》获得北京市科技进步一等奖，项目经过多年的科研攻关，有效解决了北京油鸡品质与效率矛盾突出问题，建立了新品种产业化升级关键技术体系，升级了养殖模式和免疫、光照、饲料配方及保种技术（见图14-9）。

图14-9　北京油鸡获得地理标志登记证书和北京市科技进步奖

（3）为北京鸭北京油鸡产业发展提速。组织召开"北京鸭、北京油鸡地理标志及产业发展工作会""国家地理标志农产品北京油鸡蛋品鉴会"，组建"北京鸭、北京油鸡农产品地理标志研究专家委员会"（见图14-10），专题研讨"鸭稻文化"和"地理标志中欧互认"，研发用于鉴别地理标志北京鸭品种真伪的特异性分子标记技术并成功授权，家禽团队2020年通过一些列举措为北京鸭北京油鸡产业发展提速。

2."五项工程"引领产业升级

（1）聚焦蛋鸡产业，加强新品种培育和新技术研发。2020年绿壳蛋鸡完成了第十一个世代的选育，培育出2个品系（黑羽和横斑），绿壳率100%，高峰期产蛋率达90%，相比地方绿壳蛋鸡（产蛋率60%左右）生产性能极大提升。2020年在平谷地区开展试验

图 14-10 "北京鸭、北京油鸡农产品地理标志研究专家委员会"成立仪式

示范 1 万余只,绿壳率 100%,产蛋高峰期产蛋率达 90%,相比地方绿壳蛋鸡(产蛋率 50% 左右)生产性能有极大的提升,具有良好的应用前景。受 CCTV-10《创新进行时》栏目邀请,录制《解密绿壳蛋鸡》节目,节目播出后反响热烈,陕西、甘肃等地养殖者纷纷咨询(见图 14-11)。

图 14-11 CCTV-10《创新进行时》解密绿壳蛋鸡

种公鸡专用饲料示范推广规模总计 130 万套,精子活力提高 30% 以上,精液量提高 37% 以上,精子密度提高 14% 以上,解决了种公鸡配种后期精液品质下降快的问题。

(2)丰富功能性家禽产品,研发体系不断完善。一是 2020 年示范推广生物活性硒鸡蛋、功能性牛磺酸鸡蛋等功能性鸡蛋产品,形成了"营养与强化+建立检测方法+质量安全评估"完整的产品研发体系,丰富了首都功能性家禽产品,促进了农业供给侧改革。二是推动功能性鸡蛋技术本土化。2020年为落实家禽团队联合攻关任务"功能性家禽产品生产体系研发与示范工程",北京市家禽创新团队与甘肃省猪鸡产业技术体系、国家油料作物产业体系开展技术合作,将我国优质亚麻籽资源应用于功能性鸡蛋生产,推动功能性鸡蛋技术本土化。并与河南神农膨化饲料科技有限公司进行家禽功能性鸡蛋生产技术、家禽特色饲料膨化加工技术交流与合作。双方就功能性鸡蛋生产技术和家禽特色饲料膨化加工技术进行了深入的探讨与合作,实现了对国产亚麻籽的膨化工艺生产,提高鸡蛋中$\omega-3$不饱和脂肪酸的含量,提升生产效率改善生产工艺。

(3) 加强特色地方资源的研究。常见的白羽肉鸭大都由北京鸭作为育种素材培育而来,体型、外观特征相似,尤其是加工成鸭坯或烤鸭后,普通消费者很难鉴别出真正的北京鸭。2020年家禽团队在北京鸭方面完成了"一种用于鉴定北京鸭、樱桃谷鸭、枫叶鸭的分子标记及其应用"技术的3项发明专利授权,挖掘到3个品种各4组单核苷酸多态性(SNP)位点,提供了一种鉴定分子标记的引物,建立了北京鸭品种特异性鉴别方法。本项技术可以促进北京鸭、樱桃谷鸭、枫叶鸭种质资源保护开发;保障地理标志种源纯正,为北京鸭提供屠体标识;保护北京鸭地理标志知识产权,维护消费者利益(见图14-12)。

图14-12 北京鸭分子鉴别技术3个发明专利授权

(4) 重视家禽生态环保养殖技术的示范推广。集成蛋鸡和北京鸭生态环保养殖工艺2套,打造9家示范场,示范场碳排放降低20%以上,氮排放降低11%,氨排放减少约140吨。开展了生态健康养殖北京鸭技术的示范,新建立示范场1个,技术覆盖100万只北京鸭,实现了粪污的零排放。牵头完成北京市地方标准《规模化鸡场粪污处理技术规范》并正式发布。

（5）做好家禽疫病监测及综合防控。针对北京家禽产业特点，家禽团队围绕"家禽种业、特色品种"开展主要疫病的研究和防控。完成2020年鸡主要疫病流行动态分析，完成重要病原传播规律研究。开展重组新城疫病毒、禽流感（H9亚型）病毒（aSG10株＋G株）二联灭活疫苗的成果转化与推广；开发鸡传染性支气管炎（QX毒株）和新城疫（La Sota株）二联灭活疫苗，提交新兽药申报材料。通过疫病综合防控措施，示范场的全程死淘率下降2%。通过开展种禽场禽白血病、鸡白痢等疫病净化的研究与推广，北京市种禽场禽白血病净化已通过评估认证净化示范场1家，创建场3家，尤其是首批通过评估认证的净化示范场北京市华都峪口禽业有限责任公司通过禽白血病的净化，使其国内蛋鸡市场占有率由25%提升到50%以上；部分种禽场的鸡白痢感染抗体阳性率持续保持在0.2%以下（国家净化标准为不高于0.5%）。通过实施净化技术研究与推广进一步促进北京种禽场的品牌和辐射带动效应，有效促进了养殖者的增收。

（二）团队主推技术情况

围绕北京市家禽养殖布局和规划，设立示范场32家，确定年度主推技术23项，共组织生态环保养殖技术、标准化生产技术、家禽疫病防控技术、安全优质生产专题培训47次，技术指导和科技入户260余次，共计培训人员26800人次。开展主推技术覆盖北京市家禽数量594万只，只鸡年产蛋数提高5%，达到300枚；只鸡入舍合格种蛋数提高4%，达到204枚；肉鸭料肉比降低5%。

（三）团队研发成果情况

2020年的家禽团队工作成效可以概括为"推进两个布局，强化一个引领"。2020年家禽团队围绕"五项工程"联合攻关开展技术试验示范23项，示范推广产品15项；发表研究论文59篇，其中SCI论文33篇，核心期刊论文26篇；获得专利授权23项，其中发明专利11项，包括国外发明专利2项，实用新型专利13项；制定标准12项；出版著作13部；获得省部级奖励6项。

三、技术示范推广效益

（一）技术示范推广经济效益

北京市家禽产业经济效益显著，成为乡村振兴和增加农民收入的重要保障。2020年，北京市商品蛋鸡存栏620万只，自产鸡蛋9.44万吨，其中，地理标志农产品北京油鸡蛋年产0.407万吨；2019年（2020年产值数据尚未公布）北京市家禽饲养产值23.2亿元，占农林牧渔业总产值281.7亿元的比重为8.23%，占畜牧业产值49.3亿元的47.1%；2019年种业中畜牧业收入占种业总收入的87.87%，其中，种雏禽和种蛋分别占56.39%和34.55%；2020年，家禽创新团队设立示范场32家，研发技术23项，成熟主推技术34项，推广覆盖家禽950万只；只鸡年产蛋数提高5%，达到300枚；只鸡入舍合格种蛋数提高4%，达到204枚；肉鸭料肉比降低5%；种公鸡专用饲料示范推广规模总计130万套,精子活力提高30%以上,精液量提高37%以上,精子密度提高14%以上;通过疫病综合防控措施,示范场的全程死淘率下降2%;中国农业大学联合峪口禽业研发、研制出我国首款具有自主知识产权的蛋鸡基因芯片,选育效率提高20%,从而打破了国外公司对商业化基因芯片的垄断。

(二)技术示范推广生态效益

北京市家禽产业生态效益明显。2020年,北京市家禽团队集成蛋鸡、北京鸭、肉鸽生态环保养殖工艺3套,整合低蛋白饲粮、异位发酵床、粪污高效处理、林下养殖等17项关键技术和生产模式,打造15家示范场,覆盖家禽230万只,示范场碳排放降低20%以上,氮排放降低11%,氨排放减少约140吨;到2020年年底,77家家禽备案场中,95%的养殖场(73家)实施资源化利用,87%的养殖场(67家)配备雨污分流、干湿分离设施,73%的养殖场(56家)参加了政府和自筹建设项目;牵头完成北京市地方标准《规模化鸡场粪污处理技术规范》并推广应用,示范场粪便综合利用率达到97%以上。

(三)技术示范推广社会效益

北京市家禽产业社会效益显著,在深化首都"菜篮子"工程建设、服务居民美好生活以及提升北京市在全国和国际家禽业的影响力和竞争力等方面成绩斐然。2020年示范推广ω-3鸡蛋、生物活性硒鸡蛋、牛磺酸鸡蛋、叶酸鸡蛋和虾青素鸡蛋等5个功能性鸡蛋产品,促进了农业供给侧改革,丰富了首都禽产品市场和居民"菜篮子";培育和推广了"栗园油鸡蛋鸡"(新品种证字第70号)和"绿壳蛋鸡"2个特色蛋鸡品种(系),对"峪口系列""农大系列"7个蛋鸡品种进行持续选育提升。北京峪口禽业领先于国内其他蛋鸡育种品牌企业,跻身世界三大蛋鸡育种公司之列;北农大节粮型蛋鸡在国内蛋鸡市场的品牌影响力也持续上升。毫无疑问,北京市家禽产业有力推动了国家种业战略和北京市"种业之都"建设,提升了我国家禽产业在国际家禽育种的话语权和竞争力。2020年,以家禽创新团队牵头制定了《ω-3多不饱和脂肪酸强化鸡蛋》和《ω-3多不饱和脂肪酸强化鸡蛋生产技术规范》2个行业标准;打造了"凯诚""洋里洋气""科惠农-ω3深山营养蛋""丹兴园"4个功能性鸡蛋品牌,推动"德青源""正大"开展功能性鸡蛋生产和品牌建设,形成了具有北京特色的功能鸡蛋品牌群;在团队的技术支撑下,北京油鸡于2020年成功取得农产品地理标志保护,彰显了北京市家禽产业在全国的领先和引领地位。

四、团队对产业支撑作用

(一)指导中小型家禽养殖企业生产

北京市家禽产业中,中小型养殖企业生产的鸡蛋、禽肉均占据了北京地产的50%,对北京市鸡蛋、禽肉的供给有着不可替代的作用。除了保障市场供给外,中小型家禽养殖企业在"新品种示范""乡村振兴""农民增收""林下经济"以及"生态循环农业"发展中意义重大。

（1）上半年，指导中小企业新冠肺炎疫情期间稳产保供。新冠肺炎疫情暴发后，家禽团队及时发布了《新冠疫情对家禽养殖企业影响调查报告》《新冠疫情期间家禽养殖场安全生产技术指导意见》《新冠肺炎疫情对北京鸭产业和产品质量的影响及应对建议》等多份指导意见，指导中小型家禽养殖企业新冠肺炎疫情期间稳产保供。持续监测鸡蛋、禽肉产量，并及时上报畜牧主管部门。

（2）下半年，指导中小企业应对饲料原料涨价。2020年下半年开始，受多种因素影响，玉米、豆粕等饲料原料价格持续上涨，其中玉米涨幅较2017年时超过了63%，并且鸡蛋价格持续低迷。在此背景下，家禽团队组织团队专家对中小型家禽养殖企业进行多方位的技术指导，通过调整品种、调整饲料、拓宽销售渠道、开展品牌宣传、电商销售、帮助企业建立企业标准等一系列应对措施，指导中小型家禽养殖企业开展生产自救，降低经济损失，促进乡村经济和禽产品市场稳定。

（二）北京鸭北京油鸡地理标志取得突破性进展

在北京市家禽创新团队的技术支撑和专项攻关下，北京鸭、北京油鸡农产品地理标志已全部登记成功。为促进北京鸭、北京油鸡地理标志及产业发展，2020年北京市家禽创新团队通过以下几方面工作为北京鸭北京油鸡产业发展提速：

1. 适当补充地理标志北京鸭产能

2020年家禽团队按照地理标志要求的特定品种、特定工艺、特定环境对田间学校工作站（北京三江宏利牧业有限公司）进行全方位提升，生产出原汁原味、品质优良的地理标志北京鸭产品，并授权使用北京鸭地理标志，适当补充了地理标志北京鸭的产能。

2. 四方面技术攻关与推广，促进北京油鸡农产品地理标志登记成功

一是通过在京开展北京油鸡的推广工作，在京郊布局北京油鸡养殖区域。二是通过开展基因鉴别技术，找到北京油鸡特异性分子标记，并扩大五趾群体数量。三是通过对北京油鸡品质及风味研究，为品质控制和贮藏提供理论依据。四是开展北京油鸡健康养殖模式的推广。通过以上四方面工作，推动完成北京油鸡的农产品地理标志的申报工作，并于2020年7月正式取得中华人民共和国农产品地理标志登记证书。2020年8月，北京市畜牧总站参与实施的《北京油鸡新品种培育与产业升级关键技术研发与应用》获得北京市科技进步一等奖。

3. 为北京鸭北京油鸡产业发展提速

组织召开"北京鸭、北京油鸡地理标志及产业发展工作会""国家地理标志农产品北京油鸡蛋品鉴会"，组建"北京鸭、北京油鸡农产品地理标志研究专家委员会"，专题研讨"鸭稻文化"和"地理标志中欧互认"，研发用于鉴别地理标志北京鸭品种真伪的特异性分子标记技术并成功授权，家禽团队2020年通过一系列举措为北京鸭北京油鸡产业发展提速。

（三）引领肉鸽产业健康发展

1. 推动鸽业联盟工作，促进鸽业科技提升

北京市家禽创新团队作为国家鸽业科技创新联盟的主要成员之一，成立三年来，聚焦

科技前沿，把握问题导向，重点在良种选育、饲料营养、疫病防控和设施设备等方面开展技术创新，部分解决制约鸽业发展的瓶颈技术。

2. 完成《中国肉鸽产业发展研究》著作

家禽团队在广泛调研、访谈、大量查找、阅读、总结文献资料的基础上，参照国际肉鸽生产、消费、贸易等资料，从全球化视角分析肉鸽产业发展的概况、鸽业科技发展与现状、鸽业存在的问题、科技需求与发展趋势、发展建议等内容，对中国鸽业与科技发展情况进行了系统梳理和分析，著作首次全面系统地分析了肉鸽产业及其科技总体发展情况，并于2020年出版发行。

3. 肉鸽常见疫病联合攻关

2020年开展了鸽常见疫病的病原学检测、病原的分离与鉴定、病原的反向遗传操作技术研究，将 LAMP－TaqMan、RT－PCR、CRISPR/Cas9 技术应用于病原的快速检测与生物学特性研究，完成了鸽瘟疫苗的实验室研发，建立了多种鸽疫病专用监测产品，鸽疫病综合防控技术取得显著成效。

第三节　家禽产业典型案例分析

一、推动功能性鸡蛋技术本土化

（一）开展京陇合作，推动功能性鸡蛋技术本土化

2020年为落实家禽团队联合攻关任务"功能性家禽产品生产体系研发与示范工程"，北京市家禽创新团队与甘肃省猪鸡产业技术体系团队、国家油料作物产业体系团队开展技术合作，将我国优质亚麻籽资源应用于功能性鸡蛋生产，推动功能性鸡蛋技术本土化。

（二）改善原料加工工艺，提高功能性鸡蛋生产效率

2020年北京市家禽创新团队与河南神农膨化饲料科技有限公司进行家禽功能性鸡蛋生产技术、家禽特色饲料膨化加工技术交流与合作。双方就功能性鸡蛋生产技术和家禽特色饲料膨化加工技术进行了深入的探讨与合作，实现了对国产亚麻籽的膨化工艺生产，提高鸡蛋中欧米伽3不饱和脂肪酸的含量，提升生产效率，改善生产工艺。

（三）调研四川圣迪乐村，推动功能性鸡蛋品牌化发展

针对功能性鸡蛋的研发与推广工作，北京市家禽创新团队赴四川绵阳调研了四川圣迪乐村生态食品有限公司的功能性鸡蛋的生产、品牌化建设等情况，了解圣迪乐村在功能性鸡蛋的品牌化建设和推广中做的工作，为功能性鸡蛋品牌化发展提供了思路。

（四）打造生产基地，开展技术培训

在北京市 4 个规模蛋鸡养殖场（北京双银养殖户、北京绿都峪口兴合养殖有限公司、北京诚凯成柴蛋鸡养殖合作社、北京东安福农业有限公司）进行了 ω–3 功能性鸡蛋生产技术示范，ω–3 功能性鸡蛋年生产能力达百万枚。组织完成功能性鸡蛋生产关键技术培训会，向北京市中型蛋鸡养殖企业讲解相关知识和技术，交流面临的问题和发展的前景。

二、搭建国内外合作交流平台

（一）采用"线上对接"开展国际交流

2020 年度的国际交流主要采取线上对接的方式开展，其中岗位专家何宏轩参加世卫组织溯源进展交流会议；育种岗位专家与国外专家探讨未来鸡抗病育种趋势和基因组与转录组联合分析策略；健康养殖岗位专家组织中瑞两地畜禽养殖排放源抗生素耐药基因的污染特征研讨会。

（二）"线上线下"相结合，做好技术培训

疫情期间岗位专家利用网络平台开展线上培训 29 次，培训受众达到百万人次；2020 年度培训以线下小班培训、线上线下结合的方式开展，专题培训 18 次。

（三）支持河北阜平、新疆和田等地扶贫

2020 年家禽团队技术支撑优帝鸽业在河北阜平、新疆和田的肉鸽扶贫工作。团队成员获得"北京市扶贫协作奖""北京市扶贫先进个人奖"等奖励。田间学校工作站在河北承德、张家口赤城两地建立家禽养殖示范基地 2 个，促进了河北地区家禽养殖技术水平提升。

三、继续做好低收入村帮扶

（一）小吉祥村帮扶又有新动作

北京市家禽创新团队田间学校工作站-九龙禽业是团队对口帮扶延庆区小吉祥村的先头部队。2020 年 8 月，小吉祥村民种植的玉米丰收，却遇上滞销问题，得知消息，九龙禽业魏红刚与村书记协商采购村里部分玉米用于企业生产。交流过程中，村民获悉北京油鸡取得地理标志证书，纷纷表示家里要养北京油鸡。最终，九龙禽业帮助村民解决玉米滞销问题，村民从九龙禽业采购少量北京油鸡并获得养鸡技术指导，一举两得，双方共赢。帮扶脱低既要解决农户的生计问题，还要帮助他们谋发展，所谓授人以鱼，不如授人以渔，在家禽团队九龙禽业工作站的帮助下，小吉祥村村民销售了玉米，还养殖了北京油鸡这种地方优良品种。

（二）新春慰问，防疫捐赠，情暖小吉祥村

2020 年的春节前，北京市家禽创新团队前往小吉祥村进行慰问，并走访探望了低收入户，向村民带去了新春问候。2020 年新冠肺炎疫情防控期间，家禽团队给小吉祥村快递去一批口罩，助力小吉祥村做好疫情防控。

第四节　家禽产业发展政策建议

一、产业发展趋势及其亟待解决的技术问题

（一）产业发展趋势

2020 年度是家禽产业技术体系北京市创新团队二期第五年，团队按照北京市建设"四个中心"的具体要求和京津冀协同发展的重大需求，立足科技支撑与引领产业发展相结合的发展方向，通过"京津冀"协同合作拓展了团队辐射范围，积极开展低收入村科技帮扶工作，扎实推动调转节和供给侧改革，促进家禽产业健康发展。

（二）亟待解决的技术问题

1. 发展空间和自然资源约束难题有待破解

近年来，随着非首都功能的疏解，北京"大城市小农业"的特点越来越明显。"农业生产空间不断调减，2 万亩畜禽养殖、5 万亩渔业、70 万亩菜田、80 万亩良田组成的'2578'格局成了北京农业的主战场。"家禽产业发展所需的空间不可避免地受到压缩而且深受资源制约。

制约农业发展的另一资源瓶颈是水的问题，北京市人均水资源占有量不足 300 立方米，仅为全国人均占有量的六分之一，世界人均占有量的二十五分之一，水资源的不足使农业用水更为珍贵，在农业结构调整中，水资源成为考虑因素的重中之重，开发节水技术、创新节水机制、提高节水系数是北京农业现代化发展的前提条件。

2. 中小型家禽企业现代化水平亟须提升

北京市中小型养殖企业是在北京市"调转节"和"禁限养"的大背景下生存下来的仅有的养殖企业，本身在京经营已有多年甚至几十年，目前的设施设备水平与全国相比已经落后很多，因此急需在将来的发展中重视家禽设施设备的现代化与智能化水平，提升基础养殖环境，以提高生产效率，加强疫病防控，保障养殖从业人员的利益。

3. 生物安全与质量安全体系建设有待提升

随着国家生物安全战略的提出，畜牧产业对生物安全的要求越来越高，尤其是基于北京大都市的特殊性，巨大的动物产品消费市场导致动物及其产品的聚集和流动比较频繁，会显著增加疫病传播和质量安全的风险；此外，随着北京生态环境持续改善，大量候鸟迁徙落户北京，疫病风险随之增大。因此，为适应新形势下安全方面的新要求，有必要升级完善现有体系，建立系统全面、协调高效的家禽生物安全和蛋品质量安全保障体系。

4. 品牌建设与价值提升亟待加强

北京市农产品品牌建设取得了很大的成效,但就整体情况来看北京市品牌建设还不容乐观。作为北京市龙头企业"百年栗园"知名度还需要提高;"有商标无品牌、有品牌无价值"的现状普遍存在;虽然"富硒鸡蛋""ω-3鸡蛋""叶酸鸡蛋"等功能性产品创新不断,但由于没有品牌或者品牌的知名度低,同时标准缺位、标识不一,难以实现优质优价。因此,特色主导产业集群建设将有利于全市鸡蛋品牌建设和价值提升。

5. 信息化、数字化、智能化技术有待进一步融入

2020年信息技术在北京市畜牧生产环节的应用率为50.4%,质量安全追溯信息化应用率为30.9%,全市农产品网络销售率只有5.4%。具体到家禽产业,虽然正大、德青源、大伟嘉、北农大等龙头企业的信息技术应用水平很高,都有各自的信息化平台,峪口企业"智慧家禽"数字化建设也日渐成熟和完善。但是,目前,各个企业的信息和数据还都是一个个"孤岛",尚没有全市整个行业大数据(禽舍环境、设备工况、饲喂数据、粪污数据、家禽生长和行为数据)的采集标准、共享机制与系统;为政府行业管理、科研、经营等相关主体提供家禽产业信息采集、数据存储、智能决策服务、基于大数据和区块链技术的智能溯源体系建设等都还远没有达到产业现代化水平和品牌价值提升的需要。

二、政策建议

为了缓解上述问题对北京市家禽产业的影响,提出以下建议:

1. 加强技术指导,确保生产安全稳定

发挥产业技术体系优势,组织专家开展不同形式的技术指导与服务,对产业各环节存在的问题进行梳理,制定针对性的措施,解决当前面临的产业技术问题。

2. 指导养殖场户做好生物安全防护

做好技术和相关物资储备,实现后疫情时期北京填鸭养殖生产的无缝衔接。尤其要加强种鸡场生物安全防护,当前为疫病高发季节,结合当前气候不稳定因素,加强养殖管理和生物安全防护,确保无重大疫情发生。

3. 发展高端优质禽产品

以供给侧改革为主线,解决北京市消费者对优质安全禽产品的多样化需求和市场供应的不平衡不充分发展之间的矛盾。在新的发展形势下,急需借鉴发达国家和地区家禽生产质量安全管理实践和成功经验,进一步完善禽产品质量安全监督管理体系,这对于保证政府监管力、保证居民享受优质安全禽产品供应具有重要意义。

以"功能性食物"为突破,急需进行功能性家禽产品研发,转化系列功能性家禽产品技术成果的示范、推广,建立功能性家禽产品生产示范基地,并构建功能性家禽产品评测体系,以满足市场对安全营养农产品的需求。

4. 加强禽产品地理标志保护和开发利用的管理技术和法规建设

通过地理标志这一利剑，将北京油鸡和北京鸭所蕴含的历史、文化和地理元素进行有效地固定和展现，可以有效地提升北京鸭和北京油鸡的产业化水平，促进特色高效家禽产业发展。需要政府和行业专管部门、机构携手进行禽产品地理标志保护和开发利用的管理技术和法规、标准等制度建设，以提升北京油鸡和北京鸭（烤制型）的产业竞争力。

5. 加强相关法规、标准的建设和政策支持

循序渐进，分布实施，完善北京市场鸡蛋生产供应的质量安全法规、制度和标准。第一，梳理现有法规、制度和标准，发现北京市市家禽产业质量安全管控的漏洞；第二，开展全面调研，全面了解和把握北京市家禽产业质量安全需求；第三，总体设计北京市家禽产业质量安全管控体系；第四，逐步完善北京市家禽生产质量安全法规、制度和标准。

第十五章 北京市奶牛产业发展报告

北京奶业虽然在资源禀赋与养殖数量上不占优势，但是它独特的科技与种质资源、面向超大型超市多层次的消费需求，在我国奶业中占据着不可忽视的地位。本报告主要分为四个部分：一是从奶牛生产、加工、市场消费、成本收益等方面阐述了北京奶牛产业特色发展情况和近年来北京奶牛产业发展取得的喜人成就；二是从产业发展中创新团队的技术支撑作用出发，介绍了2020年北京市创新团队助推北京奶牛产业发展所开展的一系列工作；三是开展典型案例研究，介绍了三元72℃鲜牛乳，并对北京奶牛中心种公牛冷冻精液产品连续5年抽检合格的典型案例进行了分析；四是产业发展的问题及政策建议，分析了产业发展的技术需求、产业发展的趋势、需要解决问题并提出了相应的政策建议。

第一节 奶牛产业发展现状

一、生产现状

（一）总体情况

1. 奶业发展布局

据北京市统计数据显示，近年来北京奶牛存栏量和成乳牛数量总体呈双线下降趋势，近一年趋于稳定。截至2020年12月，北京市奶牛总存栏57912头，成乳牛存栏30069头。自2011年以来，奶牛存栏量和成乳牛存栏量持续下降，2020年比2011年分别下降61.56%和69.89%；与2019年相比，2020年北京市奶牛存栏规模没有再发生大幅波动，基本趋于稳定，奶牛存栏总量增加1.91%，成乳牛存栏量减少8.61%（见图15-1）。

北京市奶牛养殖在13个区均有分布，城市发展新区一直是奶牛养殖集中地，2020年奶牛存栏达到36445头、成乳牛18635头，分别占到北京市总量的62.93%和61.97%。北京奶牛产业顺应北京城市的新型定位，在区域分布上进行了调整，城市核心区存栏量最

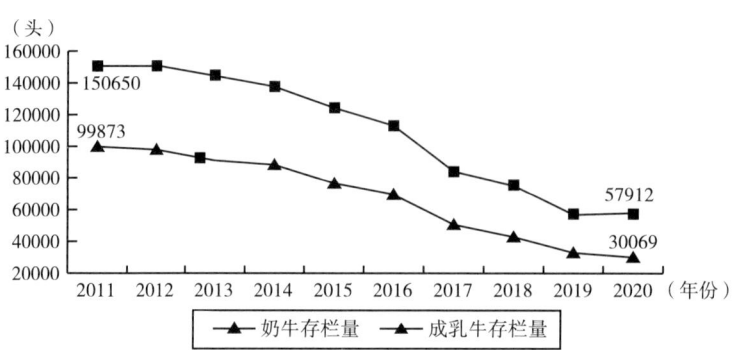

图 15－1　北京市奶牛存栏量和成乳牛存栏量

少,城市发展新区虽然目前承担着奶牛产业发展的重任,但为了支持北京生态保护、腾出近郊土地,2019 年通州腾退了 1 万余头奶牛,大兴也从 2017 年开始大幅减少奶牛存栏,生态涵养发展区中的门头沟、怀柔、平谷作为生态保育重点区域也清减了奶牛存栏。昌平、房山、顺义、延庆、密云区存栏量虽也有减少,但幅度较小,基本保持稳定,保障着北京市奶源的稳定供应。(见表 15－1)。

表 15－1　北京市各区奶牛存栏情况　　　　　　　　　　　　　　　单位:头

单位	2011 年	2012 年	2013 年	2014 年	2015 年	2016 年	2017 年	2018 年	2019 年	2020 年	2020 年比(%)
北京市	150650	151013	144435	137663	124213	111803	84188	75236	56829	57912	100
城市功能拓展区	6789	—	5172	3755	1446	1222	426	369	387	524	0.90
朝阳	3179	164	2520	1911	824	626	152	187	216	328	0.57
丰台	968	564	760	158	39	39	15	0	0	0	0.00
海淀	2642	—	1892	1686	583	557	259	182	171	196	0.34
城市发展新区	90050	72395	93909	88520	79535	74424	55623	49077	36064	36445	62.93
昌平	10938	4524	10821	10459	8740	6776	4564	4166	4323	4510	7.79
房山	10408	10778	14071	11516	11278	9623	8634	7923	6753	6363	10.99
通州	20211	13552	23036	22786	22388	20436	19804	19860	9147	9018	15.57
顺义	18487	19594	17380	16672	16876	17787	14566	11746	11567	12185	21.04
大兴	30006	23947	28601	27087	20253	19802	8055	5382	4274	4369	7.54
生态涵养发展区	53811	—	45767	45388	43232	36157	28139	25790	20378	20943	36.16
门头沟	316	—	30	29	10	10	7	7	7	8	0.01
怀柔	10952	11743	9285	8664	7819	4667	1297	44	45	49	0.08
平谷	1036	1125	760	1042	1080	936	238	493	239	255	0.44
延庆	20443	21749	16855	16839	14850	12180	11421	11339	9159	9321	16.10
密云	22411	22273	18837	18814	19473	18364	15176	13907	10928	11310	19.53

注:"—"代表数据缺失。
资料来源:中国奶业年鉴。

奶牛养殖规模化水平较高，现代化奶业建设步伐加快。2020年，北京存栏100头以上的规模化现代牧场50个，其中1000~1999头的牧场有13个，主要分布于通州和顺义区；2000头以上的有6个，主要分布在密云和通州区。奶牛养殖场已100%实现了机械化挤奶，机械化养殖防治了二次污染，实现了生鲜乳质量和产出效率的显著提升。

2. 牛群结构及生产水平

北京市奶牛饲养品种主要以荷斯坦牛为主，其他品种奶牛有少量存栏。北京17家示范牛场的监测显示，在牛群结构中，成乳牛占总存栏量的55.42%，育成牛占29.85%，犊牛占14.74%（见图15-2）。

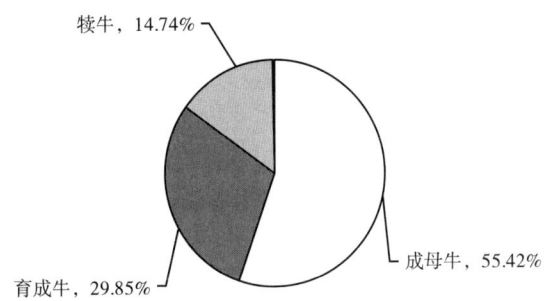

图15-2 2020年北京市示范牛场牛群结构

北京生鲜乳总产量稳中有降，单产波动式上升。近年来，随着现代奶牛饲养管理实用新技术的积极推广，北京市成乳牛单产水平整体呈波动式上升趋势，仅于2016年有所下降至6.57吨/头，于2020年又回升至最高点。2020年北京市牛奶产量24.2万吨，比2014年减少了59.33%，主要集中于城市发展新区，占总产量的66.78%；此外，2020年成母牛平均单产为8.06吨，与2014年相比上升19.76%。

从示范牛场方面来看，生鲜乳产量从2015年至2020年一直呈稳步上升趋势，示范场生鲜乳产量在北京市生鲜乳总产量中所占比重也不断上升；成母牛单产方面，示范牛场始终高于北京市平均单产水平，且近三年单产水平有大幅提升，已超过10吨，2020年示范牛场成母牛单产水平达到10.90吨，接近11吨，可见北京市奶牛创新团队对示范牛场的"奶牛保姆"式的帮助与支持成效显著（见图15-3）。

（二）安全情况

1. 牛疫病防治问题

通过对北京市示范奶牛养殖场月度监测，发现目前北京奶牛发病率较低，其中，2020年乳房炎发病率平均为2%，子宫炎发病率平均为1%，蹄病发病率平均为2%，营养代谢发病率平均为1%。虽然其发病率相对较低，但是常见病的发生对奶牛养殖场的经济效益产生不可逆转的影响，因此应该继续加强奶牛疾病的防治工作，达到奶牛零发病率。

2. 健康养殖问题

在牛场设施设备方面，北京市奶牛养殖场的防暑降温设施、饮水槽加热装置、卧床垫

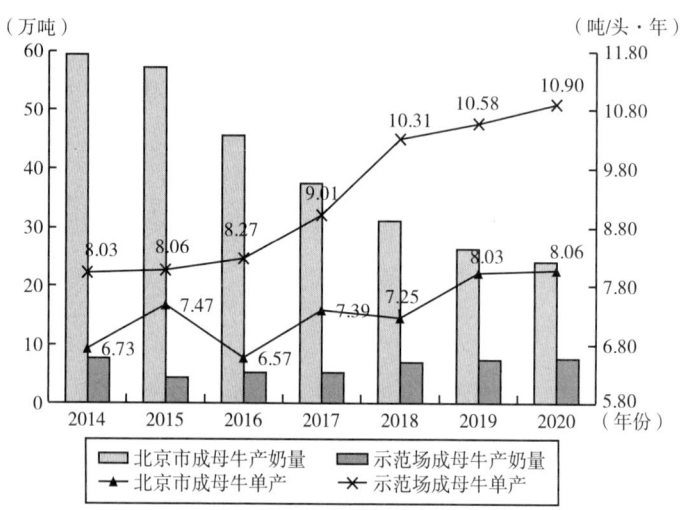

图 15-3 2011~2020 年北京市牛奶产量及成乳牛单产情况

料和运动场地面设计、奶牛福利设施等总体上在国内处于相对较高的水平,但与国际主要奶业生产国相比仍存在差距。美国、澳大利亚等国家普遍采用太阳能、电子围栏以及防冻供水系统,同时配有先进的装卸和运输奶牛的装置和设备。

3. 生鲜乳质量安全状况

北京示范牛场生鲜乳平均品质水平高于国家标准,达到优质乳工程中特优级水平。与2010 年颁布实施的《食品安全国家标准——生乳》(GB 19301—2010)相比,北京示范牛场 2020 年生鲜乳的乳脂肪率高 0.87 个百分点;生鲜乳的乳蛋白率高 0.49 个百分点(见表 15-2),另外,生鲜乳的体细胞数降低到了 17.86 万个/毫升,菌落数降低到了 2.70 万 CFU/毫升,均达到了优质乳工程中的特优级水平,与 2019 年相比,生鲜乳质量各项评价指标又有进一步提升。

表 15-2　　　　　2020 年北京示范牛场生鲜乳质量情况

指标	乳脂率(%)	乳蛋白率(%)	体细胞数(万个/毫升)	菌落数(万 CFU/毫升)
国家标准	3.1	2.8	—	200
北京示范牛场	3.97	3.29	17.86	2.70
特优级	≥3.3	≥3.1	≤30	≤10
优级	≥3.3	≥3.1	≤40	≤20
良级	≥3.2	≥3.0	≤50	≤30
合格级	≥3.1	≥2.9	≤75	≤100

数据来源:中国奶业年鉴,北京示范牛场监测月度数据。

(三)效益水平—净利润分析

2020 年北京示范奶牛养殖场每头净利润呈稳定波动趋势,除 3 月、4 月受新冠肺炎疫情影响净利润较低外,其他月份均稳定在480元左右,团队在帮助示范场对抗新冠肺炎疫情冲击中起到了关键作用,5月后示范场经营逐渐改善。1月,北京示范牛场每头净利润为510元,同比上涨29.52%,之后于6月达到最高点,每头净利润达到525元。3月、4月为净利润全年同比降低的月份,分别降低了8.19%和11.06%,可见新冠肺炎疫情还是给示范牛场经营带来了一定的冲击。12月,示范牛场每头净利润同比也出现降低,这应是饲料成本大幅上升带来的结果。但总体来看,示范牛场全年累计每头净利润仍有所上涨,为5749元,较2019年增长了12.00%(见图15-4)。

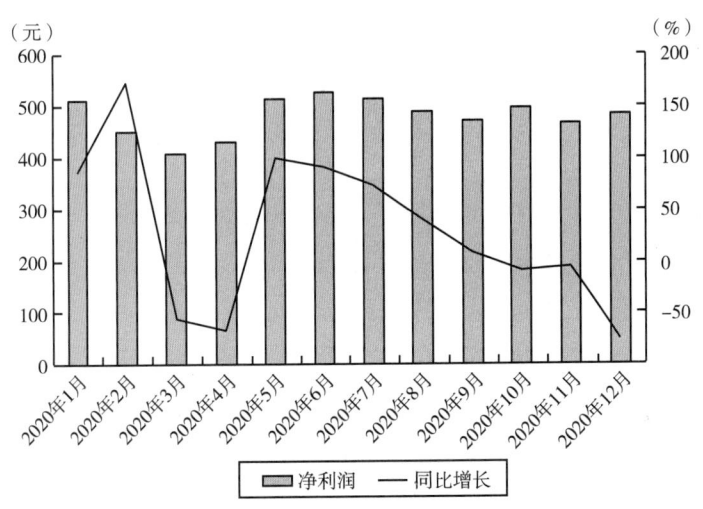

图15-4 2020年北京示范牛场净利润

二、加工流通现状

(一)乳企基本情况

北京大型乳企主要有三元、蒙牛(含达能)、伊利、光明4家,并在新一届的D20峰会换届选举中入选,其中三元为北京本土企业。

三元股份率先建立了奶源、研发、加工、检测、物流配送、销售及售后服务为一体的全产业链模式,从牧场到餐桌,每一瓶牛奶都历经层层把关,全程透明可追溯,基于此,自成立以来,三元股份从未出现过任何食品质量安全问题。截至目前,三元股份拥有"三元""极致""爱力优""八喜""太子奶"等一系列有较高知名度的品牌,低温巴氏鲜奶始终是三元股份的优势战略产品,在北京市场多年来始终保持着市场占有率第一的位置。

从"国内第一包早餐奶"到"极致ESL""布朗旎烧酸奶""A2β酪蛋白牛奶"等,三元乳制品研发标准日益提升,更加注重营养和健康,"新鲜、高品质、创新"是三元乳业高质量发展的关键词。2020年,三元以强大的技术领先优势,推出了"三元72℃"巴氏杀菌鲜奶，更低温度保留了更多营养，成为低温巴氏鲜奶市场的一匹黑马，也为消费者带来了更多的健康选择。

（二）乳制品产量稳中有降

总体来看，北京市乳制品产量在2016年以前总体呈上升趋势，自2016年来逐年下降。2010年北京市乳制品产量为52.3万吨，至2016年升至最高为62.19万吨；2020年北京市乳制品产量为53.70万吨，与2019年相比下降了3.07%，与2016年相比下降了13.52%（见图15-5）。北京乳品加工以液态奶为主，历年均占总产量的92%以上。

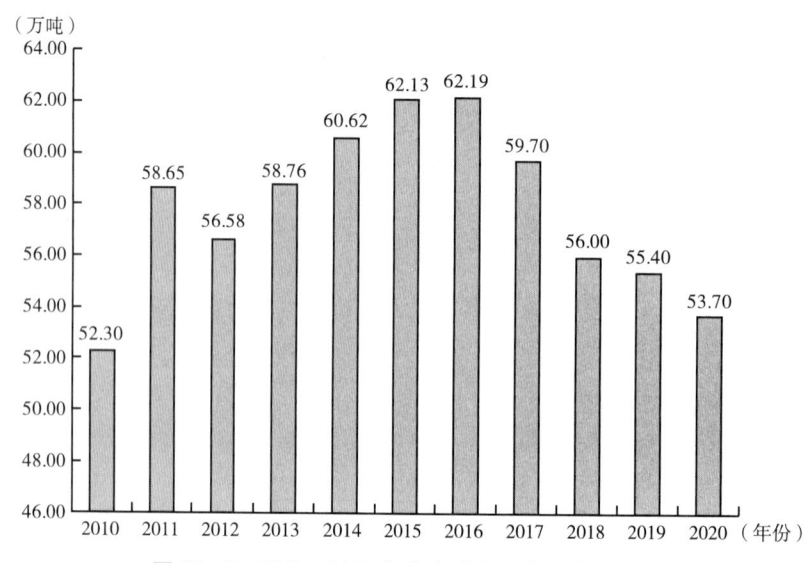

图15-5 2010~2020年北京乳制品产量变化情况

数据来源：中国奶业年鉴，2020年数据来源于同花顺数据库。

（三）乳制品流通渠道多样化

目前北京市场上流通的乳制品品牌主要有伊利、蒙牛、三元、光明等，因此也形成了以各个企业为代表的流通渠道。其中伊利提出了"一级配送、二级强化、决胜终端"的销售模式；蒙牛采用三级渠道分销网络；而三元以地域销售为主构成，分区划片，统一销售。

三、市场消费现状

（一）新冠肺炎疫情刺激乳制品消费增加

在新冠肺炎疫情期间，北京市奶牛创新团队产业经济岗位对北京消费者进行了线上问卷调研，对北京市居民的乳制品消费情况进行分析。发现近80.00%的居民对乳制品的消费量持平略增，其中62.34%的居民乳制品消费量与新冠肺炎疫情发生之前持平，另外有15.06%的居民乳制品消费量增加。整体来看，新冠肺炎疫情在一定程度上刺激了北京市居民的乳制品消费，由于乳制品具有健康属性，新冠肺炎疫情又使得消费者更加关注健康,从而逐渐养成了乳制品消费习惯,增加了对乳制品的消费。

(二) 乳制品消费升级趋势明显,低温奶消费需求增加

将2020年与2016年的调研数据进行对比分析,发现北京市居民对低温奶包括巴氏奶、酸奶的消费均有所增加。巴氏奶方面,2020年增加其消费的被访问者占比30.16%,较2016年增加了4.26%,较为显著的是,选择"无人消费"选项的被访问者比重明显下降,较2016年下降了20.72%,说明北京市居民对巴氏奶的认知度与认可度有较大提升,促使居民对巴氏奶的消费有所增加。酸奶方面,2020年增加了酸奶消费的被调查者占比60.34%,较2016年增长了20.44个百分点,增长幅度较大,选择"无人消费"的被访问者仅占了3.16%,说明酸奶在北京市居民的生活中普及程度已较高(见表15-3)。

表15-3 2020年与2016年乳制品消费情况对比

乳制品种类	消费趋势	2020年	2016年
巴氏奶	增加	30.16%	25.90%
	不变	42.85%	28.20%
	减少	5.11%	3.30%
	无人消费	21.88%	42.60%
酸奶	增加	60.34%	39.90%
	不变	32.67%	47.00%
	减少	3.83%	4.20%
	无人消费	3.16%	8.90%

资料来源:团队线上调研数据。

根据天猫商城提供的数据显示,2020年常温奶的销量同比增长了50%,而低温奶的销量同比增幅则在150%以上;又根据饿了么于2020年9月发布的《鲜奶外卖报告》数据,过去一年,低温巴氏鲜奶外卖订单增长一路高企,渗透率超过30%,在北京、上海、南通、合肥的低温巴氏鲜奶渗透率在38%左右,消费者更愿意为低温巴氏鲜奶买单;

同时,"《经济日报》——伊利集团消费趋势报告(乳制品)"中也显示,低温乳品在北上广的销售额增长率相对其他线级城市更高。以上研究报告均说明,我国城乡居民的乳制品消费结构正在不断优化,而北京作为首都及一线城市,始终处于乳制品消费升级的前列,消费者正在从"喝上奶"向"喝好奶"过渡,所以低温奶将是未来北京市奶业的新增长极,这对于北京市乳制品企业来说是一个持续性的利好因素。

(三) 乳制品消费渠道更加多样化

近年来,随着消费者更加习惯在手机等移动端进行消费,以及大数据、物联网、冷链技术的发展,网购以及无人零售、生鲜电商、社区店等"新零售"消费渠道发展步入快车道,尤其是网购,是增速最快的销售渠道,新冠肺炎疫情更是加速了这种发展趋势。

团队线上调研数据显示,虽然超市仍是占比最高的销售渠道,但新冠肺炎疫情期间其

增长不佳，80.75%的受访问者选择从超市购买乳制品，这较 2019 年的调查数据减少了 5.65 个百分点。相反，通过网购获得乳制品的消费者比重已占到 11.30%，较 2019 年增长了 1.90 个百分点，是仅次于超市的第二大消费渠道。

"经济日报-伊利集团消费趋势报告（乳制品）"中的数据显示，截至 2020 年 11 月 6 日，乳制品在大型超市的销售额占比为 22.9%，同比降低 8.6%。与此同时，小超市、网购以及新零售渠道的销售额占比逐年提升，其同比销售额增速分别为 9.1%、64.3% 和 97.5%。

北京市乳制品企业需迎合这种消费渠道的变化趋势，加快线上线下的融合，探索多渠道的销售模式。

四、新型经营主体现状

（一）北京奶牛养殖企业性质与分类

北京奶牛养殖企业根据规模、技术、资金、人才等大致可分为三类，第一类以国有大型企业为主，技术、资金、人才等方面力量雄厚，基础条件好，以三元绿荷奶牛养殖中心等 28 家国有牛场为主，代表着北京奶业乃至全国奶业发展的最高水平；第二类以民营、独资和股份制规模牛场为主，规模适度，有一定的竞争意识，能够主动接纳行业内的新技术、新方法和新事物，愿意为提高生产性能而加大科技投入，如果加以有效引导和培训，整体实力可得到进一步提升；第三部分由养殖小区、合作社和养殖户组成，规模小、管理意识粗放、技术落后，是整个养殖环节的薄弱点所在。

（二）奶牛合作社的作用有待于进一步发挥

奶牛养殖户入社率不高。调研发现，只有 36% 的奶牛养殖场户加入了奶牛合作社，其中包括了 32.8% 规模牛场、43.8% 养殖小区和 28.2% 的小规模养殖场，64% 的场户没有加入奶牛合作社（见图 15-6）。

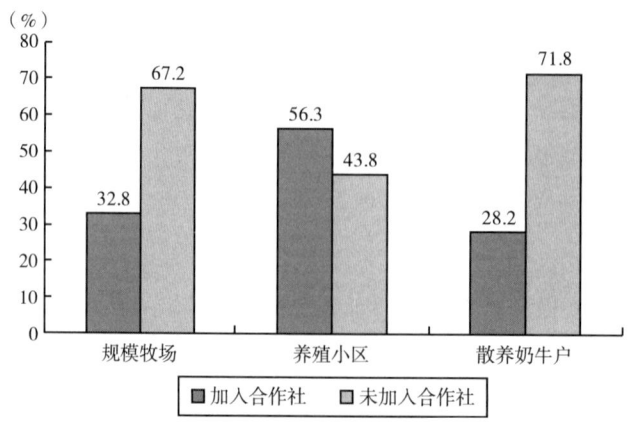

图 15-6　养殖场户加入合作社情况

五、成本收益及其产业支持政策实施效果

（一）成本收益率分析

2020年，北京示范牛场成本收益率略微下降。2014年至2020年，北京示范牛场的成本收益率呈上升趋势，2014年北京示范牛场平均成本收益率为17.20%，2019年北京示范牛场平均成本收益率达到最高，为34.54%，较2014年增长了17.34%，与2018年相比成本收益率增加了5.23%。2020年，在新冠肺炎疫情和年底饲料成本大幅上涨的双重冲击下，示范牛场的成本收益率依然达到了几乎和2019年持平的水平，仅较2019年下降了0.31%。从各区构成来看，除房山区外，2020年各区均处于盈利状态，且昌平和通州区示范牛场平均收益率较高，超过45%，延庆区较低，为17.66%。（见图15-7、图15-8）

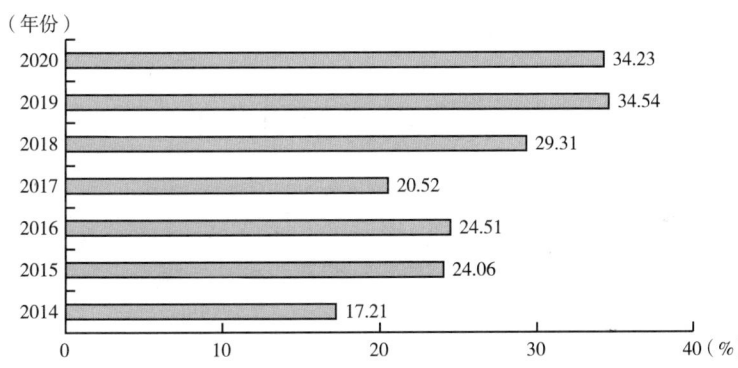

图15-7 2014~2020年北京示范场成本收益率

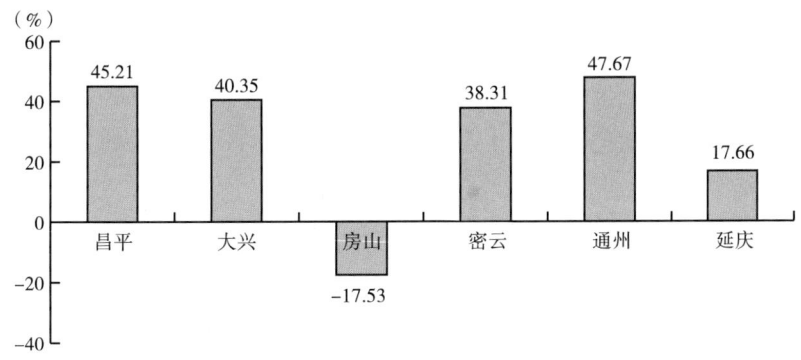

图15-8 2020年北京各区示范场成本收益率

（二）产业支持政策实施效果

近年来，北京为了推动奶牛产业的发展，出台了一系列鼓励政策，对奶牛产业发展起到了较好的推动作用。主要包括：

(1) 生母犊牛补贴每年 500 元/头，后备牛补贴每年 100 元/头；

(2) 冷冻精液每只国家补贴 10 元至 15 元，超出范围的部分自己支付；

(3) 旧厂房改造、小区道路地面硬化，给予设备补贴 50%，以及挤奶设备、奶罐车、旧牛舍的补贴；

(4) 污水处理，沼气补贴标准基本为 80%；

(5) 免费疫苗、免费消毒用品等。

惠农政策推动了北京奶牛产业向标准化、规模化方向的发展。养殖端，中央财政重点支持制约奶业发展的优质饲草种植、家庭牧场和奶业合作社发展。加快发展草牧业，积极推进粮改饲，大力发展苜蓿、青贮玉米、燕麦草等优质饲草料生产，促进鲜奶产量增加、品质提升；将奶农发展家庭牧场、奶业合作社等纳入新型经营主体培育工程进行优先重点支持，支持建设优质奶源基地。

第二节 奶牛产业发展中创新团队的技术支撑作用

一、团队基本情况

（一）创新团队功能定位及其建设任务

1. 团队功能定位

结合北京市环境资源承载能力、北京畜牧业生产实际和市场需求，按照"一核五区"的北京市畜牧业发展空间布局规划，北京奶牛产业定位为："持续打造'三大基地'，即立足北京、引领津冀、辐射全国的奶牛优秀种质资源供应基地；高新技术、成果落地应用的现代都市奶业技术集成示范基地；生态环保、适度规模、优质高效的奶源生产与乳品加工基地。"

2. 团队建设任务

立足北京、引领津冀、辐射全国，淘汰落后产能、提供优质及高契合消费者需求的乳产品，在生态环保方面做到"可看、可学、可复制"的模型，带动辐射全国奶业发展。切实加大高新技术成果转化水平，提高从业人员业务素养，提升产业技术水平，提高消费者对国产牛奶的认知度和信心，促进北京乃至津冀地区奶牛产业的高质量、健康和可持续发展。

（二）创新团队组成架构

团队共设有功能研究室 5 个，综合试验站 8 个和农民田间学校工作站 8 个，200 余名成员及助手分别来自中国农业大学、中国农业科学院、北京农学院、北京农林科学院、北京农职院等大专院校、科研院所，各级畜牧兽医技术推广机构及首农集团、中地畜牧、北京京鹏畜牧等企业。此外，团队还设有执行专家组，执行专家组由首席专家、5个功能研究室主任、1位综合试验站站长、1位田间学校工作站站长和5位相关领域的岗位专家，共13人组成，首席专家为组长。同时，聘请了2位业内知名专家为顾问。

（三）创新团队作用与交流机制

1. 团队作用

北京奶牛创新团队作为北京奶业技术研究、集成与推广应用的重要支撑组织，不仅关注行业发展趋势，也为养殖场提供技术需求，大大减少了奶牛疫病的发生，提高了奶牛的健康水平以及生鲜乳的质量水平，提高了产业核心竞争力，不仅支撑了北京奶业的发展，也促进北京乃至津冀地区奶牛产业的高质量、健康和可持续发展。

2. 团队交流机制

精细化管理模式：从最初的全部依靠专项办发放各项管理制度管理团队，到以专项办发放的管理制度为基础，学习其他团队先进的管理经验，结合团队实际情况，制定并执行本团队的8项基础性管理制度，再到以"量化"指标考核管理团队成员日常活动、参加团队活动情况、反馈信息报送情况、任务应答情况等，到要求团队成员必须以产业发展需要的技术支持方向为主，设定产业需求调研实施方案，到确定"奶牛保姆行动"为团队开展技术培训与服务的统一品牌，到逐步探索"一对一对接服务"实施方案等，经过不断地探索和实践，实现了团队管理工作的逐步完善，团队文化的凝练与践行。

二、技术研发与主推技术

（一）团队技术研发情况

2020年团队共开展试验研究49项，覆盖牛群196930头次，在各个领域取得大量的科研成果并惠及产业技术发展的诸多方面。

1. 奶牛绿色高效养殖与功能乳制品开发关键技术创新与应用

同奶业发达国家相比，我国奶业在以奶牛良种繁育技术、绿色高效养殖技术、功能性乳制品开发方面有待加强，因此，创建"奶牛良种化、养殖低碳化、粪污无害化、乳品功能化"的奶牛绿色高效养殖与功能乳制品开发创新技术体系迫在眉睫。

（1）我国奶牛分子育种技术体系的自主创新。此项目通过分子育种技术的研究与集成创新，构建了我国本土化的种牛分子培育体系，制订了以基因组选择、遗传缺陷诊断、新选择指数制订等为核心的综合性分子育种技术应用方案，实现优良基因早期选择，遗传缺陷基因提前剔除，培育了一批具有国际竞争力的高遗传素质种公牛。显著提升了我国优秀种公牛的自主培育能力和供种能力，育种水平实现了与国际接轨。

（2）奶牛绿色高效养殖技术体系的创建及应用。开发了性控冻精新技术，建立了奶牛良种繁育综合数字化管理服务平台，创建了奶牛遗传改良关键技术；开发了"源头减排"高产奶牛日粮配方，建立了优质青贮饲料标准化生产与质量评价技术规程，创建了饲料绿色高效利用关键技术及饲养规范；创新了精准"节水降温"技术，开发了奶牛场粪污无害化处理和资源化利用新技术，创建了"节能减排+资源化利用"绿色养殖环境控制模式；构建了布病监测、预警预报和净化体系、奶牛酮病群体风险评估和分级防控体系，实现了传染病净化和代谢病预防的有效控制，保障了奶源绿色优质安全。

（3）功能乳制品的开发及产业化。针对当前我国乳制品产品同质化严重、营养健康功效评价技术落后等问题，在全产业链协同创新基础上，利用优质特选原料与功能因子、临床队列研究方法、营养组学等技术，开展了优质功能营养组分与新型益生菌功能产品的开发、奶牛 β-酪蛋白编码基因及其分型检测技术建立与新型产品开发、乳制品营养健康功效循证新技术的建立等方面的研究工作，实现了功能乳制品的产业化，推动了国内精准营养、健康科学研究的发展。

2. 大肠杆菌感染单层致密奶牛乳腺上皮细胞模型的构建方法

乳房炎是全球奶牛养殖业的顽疾，具有发生范围广、发病率高、难治愈、易复发等特点，给世界各地奶牛场带来了巨大的经济损失。大肠杆菌是诱发奶牛临床性乳房炎的主要环境性致病菌，其中大肠杆菌 ATCC25922 是一种从乳房炎奶牛中分离得到的大肠杆菌菌株，可引发急性或超急性乳房炎。

本发明提供一种大肠杆菌感染单层致密奶牛乳腺上皮细胞模型的构建方法。所述细胞模型为感染了大肠杆菌 ATCC25922 的单层致密奶牛乳腺上皮细胞，且感染时单层细胞跨膜电阻值达到 400Ω·平方厘米。该模型可作为检测大肠杆菌感染单层致密奶牛乳腺上皮细胞的黏附率及其对奶牛乳腺上皮细胞紧密连接蛋白表达的影响进行应用，也可在大肠杆菌诱发乳房炎对乳腺组织及乳腺上皮细胞的损伤机制和抗生素替代品的筛选等相关领域广泛应用。

（二）团队主推技术情况

2020 年，团队不仅持续推广了奶牛选配技术、早期妊娠诊断技术、全株玉米青贮调制技术、智能化防暑降温喷淋节水等技术或产品，而且加大了具有自主知识产权的技术和中试产品如增犊灵、降体细胞针剂、全株玉米青贮技术、奶牛专用系列新兽药等技术和产品的研发和示范力度，经济、社会和生态效益进一步凸显。

（三）团队研发成果情况

1. 技术成果

2020 年，团队获得国家科技进步奖等集体、个人奖励 23 项，其中国家科技进步奖二等奖1项，省部级以上17个；同时1名专家获得"全国农业农村系统先进个人"。发表标准团队科技论文167篇，其中SCI 72篇，出版专著11部。授权专利39项，其中发明专利21项，申报专利29项。撰写政策建议6篇，制定地方标准9部。

"奶牛绿色高效养殖与功能乳制品开发关键技术创新与应用"项目获得国家科技进步二等奖，此项目授权发明专利9项，软件著作权3项，实用新型专利12项，发表主要论文68篇，制定国家标准2项、行业标准4项，已在北京、河北、山东等全国20多个省市推广应用，近3年新增收入9.08亿元，新增利润1.9亿元。奶牛绿色高效养殖与功能乳制品开发创新技术体系研究与应用，形成了原始创新和集成创新成果，为提升我国奶牛养殖效率和健康水平提供了重要技术支撑，引领了行业科技进步。

2. 服务成果

2020年是极为特殊的一年，在抗击新冠肺炎疫情这场没有硝烟的战疫中，奶牛团队在北京市农业农村局的正确领导下，在众多依托单位的大力支持和示范牛场的积极配合下，通过团队全体成员及助手的共同努力，坚守技术服务阵地，牢记初心使命，勇于担当、敢于担责、共克时艰，开展了大量的技术研发、示范推广和科普宣传等技术支撑工作，为北京市抗新冠战"疫"的阶段性胜利和奶牛产业的技术提升发挥了重要的技术支撑作用。

（1）在新冠肺炎疫情发生第一时间进行了紧急部署。第一时间发布《关于全面协助生产一线应对新型冠状病毒疫情的通知》，从实行"首接负责制""主动了解生产一线需求""加强与抗击新冠肺炎疫情相关的信息报送"和"加强团队成员自身及家人的健康防护"4个方面开展工作。之后，紧急发布《关于全面协助保障菜篮子供应的紧急通知》，就抗新冠保生产期间对相关技术流程、技术方案进行集成、重组、优化，建立团队与牛场的直接沟通机制等进行了部署。

（2）全方位服务奶牛养殖场，解决物资供应等难题。团队制定了《新型冠状病毒感染肺炎疫情防控期间奶牛场安全生产技术指导意见》，并及时向社会发布，服务于奶牛养殖企业；协助农业农村局畜牧渔业处建立"北京市各区主要牛场日报"制度，并持续报送主要产区牛奶日产量。团队成员及时协助牛场、相关生产研究单位解决口罩、防护服、酒精、液氮、饲料等物资供应难题和牛奶销售、供应等民生问题，确保了应急保障。

（3）新冠肺炎疫情期间开展产业需求调研，及时为产业把脉。开展"新冠疫情对奶业生产、乳品消费"等产业需求调研242次，受调研对象3310人次，撰写《新冠疫情期间北京市居民乳制品消费调研分析》等研究报告，为了解产业现状，破解产业发展难题提供了支持。

（4）持续开展"奶牛保姆行动"及"奶香飘万家"奶业知识公益科普活动。通过"奶牛保姆行动"在养殖端开展示范推广工作，奶牛健康繁殖SMART服务、智能化精准喷淋系统及数据决策可视化平台建立的推广应用,为牛场技术应用水平的提高发挥了重要作用。在消费端通过"你真的会喝牛奶吗?——云解答"和"2020年世界牛奶日 全国乳品营养周"等线上宣传活动持续开展"奶香飘万家"活动,使消费者对国产奶的信心得到了很大的提高,国产奶粉在2019年占市场份额67%的基础上持续增长。

三、技术示范推广效益

(一)技术示范推广经济效益

与团队成立之初相比,示范牛场的生产效率与经济效益有了极大的提升。2020年示范牛场单产为10.90吨,较2014年的7.43吨上涨了46.45%;土地产出率从2014年的5.60万元/亩上涨到2020年的12.92万元/亩,增长了1.31倍;劳动生产率从2014年的53.19万元/人上升到2020年的97.84万元/人,增长83.94%;示范牛场的成本收益率从2014年的20.94%上升到2020年的34.64%,上涨了13.7个百分点。示范场覆盖25420头成乳牛,头均年产奶量增加0.3吨/头,结合处理鲜牛粪约10万吨,节水46.5万吨,共新增效益3358.5万元。

(二)技术示范推广生态效益

团队多措并举,依旧将"生态环保"作为团队2020年工作的重中之重,不仅发挥平台优势,组织集成人员、技术,完成了"北京市久兴养殖场污水处理项目"的竣工交接,而且协助多个牧场申报"美丽牧场",取得了显著的成果,"源头减排、过程控制、终端利用"的废弃物处理路径已被团队辐射牛场、工厂的普遍接受,生态环境得到了很大的改观,生态效益将逐步呈现。综上可以看出,本团队有效地提升了生态效益。

(三)技术示范推广社会效益

在团队扎实工作的推动下,示范场等奶牛养殖场的规范化、标准化、精细化程度不断提高,管理水平和技术水平得到提升,牧场技术人员、基层工作人员的技术水平也得到了很大的提高,管理意识等得到了显著增强;消费者对中国奶业、北京奶业的认识不断深入,国产奶消费稳步回升,社会效益进一步凸显。

四、团队对产业支撑作用

(一)创新团队对产业支持模式

奶牛创新团队在建立伊始通过调研发现奶牛产业特点,团队在北京都市型现代农业发展的背景下,形成了一条自上而下的主导控制模式。由于牛场在职人员专业水平不一,文化知识和获取信息资源的能力不平衡,因此团队利用聘请岗位专家的专业知识,根据用户实际需求制订服务方案,调整服务方式,以提高农技服务的效率和实现效果,明确团队服务主体,建立以基层需求为根本取向的农技服务运行机制(见图15-9)。

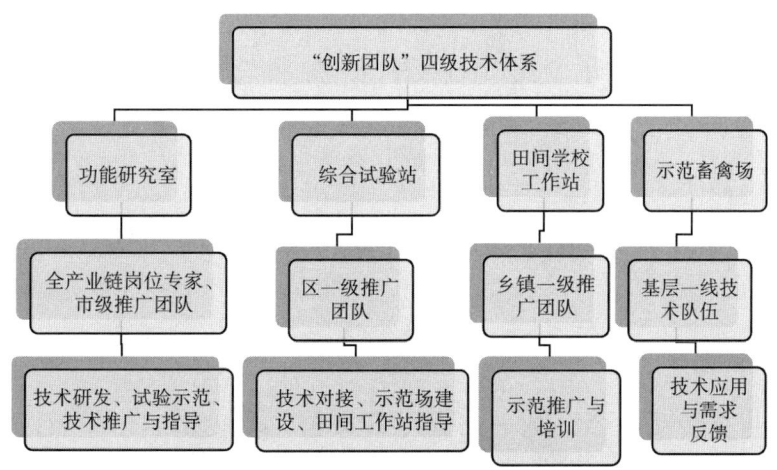

图 15-9　创新团队技术服务体系

(二) 创新团队产业支持案例分析

1. "奶牛保姆行动" 持续发力

通过 2012~2020 年的连续实践，"奶牛保姆行动"已发展成为北京奶牛创新团队和北京市畜牧技术推广体系服务产业技术提升，传播新技术、新方法、新理念，和新政策转化应用的重要平台，也是创新团队技术成果向产业转移延伸的有效抓手，同时也成为服务奶牛产业的一张亮丽"名片"，深受广大奶牛养殖场（户）赞誉与信赖。为贯彻"奶业京津冀一体化"的政策，"奶牛保姆行动"走出北京，走进了津冀，辐射全国。

2. 服务宗旨与原则

"奶牛保姆行动"是依托于以项目为支撑的奶牛创新团队和以政府为主导的公益性服务体系而构建的技术推广模式，是以需求为导向、以"保姆"式服务为宗旨，致力于北京奶牛产业技术提升的实践活动的统称。奶牛保姆行动以"保姆式服务"为宗旨，坚持"有求必应、有问必答、有需必到、有难必帮"的四有原则，打造以"优质、高效、环保、安全"为核心的高端都市型奶牛产业，建设"专业化"的从业人员队伍，完善团队建设，服务奶牛产业。

3. 奶牛保姆行动主要成效

2020 年受新冠肺炎疫情影响，"奶牛保姆行动"服务在线上开展较多，通过《工作简报》《研究简报》发布技术指导 117 条，开展线上咨询 147 次，指导主体 61 场次，指导养殖户 660 场次；直播授课视频 55 次，受众达 302203 人次。尽管如此，在新冠肺炎疫情有所缓和后，团队成员仍尽最大努力到现场为养殖户解决难题，全年共开展一线技术指导 291 次，指导主体 629 场次，指导农户 519 场次。

自 2012 年"奶牛保姆行动"实施以来，共培训各类技术、管理人员 7 万多人次，推广新技术（产品）455 项，覆盖奶牛 178.7 万头次。经中国农业科学院农业经济与发展研究所测算，通过新技术的推广应用，直接经济效益达到 17.09 亿元。

第三节 奶牛产业典型案例分析

一、产业发展新业态案例——三元 72℃鲜牛乳

三元 72℃鲜牛乳是三元旗下于 2020 年 4 月上市的一款巴氏鲜奶产品，是以高标准成就高品质的典型案例。

一方面，三元 72℃鲜牛乳采用全新升级的 72℃黄金温度杀菌，保留了牛奶中的更多活性物质和营养成分，如免疫球蛋白、乳铁蛋白、维生素等，产品中的各活性营养成分（免疫球蛋白、乳铁蛋白、乳过氧化物酶、α-乳白蛋白、β-乳球蛋白等）达到较高的含量水平，甚至在不同程度上高于市面其他巴氏鲜奶。

另一方面，三元 72℃鲜牛乳的奶源管理也秉持着"高标准"的原则。三元自有现代化牧场，采用进口纯种荷斯坦奶牛，环境通过 GAP 认证达到 4A 级标准，保证了牛奶的天然品质。在奶源管理上，生牛乳菌落总数和体细胞的指标均优于欧盟标准，蛋白质含量也高于国家标准。

经过杀菌处理的 72℃鲜牛乳由三元冷藏车队运往各大商场超市，冷藏车内温度始终严控在 2℃~6℃，实现全程冷链呵护、超洁净灌装锁鲜，从而严格保证产品品质和营养活性，在 24 个小时之内，三元 72℃鲜牛乳实现从牧场到饭桌的华丽之旅。基于以上因素，三元 72℃鲜牛乳得以实现以更低杀菌温度保留更多活性营养，同时还保持了牛奶的原始风味和纯正口感。

二、典型案例分析——北京奶牛中心种公牛冻精产品连续 5 年抽检合格

按照牧站（畜检）〔2020〕28 号文件《关于公布 2015—2019 年种公牛冷冻精液质量抽检合格企业名单的通报》，北京首农畜牧发展有限公司奶牛中心生产经营的种公牛冷冻精液产品连续 5 年被全国畜牧总站抽检合格，2020 年免于抽检。能取得如此佳绩，一方面得益于北京市奶牛中心针对冷冻精液质量制定了高于国家标准的企业标准；另一方面得益于其建立了遗传物质"6Q"全程质量安全监控追溯机制。

1. 制定冷冻精液质量企业标准

精液质量是影响牛群配种受胎率的关键因素。北京首农畜牧发展有限公司奶牛中心依

托牛冷冻精液国家标准（GB 4143—2008）、牛性控冷冻精液国家标准（GB/T 31582 -2015），制定高于国家标准的企业标准，常规冷冻精液活力≥40%，性控冷冻精液活力≥38%，对生产冷冻精液的所有批次进行检测，并制定详细的产品质量追溯流程（见表15-4）。

表15-4　　　　　　北京奶牛中心冻精企业标准与国家标准对比

分类	活力（国家标准）	活力（企业标准）
常规冷冻精液	≥35%	≥40%
性控冷冻精液	≥35%	≥38%

2. 建立了遗传物质"6Q"全程质量安全监控追溯机制

牛冷冻精液检测采用"鲜精质检、冻精产品下线自检、农业农村部质检机构入库质检、出库前质检、官方飞行抽检以及客户验货质检"六道产品质检确保品质，其中生产单位两重检测、第三方机构两重检测、全国畜牧总站组织的监督检验一重检测，牧场作为终端检测把控精液检测最后环节，六道流程保障牧场使用精液质量，同时对于精液质量进行追溯，避免由于脱氮等不事宜的操作导致的精液质量不合格（见图15-10）。

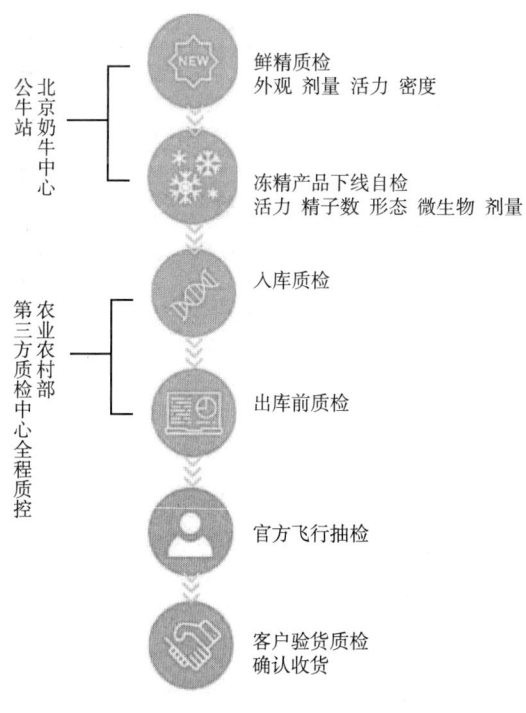

图15-10　六道质检流程

第四节 奶牛产业发展政策建议

一、产业发展问题及其技术需求

(一) 奶源自给率不足

种种成绩表明,北京市奶业构建起了"高精尖"化的发展模式,奶业发展整体水平居于全国前列。然而,由于奶牛养殖规模的大幅缩小,奶源自给率不足已成为目前影响北京市奶业可持续发展的主要问题之一。

北京市乳品加工企业数量多,加工能力强,目前北京市共有乳品加工企业20家,然而,加工企业的北京奶源满足率却不足50%,据测算,北京市已排进了全国"缺奶"省市的前十名,也是我国北方省市中唯一进入"严重缺奶"程度的地区。

为促进北京奶业的可持续发展,应尽快明确北京市奶业发展的整体规划,根据北京市奶源自给率现状,综合考虑北京市畜牧业的扩容空间,明确测算出北京市奶牛存栏的适宜规模,并依据各区的环境资源禀赋和功能定位,明确各区的养殖指标,调动养殖积极性,提高首都奶源自给率,增强奶业可持续发展的动力。

(二) 进口冲击影响种源安全,需不断强化育种技术

虽然近年来北京奶牛中心的种公牛遗传质量持续优化,冻精产品也质量较优,但和国际优质种质资源培育出的奶牛在单产水平上相比仍有一定差距,所以导致进口冻精占据了我国超过一半的市场,严重影响到我国的种源安全。

为保障我国奶牛种业安全,打好种业翻身仗,在未来的发展中,北京奶牛中心面临几个需重点攻克的难题:第一,自主种质评价机制相比奶牛种业发达国家仍存在提升空间;第二,以基因组选择为国际黄金标准的种质评价体系亟待完善;第三,在参考群体规模、组织形式和产业公信力上亟待提升。

二、产业发展趋势及其亟待解决的技术问题

(一) 产业发展趋势

1. 将北京奶业建设成绿色环保型奶业

新时代的北京奶业将是绿色环保型奶业。第一,由于环境行政执法监管的要求日益严格,环保合规管理水平将不断提升。第二,未来环境战略与经营目标应有机融合,环境成

本内部化是企业的必由之路，企业必须进行环保投资，制定与自身相适应的环境战略，将股东、消费者、供应商、物流商等利益相关者纳入环境战略生态圈。第三，重点构建绿色发展增值链，培育具有区域特色和国际竞争力的奶业品牌。

2. 将北京奶业打造成跨界融合型奶业

北京市奶业目前正处于产业链一体化的竞争阶段，未来将进入资源协同配置整合阶段，跨界融合型奶业是这一阶段塑造奶业新业态的必然之路。纵向来讲，就是需要推进产业链融合，推动产业链上中下游之间的互动、协同、配合，提升产业链整体效能和效率，实现产业链各环节有机整合和集成，形成产业链一体化优化配置。横向来说，就是要推进奶业与生物技术、健康医疗、工程机械、信息技术、产业金融等各领域的交互融合，充分拓展、开发多种功能和多重价值，整合资源，共建共享，塑造跨界融合型奶业，引领新一轮产业模式变革。

3. 将北京奶业打造成智慧创新型奶业

未来北京奶业将依托数据资源，通过大数据和人工智能技术对数据进行挖掘，更精准地满足需求。在育种环节，利用全基因组选择技术、配子工程技术等高科技手段，创新和挖掘一批具有国际水平的优质种质资源，助力北京打造"种业之都"；在研发环节，国家母婴数据中心将发挥重要作用，母婴乳品核心营养成分将不断优化；在生产环节，牧场和工厂将逐步实现智能化、信息化、生产一体化及社会化；在终端环节，未来乳品企业将通过大数据分析消费者的健康需求、功能需求、服务需求，进行个性化的供需配对；"互联网+"、体验消费、无人机配送等新型乳制品营销模式的开拓，推动线上线下互动、与新零售模式的结合等，将带给消费者前所未有的服务和体验。

（二）亟待解决的技术问题

近年来北京市亟待解决的技术问题主要是粪污资源化利用与奶牛育种科技的创新。虽然这两项技术北京已走在了我国前端，但由于北京市水土资源紧缺、环保政策格外严格，并且北京市承担着将先进科学技术辐射到津冀乃至全国的重任，北京奶业亟需优化这两项技术。粪污资源化利用技术方面，目前的瓶颈是国外引进的粪污处理新技术昂贵，大大提高了养殖成本，且种养结合机制不完善，导致养殖场没有因地制宜的充分利用附近农田的消纳能力来解决废弃物。

三、具体建议

（一）明确奶业发展规划，提高奶源自给率

北京可用土地逐渐减少，外加环境压力下的腾退工作，北京奶牛养殖场骤然下降，然而，北京市奶业发展规划不明，影响奶业可持续发展。

目前北京市奶业发展缺少明确的整体规划，各区政府无法对本区奶牛养殖的大体规模

进行把控,且受环保等相关政策的影响,各区政府养殖积极性又极低,因此便出现了稍显过度的"禁限养"现象,把大量奶牛迁出了北京,只余下了目前的一小部分来支撑着北京奶源。也是由于缺少整体规划,养殖经营主体对奶牛养殖业在北京的发展前景没有稳定预期,如此便难以招集和吸引大量的社会资本来支持牛场的可持续发展。

因此,建议依据北京市奶源自给率现状,综合考虑北京市畜牧业的扩容空间,尽快调整奶业发展规划,规划应依据北京市畜禽环境承载空间,明确测算出北京市奶牛存栏的适宜规模,并依据各区的环境资源禀赋和功能定位,明确各区的养殖指标,从而让各经营主体看到奶牛养殖业在北京市的发展前景,调动养殖积极性,吸引社会资本,提高首都奶源自给率,增强奶业可持续发展的动力。

(二)发挥科技资源优势,打造中国"奶业芯片"

在奶牛育种方面,北京建有国家奶牛胚胎工程技术研究中心,在乳品加工方面,又建有国家母婴乳品健康工程技术研究中心,北京目前已拥有单产水平超过 10 吨的成乳牛,这是北京独有的资源优势,建议把这些优质成乳牛资源集中起来,为北京奶牛中心的种公牛站建立配套的优质种子母牛基地,助力奶牛育种研究。建议相关部门提供配套的财政政策与资金支持,并设立奶业育种专项资金,保障北京奶牛中心打好"种业翻身仗",提升北京奶牛中心市场竞争力,打造中国"奶业芯片",助力北京"种业之都"建设。

(三)建立利益联结机制,形成稳定的利益共同体

建议加快组建"区域内种养联合体",可以建立中等规模养殖场,养殖场周围配套相应规模的饲料种植基地,实现适度规模的"种+养"一体化,在全国率先形成绿色高质量发展模式,打造"北京科技养殖标杆"。

另外,养殖与加工方面,双方利益联结尚不紧密,建议以乳企入股、购买牛场,或鼓励有能力的养殖场开展适当的乳品加工等形式,加快构建"乳企+奶农"一体化发展机制,密切养殖与加工端的利益联结,以保障双方均有较大的盈利空间,促进奶业链整体的稳定发展。

(四)加强智慧牧场建设

奶牛养殖场智慧化管理可有效提高奶业生产效率,例如通过智能识别奶牛发情期,可准确得知奶牛的最佳配种时间,提高受胎率,从而增加牛奶产量,假设这种准确率大大提高,可相对减少北京市的奶牛养殖规模,通过更加集约的方式助力北京奶业发展。

北京作为全国奶业的领头羊,应加强"信息化"的普及与精进,致力于打造"智慧牧场集群",为全国奶业做出示范,辐射引领。

(五)加大力度推进京津冀奶业协同发展

要积极鼓励北京市奶业龙头企业到外埠建立标准高、可控性强的奶牛生产基地,缓解

北京奶源的供需不均问题。优化奶业布局，发展适度规模化养殖，构建现代化奶业社会服务体系，推动奶业转型升级，打造京津冀奶业生态圈，形成目标统一、优势互补、联动创新、互利共赢、组织有效的京津冀奶业新格局，倡导科学饮奶，提高区域人均乳制品的消费量，提升民族乳业品牌的竞争力。

第十六章　北京市观赏鱼产业发展报告

北京市观赏鱼创新团队是现代农业产业技术体系北京市创新团队建设的重要组成部分，经市财政局、市农业农村局批准，于2009年正式启动，为北京市观赏鱼产业的可持续发展发挥着越来越重要的作用。观赏鱼团队的鱼文化建设是产业发展的巨大动力，既要服从市农业农村局的统一要求，又体现了观赏鱼产业特色。团队"十三五"期间，根据北京市农业"调转节"政策，以"高效、节水、怡情、乐享"为目标，研发、筛选、集成、推广提质增效技术、生态节水技术、家庭养殖技术，并着力加强特色文化宣传，最终构建可持续促进产业提升的技术支撑体系。通过五年的努力，着力解决观赏鱼产业种质混杂、高效节水养殖技术模式尚少、病害绿色防治、专用饲料缺乏以及文化宣传、水族器材和衍生品等方面研究缺乏的现状。全面推进观赏鱼产业转型升级，充分发挥科技创新和示范推广的辐射带动作用，努力将北京市打造成可持续发展的全国观赏鱼产业示范区、全国观赏鱼种业之都。

2020年，在市财政局、市农业农村局的大力支持下，北京市观赏鱼创新团队10位岗位专家、3位综合试验站站长、9位农民田间学校工作站站长及其团队成员围绕"十三五"规划"高效、节水、怡情、乐享"的总体目标，在观赏鱼全产业链关键技术研发、示范推广、文化传播等方面奋力拼搏，为京津冀观赏鱼产业提质增效、绿色环保、可持续发展做出了重要贡献，取得了显著的经济效益、社会效益和生态效益。

第一节　观赏鱼产业发展现状

一、产业现状

观赏鱼养殖得到了政府的重视。截至2020年11月，北京市观赏鱼面积为6538亩，与2019年相比，减少84亩，变化不大。顺义区和朝阳区在支持观赏鱼产业发展方面具有显著成效，在寸土寸金的首都，经观赏鱼团队和顺义区农业农村局的共同努力下，原市规划和国土资源管理委员会特批用地 2380 平方米用于宫廷金鱼养殖。这在京郊农业面积大幅缩减的时期极为少见。经观赏鱼团队和朝阳区黑庄户乡政府的共同努力下,原朝阳区黑庄户发展中心更名为"黑庄户渔场",渔场整体改建后,集中展示金鱼品种近 40 种,形成循环水养殖、木海养殖、展示鱼缸养殖、传统金鱼土池养殖、金鱼地膜养殖五种养殖模式,目前已经成为该区金鱼名片。此外,朝阳区 2020 年将 15 个养殖户整合成 1 个观赏鱼企业,有一定规模效应(见表 16-1)。

表 16-1　　　　　　　　　2020 年北京市观赏鱼养殖面积统计表

养殖区	2019 年 10 月		2020 年 11 月		与 2019 年相比变化情况及原因
	户数(户)	面积(亩)	户数(户)	面积(亩)	
朝阳	20	244	5	244	减少 14 户,主要原因是将 15 户整合成 1 个观赏鱼企业,正在整合中
大兴	5	145	5	145	无变化
顺义	19	792	19	792	无变化
通州	255	4322	251	4238	减少 84 亩、4 户,绿化占地
房山	9	319	9	319	无变化
平谷	—	—	31	800	2020 年新增统计,数据调整
合计	308	5822	320	6538	减少 84 亩、19 户

数据来源:北京市观赏鱼创新团队产业经济岗位专家实地调研。

观赏鱼养殖产量数据调整说明,按照农业农村部渔业渔政管理局、全国水产技术推广总站和中国水产学会联合编制的《中国渔业统计年鉴(2020)》,产业经济岗位专家团队对 2019 年观赏鱼统计数据进行了调整。调整以《中国渔业统计年鉴(2020)》调查结果为依据,以北京市观赏鱼主产区调研结果为参考,综合测算 2019 年北京市观赏鱼养殖产量数据。

表 16-2　　　　　　　　　全国及部分城市养殖产量数据

地区	渔业经济总产值(万元)	其中:渔业产值(万元)	渔业产值占农业产值(%)	休闲渔业(万元)	观赏鱼(万尾)	淡水养殖面积(公顷)	其中:淡水池塘养殖面积(公顷)	其中:工厂化养殖面积(立方米)
全国	264064971	129344905	10.10	9636785	392507	5116320	2644726	54579776
北京	250005	43343	1.90	25112	46977	2192	2169	143946
天津	768385	734005	18.00	22857	19653	23087	22739	58000
河北	2794057	2276606	3.50	86250	4370	35973	21962	1082018
辽宁	13299956	6522229	15.3	437525	59665	177828	37977	112912
江苏	29577768	16578688	23.2	705343	85840	423138	308712	2252634

通过表 16-2 数据显示,北京市 2019 年休闲渔业产值占全市渔业产值的 57.94%,全市观赏鱼养殖产量 46977 万尾,占全国观赏鱼养殖产量的 11.97%,仅次于江苏、辽宁,

位列全国第三。

通过产业经济岗位专家团队的调研,2020年北京市观赏鱼养殖面积6538亩,占全市淡水养殖面积的19.88%。

二、市场流通现状

2020年6~9月,观赏鱼产业技术体系北京市创新团队产业经济岗位专家团队采用网络问卷调查和实地走访相结合的调研方法,实地走访了广源工艺品市场、十里河天骄文化城、雅园国际、顺义火车站花卉水族市场、八里桥市场鲜花绿植观赏鱼厅、高碑店华声天桥民俗文化园、世纪金源花鸟鱼虫市场和三旗百汇商城等8个的观赏鱼批发零售市场,以观赏鱼及水族用品专卖店为主要调查对象,调研店主343个,共发放纸质调研问卷112份,问卷星和纸质问卷共计收到316份,回收率为92.13%。经过分析和审核,其中有效问卷297份,有效回收率93.98%。受市场规模、所选店铺和调研时间等不同因素的影响,加之新冠肺炎疫情的影响,部分店主开业时间待定,因此各销售市场回收的有效问卷数量存在差异。整体调研遍布了北京8个主要观赏鱼销售市场。

(一)观赏鱼市场整体情况

1. 北京市观赏鱼市场规模

经调查,2020年北京市的观赏鱼销售市场与2019年情况相同,主要分布在6个区的各类花鸟鱼虫市场,无专门的观赏鱼市场。其中朝阳区5个、海淀区3个、丰台区2个、昌平区1个、顺义区2个、通州区1个。2020年全市共有501家观赏鱼水族店铺,较2019年减少44家,主要原因是新冠肺炎疫情影响,消费量低、房租高,暂时退租。现有的501家观赏鱼店铺分布在14个花鸟鱼虫市场之中,其中朝阳182家,占全市总数量的36.33%,占比最高,但与2019相比降低1.47%。其次为海淀区现有139家,占比27.74%,与2019相比提高0.58%。店铺最少的是昌平区15家,占比2.75%,与2019年相比没有变化。

在调研过程中发现,从老旧的花鸟鱼虫市场拆迁规范至新的现代化市场,广源工艺品市场(老官园市场)将是未来观赏鱼市场的典范,既满足市民生活需求,兼顾商贩生存问题,又解决了市场杂乱问题。按照综合店铺、观赏鱼店铺、鱼缸店铺、水族器材店铺、饲料店铺、钓具店铺、观赏龟店铺七种类型,将观赏鱼市场商铺进行分类。据不完全统计,北京市现有观赏鱼市场14家,商铺总数量为501家。北京市各大花鸟鱼虫市场观赏鱼店铺的具体情况如表16-3所示。

表16-3　　　　　　　　北京市观赏鱼市场店铺数量及分类情况　　　　　　　　单位:个

市场	综合店铺	观赏鱼店铺	鱼缸店铺	水族器材店铺	饲料店铺	钓具店铺	观赏龟店铺	汇总	与2019年数量对比	所在区
广源工艺品市场	12	13	10	6	1	9	2	53	-3.57%	海淀区
十里河天骄文化城	4	9	10	10	2	0	3	38	-15.56%	朝阳区

续表

市场	综合店铺	观赏鱼店铺	鱼缸店铺	水族器材店铺	饲料店铺	钓具店铺	观赏龟店铺	汇总	与2019年数量对比	所在区
雅园国际	6	20	19	5	0	0	4	54	-14.52%	朝阳区
美联居尚文化园	1	11	3	8	2	0	1	26	-16.13%	朝阳区
汇隆文化广场	2	10	9	2	1	0	7	31	-11.43%	丰台区
回龙尾货市场	6	4	2	0	1	0	2	15	0.00%	昌平区
牛栏山花卉市场	3	2	1	0	0	0	0	6	0.00%	顺义区
顺义火车站花卉水族市场	19	14	11	12	5	2	0	63	-3.08%	顺义区
八里桥市场鲜花绿植观赏鱼厅	8	13	8	2	4	1	6	42	-6.67%	通州区
十里河花卉奇石城	6	2	2	1	4	2	0	17	-15.00%	朝阳区
高碑店华声天桥民俗文化园	12	12	6	8	4	3	3	48	0.00%	朝阳区
北京花乡花卉创意园	6	4	0	4	3	0	6	23	-8.00%	丰台区
世纪金源花鸟鱼虫市场	7	12	8	10	5	6	2	50	-7.41%	海淀区
三旗百汇商城	12	4	5	5	2	3	4	35	-7.89%	海淀区
总计	104	129	101	73	34	26	34	501	—	

从表16-3可以看出,现有与观赏水族休闲相关的店铺最多的市场是顺义火车站花卉水族市场,拥有店铺63家,其次是雅园国际和广源工艺品市场,分别为54个和53个店铺。但2020年因新冠肺炎疫情影响,上述三个市场的店铺数量与2019年相比,均有不同程度的降低,分别降低了3.08%、14.52%和3.57%。除回龙尾货市场、牛栏山花卉市场、十里河花卉奇石城、北京花乡花卉创意园和美联居尚文化园5个市场外,其他10个市场,现有与观赏水族休闲相关的店铺规模均在30家以上。店铺最少的市场是牛栏山花卉市场,只有6家店铺,回龙尾货市场的店铺也很少,只有15家。

2. 销售观赏鱼品种情况

目前,北京市观赏鱼店铺经营的观赏鱼品种主要有金鱼、锦鲤、热带鱼、观赏龟,其中热带鱼分为淡水热带鱼和海水热带鱼,观赏龟均为水生观赏龟类。金鱼主要的销售品种有:草金鱼、文鱼、狮头、红头、珍珠鳞、龙睛、龙睛高头、兰寿、日寿、水泡眼、朝天眼、蚕豆眼、寿星、虎头等50余种。锦鲤主要品系有红白、大正三色、昭和三色、中国彩鲤和其他一些变种鲤。热带鱼有灯鱼、鼠、斗鱼、龙鱼、血鹦鹉、红招财、孔雀鱼、地图鱼、接吻鱼、剑尾鱼、宝石、刀鱼、玛丽鱼、金线鲫、燕子美人、黑魔鬼、鲨、珍珠马甲、燕鱼、神仙鱼等100余个品种。海水观赏鱼的数量比较少,多为鲷鱼、小丑鱼、碟鱼。然而在调查中发现,北京地区各个观赏鱼经营店铺大部分都是淡水热带鱼和锦鲤、金鱼混卖,很少有针对观赏鱼品种进行专卖。目前北京地区观赏鱼经营店主要以价格相对便宜的淡水热带鱼和锦鲤、金鱼等小型鱼为主。

销售金鱼、锦鲤的店铺占绝大多数,其次是销售淡水热带鱼的店铺,专业销售海水热带鱼的店铺较少，仅有 26 家。从销售品种数量上来看，157 家销售金鱼、锦鲤的店铺中，销售 11~20 种观赏鱼的店铺占比较高，为 29.29%，而销售 20 种以上观赏鱼的大型店铺和销售 3~10 种观赏鱼的小型店铺占比则较少，分别为 13.18% 和 7.37%。在销售淡水热带鱼的店铺中，销售 21 种以上观赏鱼的店铺占比较高，占比为 23.53%，而销售 11~20 种观赏鱼的大型店铺和销售 3~10 种观赏鱼的小型店铺占比则较少，分别为 16.34% 和 2.11%。

在被调研的 316 家店铺中，年销售额在 31 万~40 万元的比例较高，为 40.94%。其中售卖金鱼、锦鲤的店铺占比最高，为 22.46%。约有 12.19% 的淡水热带鱼店铺销售额在 21 万~30 万元，而销售额在 50 万元以上的大多数以批发为主，或以销售水族箱为主，店主具有丰富的观赏鱼养殖及水族器材经营经验。

在观赏鱼常见品种销售中，因新冠肺炎疫情的影响，常见观赏鱼销售品种销售利润下降均超过 10%，其中体长为 15 厘米的银龙鱼价格波动最大，下降了 16.73%。

目前，北京市观赏鱼市场销售的金鱼、锦鲤价格较便宜，基本全部按"尾"销售，鱼的档次不高，整体价格下降平均 15% 左右。其原因主要是受新冠肺炎疫情影响，市场供求关系的限制，且普通市民消费者缺乏观赏鱼饲养技术，因此存在不敢尝试养殖高档观赏鱼的胆怯心理。此外，目前北京市大多数市民住房面积较少，不具备养殖大型观赏鱼的条件，因此市场中高档大型观赏鱼的销售较为困难。

（二）观赏鱼流通情况

1. 运输方式传统，流通模式灵活多变

通过对 316 户店铺的调研发现，传统加氧水袋包装仍是观赏鱼运输的主要方式。空运是北京大型观赏鱼店铺对接南方和海外养殖场的主要运输方式。对于高端观赏鱼或海水观赏鱼，本次调研的 316 家大型店铺中有 42.39% 均有销售，进货渠道则是直接对接广州、福建甚至新加坡、马来西亚等京外、境外养殖企业，运输距离远、时间长，为提高成活率，空运是其首选运输方式。根据观赏鱼种类、单体规格以及运输时间，采取不同的加氧、保温（冷）方式，运输方式损耗率低于首都传统加氧水箱运输方式，甚至零损耗，但运输费用相对较高，全部由店铺承担运输费用。

通过调研发现，不同类型经销户的进货渠道相对固定，订货模式灵活多变。在所调研的经销户中，具有稳定供货来源的店铺有 294 户，占调研对象（316 户）的 93.04%，特别是 26 平方米以上的店铺，全部具有稳定的供货商。多数店铺为稳定货源和降低经营供货风险，对于同品种观赏鱼均有两家甚至多家供货商（以中间商为主）。在订货模式上灵活多变，对于常见品种且品相一般的观赏鱼，如草金、锦鲤、金鱼，86.64% 以上经销户采用电话预约方式订货，委托养殖户或第三方承担运输任务，根据实际到货价值支付货款。当然，由于不同季节、不同节假日销售量变化幅度较大，店铺根据不同节假日销量预判断，提前 3~5 天预约送货。对于价值较高、品相对价值影响较大的观赏鱼，为提高进货质量，店铺选择上门选购，首都和京津冀区域等短途运输通常自带运输工具，京外则采取委托代理公司进行空运。

2. 流通效率较高，流通成本转移

运输技术日趋成熟，多种运输方式无缝对接，提高了观赏鱼流通效率。随着观赏鱼运输技术日渐成熟和广泛应用，运输成本和远途运输损耗率得以迅速下降，观赏鱼流通效率得以极大提高，不仅拓展了观赏鱼的流通范围，同时也为"互联网＋观赏鱼"的快速发展提供了坚实基础。

通过调研发现，流通效率的提高与成本的降低，扩展了北京观赏鱼的进货渠道。在进货渠道上，所调研的经销户中，232 户店铺有网络采购经历，占到被调研对象（316 户）的 73.46%。特别是小型观赏鱼店铺所经销一般品质的观赏鱼，通过网络进货的观赏鱼总价值约占到其销售价值的 26.94%。同样，对于高端观赏鱼，流通效率的提高也促使了部分店铺直接选择京外、甚至境外养殖企业、养殖户作为供货商。

通过调研发现，传统的店内销售仍然是北京市观赏鱼销售的主要方式。但是，运输技术的成熟和流通效率的提高，拓展了店铺销售模式，随着物流成本的下降和运输损耗率的降低，店铺销售范围得以扩展和延伸。尤其是 2020 年新冠肺炎疫情影响，为了响应北京市防控政策"不聚集、不扎堆"，多数消费者采取网络平台购买观赏鱼，虽然所调研的 316 户店铺中，所有店铺均在新冠肺炎疫情背景、政策允许的情况下，均开门采取店内销售的方式，但是 319 个店铺中有 84.56% 同时使用微信朋友圈销售，65.23% 选择使用微信公众号销售，第三方销售平台店铺有 72.45% 的店主在使用，另外，因 2020 年新冠肺炎疫情影响，有 24.51% 的店铺增加了在快手、抖音、微拍堂等直播拍卖的形式进行销售。

3. 京内高端微调，京外市场拓展

北京观赏鱼养殖历史悠久，且是宫廷金鱼和锦鲤的主要产地和输出地，但从销售市场来看，北京近两年高端消费需求呈下降趋势，特别是企事业单位等集团性消费锐减，但与之同时，京外观赏鱼市场得到一定培育，观赏鱼二级或三级经销店铺数量得以发展。

在本次调研中，高端消费锐减加速部分店铺经营转型，促使店铺多品种、多层次混合经营。高端消费和大宗消费锐减是所有经销户的一致观点，对于单体在 800 元以上的观赏鱼或龟多以展示为主，销售总价值仅占经销户总价值的 12.46%，单尾 10～80 元的观赏鱼或龟是消费主要对象。为适应市场需求，店铺不仅丰富观赏鱼品种，在产品结构上也进行了大幅调整，如增加水族器材、渔药、饲料和水质改良剂等产品。

店铺京外市场拓展力度加大，中间经销商业务份额增加。随着京内高端消费市场萎缩，北京的观赏鱼店铺一方面不断丰富经营鱼种，调整品种结构，另一方面较有规模的店铺加强京外市场的拓展，充分利用北京锦鲤、金鱼资源优势，加强锦鲤、草金以及宫廷金鱼输出。在所调研的 316 户店铺中有 84.76% 均有京外固定客户，输出的主要鱼种是宫廷金鱼，该类业务占其业务总量的 41.63%。对于中等规模的店铺，虽然也开展京外销售业务,但客户稳定性相对较差,业务量所占总业务量的比例约为18.49%,低于较有规模的店铺。

(三) 信息宣传与需求情况

从信息获取渠道来看,所调研的316家经销商信息获取渠道主要来自网络和供应商,分别有61.28%和92.64%经销户的信息主要来自此两类渠道。特别是新进入观赏鱼经销行业的经销户,由于电视关于观赏鱼信息较少,网络信息又存在一定虚假性,新进该行业的部分经销商更多通过供应商来了解相关产业信息。同时,同行也是其信息获取的重要渠道,通过与同行交流,获取更低价格、更高品质的鱼种,联系更优质的供应商。比较而言,市场管理部门和其他渠道并不是其信息获取渠道,可见,观赏鱼市场管理部门信息服务不足。

随着"互联网+"的推广与应用,本次调研中发现,62.18%的经销户不仅有实体店,同时也有网络销售,但网络销售主要集中于鱼食、水族药剂等观赏鱼养殖附属产品。通过网络销售,不仅扩大了实体店知名度,也显著提高了投资利润率,调研也同时发现,具有网络销售的经销商也将自己经营的观赏鱼鱼种、品相等进行宣传,但经销商普遍反映网络销售活鱼效果并不显著,但切实促进了实体店活鱼销量的增加。

三、市场消费现状

(一) 数据来源

2020年6~9月北京市观赏鱼创新团队产业经济研究团队采用随机调研的方式,对北京市观赏鱼消费者进行随机调研,在收集到的349份调查问卷中,经整理后,有效问卷为322份,有效率为92.26%。

(二) 样本基本情况

从322名被调研者受教育程度来看,本次调研涵盖了从初中及以下到研究生及以上的所有程度受教育者。其中大专和本科学历者占主要比例,分别占被调研对象的26.93%和43.16%,其次是研究生及以上学历者占22.06%,占比最少的是初中及以下受教育者,仅占比0.21%。

从被调研者性别来看,男性为234人,女性为88人,男性占比72.74%,从经验和已有的研究理论来看,观赏鱼销售一般在花鸟鱼虫市场,相对于女性,男性更偏好花鸟鱼虫的消费,他们大多数承担来自家庭和社会的各方面压力,观赏鱼具有陶冶情操、缓解压力的作用。

从被调研者年龄、婚姻状况和是否含有未成年人扶养来看,北京市观赏鱼市场中的消费主流人群年龄在21~40岁,总占比超过60%。已婚者占比超过50%,被调查对象中有71.34%有未成年人扶养。

从被调研者月收入来看,收入水平以3001~5000元月收入的中等收入人群为主,并涵盖了月收入2200～3000元的低收入人群和10001元以上的高收入人群，其中低收入人群占被调研者的16.35%，收入在11001元以上的高收入人群占18.91%。

在所有被调研对象中，正在养殖观赏鱼或有过养殖经历的被调研者占到81.20%，而从未养殖过的消费者则占比18.80%，占比较小。

（三）总体认知水平分析

通过调研发现，全体322名被调研者对观赏鱼的娱乐和装饰美化功能均有较高的认知水平，尤其是有过养殖经验的消费者更认可观赏鱼的装饰美化功能。其次是观赏鱼的文化与陶冶情操的功能认可度，高于其养殖成本认知和养殖风险认知。在成本认知调研中，并不认为养殖观赏鱼会带来太多的经济压力。由此可见，消费者对观赏鱼的认知仍然比较直观，更多处于感性认知，对于观赏鱼的文化和科普功能认知虽得到认可，但是深层次认知程度仍有待提高，加强观赏鱼深层认知宣传、体验以及活动等，有助于消费者更多地了解观赏鱼，更深入地理解观赏鱼。

通过对322名观赏鱼消费者调研显示，消费者是否养殖过观赏鱼对产业认知影响有差距，且消费者对观赏鱼产业认知对其养殖行为有直接影响。曾经养殖观赏鱼的消费者对观赏鱼在培养孩子观察能力、陶冶孩子情操等方面具有较高的认可度，虽然部分消费者从未养殖过观赏鱼，但其鱼类认知和价值认知功能仍高于正在养殖观赏鱼的消费者。与之相似的消费者在装饰美化、成本以及风险认知等方面具有相同特征。

（四）消费者观赏鱼养殖行为分析

通过调查发现，消费者在选择观赏鱼市场时对选择要求都会有标准，观赏鱼市场离居住位置较近、市场规模大、品种较多都是被调研者主要考虑的因素，分别占比为32.18%、29.37%和21.49%。相比之下15.76%的消费者认为价格适中的市场比较能够满足其需求。

通过调查分析发现，有31.38%的消费者比较注重观赏鱼的体型和体色等外观，会综合考虑观赏鱼的体型和颜色是否与鱼缸、家庭装饰特点的相关环境相匹配。其次，有19.39%的消费者会重点考虑养殖水平，同时售后服务（18.78%）也是消费者选择观赏鱼主要考虑的因素。品种只有12.64%的被调研消费者选择优先考虑的因素。

通过对被调研消费者的观赏鱼饲养时间调查发现，饲养时间在1～6个月的比例占10.45%，7～12个月内有9.97%，22.36%的消费者养殖观赏鱼有12～24个月的经验，31.58%的消费者有24～36个月的养殖经验，而养殖年限在37个月以上的也达到了25.64%。分析表明，近年内北京市观赏鱼消费者在不断增加，特别是12个月以下的消费者所占比例最大（20.45%），说明人们对观赏鱼的欣赏和购买兴趣在逐步增多。

通过调研发现，42.71%的消费者表示对观赏鱼饲养知识主要来源于网站、微信、论坛等网络媒体，另外还有多达32.75%的消费者通过销售人员的讲解来学习，而16.13%的消费者喜欢从亲戚朋友之间获取观赏鱼的养殖信息，仅6.14%的消费者会通过购买专业书刊来获取。

通过调查发现，消费者单次消费额与收入成正比，月收入越高，单次消费的金额就越高。在被调查的消费者中，以北京市最低工资为调研基数，月收入2200~3000元的消费人群中，65.56%的消费者单次消费额在100元以下；月收入3001~5000元的消费人群中，大部分（57.77%）消费者单次消费额主要集中在51~200元；月收入5001~10000元的消费人群中，56.21%的消费者单次消费额主要集中在101~500元；月收入10001元以上的消费人群中，78.37%的消费者单次消费额主要集中在101~1000元。一般消费品种都是进口的热带鱼、品质较好的锦鲤、金鱼、龙鱼或者花罗汉等，市场发展的潜力较大。

调查发现，高达52.34%消费人群对经销商推荐附加产品持默许态度，表示接收购买的比例为19.58%，推销不推销都无所谓的比例为16.61%，但是也有11.47%的消费者表示对此反感。

四、成本收益及其产业支持政策效果

（一）成本收益

本书数据资料主要来自对养殖户的问卷调查、实地访谈和年度损益表。根据产业经济岗位专家任务要求和调研安排，岗位专家于2020年8月至10月，深入北京市通州区、顺义区、大兴区、房山区和朝阳区等观赏鱼主要养殖区，与21个养殖企业或者养殖户对2020年养殖观赏鱼情况进行面对面的访谈和问卷调查，问卷当场填写后立即回收。

在总成本方面，2020年锦鲤、金鱼和草金鱼养殖总成本与2019年比较，均有所上升，但增长幅度的大小不同，平均增长2.67%，锦鲤养殖上升幅度最大，为3.74%。在总收入方面，2020年总收入与2019年比较，均有较大的负增长，三个养殖品种的总收入平均降低12.33%，草金鱼养殖下降最大，为15.93%。2020年锦鲤、金鱼和草金鱼养殖户亩均养殖成本的变异系数分别为0.68、0.23、0.16，亩均养殖收入的变异系数分别为0.64、0.59、0.38，说明不同观赏鱼养殖品种间养殖户亩均养殖成本与收入之间都具有明显的差异。

养殖成本方面，锦鲤、金鱼和草金鱼三种主要养殖观赏鱼，总成本锦鲤养殖最高，然后是金鱼的养殖，最后是草金鱼的养殖。在成本结构方面，三种养殖观赏鱼中，其可变成本要显著高于固定成本。固定成本中，锦鲤养殖过程中最主要的就是固定资产折旧，金鱼和锦鲤养殖过程中，土地租金和固定资产折旧支出为主要支出项。可变成本中，锦鲤、金鱼和草金鱼养殖过程中饲料和水电支出均为重要的成本项，其次是苗种费用和临时工费用支出，稍有不同的是，锦鲤养殖过程中苗种费用占比低于金鱼、草金鱼，而临时员工工资占比多于金鱼、草金鱼养殖。

盈利能力方面，锦鲤、金鱼和草金鱼三种养殖观赏鱼，从净利润来看，锦鲤养殖最高,然后是金鱼养殖,最后是草金鱼的养殖。从成本利润率和销售利润率来看,相比于金鱼和草金鱼的养殖,锦鲤养殖的经济效益更好,投入产出比更高,获取利润所付出的成本较小,整体盈利能力较强。

市场风险抵抗能力方面,在盈亏平衡分析中,从盈亏平衡点对现有生产能力利用率和实际销售价格与盈亏平衡价格之差来看,市场价格出现波动较大的情况下,锦鲤、金鱼和草金鱼均具有一定的抵抗市场风险的能力,而相比较而言,锦鲤的养殖则具有更大的抵抗市场风险的空间,抵抗市场风险的能力是最强的。

(二) 典型产业支持政策效果

农业农村部办公厅《农业绿色发展技术导则(2018—2030年)》、农业农村部等十部委《关于加快推进水产养殖业绿色发展的若干意见》等文件强调农业以绿色投入品、节本增效技术、生态循环模式、绿色标准规范为主攻方向,全面构建高效、安全、低碳、循环、智能、集成的农业绿色发展技术体系,水产新品种、水产健康养殖技术、水产良种良法配套绿色种养技术和水产绿色投入品等具有明显乡村振兴、生态宜居特点的载体成为今后的研发推广重点。国务院《乡村振兴战略规划(2018—2022年)》、农业农村部办公厅《乡村振兴科技支撑行动实施方案》、北京市委市政府《关于实施乡村振兴战略的措施》等文件强调推进质量兴农、绿色兴农增强乡村产业持续增长力,健全绿色质量标准体系,大力推进标准化生产,强化资源保护利用,大力发展节地节能节水等资源节约型产业。

1. 锦鲤高效养殖配套技术取得实效

针对北京渔业面临的资源环境和成本收益的双重约束,北京市观赏鱼创新团队在锦鲤品系选育、绿色养殖、病害防治和宜居家养管理等关键技术上取得突破。岗站联合选育优质锦鲤品系9个,各品系特征明显、体色纯净、明艳、斑纹质地浓厚、切边清晰、分布均匀,生长速度快,2龄体长达40厘米以上。与当前国际先进水平对比,商品鱼(体长5~80厘米)品质处于并跑水平,年推广苗种约2亿尾,京郊良种覆盖率实现89.17%;示范基地B级以上商品鱼单尾价格增加最高达300倍,经济效益显著,使得观赏鱼产业在新冠肺炎疫情期间,经济效益在合理区间内健康稳定。获省部级奖励2项,锦鲤产业成为北京渔业高质高效、乡村宜居发展的重要推动力。

2. 观赏鱼微生态制剂水质调控技术成效显著

针对北京市观赏鱼都市型集约化高密度精养带来的生态环境、水环境、病害等问题,北京市观赏鱼创新团队研发并推广了观赏鱼微生态制剂水质调控技术,国内首次创新性提出微生态制剂效果评价指标。该技术覆盖京郊观赏鱼90%以上养殖水面,年节水率约70%。该技术已升级为北京市地方标准《淡水养殖水体常用微生态制剂使用技术规范》DB11/T 1724—2020,并被遴选推荐为2020年度北京市农业主推技术,于2020年4月7日由北京市农业农村局面向社会公开发布并组织推广应用,对于北京渔业绿色高效发展具有重要意义。

3. 金鱼造血器官坏死病的流行病学调查重要进展

北京市观赏鱼创新团队完成了北京地区金鱼造血器官坏死病的流行病学调查，掌握了发病原因和严重化程度，研制菌蜕疫苗1种，显著降低了中试期间示范区的病害发生水平，对于主要病害有效防控具有重要意义。

第二节　观赏鱼产业发展中创新团队的技术支撑作用

一、团队基本情况

（一）创新团队功能定位及其建设任务

1. 团队功能定位

观赏鱼产业作为可充分体现北京市都市农业的主要产业之一，必须关注社会经济生活，走进市民家庭；必须立足于北京的区域优势和观赏鱼产业发展现状，走集观赏鱼养殖、观赏鱼饲料、水族器材、观赏鱼文化等要素为一体的综合性产业发展之路；必须立足于调整苗种自主繁育量，通过科技创新提高苗种质量，以"文化鱼"的思维提高观赏鱼产业的附加值；必须立足于品种多元化及配套关键技术的集成、创新和推广，以"可持续健康发展"为目标，走优质高效、品种多样、循环生态、年生产量适度之路，为北京市乃至全国观赏鱼产业提供高端的种质资源、节水生态养殖模式、都市型现代渔业产业化模式，及诸多新技术和新成果。"十三五"期间观赏鱼产业的定位为：研发新技术，开发新产品，提高从业者技术水平，提高产业链条各环节的生产效率和效益；加强宣传引导，提高市民养殖观赏鱼的技术水平，使观赏鱼走进千家万户，从而实现产业的可持续发展。

2. 团队建设任务

"十三五"期间，根据"高效、节水、怡情、乐享"的团队发展思路和定位，在团队首席专家的带领下，充分发挥团队各聘任岗位的人才、技术、资源等优势，全面提升北京市观赏鱼产业的技术水平，发挥引领示范作用。重点开展观赏鱼及观赏龟等观赏水生动物品种引进驯化、繁养殖及节水养殖模式研究，基因编辑育种技术研究，系列专用饲料、细菌菌蜕疫苗、免疫增强剂、病害监测、抑菌中草药免疫效果研究与示范，水族器材成品及观赏鱼水族箱养殖技术研究与示范，进一步推动观赏鱼文化产业发展，逐步增强市民对金鱼、锦鲤的鉴赏能力。以提高观赏鱼产业整体水平为目标，开展北京市观赏鱼产业"养殖—流通—消费（市场）"环节的动态研究，为政府提出北京市观赏鱼养殖模式与产业发展合理性建议。通过五年的时间，全面推进观赏鱼产业转型升级，充分发挥科技创新和示范推广的辐射带动作用，努力将北京市打造成可持续发展的全国观赏鱼产业示范区、全国观赏鱼种业之都。

（二）创新团队组成架构

北京市观赏鱼创新团队以北京市水产科学研究所为依托单位，成立产业技术研发中心。团队主要由产业技术研发中心、综合试验站和农民田间学校工作站三个层级构成。根据北京市观赏鱼产业的特点，产业技术研发中心下设育种与繁殖、养殖、营养与病害、水族和产业经济5个功能研究室，共10名岗位专家，负责观赏鱼品种、产品和技术创新、研发等，另根据北京市观赏鱼优势区域特点，在北京市远郊观赏鱼优势区和特色区设3个综合试验站、9个农民田间学校工作站，3个综合试验站为大兴区综合试验站、顺义区综合试验站和龟道生物综合试验站，9个农民田间学校工作站包括通州区马驹桥镇小松垡村农民田间学校工作站、通州区西永和屯农民田间学校工作站、通州区漷县镇靛庄村农民田间学校工作站、朝阳区金盏乡长店村农民田间学校工作站、房山区琉璃河镇李庄村农民田间学校工作站、房山区石楼镇夏村农民田间学校工作站、大兴区礼贤镇东黄垡村农民田间学校工作站、顺义区李遂镇牌楼村农民田间学校工作站、顺义区马坡镇姚店村农民田间学校工作站，主要负责品种、产品、技术和模式的示范与推广。每位岗位专家、综合试验站站长和农民田间学校工作站站长各带有1~5人的研发团队，形成了一支技术研发能力强、示范推广水平高的观赏鱼专业技术研发与示范队伍。观赏鱼团队有北京市14个单位加入，参加单位有国家级大学、市级科研单位、市级及区级推广单位和相关企业，首席专家带领团队成员共计22人，为促进北京市高效、生态农业可持续发展方面发挥着越来越重要的作用。

（三）创新团队作用与交流机制

现代农业产业技术体系北京市创新团队（以下简称创新团队）的建设目标是，以推动首都都市型现代农业发展为核心，围绕市场需求，在不打破现有管理体制的前提下，优化整合现有在京科研力量和科技资源，以产品为单元，以产业为主线，建设从产地到餐桌、从生产到消费、从研发到市场各个环节紧密衔接、环环相扣、服务"人文北京、科技北京、绿色北京"的现代农业产业技术体系，更好地发挥科技对首都都市型现代农业的支撑作用，建立促进农业持续发展、农民持续增收的长效机制，提升首都农业整体竞争能力。观赏鱼团队建设正是基于这一目标，按照全市一盘棋的思路，遴选集聚了一批北京市水产科学研究所、北京市水产技术推广站、中国农业大学等观赏鱼科技创新的行业领军人物和学术骨干组建团队，拥有了一支服务于北京市观赏鱼产业目标的市级创新团队，为北京市观赏鱼产业发展提供了科技支撑和技术保障。

首席专家对团队建设实施和工作任务完成负全面责任，团队设立首席专家办公室、专家执行组，首席专家办公室具体负责团队管理的日常工作，专家执行组监督团队运转。岗位专家与综合试验站、农民田间学校工作站交叉对接，首席专家、功能研究室主任、岗位专家、综合试验站、农民田间学校工作站站长建立垂直管理的关系，围绕产业链各个环节的科技需求形成了分工合作和紧密联系的关系。用任务书将各层级联系起来，促进相互沟通交流。另外，通过现代农业产业技术体系北京市创新团队管理平台、微信群、中期工作总结会、年终总结和考评会、年度学术研讨会及各种小型研讨和培训、观摩会等进行信息交流。

二、技术研发与主推技术

（一）团队技术研发情况

经调研，北京市观赏鱼产业存在的主要问题如下：种质资源数量低、品质差，专用饲料品类少，重要流行病及频发病害多、诊断治疗能力弱、高效循环节水模式缺乏、智能化水平低，水族产品质量有待提升、效益低等。针对产业需求，本团队2020年重点强化"四个中心"功能、提升"四个服务"水平，在农业科技创新、高质高效和绿色发展等方面开展的工作如下：

在农业科技创新方面，团队围绕观赏鱼种业这一水产养殖先导产业，坚持科技兴渔，岗站联合通过多年工作分别选育出金鱼、锦鲤等优选品种15个，与当前普通品种对比，在体型、体色、斑纹等性状上得到显著提升，并通过开展生物钟通路模式与调控机理、选育群体遗传多样性研究，为提高观赏鱼育种效率提供分子理论支撑。创新应用中草药提取物，研究绿原酸对锦鲤品质提升效果，开发推广多个降低氮磷排放、增强繁殖性能的功能性饲料产品，为集约化和规模化养殖提供技术支撑，对水产绿色、健康和环境协调可持续发展做出贡献，部分成果获北京市农业技术推广一等奖。

在推动农业高质高效方面，全团通力合作，在京郊推广优质苗种2.8亿尾，良种覆盖率90.32%。联合天津市开展高效生态养殖关键技术集成创新，实现优质苗种规模化养殖，成功研发家养装置中高效率循环过滤系统，实现延长换水清洗水族箱时间间隔53.3%。完成菌蜕疫苗生产，示范区相对免疫保护率高达87.5%。研发一套基于VR控制技术的水上视频采集系统，初步解决自主巡航式水质监测平台水下综合信息数据处理和显示等相关辅助技术问题。在全市观赏鱼主养区全覆盖建立监测点，及时掌握病害情况。部分成果获得范蠡科学技术二等奖。

在推动农业绿色发展方面，围绕"循环农业+绿色养殖"的现代渔业发展战略，针对制约生态循环渔业发展的关键难题，组织技术攻关。构建了观赏龟旱养和水养模式，系统解析了节水机制，并推广废弃物处理技术、龟植套养技术、淡水养殖水体常用微生态制剂使用技术等，实现水资源节约使用、循环利用、废弃物变废为宝。部分成果发布北京市地方标准，并入选市级主推技术。

在支持政府决策方面，按市农业农村局科技处要求，组织团队相关岗位专家、综合试验站和农民田间学校工作站编写《北京都市型现代农业产业发展报告（2020年）观赏鱼分报告》《2020年北京市农业主推技术》《新冠肺炎疫情对科技创新工作影响建议》《北京市观赏鱼创新团队科技农业座谈会交流的建议》《北京市观赏鱼产业发展科技支持建议》等8个政策意见，为政府在相关领域的决策提供依据。

（二）团队主推技术情况

选育筛选观赏鱼品种（金鱼、锦鲤）15个，研发集成主推技术12项，覆盖苗种2.8亿尾，良种覆盖率90.32%，品种、产品、技术在京郊推广5623亩，占全市总面积86%。推广观赏鱼饲料672吨，防病中草药及酵母细胞壁多糖750kg、600亩。经济效益达3000万余元，关键技术已实现了产业化应用和推广，部分成果获得北京市农业技术推广一等奖、第五届中国水产学会范蠡科学技术二等奖，是国务院《乡村振兴战略规划（2018—2022年）》、农业农村部办公厅《农业绿色发展技术导则（2018—2030年）》、农业农村部等十部委《关于加快推进水产养殖业绿色发展的意见》等乡村振兴和绿色发展政策的典型应用。

（三）团队研发成果情况

基本研发成果：选育筛选观赏鱼品种15个，研发集成技术12项、新产品69个，集成产业模式5个、菌蜕工艺1个。

基地建设情况：试验基地5个，示范基地12个，种业基地6个，饲料生产线3条。

社会化服务：开展各类网络、电话、现场调研716次、1664人次，开展线上线下技术指导、咨询、培训、观摩等服务活动145次、7027人次；培训北京地区经营主体243人次；组织宣传29次，发放资料200份，进城入园、入社区或品鉴活动等13次，支持或举办全国性展会5次，20万余人次参与。

制定标准情况：主持或参与制定地方标准3项，其中1项已经发布实施，另2项为送审稿。

论文、专利、论著：发表论文27篇，授权专利11个，申请专利16个，编写技术报告25篇，编著3本，申请软件著作权1项。

获奖成果：获得奖励3项，其中省部级奖励2项，范蠡奖1项。

咨询建议：为市农业农村局科教处、畜牧渔业处及其他部门提供观赏鱼相关政策建议8个，为生产一线提供技术指导规范5个。

成果采用：遴选获得2020年度北京市农业主推技术2项，于2020年4月7日由北京市农业农村局面向社会公开发布并组织推广应用。

三、技术示范推广效益

（一）技术示范推广经济效益

2020年，在渔业"调、转、节"政策背景下，观赏鱼产业急需转型升级。观赏鱼团队积极开展主推技术、主推品种、主推产品等推广服务，实现了京郊良种覆盖率约90%，产生直接经济效益约 3000 万元。全市平均每 667 亩观赏鱼养殖面积产值 5353 元，全市 320 个养殖企业（户）平均养殖效益达 10.94 万元，因新冠肺炎疫情影响，与去年同期相比，效益降低 10% 左右，产业发展在合理区间内，健康稳定。

（二）技术示范推广生态效益

团队在积极利用品种、技术，推进观赏鱼产业经济效益和社会效益的同时，时刻注重环境保护、节约水资源等生态效益。

（三）技术示范推广社会效益

通过有影响力的官方网站、电视台、报纸、百度热搜、会议、培训班等宣传 29 次，50 万人次以上参与，提高了团队知名度，使北京市观赏鱼创新团队的名字深入人心。观赏鱼团队积极响应"一带一路"号召，推动水产科技"走出去"战略，帮助"一带一路"沿线国家发展水产养殖产业，将我国先进的养殖技术和传统文化推广到其他国家，起到了很好的宣传观赏鱼产业创新团队的作用。首席专家主持完成的两项研究成果"3 种金鱼品系的遗传多样性及亲缘关系遗传结构研究""红白锦鲤选育群体的遗传多样性分析"在国际会议"2020 第四届环境与能源工程国际会议"（IC3E 2020）上通过墙报进行展示宣传；首席专家作为主要完成人完成的"优质淡水观赏鱼绿色高效繁养关键技术研发及产业化应用"成果获得第五届中国水产学会范蠡科学技术奖二等奖，并在 2020 年中国水产学会范蠡学术大会上通过展板展示宣传，为团队成果宣传报道及合作拓展奠定基础。

四、团队对产业支撑作用

（一）提升文化软实力，拓展养殖空间

服务市民，开展各类进城入园、入社区、观赏品评活动，提高市民参与度，全年市民观展量达 20 万人次以上，使观赏鱼产业受到青睐，提高市民生态宜居、美好生活的水平。研发多项家用养殖设施设备、文创产品，推广家养技术，在传统养殖空间受限时期，为拓展养殖空间奠定了基础。

（二）支撑产业发展，提升竞争力

服务企业，在种业、饲料、疾病防控、养殖等领域，团队首席专家、岗位专家优先对接综合试验站、工作站，依托单位为企业的经营主体，组织安排相关领域试验 10 余项，并多次到对接企业进行技术指导，建立交流站，举办品评会，协助企业申报专利 3 项，推广高质高效、农业绿色发展技术模式，有效提升企业竞争力。

（三）落实帮扶任务，推进资源综合利用

落实延庆区珍珠泉乡水泉子村科技帮扶任务，全年开展科技培训 5 次，电话指导 19 次，32 人次参加，协助观赏龟养殖回收，使对口帮扶村获得科技帮扶收益 50000 元，并协助其全面脱低。

开展河北、内蒙古、青海、湖北、西藏等受援地区观摩活动 3 次，327 人次参与。

（四）面对新冠肺炎疫情灾害，做好产业应急工作

全年开展新冠肺炎疫情防控、自然灾害应急等指导11次；应急调研124家渔场、316人次参与；编写应急指导方案8个，转发248次；发放应急饲料5吨、口罩、手套、消毒液等应急物资4万件，观赏鱼义拍5900元全部支持武汉疫区。

第三节　观赏鱼产业典型案例分析

北京市观赏鱼创新团队大兴综合试验站依托单位北京雅仕锦鲤养殖有限公司，以锦鲤的养殖、展示为主，2020年经改扩建后，现有池塘面积200余亩，多是按照自己养殖经验开挖的池塘，池塘进排水系统、防渗漏方法、水质调节技术、淤泥深度及锦鲤池塘养殖技术不规范，养殖密度大，每立方米水体养殖锦鲤苗种200余尾，投喂方式不合理，池塘水质较差，尤其是夏季天气较热、阳光充足，水质富营养化严重，锦鲤经常生病，甚至死亡。每年要花费大量成本购买水质调节剂和渔药，增氧机超量使用，大量换水，养殖成本较高，每年每亩成本增加800~1000元，虽然有效，但持续性差。这个问题一直限制企业经营利润的提高，无法解决。

2020年，北京市观赏鱼创新团队采用岗站联合的方式进行锦鲤选育工作，大兴区综合试验站站长主动联系岗位专家，提出锦鲤池塘养殖技术需求，岗位专家经过多年的技术研究，并咨询国内30余名从事池塘养殖的专家和一线技术人员，形成了池塘养殖通用技术规范，在专家的指导下，2020年该工作站200余亩锦鲤池塘养殖取得了较大的成功，苗种成活率从原来的60%提高至85%，锦鲤品质也得到较好的提升，锦鲤商品率由原来的40%提高至60%，且水质调节剂和渔药成本显著下降，为200~300元/亩/年。苗种生长速度较原来提高2倍。2020年，公司运行成本290万元，包括土地租金、人员费用、饲料费用、电费、渔药、养殖生产设施、工具、设备维修费用、固定资产折旧等。目前公司的主要收入为锦鲤水花、商品鱼和技术服务的销售收入。2020年共计繁育苗种2300万尾，商品鱼库存25000余尾。价格方面，苗种800元/万尾，商品鱼不同规格、不同品相价格不同，从800元/尾到100000元/尾不等。2020年虽然受新冠肺炎疫情影响，但是该工作站积极转变销售方式，通过网络和现场销售相结合的方式，实现总营业收入1600万元，其中锦鲤苗种184万元，商品鱼260万元，技术服务收入100万元，全年盈利约254万元。经济效益、社会效益和生态效益十分突出。由岗站联合选育的锦鲤荣获2020年第二十届中国锦鲤大赛冠军3项，该工作站于2020年10月被《北京日报》北京农业丰收的故事－锦鲤纹身"中国风"专版报道。此外，该工作站也成为全国党员干部现代远程教育网展播

的《锦鲤的鉴赏》《锦鲤的繁殖与选育》《游动的财富——北京都市现代渔业发展概况》等的节目制作基地。《池塘养殖通用技术规范》由北京市农业农村局归口,北京市观赏鱼创新团队研发中心依托单位起草形成了北京市地方标准,为全市渔业的高质量发展保驾护航。

第四节 观赏鱼产业发展政策建议

一、产业发展问题及需求

(一) 重视观赏鱼养殖对发展空间的需求

观赏鱼养殖乃至整个水产养殖在与其他主导地位的商业、公益用地相比上,基本没有竞争力,绿化、疏解、腾退、大棚房整治等多重因素叠加产生共振作用,养殖面积连年递减,生存问题成了产业发展的重中之重。在这种情况下,以政策的形式把观赏鱼在发展中所需要的土地纳入首都建设规划中就显得极为重要,设置主养区最小使用水面积,积极挖掘养殖水面使用潜力。

(二) 满足观赏鱼种业发展需求

《国务院办公厅关于加强农业种质资源保护与利用的意见》、北京市农业农村局等《北京现代种业发展三年行动计划(2020—2022年)》等文件的出台将推动水产种业的大发展,北京观赏鱼种业的发展将迎来前所未有的重大发展机遇。大力发展观赏鱼种业已成为北京农业的重大发展需求。目前北京观赏鱼养殖虽然在全产业链取得较好进步,但"主要品种种质资源创新能力弱、高品质突破性品种空白、良种保育水平低"等问题还比较突出。建立高效的观赏鱼种业技术体系对促进北京观赏鱼养殖的良种进程、产业增效及推动可持续发展具有重要意义。

(三) 满足观赏鱼高质量绿色发展需求

国务院《乡村振兴战略规划(2018—2022年)》、农业农村部《国家质量兴农战略规划(2018—2022年)》、农业农村部等十部委《关于加快推进水产养殖业绿色发展的若干意见》、农业农村部《农业绿色发展技术导则(2018—2030年)》等政策的出台,为水产养殖指明了方向,有力地促进了产业持续健康发展。观赏鱼养殖在发展过程中所体现的最主要的功能就是绿色生态的可持续发展功能,在养殖过程中为科学混养、互利共生、低碳循环、节能减排的现代化高质量养殖目标奠定基础。

二、产业发展趋势及其亟待解决的技术问题

1. 量水发展

按照北京市"以水定产"的方针,大力推进渔业结构调整,全面推广高标准节水技术,提高用水效率,为首都水资源节约做贡献。

2. 种业科技创新

观赏鱼遗传育种基础研究尚薄弱,体色、体型等生物基因资源匮乏,"经验育种"在整个产业中占有较大比例,高效定向和标准化育种体系空白。

3. 高质量绿色发展

符合水产高质量绿色发展要求的观赏鱼养殖技术模式尚少,观赏鱼产业效能发挥有限,从传统渔业向都市渔业、创意渔业转型尚在途中。

三、具体建议

（一）积极拓展观赏鱼养殖发展空间

除了将观赏鱼养殖纳入城市规划,保障产业基本产出外,也要积极推进家庭养殖、景观区养殖以及企业、医院等公共场所养殖,拓展发展空间,促进产业转型发展。

（二）开展优良种质和重大育种技术创新专项研究

重要观赏鱼品种育种核心群体遗传参数与表型性状评估,养殖、观赏性状突出的优异新种质创制,典型品种全基因组图谱构建及解析,重要性状数量性状座位（QTL）精细定位等基因资源的挖掘。创新常规育种、细胞工程育种、基因组选择育种和多基因聚合育种技术。

（三）开展观赏鱼绿色生态养殖模式推广行动

观赏鱼绿色生态养殖模式包括工厂化循环水养殖技术模式（技术要求可参考 DB11/T 1663—2019）、微生态制剂应用技术模式（技术要求可参考 DB11/T 1724—2020），池塘养殖通用技术模式（即将作为北京市地方标准发布）、鱼菜共生生态种养技术模式（正在编制北京市地方标准）。

（四）充分发挥产业创意效能

创意渔业是渔业资源综合利用的一种重要体现形式。它包括渔业品牌建设和鱼文化发掘,提升养殖品种的竞争力和影响力。

（五）发展智慧观赏渔业

发展智慧观赏渔业主要是应用"互联网+"观赏渔业实现,它的本质是采用电子商务技术,创新发展渔业的在线化和数据化新模式,推动产业内部及其相关产业间的相互连通、资源共享,通过大数据库实现信息透明和资源利用最大化,实现渔业发展方式的根本性转变。

第十七章　北京市鲟鱼、鲑鳟鱼产业发展报告

北京市鲟鱼、鲑鳟鱼产业创新团队自2012年成立以来，围绕籽种渔业、生态渔业、休闲渔业、精品渔业，持续探索建立节水、节地、节能、高端、高效、安全发展的产业技术支撑体系。鲟鱼、鲑鳟鱼创新团队结合产业结构调整和转型升级，通过加强制度建设、建立"接地气"人才队伍、搭建技术服务网络、夯实综合育种平台、发展节水生态养殖、聚焦产品质量安全、推动三次产业融合等措施，有力地推动北京市渔业持续健康发展，为北京市现代种业发展和都市型现代农业建设作出了积极的贡献。

第一节　鲟鱼、鲑鳟鱼产业发展现状

一、生产现状

（一）养殖面积持续减少

鲟鱼、鲑鳟鱼是北京冷水鱼养殖的主要品种，从2013年开始，鲟鱼、鲑鳟鱼养殖产量呈下降趋势，到2019年降到最低。主要原因是病害以及养殖场在环境保护政策实施中被清退，养殖户积极性不高，产量下降较明显，鲟商品鱼销售价格从2014年开始，一直徘徊在30元/千克。由于产业"调节转"及环保对养殖尾水排放的要求，北京市鲑鳟鱼养殖场已基本腾退，目前仅剩余2家育种场仍具有较强的生产能力。从统计数据看，2019年北京市鲟鱼养殖产量821吨，鲑鳟产量为为375吨，呈下降趋势。养殖面积发生了很大的变化，2011年年底养殖面积为1146亩，2019年为569.5亩；养殖户2011年年底为256户，以散户为主；2019年年底为31户，主要为繁殖企业和养殖与休闲渔业相结合的企业。受新冠肺炎疫情影响，2020年生产规模有所压缩，为560亩。

（二）商品鱼养殖产量呈下降趋势

鲟鱼、鲑鳟鱼是北京冷水鱼养殖的主要品种，从2013年开始，鲟鱼、鲑鳟鱼养殖产

量和产值呈下降趋势。2020 年年底新冠肺炎疫情暴发以来出现了很多新的变化，很多餐厅长时间不能堂食，航班取消导致鲟鱼无法出口，人们对食品安全提出更高要求等。由于市场需求大规模下降，很多养殖户被迫减产、停产。又因鲑鳟鱼病害原因，养殖户积极性不高，产量下降较明显。2020 年北京市冷水鱼产量 73 吨，其中鲑鳟鱼产量 65 吨，同比下降 97%。

（三）种业发展保持领先

虽然受到新冠肺炎疫情冲击，但是北京市作为水产养殖产业链的源头，是战略性、基础性核心产业，北京鲟鱼种业在全国具有举足轻重的地位。从统计数据看，2012~2019 年总产鲟鱼苗种 77406 万尾。其中，2011 年底鲟鱼苗种产量 2930 万尾，2019 年年底产量为 1.31 亿尾，占全国总产量 70% 以上，鲟鱼苗种销售到 20 余个省、市和自治区，并出口越南、韩国等国家，怀柔、延庆、房山、密云等区县形成以种苗繁育为主，成鱼养殖为辅的冷水鱼产业格局。据 2020 年 5 月实地到户对鲟鱼亲鱼和后备亲鱼的统计，北京市保有鲟鱼亲鱼 3.03 万尾、后备亲鱼 2.97 万尾，为鲟鱼种业的发展奠定了坚实的基础。当前，北京市正在着力打造中国种业之都和世界种业枢纽，水产种业成为重点发展的四大种业之一，鲟鱼种业更是北京市种业的重中之重。

（四）养殖技术领跑全国

北京渔业积极借助"种业之都"建设契机，着力构建及优化鲟鱼、鲑鳟鱼良种繁育体系，提高苗种生产企业的技术水平，全方位提高苗种质量。目前，北京年生产鲟鳇鱼苗超过 1 亿尾，占全国鲟鳇苗种产量 70% 以上；生产鲑鳟鱼苗种 2000 多万尾，占全国鲑鳟苗种产量 30% 左右。储备鲟鳇亲鱼近 10 种，鲑鳟亲鱼 10 余种。实现五种鲟鱼纯种及杂交种周年全人工繁殖，在国内首次使用鲟鱼分子标记辅助种质鉴定技术，处于国际先进水平，初步构建基于全基因组分析的鲟鱼育种平台；攻克了虹鳟三倍体制种技术和哲罗鲑等国内品种的人工繁殖技术。培育鲟鱼杂交种 3 个，培育鲑鳟鱼新品种 2 个。获得育种相关技术专利 10 项，制定地方标准 4 项。拥有国家级史氏鲟原种场、国家级鲟鱼良种场和北京市级的鲑鳟鱼良种场 12 家。

（五）养殖方式不断升级

养殖模式从单一养殖模式向多种模式发展：水泥池流水养殖、池塘养殖、温棚微流水养殖、工厂化循环水养殖；养殖品种上除了保持纯系品种外，进行了大量的杂交试验并选育了多个性状稳定、个体优良、市场前景看好的优质品种；养殖设施上，养殖设备更新加快，集约化养殖特别是工厂化循环水养殖发展加快，水质智能在线监测的应用、液氧加注技术的应用、太阳能利用、温控调节设施的投入、推水技术的应用，都大大保障和提高了冷鱼养殖业的生产能力，养殖技术上，苗种培育、商品鱼养殖技术趋于完善，并形成了北京市地方养殖技术规程，生态综合养殖技术也逐渐得到重视，生态预防疾病技术得到提高，环境保护、节水、安全用药成为业内共识。

(六) 生态养殖持续推进

养殖优质鲟鱼和鲑鳟鱼,水是关键,需要科学地管理。随着新环保政策力度逐年加强,自然养殖资源缩减,2019 年北京市淡水养殖总面积有所下降,但由于工厂化和生态池塘养殖面积的增加,许多冷水鱼养殖经营主体都积极采用健康养殖技术和生态循环养殖模式,主要有生态节水型池塘养殖模式、循环水池塘生态养殖模式和工厂化循环水养殖模式,而且这些模式已成为北京鲟鱼等冷水性鱼类养殖的主要模式。

(七) 品牌价值不断提升

围绕生态、节能、高端、高效为重点,积极推广使用先进渔业装备,大力推进渔业高产高效基地建设,塑造了以"北水"牌、"中科天利"为代表的一批高附加值的自主品牌鲟鱼加工产品,其中,"北水定制"鲟鱼籽酱多次进入了国家特殊服务保障活动贵宾餐食供应。同时,在伴随休闲渔业的发展,也形成了以密云区山水野泉缘农庄、怀柔区鲟香来和房山区鲟鱼食府等为代表的鲟鱼特色餐饮品牌,备受消费者青睐。

二、加工流通现状

(一) 挖掘精深加工潜力,产品开发取得突破

目前,在市场上的鲟鱼深加工产品,主要包括速冻调理产品、开袋即食产品、鱼子酱和高附加值的保健功能食品开发。由于鲟鱼没有肌间刺和硬骨,冷冻及加工制品也便于运输,因此鲟鱼冷冻及加工制品市场可面对广大的消费群体,产品包括冷冻鲟鱼肉鱼片、黑胡椒鲟鱼扒、以及鲟鱼各部位分割产品(鱼骨、鱼腩、龙筋、鱼头、鱼钳、鱼唇、鱼鼻等)。鲟鱼调理产品是新鲜鲟鱼经过预处理后切成薄块,在 -20℃以下速冻,待到食品中心温度降到 -18℃后进行托盘包冰衣,搭配相应调味料,真空包装,于 -18℃速冻下冻藏,可保存 6 个月以上,此类产品适合家庭、火锅店、饭店使用。鲟鱼开袋即食产品目前在市面上较少,国内鲟鱼精深加工企业也只有 2~3 家,养殖企业不具备高端深加工设备。鱼子酱目前在世界各国都有生产,是一种营养价值丰富、商业价值很高的即食盐渍水产品。鲟鱼保健食品主要以硫酸软骨素和胶原蛋白为主,鲟鱼皮胶原蛋白的提取方法一般采用醋酸和胃蛋白酶结合的方法。鲟鱼鱼油中的高不饱和脂肪酸含量高,其中二十碳五烯酸和二十二碳六烯酸具有很高的医药价值,对于保护视网膜、预防心血管病、增强免疫力等有疗效。鲟鱼脂肪酸的不饱和程度明显高于淡水养殖鱼类,而鲟鱼肚和鲟鱼内脏是提取鱼油的较佳原料。

(二) "互联网 +" 助推发展,区域协同格局形成

目前,基本形成商超、"互联网 +"、就地餐饮、批发市场等新型营销模式和传统流通模式并存的格局。鲟鱼、鲑鳟鱼创新团队依托北京北水食品工业有限公司(该公司是集生产加工、贸易流通、仓储服务为一体的国有企业),同时结合养殖品种,开展鲟鱼鱼子酱精深加工、鲟鱼软骨素高速提取与利用、鲑鳟鱼鱼子酱精深加工以及水产加工废弃物综合

利用等研究,提高鲟鱼、鲑鳟鱼产品附加值,提高行业效益,扩大鲟鱼、鲑鳟鱼市场空间,拓宽产业链。

近年来,通过扶持北京水产企业在津冀地区开展水产养殖,协调津冀地区在政策、土地等方面为北京企业提供优惠政策。积极推进农超对接、农企对接、农校对接,鼓励津冀大型水产养殖企业在京建立直营店、直销点和专柜,共同出资打造20个水产品农超对接基地,统一标记,为北京市民提供优质水产品。建立三地渔业部门协作沟通机制,协调京津冀地区水产养殖苗种供应,扶持河北、天津的冷水鱼养殖。建立京津冀重要水域的水生生物资源保护和增殖放流协调投入机制,设立增殖放流专项资金,协同开展水生生物资源保护和增殖放流活动。协调建立京津冀渔业一体化信息管理网络,为三地渔业管理部门、企业、市场等提供信息,促进三地渔业发展。

三、市场消费现状

目前国内冷水鱼的普及度较低,国内市场上主要销售的品种仍为四大家鱼,我国冷水鱼年均消费量约为1两/人,冷水鱼真正端上百姓的餐桌还需时日。新冠肺炎疫情之前中国鲟鱼养殖产品主要用于出口,但由于新冠肺炎疫情,航班断航,鲟鱼海外市场无法开拓,冷水鱼无法出口,销量急剧下降,导致资金流紧张,想要维持冷水鱼基地生产更是无比艰难,长此以往,容易形成恶性循环。

虽然目前国内的水产品消费市场已经从数量的满足向质量的满足转变,养殖的水产品安全系数高、食用品质高、营养价值高,也做到了好看(外观指标、形体指标)、好吃(味道好、口感好)、更加安全(无药物残留、重金属残留、致病微生物),但是国际市场对养殖水产品的质量要求更高,而我国养殖的水产品因为质量不稳定导致价格低,很难参与国际市场的竞争。这种形势要得到改变,只有从提升养殖水产品质量入手,改变养殖方式和养殖模式,全面提升养殖水产品的质量,参与全球化的水产品市场竞争,满足已经改变了的国内、国际水产品市场需求。

四、新型农业经营主体现状

(一)发展新型销售模式

多种形式进行鲟鱼、鲑鳟鱼预调理制品与鲟鱼鱼糜产品市场推广,如与电商平台"沱沱工社""北水呦鱼""微官网""京粮点到网"等合作推广鲟鱼籽酱、鲟鱼骨丸、即食麻辣鲟鱼骨丸等产品,集合电商优质流量资源进行产品推广;与商超渠道合作进行推广,鲟鱼骨丸产品进驻华普超市"航天桥"店,正式推广上市,也为团队研发产品的推广开辟了新渠道。目前,累计推广鱼糜产品15吨,鲟鱼水饺产品10吨,鱼天下产品7吨,鱼子酱1500盒。

(二)推行产品特供模式

通过积极参加"两会"等大型会议,推行产品特供形式,增加特殊供应品种,扩大了团队的影响力。创新团队积极研发鲟鱼加工产品，提升产品附加值，依托北水食品公司渠道，将研发产品推广上市。一方面是国家重大活动推广，鲟鱼籽酱、鲟鱼骨丸进入了APEC、"1509阅兵""世锦赛"等食品服务保障活动产品名录中，为国家特殊服务保障工作提供了安全、优质的产品；另一方面是展卖、展会渠道推广，风味鱼片产品与鱼糜制品在湛江国际渔业博览会、首届中国国际现代渔业暨渔业科技博览会、第22届中国国际渔业博览会等各种展会进行市场推广。

（三）推广鲜活配送模式

特色"鲜活鲟鱼礼包"的配送形式，既保证了鲟鱼的鲜活，更让鲟鱼成为节日期间走亲访友的选择之一，受到消费者欢迎，广大市民不出家门，就可以享用地道的新鲜美味。

第二节 鲟鱼、鲑鳟鱼产业发展中创新团队的技术支撑作用

一、团队基本情况

（一）创新团队功能定位及其建设任务

1. 功能定位

团队紧扣北京都市型现代农业应急保障、生态休闲、科技示范三大功能，以北京鲟鱼、鲑鳟鱼产业供给侧结构性改革为动力，以市场为导向，充分发挥人才聚集、专业融合的团队优势，构建集繁殖与育种、饲料营养与安全、养殖与病害防控、产品加工流通于一体的科技创新链，做强籽种渔业、生态渔业、休闲渔业、精品渔业四种重点业态。立足北京、服务京津冀、辐射全国，构建集研发试验、推广应用、技术培训于一体的科技服务链，带动农民增收致富，全面打造"生态、环保、安全、高效"的新型鲟鱼、鲑鳟鱼产业体系。

2. 建设任务

瞄准发展鲟鱼、鲑鳟鱼籽种渔业、生态渔业、休闲渔业、精品渔业，建立可持续的促进鲟鱼、鲑鳟鱼产业实现节水、节地、节能、高端、高效、安全发展模式的产业技术支撑体系；形成人员配备精干、研究成果领先、转化效果明显、服务范围广泛、带动能力显著的鲟鱼、鲑鳟鱼科技创新与服务体系；形成布局合理、生态友好、产业高效、业态丰富、产品精致、服务一流、特色鲜明的鲟鱼、鲑鳟鱼产业体系；形成企业龙头带动、农民主体壮大、联结机制完善的经营体系；将鲟鱼、鲑鳟鱼产业打造成致富农民、幸福市民的特色高效产业；重点围绕做强良种繁育体系、做精科技研发体系、做活市场流通体系以及做实支撑保障体系等主要任务展开工作。

（二）创新团队组成架构

团队整合中央科研院校、市级科研机构和高等院校、国企、区县渔业管理部门，由北京市水产技术推广站牵头，成立4个功能研究室、4个综合试验站、5所农民田间学校工作站。4个功能研究室共有21名岗位专家，其中9名正高级教授，7名副高级教授，5名中级研究员，分散在2个中央科研院校、4个市级科研机构和院校以及国企；4个综合试验站分布在鲟鱼、鲑鳟鱼养殖总面积占全市95%以上的房山、怀柔、延庆3个区，田间学校工作站涉及3个区县，29个乡镇，86个村。

（三）创新团队作用与交流机制

1. 团队作用

鲟鱼、鲑鳟鱼创新团队致力于发展北京特色的休闲渔业、"互联网+"渔业等新型业态，见证了北京鲟鱼、鲑鳟鱼产品从单一走向多元（鲜活、冰鲜、风味烤鱼、鲟鱼籽酱、保健品等），从传统销售到现代"互联网+"商超、从传统卖鱼到特色餐饮、从简单观光到垂钓体验、科普教育，正在逐渐形成一项具有文化内涵的产业。团队研发技术成果主要推广到北京市的房山、怀柔、密云、延庆和平谷、通州6个区和河北、云南、山东、浙江等省市，推广技术25项，累计示范推广面积8000多亩，工厂化车间16万平方米，幅射带动300多家农户（企业）。其中鲟鱼周年全人工繁殖技术、鲟鱼种质鉴定技术推广到云南阿穆尔鲟鱼集团、浙江杭州千岛湖渔业有限公司、山东省鲟鱼良种场等国内大型鲟鱼企业及良种场。

2. 交流机制

鲟鱼、鲑鳟鱼创新团队在现代农业产业技术体系北京市创新团队的领导下，形成制度引领、平台建设、联合协作、文化塑造、经费管理"五位一体"的运行机制，保障团队紧扣产业发展需求发挥最大支撑作用。在制度引领方面，重视规范管理和规划引领，制订了《现代农业产业技术体系北京市鲟鱼、鲑鳟鱼创新团队工作细则》《现代农业产业技术体系北京市鲟鱼、鲑鳟鱼创新团队会议制度》《北京市鲟鱼、鲑鳟鱼创新团队建设专项资金管理暂行办法》《北京市鲟鱼、鲑鳟鱼创新团队宣传工作考核办法》等规章制度。平台建设涵盖团队综合管理、平台日常管理，还包括会议、调研、展会、宣传等相互学习交流的平台建设。联合协作是团队工作的核心，岗位专家根据技术研发和试验示范需要，与相关岗位联合协作，成立4个协作组，各岗位联动促进技术集成转化和应用。文化塑造是团队工作的灵魂，通过设计团队LOGO、激励先进、共同完成任务等措施，增强团队凝聚力和荣誉感。在经费管理方面，按照市农业局的要求，团队不定期对全体成员的资金使用情况进度进行督促、检查。

二、技术研发与主推技术

（一）团队技术研发情况

团队实现五种鲟鱼纯种及杂交种周年全人工繁殖，在国内首次使用鲟鱼分子标记辅助种质鉴定技术,处于国际先进水平,初步构建基于全基因组分析的鲟鱼育种平台;攻克了虹鳟三倍体制种技术和哲罗鲑等国内品种的人工繁殖技术。培育鲟鱼杂交种3个,培育鲑鳟鱼新品种2个。获得育种相关技术专利10项,制定地方标准4项。拥有国家级史氏鲟原种场、国家级鲟鱼良种场和北京市级的鲑鳟鱼良种场12家。

鲟鱼、鲑鳟鱼苗种销往湖北、广东、贵州、新疆、四川等25个省市和地区,有力推动全国鲟鱼、鲑鳟鱼产业的迅速发展,同时树立北京地区在全国鲟鱼鲑鳟鱼科技支撑的核心地位并发挥辐射作用。

(二) 团队主推技术情况

1. 人工育种技术

通过鲟鱼种质鉴定技术、冷冻精液技术、产前营养优化强化培育等技术的集成应用,研制了符合繁育生产水质要求的水质自动监控系统,通过设施精准化控制进行环境调控,实现繁育环境的全人工控制,使繁育过程摆脱了对环境气候条件的依赖,实现五种鲟鱼纯种及杂交种的周年全人工繁殖,能耗降低30%以上,孵化率提高50%以上,出苗率达到90%以上,该技术处于国际先进水平。制定了北京市地方标准《西伯利亚鲟全人工繁殖技术规范》。

特别是冬季和夏季反季节鲟鱼人工繁殖技术的突破性成功,使得鲟鱼苗能够全年按需获得,比传统繁育季节4~5月大规模集中生产更有灵活性。鱼场能根据市场需求分多个规格层次养殖,能全年提供不同规格的商品鱼,也避免成鱼集中上市导致的价格冲击。

2. 种质鉴定技术

该技术综合利用线粒体控制区特异性引物扩增法和微卫星DNA分子标记进行鲟鱼种质鉴定,能够有效区分纯种和杂交种,广泛应用于国家级及地方鲟鱼原良种场及大型繁育企业,解决因种质混乱引起的纠纷及提高鲟鱼产业价值。制定了北京市地方标准《鲟鱼种质鉴定规范》,于2018年12月获得国家发明专利授权(专利号:ZL 2014 1 0524751.3)。

在国内首次使用鲟鱼分子标记辅助种质鉴定技术,可以准确鉴定我国主要养殖的五种鲟鱼纯种和杂交种,以及杂交种的父母本,处于国际先进水平。

(三) 团队研发成果情况

自团队成立以来,团队协同合作、创新务实,形成了一批多形式的研究成果,成为持续开展鲟鱼、鲑鳟鱼研究与推动产业发展的重要基础。在"十二五"的研究基础上,"十三五"期间开展技术研究50多项,开发成熟新产品38种(其中食品产品及工艺26种,饲料添加剂2种,饲料6种,疫苗4种);出版著作12本,获得专利授权57项,发表论文221篇(其中SCI文章89篇);制定行业标准1项,制定北京地方标准7项;获得科技奖励22项,形成政策建议和研究报告14份。

1. 国产鲑科鱼三倍体育种研究取得突破

通过生态调控、营养强化和药物催产等手段,突破国产鲑科鱼类细鳞鲑、哲罗鲑、马苏大麻哈鱼的人工繁殖技术。之后,继续攻破了细鳞鲑、哲罗鲑、马苏大麻哈鱼3种鱼热休克法诱导三倍体的关键技术,填补了国产鲑科鱼类三倍体育种研究的空白。掌握了细鳞鲑、哲罗鲑、马苏大麻哈鱼三倍体诱导的最佳时机(受精后时间间隔)、最佳温度、持续诱导时间等关键条件,试验结果为:受精率大于83%,发眼率大于82%,孵化率71%,三倍体率大于88%,获得初步成功。采用了成本最低、技术最易推广应用的温度热休克法诱导三倍体,为后期的规模化生产奠定了坚实的基础。

2. 鲟鱼亲鱼营养强化饲料填补国际空白

针对不同比例二十五碳五烯酸(EPA)和二十二碳六烯酸(DHA)对鲟鱼亲鱼繁殖性能的影响、长链高不饱和脂肪酸对鲟鱼仔稚鱼品质的影响开展研究,通过投喂鲟鱼亲鱼营养强化饲料解决鲟鱼亲鱼"油包卵"现象,填补了国际上有关鲟鱼亲鱼营养需求研究的空白。应用鲟鱼亲鱼期营养强化饲料,雌性亲鱼的产卵量、受精率和孵化率均有显著提高,孵化率和开口成活率均提高了4%左右,出苗率提高了42.86%,按0.3元/尾苗的价格计算,平均每尾亲鱼增加效益0.9万元(见表17-1)。

表17-1　2019~2020年度鲟鱼亲鱼营养强化饲料实验示范结果

	对照组	实验组	增长率(%)
孵化率(%)	77.3±6.94	80.7±8.09	4.40
开口成活率(%)	68.3±10.21	71.0±9.85	3.95
亲鱼重量(Kg)	10/16/25/13	10/15/20/12	
出苗量(万尾)	4/9/12/3	10/8/15/7	
出苗量合计(万尾)	28	40	42.86

3. 首次成功研发新型蛋白源的精准营养与精细加工技术

在国内首次开展新型蛋白源的精准营养与精细加工技术。分别从营养参数、原料加工特性数据库建立、代谢调控、饲料加工工艺及投喂管理等技术手段入手,解决了新蛋白源基础数据缺乏、抗营养因子干扰等问题。针对鲟鱼低鱼粉膨化沉性饲料生产中存在的颗粒质量不稳定、易碎、不断停机的问题,构建基于设置综合效率(OEE)分析、原料加工特性及5G工业互联网技术的水产饲料精准配制加工数字化技术体系,推动我国水产膨化饲料高效生产管理及数字化转型。实现鲟鱼等肉食性鱼类安全、高效、低排放无鱼粉饲料的配制和应用技术,并在生产实践中进行验证和中试,最终实现饲料系数小于1,产品性能达到国际先进水平。该技术可对多个特种鱼类饲料的生产提供技术支撑。例如,在国内首次应用的新型蛋白源乙醇梭菌蛋白的加工工艺,该技术在珠海恒兴饲料公司精准加工系统进行了中试,可连续生产低淀粉浮性饲料24小时,未产生非计划停机,生产效率提高50%,降低饲料生产废料50%以上,效益显著。

4. 马苏大麻哈鱼全雌三倍体育种技术初探

生产全雌三倍体鱼是三倍体育种的最终目标,培育伪雄鱼是第一步工作。伪雄鱼是采用雌核发育技术，用灭活的精子与正常卵子受精，后代只保留母本遗传特征，通过雄性激素干预培育出伪雄鱼。

2020年10月，与黑龙江水产研究所合作，开展了马苏大麻哈鱼伪雄鱼制备第一阶段——精子灭活受精实验。自行配制了精液稀释液，调整了稀释方法和紫外线照射强度。共进行了2个稀释浓度和2个照射强度组实验，采用压力法进行染色体加倍。目前鱼卵处在孵化阶段，经检测，受精率78%。精子灭活环节取得成功。

三、技术示范推广效益

（一）技术示范推广经济效益

池塘循环流水养殖系统结合生态浮床、天然中草药防治鱼病、匙吻鲟池塘套养等技术，养殖尾水实现零排放。例如，北京市水产技术推广站借鉴国外先进渔业生产理念，研制出的适合北京地区渔业生产条件的新型水产养殖系统，通过底部吸尘式废弃物收集装置，将固形粪便与残饵从系统中移出，实现尾水零排放，获得了国家实用新型专利。新型水产养殖系统累计示范推广面积9000余亩，示范池塘富营养化率降低了90%以上，鱼病发生率降低了35%左右，鱼病治愈率达到84%以上，死亡率降低6%~10%。

在北京芮朝利养殖基地开展了鲟鱼池塘循环流水养殖试验，平均放养规格250克/尾，达到了较好的效果，试验结果如下：经过210天的养殖，杂交鲟平均规格达到了750克/尾，养殖成活率达到96.5%，饵料系数1.26，系统内单位水体产量为17.37千克/立方米。此次试验鱼种放养密度未达到系统的最大承载量，如果在系统允许的承载范围内，提高鱼种放养密度，养殖产量仍有提升空间。本次试验净利润为32275元，系统内单位水体经济效益为129.1元/立方米。

（二）技术示范推广生态效益

在京郊及津冀地区构建了池塘旁路循环绿色生态养殖、生态工厂化循环水零排放养殖、鲟鱼池塘循环流水养殖等模式进行示范与推广应用，为冷水鱼转型升级提供了坚实的技术支撑。集成综合养殖尾水处理技术6套，示范点的养殖容量比原来提高2~3倍，平均节约养殖用水90%以上。

1. 实现养殖尾水零排放

以池塘养殖水体水污染物高效处理与渔业节水为目标，进行大量生长速度快、根系发达、净水能力强、景观效果好的多年生水生植物的筛选与应用模式研究，以及微生物制剂测水施用等池塘水质原位生态修复技术，多廊道式人工生态塘、生态沟渠和人工湿地等池塘旁路生态工程化水质净化与循环技术研发。并在理论模型构建与应用技术研究基础上，集成示范了一套资源节约、环境友好的养殖池塘生态工程化水质高效净化与循环利用系统。

在北京市平谷区马昌营镇东双营村北京宝和庄园水产养殖合作社建设了养殖水体旁路水质高效净化系统示范基地。主要通过生态沟渠、生物净化塘及多功能、多用途的复合式生物浮床等系统的构建,开展养殖水体生物生态水质净化与景观构建技术研究与示范。系统运行过程中,对示范系统总氮、总磷、氨氮、亚硝态氮、叶绿素 a 和化学需氧量(COD)等水质指标进行测定,结果表明,经生态沟渠、人工湿地和生态净化塘三级净化出来的水体,微生物多样性丰富,系统更趋稳定,水质净化效率均有大幅度提高,氨氮和亚硝态氮的去除率均在 60% 以上,总氮、总磷和 COD 的去除率均超过 40% 以上,叶绿素(藻类)的去除率平均为 50% 以上。系统运行过程中,整个池塘养殖没有对外排放污水,实现了零排水的目标,与普通养殖池塘的平均用水量相比,实现节水达到 20% 以上,池塘生态系统稳定、健康运行,景观美化,养殖经济效益和生态效益十分良好。

2. 工厂化种养结合净水增效显著

种养结合水处理模式与工厂化养殖、流水养殖和池塘养殖模式的结合,通过生态链净化处理,既减少了尾水污染,节约了用水,又减少了碳、氮、磷的排放,同时提高了经济收入。特别是"鲟鱼集约化养殖(尾水)—人工潜流湿地、人工浮岛植物生态处理—净化后养殖家鱼(尾水)—种植水稻、稻田套养河蟹(或鱼)"的综合养殖模式已得到广泛应用。

北京中科天利养殖场 40 亩鲟鱼集约化养殖池,配套 15 亩种植水生植物的人工潜流湿地和 10 亩生态水处理池,水深 2.5~3.0m,设置有人工浮岛,种植水生植物,还有 30 亩的水稻种植田,开沟养殖河蟹,以及 20 亩的家鱼养殖池。示范结果:鲟鱼养殖投入产出比在 1.45,家鱼投入产出比在 1.23,稻蟹养殖投入产出比 1.82,年亩利润达 1.75 万元(115 亩);养殖尾水排放量几乎为零,养殖节水量达到了 138 万吨,养殖排放总碳、总磷、总氮分别减少 197.10 吨、6.03 吨、26.28 吨。

在北京市密云区的聚盛源水产基地的鲟鱼工厂化循环水养殖系统的基础上,增加生态塘和表面流人工湿地(稻田)系统,将工厂化循环水养殖排出的尾水先后经生态塘和表面流人工湿地(稻田)处理,生态塘中可放养滤食性水生动物和布设组合浮床,稻田中可以放养河蟹等水生动物,形成渔稻共生系统,从而达到养殖尾水零污染排放,实现"一水多用、生态循环"的目的。

(三)技术示范推广社会效益

产生了一批有前瞻性、可推广、有效益的技术成果。建立鲟鱼精深加工产品工艺 2 套,拥有自主研发的加工工艺和鲟鱼肉、鲟鱼糜、鲟鱼脯、鲟鱼肉烘焙产品和菜品等系列新产品 24 种。与国内相关产业优势技术进行渗透融合,创新产品研发与营销新模式。"互联网+"渔业等新型业态,见证了北京鲟鱼、鲑鳟鱼产品从单一走向多元(鲜活、冰鲜、风味烤鱼、鲟鱼籽酱、保健品等),从传统销售到现代"互联网+"商超、特色餐饮的变化之路。"十三五"期间累计推广鲟鱼糜产品约 10.5 吨,鱼子酱 2000 多盒。取得了良好的经济、社会和生态效益。

1. 研发推广系列鲟鱼糜产品

通过与福建鹏凤食品公司、北京新城子木河鲟鱼养殖场、北京呦鱼电子商务有限公司等合作，开展了系列鲟鱼糜产品的研发和推广，目前加工工艺和市场营销成熟的产品有鲟鱼骨丸、天下鲟、鲟鱼水饺、麻辣鲟鱼骨丸、鲟鱼肉肠等十多个，市场推广鲟鱼糜产品10.5吨。

2. 融合研发新产品

2019年与四川农业大学食品学院合作，研发以鲟鱼为原料的调理食品，选出符合消费者需求的鲟鱼烘培产品——晓月鲟味。2020年委托密云红莲浒记食品科技发展分公司进行产品工业化生产，在原有配方和加工工艺基础上进一步完善，于2020年中秋节推出"晓月鲟味"产品。同时，与北京牛出没科技有限公司合作，确定了金池酸菜鲟鱼流程，研发了系列烟熏鲟鱼制品，制品口感佳，保质期长。

四、团队对产业支撑作用

（一）科技引领鲟鱼种业发展

为提高鲟鱼种质水平，五年来，团队针对鲟鱼繁育中亲鱼种质背景混乱、盲目存留杂交鲟、反季节人工繁殖效率低等制约产业发展的重大问题展开持续研究。制定了北京市地方标准《鲟鱼种质鉴定技术规范 西伯利亚鲟》（DB11/T 987—2013）和《西伯利亚鲟全人工繁殖技术规范》（DB11/T 1220—2015），不断完善鲟鱼反季节人工繁殖技术，使这两项标准推广应用到北京市乃至全国的鲟鱼繁育企业。研发推广亲本营养调控、仔稚期营养规划专用饲料，提高繁殖率和苗种成活率。通过对多种杂交鲟的五年跟踪研究，从生物学特征、生长速度、繁殖性状、肉质分析等多方面考量杂交种的优势性状，选育了具有优良性状的杂交鲟（西杂和施杂），并开始规模化苗种生产和技术试验、示范和推广。除此之外，为了产业健康持续发展，开展了鲟鱼性别调控育种、影响亲鱼繁殖力的基因筛选及多态性分析、鲟鱼基因编辑平台构建等一些前瞻性研究，进一步储备我们的育种技术，提升苗种质量。

（二）技术引领节水、生态渔业发展

一是团队研发的生态环保型投入品和技术的使用，引导行业向健康、环保、安全的模式发展。如团队研发成果"鲟鱼低氮磷排放环保型膨化饲料"，氮排放降低14.9%，总磷排放降低40.5%，节水率可提高10%以上；"鲟鱼、鲑鳟鱼投喂策略"的推广，能精准控制饲料投喂量，减少残饵对水质的污染；使用淬灭酶、几丁质酶，通过改善水产动物肠道菌群，提高免疫力，实现防治细菌性疾病的效果，发病率可下降60%，大幅度降低抗生素的使用。二是生态净水技术的应用，节水降耗作用显著。在微流水鲟鱼养殖水质调控、工厂化循环水养殖上采取了"鱼-菜"共生模式、"鱼-鱼"共生模式、加注液氧养殖模式，形成了生态、节水、高效的现代养殖模式，这些模式在北京及周边逐渐推广应用，取得了很好的效果。三是工厂化循环水利用技术应用，节水、高效、生态模式促进产业持续发展。团队专家对鲟鱼工厂化循环水养殖生物过滤技术进行研究，初步构建了鲟鱼工厂化

循环水养殖生物过滤系统;并引导北水华通鲟鱼繁育有限公司、海墨威养殖场等企业进行生态、节水养殖系统改造,通过改造、养殖水循环使用、定期排除污水,水体利用率达到90%以上;初步开展池塘养殖废弃物收集技术的研究,设计并制作一套废弃物处理设施,排污效果达到80%以上。

(三)常态化培训旨在服务经营主体

技术培训始终是团队服务产业的重要手段,岗位专家与区县技术推广站、综合试验站、农民田间学校工作站等合作,采用到示范点现场指导、集中授课、发放技术资料、聘请专家讲课等形式,形成了"专家—田间学校—示范户"三位一体的技术培训模式,让技术真正落地,让科技成果转化为生产的动力。截至2021年,累计开展技术培训、科技下乡、技术观摩817期,入户指导1946次,累计受益农户9584人次,发放各类技术资料12000多份。共培育20家龙头企业,4家农民专业合作社,25家规模化养殖基地,163户养殖专业户。

(四)"走出去"服务京津冀冷水鱼产业发展

2017~2020年,养殖团队专家马国庆、安全岗位专家张清靖长期深入河北省鲟鱼主要养殖区域服务,并被聘为河北省农业创新驿站专家,分别参加河北张家口市涿鹿县丰达水产养殖场、曲阳满鑫鲟鱼繁育养殖有限公司、邯郸市鲟鲵农业科技有限公司3个专家工作站,这3个养殖公司也是北京鲟鱼、鲑鳟鱼创新团队的挂牌养殖示范基地。通过发挥北京渔业科技优势,主要在渔业科技创新、成果转化、新品种选育、产业扶贫等方面开展合作和服务。

专家积极与河北省专家站对接,整合冷水鱼人工繁育、品种更新、苗种培育、商品鱼养殖技术、养殖尾水生物处理技术,集成不同模式下的健康养殖技术。围绕鲟鱼、鲑鳟鱼休闲渔业特色,融合渔业文化,筹办渔业文化节,促进产业转型升级。

2017~2020年,向河北养殖基地提供优质鲟鱼仔鱼3500多万尾,覆盖面积1000多亩,养殖户38户。鲟鱼苗种养殖成活率在75%以上,虹鳟鱼苗种成活率在65%。

在河北培育了流水养殖模式、池塘养殖模式、温棚微流水养殖模式,并在不同养殖模式下进行商品鱼的养殖技术优化和集成,在井陉威州养殖示范区进行了鲟鱼苗种规模化育种技术推广。

(五)促进休闲渔业融合性发展

以涿鹿丰达天关渔港为例,通过融合性的发展,使"健康养殖业—休闲渔业服务业—鱼文化"充分融合,打造具有冷水鱼特色、绿色环保可持续发展的休闲渔业典型。

公司负责人刘庆峰经营行业多年,思想敏锐,观念更新快,头脑灵活,他敏锐捕捉到渔业产业的发展必须要有科技性、绿色环保、文化看点等特色,才能健康可持续发展,才能吸引人。因此,他积极主动找到河北省淡水鱼创新团队、北京市鲟鱼、鲑鳟鱼创新团队专家,请专家们为其出谋划策,确立发展方向。经过2~3年的合作,最终在2020年取得不错的成绩,被评为全国休闲渔业示范场。

通过对基础设施改造升级，美化旅游环境；建立了集养殖、餐饮、娱乐、旅游为一体的产业融合体系，餐厅一次可接待100人次，住宿50人次；兴建儿童乐园、滑草运动、垂钓池塘，既能招来客人，又留得住客人，使养殖的附加值提升，减量不减效，实现了利益最大化。

同时，紧紧围绕鱼文化做文章，建设渔业文化展厅，将不同品种的鲟鱼、鲑鳟鱼、家鱼、观赏鱼引入水族箱，起到向游人展示宣传渔业文化的作用；同时兴建了300多平米的仿自然环境的大鲵养殖洞、200多平米的渔业文化展示墙，介绍了我国渔业古老悠久的文化历史。通过这些鱼文化的建设，提升了公司的文化内涵和品位，也吸引了众多的观光游客。

第三节 鲟鱼、鲑鳟鱼产业典型案例分析

一、延庆区鲟鱼籽种渔业发展案例

北京鲟龙澎湃科技发展有限公司2018年获得无公害农产品认定，是北京市标准化农产品生产基地、全国水产健康养殖示范场、北京市市级水产良种场。公司位于北京市延庆区，主要从事鲟鱼苗种养殖，重点养殖史氏鲟、西伯利亚鲟和杂交鲟，杂交鲟具有肉质细腻、抗病抗高温、成长周期短等优势。公司占地面积10亩，拥有育苗池10余个，室内养殖池共有12个，池深1.7米，室外养殖池8个，公司内还设有产后修复池，主要为有畸形或软骨病的鱼设置。公司鱼养殖量7000尾，年均鱼苗产量在2000尾左右，主要销往湖北、四川、云南等省份。

北京鲟龙澎湃科技有限公司采用天然地下水养殖鲟鱼，这里地下水自然水温常年保持在16℃，同时含有丰富的矿物质，非常适宜鲟鱼生长。依靠丰富的养殖经验，鲟鱼种鱼的养殖每天喂养一顿饲料，防止种鱼脂肪化，种鱼油脂过多会出现油包卵，导致卵不能正常游出。此外，为防止近亲繁殖，公司将公鱼、母鱼分开养殖。为便于种系鉴定和科学研究，公司为每一条鱼都安装了电子芯片，记录它们的健康状况等。为保证受精成活率，公司采用人工繁殖方式进行体外受精。在进行体外受精前，会通过穿刺或组织切片初步判断鱼卵质量，当鱼卵发育到4期时，便可以进行人工繁殖，若未达到4期，需要给母鱼注射催产剂，促进其排卵。

二、怀柔区休闲渔业发展案例

北京怀柔虹鳟鱼餐饮旅游产业经过了三十年左右的发展已经初具产业规模，拉动了当地

农业经济和旅游经济的发展，也使"虹鳟鱼"成了北京怀柔地区旅游的一张名片，建成了以冷水鱼产业为基础的不夜谷、夜渤海两条国内知名的休闲度假沟域。根据调研统计，怀柔区渔业人口约3200人，从事渔业生产的工作人员有1100多人，年平均收入3万元（按2500元/月计算）。鲟鱼、鲑鳟鱼带动如虹鳟鱼一条沟、鱼师傅等产业就业人数近万人。

天源渔港位于北京市怀柔区，主要从事鱼苗孵化工作，鱼苗销往四川、贵州、山西等10余个省份，鱼苗产量占全国鱼苗产量的20%左右，具有较大的市场份额。天源渔港年均鱼苗产量3000万尾，每个鱼苗平均毛利润0.15元，年利润约450万元。天源渔港把旅游观光、娱乐与现代渔业有机结合起来，打造集观景、垂钓、娱乐、餐饮、科教于一体的休闲渔业。

三、房山区鲟鱼产业融合发展案例

2011年以前，房山区渔业养殖规模虽稳中有增，但是重点产业不突出，运作模式单一，没有形成真正影响力。结合北京市鲟鱼、鲑鳟鱼创新团队的建立，房山区确定了以鲟鱼为重点产业，借助驻地科研院所的科技优势，引导企业重点发展籽种和产品深加工，抓住了鲟鱼产业的核心环节，在此基础上，推行"两头在内，中间在外""订单式生产"全产业链发展。同时大力发展休闲渔业，着力推进垂钓服务、餐饮服务、戏鱼项目开发等，已经由单纯的垂钓经营模式发展成为集休闲观光、垂钓、餐饮、住宿、科普于一体的综合性产业。位于房山区的北京现代渔业创新园（北京中科天利水产科技有限公司）作为鲟鱼产业的龙头，先后攻克了全封闭工厂化养殖水质人工调控技术、低龄鲟鱼雌雄鉴别、活体取卵等领域的主要核心技术，实现了苗种周年全人工繁育，全生态水处理模式实现全场养殖水循环利用；已经形成了包括良种选育、全人工繁育、生态健康养殖、净化储运、鱼肉及鱼籽酱深加工和鱼籽酱出口在内的全产业技术体系，部分技术达到国际先进水平。鲟鱼全产业链的形成，带动了全区渔业的发展，为下一步实行"两头在外，中间在内"订单式生产提供了典型范例。

第四节 鲟鱼、鲑鳟鱼产业发展政策建议

一、产业发展问题及技术需求

（一）新冠肺炎疫情影响

受新冠肺炎疫情影响，产业环境出现了很多变化，如很多餐厅长时间不能堂食，航班取消导致鲟鱼无法出口，人们对食品安全提出更高要求等。由于市场需求大规模下降，很多养

殖户被迫减产、停产。很多养殖户经营状态不佳，处于勉强维持状态，有些甚至破产关闭。

（二）市场低迷

目前国内冷水鱼的普及度较低，国内市场上主要销售的品种仍为四大家鱼，我国冷水鱼年均消费量约为1两/人，冷水鱼真正端上百姓的餐桌还需时日。又加之新冠肺炎疫情的影响，目前冷水鱼无法出口，销量急剧下降，导致资金流紧张，想要维持冷水鱼基地生产更是无比艰难，长此以往，容易形成恶性循环。

（三）规模制约

受自然资源、政策制约，与其他省市相比，北京冷水鱼生产规模较小，以怀柔为例，2015年养殖面积1535亩，有106个养殖户，其中，养殖面积在100亩以上的有3家，养殖面积在100亩以下50亩以上的有7家，养殖面积在50亩以下30亩以上的2家，养殖面积在30亩以下的94家。因此，北京冷水鱼产业应该发挥科技优势，发展种业渔业、科技渔业。

（四）品牌制约

大多冷水鱼养殖企业处于低端养殖，品牌创建重视度不够，只注重卖鱼，未达到卖品牌阶段；且拥有品牌的一般为加工企业，以养殖为主的公司，一般以养殖品种为宣传重点，基本上没有自己的品牌。由于品牌缺失，养殖户在市场上没有话语权，而是由中间商对产品进行定价、收购，显然处于被动接受地位，为抵御风险通常做出低价销售的行为，这不仅造成市场秩序混乱等现象，也降低了生产经营利润。所以从本质上讲，建立品牌是解决市场问题的第一步。

二、产业发展趋势及其亟待解决的技术问题

（一）产业快速发展对良种选育提出迫切需求

面对国际市场和鲟鱼、鲑鳟鱼产业快速发展的形势，良种选育瓶颈问题愈加突出。一是优质亲鱼缺乏成为影响鲟鱼生产效率及国际竞争力的突出问题。现存的大多数鲟亲鱼是养殖场早期滞销的商品鱼，几乎没有经过选育，品质良莠不齐，雌鱼怀卵量、催产率、繁殖周期以及产出苗种的抗逆性、生长速率等生产性状差异很大，生产效率很低；随着产业快速发展，鲟鱼人工养殖群体的增加，亲鱼质量对产业发展的不利影响将越来越严重。目前，鲟鱼产业的发展已经凸显出对优良品种的迫切需求，良种选育是产业发展的必然趋势。鲟鱼性成熟晚，即使在合适的养殖条件下性成熟年龄缩短一半，也要7龄以上，育种周期长是限制鲟鱼良种选育的最大障碍。因此，如何缩短良种选育的周期，实现良种快速产业化应用，是鲟鱼产业发展面临的急需解决的问题。国际上鲑科鱼类的养殖产量和产值一直稳步上升，养殖种类或品种相对比较稳定，大西洋鲑占养殖总产量60%以上，虹鳟养殖产量排名第二，占产量的近30%。虽然中国鲑科养殖种类多达13种以上，但主要种类是虹鳟，占总产量的91%。长期品种的单一化，对突发性疾病的抵抗存在巨大风险。国产土著鱼类开发没有形成规模，具有世界养殖发展趋势的全雌三倍体制种技术还不能应用到

规模化生产。因此,要实现鲑鳟鱼产业的快速发展,必须突破良种选育和新技术推广这个瓶颈。

(二)消费市场对产业发展提出新方向

目前国内的水产品消费市场已经从数量的满足向质量的满足转变,要求养殖的水产品安全系数高、食用品质高、营养价值高,水产品要好看(外观指标、形体指标)、好吃(味道好、口感好)、更安全(无药物残留、重金属残留、致病微生物)。而国际市场对养殖水产品的质量要求更高,我们养殖的水产品因为质量不稳定导致价格低,养殖效益低,很难参与国际市场的竞争。这种形势要得到改变,只有从提升养殖水产品质量入手,改变养殖方式和养殖模式,全面提升养殖水产品的质量,参与全球化的水产品市场竞争,满足已经改变了的国内、国际水产品市场需求。

(三)多元化需求为加工产品提供巨大市场空间

鲟鱼、鲑鳟鱼加工企业的技术创新能力匮乏,精深加工滞后,加工产品种类少。鲟鱼、鲑鳟鱼营养丰富、肉质鲜嫩、无腥味、无须刮鳞,是非常适宜加工的鱼类,可开发出多种加工产品。但目前加工形式单一,加工品种少,产量有限,直接导致消费者对此类商品选择性小,消费需求受限,不利于品牌建立和扩大消费市场。主要是由于企业在研发方面投入不足,没有建立独立的企业研发机构,研发人员较少,学历层次不高,制约着企业的技术创新。同时,互联网下市场的消费行为发生了巨大的变化。从提升深加工的能力,改变单一的加工方式入手,全面提升深加工产品的质量,开发功能性的系列产品,通过科技创新延长产品的保质期,开发旅游便携礼品,满足国内外消费者日益增长的美味健康需求,将为鲟鱼、鲑鳟鱼找到更多的产品出口,带动产业的快速发展。

(四)渔业供给侧结构性改革对关键技术环节提出新要求

一是水产饲料产品要适应对养殖水产品质量的需求。水产饲料原来的要求主要是使养殖的水产动物生长速度快、饲料转化效率高、饲料成本低。但围绕着要养殖出更多"好看、好吃、安全且营养价值更平衡的鱼"的目标,水产饲料还需要适应新形势下的新要求。二是加工环节安全控制体系亟须完善。企业一般采用冷杀菌、二次杀菌的方法来控制产品有害微生物的生长,产品安全控制手段单一,产品保质期短(一个月左右)。而烟熏红鳟鱼、冷熏三文鱼等产品因不能经高温杀菌而在贮藏期后期极易出现微生物腐败问题。因此,根据产品特点及加工工艺要求,开发出新型生物防腐剂,并结合现代食品安全控制新技术,是企业保障产品安全,提高产品质量,减少资源浪费和提高经济效益的根本措施。三是鲟鱼、鲑鳟鱼加工下脚料及废弃物利用率低,需要研发鲟鱼不同部位的加工工艺。四是需要不断提升渔业设备设施,提高企业生产经营能力,提高养殖户整体素质。

三、具体政策与建议

(一)建立完善的鲟鱼、鲑鳟鱼产业体系

建立以种业为引领,以生态渔业为基础,以加工渔业为支撑,以休闲渔业为特色的现

代化、高效渔业产业体系。

（二）建立高效、稳定的鲟鱼、鲑鳟鱼良种选育体系

优良品种是农业产业发展的基础，建立高效、稳定的鲟鱼良种体系是鲟鱼产业建康发展的基石。持续开展鲟鱼选育关键技术的研究，建立鲟鱼亲鱼综合选育技术，通过常规育种和生物技术手段培育优质虹鳟品种。

（三）建立和完善鲟鱼、鲑鳟鱼产品安全控制体系

水产品产业健康有序发展的过程中，保证产品的质量安全是最重要的基础之一。尽快推动水产品相关标准与制度的建设，完善鲟鱼、鲑鳟鱼特定产品的安全控制方法，有利于规范产品质量，有利于树立行业规范，有利于提升消费者信心，进而推动水产品行业的发展。

（四）建立完善的鲟鱼、鲑鳟鱼加工体系

北京发展鲟鱼、鲑鳟鱼加工产业的条件优越，内容丰富，潜力巨大，市场前景十分广阔。丰富鲟鱼、鲑鳟鱼基本加工产品种类，开发鲟鱼、鲑鳟鱼精、深加工产品，加强鲟鱼、鲑鳟鱼加工废弃物利用。

（五）建立营养导向型的新型水产饲料产业化体系

调控鱼肉品质营养与饲料配制技术是保证质量型水产品的重要手段之一。研究不同蛋白源饲料对鲟鱼和鲑鳟鱼肉质的影响及调控作用，通过物理评价和化学分析相结合的方法，制定鱼肉品质标准，提升并稳定产品价值对促进鲑鳟鱼和鲟鱼养殖业良性发展具有重要作用。

（六）建立完善的鲟鱼、鲑鳟鱼组织体系

加强领导，规范生产企业生产标准；提高组织化程度，逐步引导一些具有一定的养殖经验、有一定的经济实力、有意愿提升品种多样化的养殖户进行新品种的养殖和推广；加强科技成果转化；加强产业联系，发展鲟鱼产业链，在养殖、休闲渔业、加工产业等方面协同发展，形成完整的产业链，才能使之达到可持续发展。

（七）建立完善的鲟鱼、鲑鳟鱼品牌体系

在全球经济时代，国外各种水产品长驱直入，北京冷水鱼产业必须实施品牌战略，实现品牌打造，倒逼产业规范和产业升级，塑造产业信誉，提高产品品质，规避规模发展劣势，走"高精尖"之路。

参考文献

[1] 北京市农业农村局. 北京市农业农村局2020年度工作总结 [EB/OL]. (2021-01-07) [2021-11-30]. http://nyncj.beijing.gov.cn/nyj/zwgk/tzgg/10916826/index.html.

[2] 中共北京市委, 北京市人民政府. 中共北京市委北京市人民政府印发《关于全面推进乡村振兴加快农业农村现代化的实施方案》的通知 [EB/OL]. (2021-03-31) [2021-04-25]. http://nyncj.beijing.gov.cn/nyj/zwgk/zcwj/10976737/index.html.

[3] 北京市统计局. 北京市2020年国民经济和社会发展统计公报 [EB/OL]. [2021-03-12] http://tjj.beijing.gov.cn/tjsj_31433/tjgb_31445/ndgb_31446/202103/t20210311_2304398.html.

[4] 北京市农业农村局. 2020年市政府工作报告重点工作及重要民生实事项目全年进展情况 [EB/OL]. [2021-01-06]. http://nyncj.beijing.gov.cn/nyj/zwgk/tzgg/10915977/index.html.

[5] 北京市农业农村局. 中共北京市委办公厅北京市人民政府办公厅关于印发《实施乡村振兴战略扎实推进美丽乡村建设专项行动计划（2018—2020年)》的通知 [EB/OL]. (2018-02-04) [2019-11-13]. http://nyncj.beijing.gov.cn/nyj/zwgk/zcwj/460259/index.html.

[6] 农业农村部. 国务院关于加快推进农业机械化和农机装备产业转型升级的指导意见 [EB/OL]. (2018-12-21) [2019-06-28]. http://nyncj.beijing.gov.cn/nyj/snxx/ztzl/363538/bjsnjgzbtxxgkzl/zhyw/8274570/index.html.

[7] 北京市农业农村局. 北京市农业农村局 北京市财政局关于印发《北京市2020年度农机新产品购置补贴试点实施方案》的通知 [EB/OL]. [2020-11-24]. http://nyncj.beijing.gov.cn/nyj/zwgk/tzgg/10895093/index.html.

[8] 农业农村部, 财政部. 农业农村部 财政部关于做好2020年农业生产发展等项目实施工作的通知 [EB/OL]. (2020-04-14) [2020-09-22]. http://nyncj.beijing.gov.cn/nyj/snxx/ztzl/363538/bjsnjgzbtxxgkzl/xztz/10866844/index.html.

[9] 北京市农业农村局. 多措并举、保供稳价, 助力守护市民"菜篮子" [EB/OL]. [2021-01-28]. http://nyncj.beijing.gov.cn/nyj/snxx/gzdt/10931883/index.html.

[10] 北京市农业农村局. 市农业农村局2020年度日常履职考核事项全年进展情况[EB/OL]. [2021-01-06]. http://nyncj.beijing.gov.cn/nyj/zwgk/tzgg/10915909/index.html.

[11] 北京市农业农村局. 保护地标农产品金字招牌 推进农业高质量发展[EB/OL]. [2021-01-04]. http://nyncj.beijing.gov.cn/nyj/snxx/gzdt/10914160/index.html.

[12] 北京市农业农村局. "十三五"期间，北京农业标准化水平得到大幅提升[EB/OL]. [2021-02-07]. http://nyncj.beijing.gov.cn/nyj/snxx/gzdt/10937161/index.html.

[13] 包晓斌. 北京都市农业绿色发展新路径[J]. 前线, 2020 (10): 80-82.

[14] 无. 北京 深化科技特派员制度 全力推进乡村振兴[J]. 中国农村科技, 2019 (11): 34-35.

[15] 佚名. "北京油鸡"获国家农产品地理标志认证[J]. 食品工业, 2020, 41 (10): 106.

[16] 佚名. 北京综合施策保障"菜篮子"供给[J]. 科学种养, 2020 (07): 59.

[17] 陈玛琳, 龚晶. 疫情对北京乡村旅游业的影响及建议[J]. 农村工作通讯, 2020 (17): 12-13.

[18] 高曼颖. 乡村振兴视野下加快推进农业科技创新的现实困境与路径选择[J]. 世界热带农业信息, 2021 (04): 81-82.

[19] 郝婧, 穆希维, 刘丹. 北京科技小院助力精准帮扶的实践探索——以北京农业职业学院为例[J]. 北京农业职业学院学报, 2020, 34 (04): 5-10.

[20] 金树东. 北京市人民代表大会农村委员会对市人民政府关于"深入推进都市现代农业发展，促进乡村产业振兴"议案办理暨相关专项工作情况报告的意见和建议——2020年9月24日在北京市第十五届人民代表大会常务委员会第二十四次会议上[J]. 北京市人大常委会公报, 2020 (05): 125-128.

[21] 刘薇. 绿色金融支持农业发展的着力点与实践路径——以北京生态涵养区为例[J]. 农村经济与科技, 2020, 31 (23): 120-121.

[22] 刘茗. 乡村振兴战略下农村电子商务的发展前景与策略研究[J]. 现代营销（学苑版）, 2021 (09): 140-141.

[23] 刘衍, 郭利娜, 贾羽旋, 等. 北京市设施蔬菜施肥状况及减施潜力分析[J]. 中国蔬菜, 2020 (09): 71-81.

[24] 梅婧, 王莹, 于泽, 等. 北京市生猪产业现状及市场展望[J]. 当代畜牧, 2021 (06): 93-94.

[25] 任斌, 姚秋焕. 北京市生态涵养区农民收入持续增长的体制机制研究——以密云区为例[J]. 营销界, 2021 (04): 54-55.

[26] 孙准,杨弯弯.全面实施乡村振兴战略背景下农业技术推广对策研究[J].农家参谋,2021(20):26-27.

[27] 孙中叶,马锴.新型农业经营主体发展的探索[J].企业观察家,2021(03):96-97.

[28] 田宗轩.供给侧结构性改革视域下推进农业创新绿色发展[J].农村实用技术,2020(12):17-18.

[29] 吴萍,张凤兰,余阳俊,等.大白菜精量播种简约化节水种植技术研究与应用[J].中国蔬菜,2021(07):56-61.

[30] 徐持平,徐庆国,陈彦罂."互联网+"背景下农村电子商务助力乡村振兴的模式[J].乡村科技,2021,12(02):20-21.

[31] 杨国航,吴琼,王之岭.聚焦"十四五"持续推进农业科技创新——以北京市农林科学院为例[J].农业科技管理,2021,40(04):4-7.

[32] 赵晗翕.北京市文化产业与旅游产业融合发展研究[D].华中师范大学,2020.